REFORMA DO PROCESSO CIVIL
Perspectivas Constitucionais

Flaviane de Magalhães Barros
Jose Luis Bolzan de Morais
Coordenadores

REFORMA DO PROCESSO CIVIL
Perspectivas Constitucionais

Belo Horizonte

2010

© 2010 Editora Fórum Ltda.

É proibida a reprodução total ou parcial desta obra, por qualquer meio eletrônico, inclusive por processos xerográficos, sem autorização expressa do Editor.

Conselho Editorial

Adilson Abreu Dallari
André Ramos Tavares
Carlos Ayres Britto
Carlos Mário da Silva Velloso
Carlos Pinto Coelho Motta
Cármen Lúcia Antunes Rocha
Clovis Beznos
Cristiana Fortini
Diogo de Figueiredo Moreira Neto
Egon Bockmann Moreira
Emerson Gabardo
Fabrício Motta
Fernando Rossi
Flávio Henrique Unes Pereira

Floriano de Azevedo Marques Neto
Gustavo Justino de Oliveira
Jorge Ulisses Jacoby Fernandes
José Nilo de Castro
Juarez Freitas
Lúcia Valle Figueiredo (*in memoriam*)
Luciano Ferraz
Lúcio Delfino
Márcio Cammarosano
Maria Sylvia Zanella Di Pietro
Oswaldo Othon de Pontes Saraiva Filho
Paulo Modesto
Romeu Felipe Bacellar Filho
Sérgio Guerra

Luís Cláudio Rodrigues Ferreira
Presidente e Editor

Coordenação editorial: Olga M. A. Sousa
Revisão: Marcelo Belico
Bibliotecária: Tatiana Augusta Duarte – CRB 2842 – 6ª Região
Capa, projeto gráfico e formatação: Walter Santos

Av. Afonso Pena, 2770 – 15º/16º andares – Funcionários – CEP 30130-007
Belo Horizonte – Minas Gerais – Tel.: (31) 2121.4900 / 2121.4949
www.editoraforum.com.br – editoraforum@editoraforum.com.br

R332 Reforma do processo civil: perspectivas constitucionais / Coordenadores: Flaviane de Magalhães Barros; Jose Luis Bolzan de Morais. Belo Horizonte: Fórum, 2010.

305 p.
ISBN 978-85-7700-404-1

1. Direito processual. 2. Processo constitucional. I. Barros, Flaviane de Magalhães. II. Bolzan de Morais, Jose Luis.

CDD: 341.0
CDU: 347.9

Informação bibliográfica deste livro, conforme a NBR 6023:2002 da Associação Brasileira de Normas Técnicas (ABNT):

BARROS, Flaviane de Magalhães; BOLZAN DE MORAIS, Jose Luis (Coord.). *Reforma do processo civil*: perspectivas constitucionais. Belo Horizonte: Fórum, 2010. 305 p. ISBN 978-85-7700-404-1.

Sumário

Apresentação
Flaviane de Magalhães Barros, Jose Luis Bolzan de Morais..................9

Parte I
Premissas para a Discussão das Reformas Processuais no Brasil

As Reformas Processuais Macroestruturais Brasileiras
Dierle Nunes, Flaviane de Magalhães Barros......................................15
Introdução..15
1 Do necessário resgate da importância do processo: para além dos conceitualismos do liberalismo e da socialização processual...................17
2 Processo e reformas processuais no Estado Democrático de Direito........21
3 Por um devido processo legislativo adequado às reformas processuais macroestruturais..30
4 Uma análise do movimento das reformas processuais brasileiras: estudos críticos sobre anteprojeto de CPP e CPC brasileiros..................36
Conclusão..47
Referências...48

O Problema do "Livre Convencimento" e do "Protagonismo Judicial" nos Códigos Brasileiros: a Vitória do Positivismo Jurídico
Lenio Luiz Streck..55
1 Considerações propedêuticas..55
2 Em tempos de reforma dos códigos de processo, a aposta no "livre convencimento" ou "no protagonismo-instrumentalista": um claro resquício (ou aposta) na discricionariedade positivista............................61
3 O Projeto de Novo Código de Processo Civil: novo código, velhos problemas...65
4 Considerações finais..71
Referências...73

TENDÊNCIAS DE PADRONIZAÇÃO DECISÓRIA NO PLS
Nº 166/2010: O BRASIL ENTRE O *CIVIL LAW* E O
COMMON LAW E OS PROBLEMAS NA UTILIZAÇÃO DO
"MARCO ZERO INTERPRETATIVO"
Alexandre Bahia, Dierle Nunes..75
1 Considerações iniciais 75
2 Diversidade de litigiosidades: a tendência de padronização decisória....78
3 Uma nova escola da exegese? 81
4 Ausência da percepção de mixagem de sistemas jurídicos: o Brasil entre o *civil law* e o *common law*. A ausência de uma teoria brasileira dos precedentes judiciais. A anarquia interpretativa e o desrespeito a uma "possível" história institucional: o marco zero das interpretações pelos tribunais brasileiros..................................89
Referências...92

PARTE II
A REFORMA PROCESSUAL E SUA ADEQUAÇÃO AOS
PRINCÍPIOS CONSTITUCIONAIS DO PROCESSO

EXAME PRELIMINAR DO PROJETO DE NOVO CÓDIGO DE
PROCESSO CIVIL
Ronaldo Brêtas de Carvalho Dias 99
Introdução..99
1 Críticas à estrutura sistemática do projeto.................................101
2 A barbaridade inconstitucional do art. 839, §2º........................104
3 Defeitos normativos do procedimento da apelação (artigos 908, 926 e 928)...105
4 Alguns conteúdos normativos criticados: modificações sugeridas.........107
4.1 Conteúdo normativo do art. 108...107
4.2 Conteúdo normativo do art. 109...108
4.3 Conteúdos normativos do art. 112 e parágrafo único 110
4.4 Conteúdo normativo do art. 314...111
4.5 Conteúdos normativos do art. 795 e parágrafo único 112
4.6 Conteúdos normativos do art. 837 e seu §1º............................115
Conclusão...117
Referências..118

O QUE É UMA DECISÃO JUDICIAL FUNDAMENTADA?
REFLEXÕES PARA UMA PERSPECTIVA DEMOCRÁTICA DO
EXERCÍCIO DA JURISDIÇÃO NO CONTEXTO DA REFORMA
PROCESSUAL CIVIL
Marcelo Andrade Cattoni de Oliveira, Flávio Quinaud Pedron................119

1 A reforma do CPC e a disciplina dos fundamentos da decisão
  jurisdicional 119
2 Afinal, o que é uma decisão judicial fundamentada? 130
3 Conclusão 148
  Referências 149

Princípio da Adequação Jurisdicional do Processo no Projeto de Novo Código de Processo Civil
Fredie Didier Jr. 153

Interrogações sobre Princípios Processuais Previstos no Projeto de Novo Código de Processo Civil
Jânia Maria Lopes Saldanha, Angela Araujo da Silveira Espindola, Cristiano Becker Isaia 165
  Introdução 166
1 Os novos desafios da jurisdição-processual no paradigma
  constitucional instituído pelo Estado Democrático de Direito 168
2 As promessas do anteprojeto de CPC: Panprincipiologismo e
  incongruências em matéria de garantias processuais 179
  Considerações finais 193
  Referências 195

A Fase Preliminar da Cognição e sua Insuficiência no Projeto de Lei do Senado nº 166/2010 de um Novo Código de Processo Civil Brasileiro
Dierle Nunes, Renata Gomes 201
  Introdução 201
1 A questão da eficiência processual 202
2 A fase preliminar do processo civil 207
3 A fase preliminar como fator de eficiência 210
4 Oralidade, escritura e os mitos 212
5 Oralidade e escritura 213
6 O PLS nº 166/2010: críticas aos artigos 333, 354, 107, V, e 151, §1º.
  Flexibilização do procedimento e ausência de uma fase preparatória
  idônea 220
  6.1 A conciliação projetada e os déficits técnicos das escolhas brasileiras ... 222
  Considerações finais 226
  Referências 227

A Codificação no Direito e a Temática Recursal no Projeto do Novo Código de Processo Civil Brasileiro
Fernando Horta Tavares, Maurício Ferreira Cunha 231
  Introdução 231
1 A codificação no sistema jurídico brasileiro 233

2   O Estado Democrático de Direito e o exercício da função jurisdicional...243
3   Reformas processuais implementadas: continuamos a caminhar em círculos?...249
4   A temática recursal na proposta de Projeto de Lei do Senado nº 166/2010, do Novo Código de Processo Civil brasileiro......................252
Conclusão...258
Referências..259

A Irrecorribilidade das Decisões Interlocutórias no Anteprojeto de Novo Código de Processo Civil
Fernando Gonzaga Jayme, Marina França Santos....................263
Introdução...263
1   O recurso de agravo no processo civil brasileiro.......................266
2   O agravo no Projeto de Novo Código de Processo Civil...........269
3   A avaliação do agravo de instrumento na atualidade e a irrecorribilidade das decisões interlocutórias no Projeto de Novo Código de Processo Civil..270
3.1 A utilização do mandado de segurança como sucedâneo recursal.........271
Conclusões..276
Referências...277

Da Centralidade à Periferização do Estado no Tratamento de Conflitos: a Questão da Mediação no Projeto do Código de Processo Civil
Jose Luis Bolzan de Morais...279
1   Premissas..279
2   As crises do Estado-Jurisdição..280
3   Jurisdição e consenso: *jurisconstrução*....................................285
4   O tratamento dos conflitos...291
5   A questão como posta no anteprojeto de CPC.........................293
6   Notas finais...297
Referências...300

Sobre os autores...303

Apresentação

O cenário jurídico político brasileiro vive, desde 2009, um importante momento de reflexão. Trata-se dos movimentos de reformas macroestruturais da legislação processual, em especial, a reforma do Código de Processo Civil.

O Brasil convive, desde a promulgação da Constituição da República de 1988, com uma legislação processual recepcionada, com modificações decorrentes de minirreformas ou reformas parciais do texto legal. A crítica ao modelo das reformas parciais é clara e persistente. Mudanças pontuais fragmentam o texto e produzem distorções importantes na interpretação dos institutos processuais. Mais importante, ainda, talvez seja a constatação de que muitas das reformas processuais parciais contrariam a Constituição, exigindo dos operadores jurídicos um esforço hermenêutico para construir e apresentar uma interpretação constitucionalmente adequada daquilo que é incorporado paulatinamente.

Portanto, a proposição de uma reforma total do Código de Processo Civil pode ser entendida como a consolidação do processo de redemocratização brasileira, que se iniciou na constituinte de 1987. Será a primeira vez que se pretende organizar, de forma completa e integral, um texto legislativo processual civil estruturado a partir da nova ordem democrática consubstanciada no Estado Democrático de Direito inscrito na nova ordem constitucional.

Há, todavia, que se interrogar sempre acerca da sua compatibilidade com o "novo" (neo)constitucionalismo brasileiro, bem como submeter à crítica acadêmica os desvios que possam ser reconhecidos, tendo-se consciência dos influxos promovidos desde modelos construídos para responder a indicativos que se originam além fronteiras, introjetando fórmulas que mais respondem àquilo que vá ao encontro dos interesses e que, muitas vezes, não dialogam com o projeto de Estado Social Democrático de Direito no contexto de uma Constituição dirigente e compromissória. Ou ainda — para delimitar o dissenso inicial entre as equipes de pesquisa, entre gaúchos e mineiros —, fórmulas tais que não garantem a consecução do Estado Democrático de Direito, crítica que se equipara à proposição do Estado Social Democrático de Direito.

Assim, há que se ter como parâmetro sempre presente que todos os esforços devem estar voltados à veiculação de uma reforma processual que tenha por compromisso principal a sua adequação aos direitos e garantias fundamentais definidos no texto constitucional. É para este fim que o legislador tem que pensar a reforma processual: uma reforma a partir da Constituição e comprometida com a sua realização.

Nesse contexto, os programas de Pós-graduação em Direito da UNISINOS e da PUC Minas, por meio de um projeto de cooperação acadêmica (PROCAD), patrocinado pela CAPES, intitulado *Hermenêutica, processo e direitos fundamentais*, se propuseram a acompanhar toda a discussão junto a Comissão de Juristas nomeada pelo Senado Federal, bem como a tramitação do Projeto de Lei do Senado nº 166/2010, refletindo sobre a reforma desde uma perspectiva que tem na Constituição Cidadã o seu ponto de partida e, também, o seu lugar de chegada.

O presente livro é o primeiro produto desta pesquisa conjunta e das discussões realizadas em seminários em Belo Horizonte e em Porto Alegre, que proporcionaram aos professores e discentes dos referidos Programas a possibilidade de reflexão não só do texto proposto pela comissão de juristas, mas também permitiram tematizar o próprio processo legislativo de reforma. As discussões e diálogos alcançaram também professores e pesquisadores de outros programas de pós-graduação que, em razão da proximidade de suas preocupações com os temas debatidos e de sua participação neste *diálogo* ampliado, foram convidados a participar dos debates e da produção desta obra.

Em síntese, as discussões e os debates têm como ponto confluente a análise da reforma do processo civil sob uma perspectiva constitucional. Para tanto, definiram-se dois importantes eixos de discussão que passaram a dividir também a presente obra. Assim, pretendeu-se, primeiramente, estabelecer as premissas para um processo de reformas macroestruturais, de tal forma que se discutiram as próprias fases de um processo legislativo específico para a reforma e as bases teóricas de uma compreensão adequada do direito processual, bem como a necessidade de superação do positivismo jurídico que se sustenta em um protagonismo judicial inadequado às compreensões do Estado Democrático de Direito e, por fim, apresentou-se uma crítica as tendências de padronização decisória do Projeto de Novo Código de Processo Civil, que não levam em consideração a necessidade de uma discussão brasileiro sobre as aproximações ou não entre os "sistemas" de *common law* e *civil law*.

O segundo eixo de discussão aponta para a (in)adequação de alguns institutos propostos no anteprojeto produzido pela Comissão de Juristas em face das garantias constitucionais do processo. Em especial, discutiram-se as novas proposições do anteprojeto de novo Código de Processo Civil, que se transformou no Projeto PLS nº 166/2010, particularmente a sua desconformidade com o texto constitucional, bem como, sobre as decisões fundamentadas, a possibilidade de adequação procedimental ao objeto do processo, a elaboração de novos princípios no interior do anteprojeto, a fase preliminar da cognição, o direito ao recurso, o acesso à justiça e a mediação.

Estes eixos teóricos não representam a fragmentação da pesquisa e da obra proposta, pelo contrário, dão sistematização e organicidade às críticas a reforma. Tais críticas se pautam por uma importante reflexão acerca do papel da Constituição brasileira na garantia do processo e dos direitos fundamentais, sob um viés hermenêutico crítico, marco do projeto de pesquisa e que perpassa toda a discussão dos trabalhos.

Assim, os escritos guardam coerência entre si, mesmo tratando de pontos diversos da reforma e foram objetos de apreciação e discussão interna do grupo de pesquisa, nas missões realizadas pelos professores das duas instituições parceiras.

Logo, pretende-se com o presente trabalho que a pós-graduação em Direito, com suas pesquisas, possa contribuir de forma efetiva e sistemática para a reflexão das questões e dos problemas sociais advindos de um processo civil ineficiente e insuficiente em termos de garantais e direitos fundamentais.

Estudar a reforma do processo civil em uma perspectiva constitucional é apresentar à sociedade brasileira e aos representantes legislativos um importante ângulo de reflexão que não pode ser desconsiderado no processo legislativo de reforma macroestrutural, ao contrário deve estar no centro das discussões por veicular os parâmetros constitucionais incidentes na matéria.

Os autores, com este livro, pretendem cumprir seu papel não só de professores e formadores das novas gerações de juristas, mas, também, de pesquisadores que refletem sobre os problemas que afetam as estruturas político-institucionais brasileiras, indicando caminhos para que o projeto constitucional presente na Carta de 1988 possa atingir seus objetivos.

Por fim, há que ficar anotado o apoio fundamental da CAPES, por meio de seu programa de cooperação acadêmica (PROCAD) que subsidiou não só os encontros para debates, mas também os fóruns de discussão por meio do *site* inaugurado no contexto deste acordo de cooperação e a própria edição do presente livro.

Certamente, o PROCAD-CAPES é instrumento importante para o fomento e consolidação destas parcerias entre programas de pós-graduação, as quais contribuem para o intercâmbio acadêmico e, sobretudo, para o avanço democrático e social da sociedade. O PROCAD não aproxima somente as instituições e seus programas, mas pessoas. Logo, o convívio entre os pesquisadores fez gerar solidariedade e amizade no grupo, proporcionando a todos uma grande satisfação em ver o produto dos diálogos e do companheirismo neste livro.

Também, enquanto coordenadores, temos que agradecer a participação dos professores convidados e seus alunos, que contribuíram com seus olhares particulares para a ampliação do debate e a apresentação de perspectivas diferenciadas, mas que sempre conseguem congregar a preocupação de que a reforma do processo civil se dirija a e por uma perspectiva constitucional.

Não se pode também deixar de agradecer à nossa equipe de trabalho que na UNISINOS é composta pelos professores Lenio Luiz Streck, Jânia Maria Lopes Saldanha e Angela Araujo da Silveira Espíndola, e na PUC Minas pelos professores Ronaldo Brêtas de Carvalho Dias, Fernando Horta Tavares, Dierle Nunes e, nos anos de 2008 e 2009, também pelo professor Marcelo Andrade Cattoni de Oliveira. Cabe ainda agradecer aos doutorandos Cristiano Becker Isaia e Maurício Ferreira Cunha, que contribuíram para o processo de construção das reflexões aqui apresentadas.

Por fim, agradecemos a parceria com a Editora Fórum, por meio de seu presidente e editor, Luís Cláudio Rodrigues Ferreira, que prontamente assumiu a edição deste trabalho.

Belo Horizonte e Porto Alegre, setembro de 2010.

Flaviane de Magalhães Barros
Jose Luis Bolzan de Morais

Parte I
Premissas para a Discussão das Reformas Processuais no Brasil

AS REFORMAS PROCESSUAIS MACROESTRUTURAIS BRASILEIRAS

Dierle Nunes
Flaviane de Magalhães Barros

Sumário: Introdução – **1** Do necessário resgate da importância do processo: para além dos conceitualismos do liberalismo e da socialização processual – **2** Processo e reformas processuais no Estado Democrático de Direito – **3** Por um devido processo legislativo adequado às reformas processuais macroestruturais – **4** Uma análise do movimento das reformas processuais brasileiras: estudos críticos sobre anteprojeto de CPP e CPC brasileiros – Conclusão – Referências

Este artigo é dedicado ao Prof. Dr. Marcelo Andrade Cattoni de Oliveira, nosso sempre orientador.

Introdução

O Brasil passou nas últimas duas décadas por inúmeras reformas pontuais no Código de Processo Civil e, em menor número, no Código de Processo Penal. O movimento das reformas parciais sempre foi criticado em razão da perda de consistência e coesão dos textos processuais.

Na atual ordem constitucional institui-se comissão dirigida prioritariamente pelos então ministros Sálvio de Figueiredo Teixeira e Athos Gusmão Carneiro, que, com o auxílio do Instituto Brasileiro de

Direito Processual (IBDP), iniciou seus trabalhos no princípio da década de 1990, e deveriam rever tanto o Código de Processo Civil quanto o Penal. A comissão deu origem a diversos projetos de lei aprovados pelo Congresso que modificaram pontualmente o CPC, instituindo, por exemplo, a tutela antecipada, a tutela específica, a audiência preliminar, a ação monitória, bem como mudanças nas fases recursal e executiva. Foi alterada ainda a sistemática dos recursos extraordinários para se adequar à Emenda nº 45 da Constituição da República, que estabeleceu a "reforma" do Poder Judiciário, sistematizando a repercussão geral e os recursos repetitivos na legislação processual civil.

Houve ainda uma comissão organizada pelo IBDP e presidida por Ada Pellegrini Grinover para rever o Código de Processo Penal, que deu origem a sete projetos de lei apresentados em 2001, sendo alguns aprovados, modificando pontualmente o CPP em matérias como o interrogatório do acusado, provas, sujeitos processuais, sentença, procedimento ordinário e procedimento do tribunal do júri.

As comissões optaram por propor reformas parciais, organizadas em diversos projetos de leis, justificando a opção em razão da morosidade legislativa e da dificuldade da tramitação de um projeto global perante o Congresso Nacional.

Somente em 2008, foi instituída pelo Senado Federal uma comissão de juristas responsável por apresentar um anteprojeto de Código de Processo Penal.[1] A tarefa cumprida em tempo recorde foi concluída em março de 2009, quando o anteprojeto de Código de Processo Penal foi entregue ao Presidente do Senado Federal, tramitando no Senado Federal sob o número 156/2009. Já em 2009, institui-se outra comissão de juristas para proposição de um novo Código de Processo Civil.[2] O Anteprojeto foi apresentado em junho de 2010 pela Comissão e tramita no Senado Federal sob o número 166/2010.

Assim, mudou-se a perspectiva do movimento das reformas no Brasil de reformas pontuais para a discussão de um novo projeto de Código de Processo. Esta é uma demonstração de que as reformas

---

[1] Ao todo, nove membros compuseram a referida comissão: Antonio Corrêa, Antônio Magalhães Gomes Filho, Eugênio Pacelli, Fabiano Augusto Martins Silveira, Félix Valois Coelho Júnior, Hamilton Carvalhido, Jacinto Nelson de Miranda Coutinho, Sandro Torres Avelar e Tito de Souza Amaral.

[2] A comissão de juristas com a finalidade de apresentar, no prazo de 180 dias, anteprojeto de Código de Processo Civil pelo Senado Brasileiro, criada mediante o Ato nº 379, de 30 de setembro de 2009, é composta por: Adroaldo Furtado Fabricio, Bruno Dantas, Benedito Cerezzo Pereira Filho, Elpídio Donizetti, Teresa Arruda Alvim Wambier, Humberto Theodoro Júnior, Paulo Cezar Pinheiro Carneiro, Luiz Fux, Jansen Fialho de Almeida, José Miguel Garcia Medina, José Roberto dos Santos Bedaque, Marcus Vinicius Furtado Coelho.

parciais se tornaram um problema, pois, as legislações processuais se tornaram desconexas e sem coesão interna, o que dificulta a compreensão pelos próprios "operadores do direito", potencializando a complexidade processual.

Se a proposta de reforma global tem como aspecto positivo a definição de um texto com coesão sistêmica, ela traz a lume uma discussão mais complexa, que exige a definição das bases estruturantes da reforma, bem como, exige maior respeito ao devido processo legislativo, próprio do Estado Democrático de Direito, que garante aos cidadãos e em especial a sociedade civil organizada a possibilidade de participação.

Com base na compreensão do processo própria do Estado Democrático de Direito e na preocupação de que todas as reformas processuais precisam adequar-se ao texto constitucional, ao processo constitucional democrático, o presente ensaio pretende estabelecer critérios para definição de um devido processo legislativo adequado às reformas processuais macroestruturais, tomando como base as experiências no direito comparado, para por fim apresentar uma análise do encaminhamento atual do movimento de reforma processual brasileira.

1 Do necessário resgate da importância do processo: para além dos conceitualismos do liberalismo e da socialização processual

Desde a obtenção da autonomia no estudo do Direito Processual, ocorrida em meados do século XIX, até pouco depois da II Guerra Mundial, ocorreu a predominância da preocupação dos estudiosos com a análise e construção do processo em perspectiva meramente conceitual,[3] muitas vezes, indiferente ao contexto de sua aplicação e mais ligado ao estudo da técnica processual.

Nesse período, assistiu-se no processo civil à transição de uma concepção processual privatística do processo liberal, escrito e dominado pelas partes (*Sache der Parteien* – *señores de los pleytos*),[4] para um processo que segue as perspectivas da oralidade[5] e do princípio

---

[3] WASSERMANN. *Der soziale Zivilprozess*: zur Theorie und Praxis des Zivilprozesses im sozialen Rechtsstaat, p. 45.
[4] MONTERO AROCA. *I principi politici del nuovo processo civile spagnolo*, p. 31; CAPPELLETTI. *O processo civil no direito comparado*, p. 39-40.
[5] CHIOVENDA. Relación sobre el proyecto de reforma del procedimiento elaborado por la comisión de posguerra. In: CHIOVENDA. *Ensayos de derecho procesal civil*, v. 2, p. 227; GOLDSCHMIDT. *Derecho procesal civil*, p. 28.

autoritário, com o decorrente delineamento de um ativismo técnico judicial no trâmite processual. O processo como um instrumento da jurisdição, como instituição de bem-estar social.[6]

Já no processo penal, a quebra do modelo inquisitorial não teve fim com o liberalismo processual, apesar de este ter defendido o delineamento de um modelo acusatório que retirava poderes do magistrado ínsitos à acusação, para propor um modelo tipicamente liberal de *Parteienkampf* – luta entre as partes. Contudo, os diversos Códigos de Processo Penal da Europa Continental e América Latina prolongaram, ainda, por muito tempo as heranças do *code d'instruction criminelle* napoleônico, marcado pela figura do juiz inquisidor. Assim, as heranças inquisitoriais formaram o berço forte para se estruturar as concepções autoritárias do direito processual de matriz social, consolidada no ativismo processual. Conjugando-se assim às matrizes inquisitórias do sistema,[7] visíveis na estrutura inquisitória da fase de investigação preliminar, nos poderes instrutórios do juiz, na busca da "verdade real", na atenuação dos atos do órgão de acusação ante a atuação jurisdicional, à premissa da defesa social do juiz penal, o processo penal se torna um exemplo de ativismo judicial.

Ocorre que, posteriormente a este período e ao fomento do constitucionalismo no século XX, alguns teóricos começaram a perceber no processo algo além de um instrumento técnico neutro, uma vez que se vislumbra neste uma estrutura democratizante de participação dos interessados em todas as esferas de poder, de modo a balizar a tomada de qualquer decisão no âmbito público.[8]

Tal situação gerou o crescimento da importância do processo, que passou a garantir uma efetiva influência dos cidadãos em qualquer tomada de decisão, uma vez que foi se afastando paulatinamente a possibilidade de que uma pessoa, instituição e/ou órgão pudessem ter privilégio cognitivo na formação dos provimentos estatais.

O processo começa a ser percebido como um instituto fomentador do jogo democrático[9] eis que todas as decisões devem provir dele, e não de algum escolhido com habilidades sobre-humanas. Logo, no processo penal, a atuação em contraditório das partes, a ampla defesa,

---

[6] KLEIN. *Zeit- und Geistesströmungen im Prozesse*, p. 25.
[7] COUTINHO. Sistema acusatório: cada parte no lugar constitucionalmente demarcado. *Revista de Informação Legislativa*, p. 111.
[8] FAZZALARI. Diffusione del processo e compiti della dottrina. *Rivista Trimestrale di Diritto e Procedura Civile*, p. 875.
[9] FAZZALARI. Diffusione del processo e compiti della dottrina. *Rivista Trimestrale di Diritto e Procedura Civile*, p. 875.

o direito de liberdade e presunção de não culpabilidade são temas que ganham novas luzes, em especial nos países de herança romano-germânica,[10] apenas depois movimento do constitucionalismo e dos direitos humanos do século XX. Assim, seja por meio de reformas parciais como a francesa e alemã, ou reformas totais como a italiana, a discussão perpassa não só pela necessidade de rever o ativismo judicial ou matrizes liberais, mas também por uma discussão prévia da assunção do sistema acusatório de perfil democrático. Nesses moldes, não é mais possível a defesa de um sistema acusatório liberal, nem de um sistema inquisitório de perfil socializador.

Passa, então, o processo a servir de baliza e garantia na tomada dos provimentos jurisdicionais, legislativos e administrativos, chegando, mesmo, a normatizar os provimentos privados.[11]

Porém, ao lado da percepção democrática de que o processo deve viabilizar a participação, o controle e, desse modo, uma universalização jurídica, delineiam-se no âmbito do processo jurisdicional, especialmente na segunda metade do século XX, uma predominância e uma busca por resultados práticos (eficiência[12] - processo de resultados), muitas vezes,

---

[10] Não podemos olvidar a superação da dicotomia *civil law - common law*, na atualidade, em face da circulação de modelos jurídicos das últimas duas décadas.

[11] STF. RE nº 201.819/RJ, Segunda Turma. Rel. Min. Ellen Gracie. Rel. p/ acórdão Min. Gilmar Mendes. Julg. 11.10.2005. *DJ*, 27 out. 2006.

[12] Conforme preleciona Michele Taruffo, podemos perceber pelo menos duas perspectivas de eficiência no sistema processual. Uma primeira, por mim nominada quantitativa, se definiria em termos de velocidade dos procedimentos e redução de custos, na qual quanto mais barata e rápida a resolução dos conflitos, maior eficiência seria obtida, sendo a qualidade do sistema processual e de suas decisões um fator de menor importância. Uma segunda perspectiva de eficiência (qualitativa) seria aquela na qual um dos elementos principais de sua implementação passaria a ser a qualidade das decisões e de sua fundamentação e que conduziria à necessidade de técnicas processuais adequadas, corretas, justas, equânimes e, completaria, democráticas para aplicação do direito. Como o próprio Taruffo explicita, ambas as perspectivas seriam faces da mesma moeda, mas que podem e comumente são vistas como concepções contraditórias uma vez que um processo rápido e barato pode formar decisões incompletas ou incorretas, ao passo que para busca de uma decisão "justa" (correta e legítima) exige-se dinheiro, tempo e uma atividade comparticipada entre o juiz e os demais sujeitos processuais. Tal situação, nesses termos, costuma impor a escolha de uma das faces da eficiência e à exclusão da outra por completo. Cf. TARUFFO. Orality and Writing as Factors of Efficiency in Civil Litigation. *In*: CARPI; ORTELLS RAMOS. *Oralidad y escritura en un proceso civil eficiente*, v. 2, p. 185 *et seq*. Infelizmente, em face de inúmeros fatores, o sistema processual brasileiro costuma trabalhar com a eficiência quantitativa, impondo mesmo uma visão neoliberal de alta produtividade de decisões e de uniformização superficial dos entendimentos pelos tribunais (padronização decisória), mesmo que isto ocorra antes de um exaustivo debate em torno dos casos, com a finalidade de aumentar a estatística de casos "resolvidos". Chega-se ao requinte do Conselho Nacional de Justiça Brasileiro criar metas de produtividade (a Meta 2, por exemplo) e colocar em seu *site* um "processômetro" com o índice de produtividade dos Tribunais brasileiros. Cf. <http://www.cnj.jus.br>. Acesso em 1º nov. 2010.

afastados de uma visão constitucional, na qual se imporia a aplicação dinâmica dos princípios processuais constitucionais.

Com o avanço de alguns estudos científicos, percebe-se a impossibilidade da construção de procedimentos tomando-se por base tão somente a busca de seus resultados pragmáticos, mas, ganha importância uma estruturação que aplique as normas fundamentais processuais em perspectiva dinâmica e que procure a sua adaptação plena ao contexto de adequabilidade normativa de aplicação da tutela estatal.

Obviamente que essa nova visão não poderá olvidar jamais da instrumentalidade técnica do processo.[13]

Percebe-se, assim, que a disputa entre uma matriz liberal, social ou, mesmo, pseudo social (neoliberalismo processual) do processo,[14] não pode mais solitariamente responder aos anseios de uma cidadania participativa, uma vez que tais modelos de concepção processual não conseguem atender ao pluralismo, não solipsista e democrático do contexto normativo atual.

Procura-se uma estruturação de um procedimento que atenda, ao mesmo tempo, ao conjunto de princípios processuais constitucionais, às exigências de efetividade normativa do ordenamento[15] e à geração de resultados úteis, dentro de uma perspectiva procedimental de Estado Democrático de Direito.

---

[13] Aroldo Plínio Gonçalves defende a instrumentalidade técnica, que garante um processo que "(...) se constitua na melhor, mais ágil e mais democrática estrutura para que a sentença que dele resulta se forme, seja gerada, com a garantia da participação igual, paritária, simétrica, daqueles que receberão os seus efeitos" (*Técnica processual e teoria do processo*, p. 171). A instrumentalidade técnica não deve ser confundida com as defesas de linhas instrumentalistas, do realismo norte-americano, ou brasileiras, que acreditam no protagonisno judicial como mecanismo para a aplicação do direito com base em valores uniformemente compartilhados pela sociedade, eis que não se acredita na existência desses valores uniformes em sociedades altamente complexas e plurais como as nossas.

[14] Cf. NUNES. *Processo jurisdicional democrático*: uma análise crítica das reformas processuais.

[15] Calmon de Passos, certamente lastreado na melhor doutrina estrangeira, informa que a efetividade a ser defendida não é a do processo em sentido utilitarista, mas, sim, do ordenamento, pois: "(...) efetividade do processo ou efetividade da tutela jurídica não se equipara à efetividade da sentença, enquanto ato de poder, mas da sentença que atenda ao nome que se institucionaliza numa ordem política democrática. Temos dito reiteradamente que se alguma característica é ineliminável, quando se pretende conceituar democracia, ela será o postulado de que todos os homens são substancial e originariamente iguais, por natureza, pelo que ninguém se pode atribuir a condição de senhor ou soberano do outro. Consectário disso é também o princípio, igualmente essencial, de que em uma organização democrática o poder só é legítimo quando exercitado em termos de serviço e nos precisos limites em que foi outorgado, vale dizer, no estrito espaço da competência previamente definida e formalizada no pacto político básico que é a Constituição" (Cidadania e efetividade do processo. *Revista Síntese de Direito Civil e Processual Civil*, p. 30-35).

2 Processo e reformas processuais no Estado Democrático de Direito

Para se estabelecer uma pauta para as reformas processuais que se definem como reformas macroestruturais, por fazer uma revisão total da codificação processual civil ou penal, no caso brasileiro, é preciso antes definir as suas premissas.

Assim, pretende-se reconstruir, em poucas linhas, as teorias do processo, para discutir sua adequação ao marco do Estado Democrático de Direito, demonstrando que o marco procedimentalista dedica ao processo um importante papel de garantia constitutiva dos direitos fundamentais.

Ao revisitar a teoria do processo é possível, a partir da noção de processo como garantia, defender a proposta de uma teoria geral do processo, compreendida por meio da definição de um processo democrático, isto é, da possibilidade de se definir uma base principiológica uníssona para compreensão do processo, seja ele jurisdicional, administrativo, legislativo, arbitral.

A proposta teórica de esclarecimento dos paradigmas jurídicos realizada por Habermas auxilia a compreensão do processo, na medida em que cada paradigma apresenta uma perspectiva distinta para o instituto.

No paradigma liberal, como já salientado, o processo tem uma feição de controle processual das partes, como um instrumento privado, e sua base é a igualdade formal e o princípio dispositivo.[16]

Já no Estado Social, a compreensão de processo passa por uma maior sofisticação teórica. No Brasil, os instrumentalistas, em especial, Cândido Rangel Dinamarco, pretendem difundir, sob o marco do Estado Social, uma teoria do processo que tem como objetivo garantir a "pacificação social", realizável por intermédio do cumprimento dos escopos metajurídicos do processo, que auxiliam o juiz a efetivar e balizar a justiça social, por meio do instrumento processual jurisdicional,[17] apesar de não poder se negar as raízes socializadoras do pensamento nas concepções de Klein.[18]

Nesse contexto, a legislação processual brasileira tem forte influência da superação do processo liberal de luta das partes, para um

---

[16] Cf. NUNES. *Processo jurisdicional democrático*: uma análise crítica das reformas processuais.
[17] DINAMARCO, Cândido Rangel. *A instrumentalidade do processo*, p. 159-167.
[18] NUNES. *Processo jurisdicional democrático*: uma análise crítica das reformas processuais, p. 141 et seq.

processo de modelo de Estado Social construído a partir do ativismo técnico judicial, como se depreende do texto da própria exposição de motivos do CPP de 1941: "não se pode continuar a contemporizar com pseudodireitos individuais em prejuízo do bem comum", ou ainda das palavras de Alfredo Buzaid na Exposição de Motivos do CPC de 1973: "o processo é um instrumento que o Estado põe à disposição dos litigantes, a fim de administrar justiça. Não se destina a simples definição de direitos na luta privada entre os contendores".

Inegável é a influência da legislação austríaca e alemã que são justamente o marco da socialização processual no código de processo civil brasileiro, que se depreende do próprio texto da exposição de motivos. A origem da proposta de "socialização processual", gênese do ativismo judicial, remonta, em termos teóricos, a Anton Menger e Oscar Bülow, passando por Klein que introduziu tal perspectiva em propostas legislativas, e chegou até nós por meio de Chiovenda, como reconstrói Nunes.[19] Posteriormente, a socialização do processo teve no Projeto Florença de Acesso à Justiça dirigido por Mauro Cappelletti um importante marco a imprimir a preocupação com a celeridade, a efetividade da prestação jurisdicional e o estabelecimento de procedimentos específicos para garantia de determinados direitos materiais.

Não é só a legislação que é fortemente marcada por uma processualística centrada no papel do juiz, que o coloca na missão não só de julgar o caso concreto, mas de solucionar os problemas de (in)justiça social, de controle social para proteção da sociedade. Existe toda uma linha de pensamento teórico centrada nessa proposta. Para essa base teórica, o processo se volta para sua instrumentalidade, como meio de pacificação social, objetivando alcançar seus escopos, como defende Dinamarco.

A linha teórica da instrumentalidade, que pretende que o juiz em sua decisão proceda à correção prática dos erros perpetrados por outras esferas estatais, a fim de garantir justiça social, é de fácil adaptação à teoria da relação jurídica processual.

E é desde Bülow que se compreende o processo como uma relação jurídica entre o juiz e as partes, entendida esta como o vínculo subjetivo que faz com que aquele que tem direitos (sujeito ativo) possa exigir daquele que tem dever (sujeito passivo) o cumprimento de uma determinada conduta.

---

[19] NUNES. *Processo jurisdicional democrático*: uma análise crítica das reformas processuais, *passim*.

Como ressalta Nunes, o próprio Bülow sustentava a aplicação livre e, de certa forma, subjetiva do direito pelos juízes.[20]

Logo, a relação jurídica de direito processual coloca o juiz como "super-parte", de atuação preponderante no processo jurisdicional. Tanto é fato que fez surgir duas posições subjetivas, recorrentemente, apresentadas nos manuais de processo de matiz instrumentalista, a posição de poder-dever do juiz e a de sujeição das partes.

A primeira questão colocada por Gonçalves[21] na crítica ao instrumentalismo foi justamente a impossibilidade de se agregar uma ideia de contraditório, como posição de simétrica paridade entre os afetados, com a base teórica da relação jurídica, que nitidamente estabelece o vínculo entre os sujeitos do processo como uma posição hierarquizada de um sujeito que tem poder e outro que deve sujeição.

Assim, a apropriação feita por Gonçalves da obra fazzalariana permitiu a revisão da teoria da relação jurídica processual. Fazzalari,[22] no campo da técnica processual, a partir de apropriações de teorias dos direitos público e processual,[23] revisitou o conceito de processo e procedimento, para estabelecer, por meio de um critério lógico de inclusão, que o processo é uma espécie de procedimento, que se especifica em virtude da posição dos afetados em relação à construção do provimento final, que, assim, se realizaria em contraditório, isto é, com a garantia de participação em simétrica paridade dos afetados na construção do provimento.

Desse modo, tomando como marco o paradigma procedimentalista do Estado Democrático de Direito, visto pela teoria do discurso de Habermas[24] na perspectiva do sujeito de direito que se coloca como sujeito e destinatário da norma jurídica, é possível estabelecer uma crítica à teoria do processo como relação jurídica, justamente em razão do lugar do juiz como "super-parte", e ao instrumentalismo, em virtude do solipsismo do juiz e dos escopos metajurídicos do processo jurisdicional.

---

[20] Cf. BÜLOW. *Gesetz und Richterant (1885); Ueber das Verhältnis der Rechtsprechung zum Gesetzesrecht (1906)*.
[21] Cf. GONÇALVES. *Técnica processual e teoria do processo*.
[22] Cf. FAZZALARI. Diffusione del processo e compiti della dottrina. *Rivista Trimestrale di Diritto e Procedura Civile*, p. 861-862.
[23] Fortemente influenciado por teorias do direito publico, por administrativistas e também por processualistas como James Goldschmidt.
[24] Cf. HABERMAS. *Faktizität und Geltung*: Beiträge zur Diskurstheorie de Rechts und des demokratischen Rechtsstaats.

Ao mesmo tempo, pode-se pretender a apropriação da teoria do processo como procedimento em contraditório, como adequada ao paradigma do Estado Democrático de Direito, principalmente em razão da compreensão do processo para além da jurisdição, já que o processo, no paradigma procedimentalista, deve ser entendido como constitutivo de direitos fundamentais. Ademais, a noção de contraditório pretendida pela referida teoria do processo consolida a proposta de garantia de influência e de não surpresa do provimento,[25] no sentido de uma garantia de construção participada da decisão, que estarão compreendidos no processo tanto como autores, quanto como destinatários da norma jurídica.

O processo para além da jurisdição faz com que a noção de teoria geral do processo, sustentada nos institutos da jurisdição, ação e processo,[26] se mostre inadequada principalmente se tomarmos como base a noção do processo como garantia constitutiva de direitos fundamentais. Assim, para consolidar a noção de processo como garantia, apropria-se de uma releitura da teoria geral do processo a partir da apropriação e do impacto do processo democrático constitucional.

A noção de processo como garantia tem sua base na Constituição, sendo codependente dos direitos fundamentais. Assim, o que sustenta a noção de processo como garantia são os princípios constitucionais do processo definidos no texto constitucional.

Desde texto publicado em 1956 na revista *Justicia*, passando pelo seu famoso ensaio da *Revista de Derecho Procesal* do Uruguai (posteriormente republicado pelo *Boletín Mexicano de Derecho Comparado* em 1977),[27] Fix-Zamudio, referindo-se ao trabalho de Couture, nos dá notícia do nascimento de uma nova disciplina, o "derecho constitucional procesal", surgido como "resultado de la confluencia de otras dos ramas de la ciencia jurídica: el derecho constitucional y el derecho procesal". O jurista chama a atenção para a anterioridade e a repercussão dos trabalhos de Couture (especialmente o seu *Las garantías constitucionales del proceso civil*) no âmbito processual mostrando a transcendência constitucional dos institutos processuais.[28]

---

[25] Cf. THEODORO JÚNIOR; NUNES. Uma dimensão que urge reconhecer ao contraditório no direito brasileiro: sua aplicação como garantia de influência, de não surpresa e de aproveitamento da atividade processual. *Revista de Processo*, p. 107-141.

[26] Cf. DINAMARCO. *A instrumentalidade do processo*.

[27] FIX-ZAMUDIO. El pensamiento de Eduardo J. Couture y el derecho constitucional procesal. *Boletín Mexicano de Derecho Comparado*, p. 315-348.

[28] Para compreensão da importância do pensamento de Couture no desenvolvimento do estudo da ciência processual constitucional, cf. MAC-GREGOR. Héctor Fix-Zamudio y el

A constatação é clara, "ação, jurisdição e processo" devem ser repensados desde uma perspectiva mais ampla: processual e constitucional.

En otras palabras, se está despertando la conciencia entre constitucionalistas y procesalistas, sobre la conveniencia de unir sus esfuerzos con el objeto de profundizar las instituciones procesales fundamentales, ya que no debe olvidarse, como ocurrió durante mucho tiempo, que poseen una implicación político-constitucional, y no de carácter exclusivamente técnico, y es en este sentido en que podemos hablar de la relatividad de los conceptos de jurisdicción y de proceso, en el sentido en que lo hiciera el inolvidable Calamandrei respecto de la acción.[29]

No Brasil, fator que mostra a constitucionalização do Direito, estaria no fato de nossa Constituição de 1988, mais do que qualquer outra anterior, além de tratar de matérias tradicionalmente afetas a uma Lei Maior — organização do Estado, dos poderes, da forma e regime de governo, além de um extenso e inigualável elenco de direitos e garantias —, trazer para seu seio disposições afetas ao Direito Civil, Comercial, Tributário, Penal, Processual (e outros) de maneira, por vezes pormenorizada.

Assim, quer se queira atualmente trabalhar em juízo com o Direito ou quer se queira simplesmente estudá-lo, dificilmente será possível fazê-lo no Brasil sem se reportar à Constituição da República Federativa de 1988.[30]

Isso se torna ainda mais complexo em uma Constituição com um elenco tão longo de direitos e garantias fundamentais.[31] De fato, a

---

origen científico del derecho procesal constitucional: 1928-1956. In: MAC-GREGOR; LELO DE LARREA (Coord.). La ciencia de derecho procesal constitucional: estudios en homenaje a Héctor Fix-Zamudio en sus cincuenta años como investigador del derecho, v. 1, p. 597 et seq. Para uma análise mais acurada da temática no Brasil, cf. NUNES; BAHIA. Processo constitucional: uma abordagem a partir dos desafios do Estado Democrático de Direito. Revista Eletrônica de Direito Processual – REDP.

[29] FIX-ZAMUDIO. El pensamiento de Eduardo J. Couture y el derecho constitucional procesal. Boletín Mexicano de Derecho Comparado, p. 318.

[30] Aqui não poderia deixar de fazer uma consideração: os processualistas devem se abrir para os ganhos da Teoria do Direito, da Constituição e da Filosofia. Essa afirmação não advoga o retorno a posturas conceitualistas próprias do início da ciência processual, mas, ao ver ainda, manifestações de "desprezo" aos avanços do constitucionalismo, da filosofia, da sociologia e, mesmo, das ciências gerenciais percebemos a repetição de posturas e preleções típicas dos praxistas (dos idos tempos) como se ao falar de processo nos reduzíssemos a falar de formas e formalidades de um mecanismo técnico neutro, ou pior, de um mecanismo aberto às concepções pessoais de cada aplicador.

[31] Como observa Alexy, referindo-se especificamente à Constituição brasileira de 1988: "Os problemas de interpretação jurídico-fundamentais que aparecem em toda a parte são,

Constituição brasileira de 1988 consagrou inúmeros direitos e garantias especificamente processuais, confirmando a tendência à constitucionalização do processo, dando a este (seja processo civil, penal, procedimentos administrativos e mesmo privados) uma nova conformação adequada ao Estado Democrático de Direito.[32] Só para citar alguns: inafastabilidade do controle jurisdicional (5º, XXXV); juízo natural (5º, XXXVII); princípio da legalidade e anterioridade da norma penal (5º, XXXIX); devido processo legal (5º, LIV); direito ao contraditório e à ampla defesa (5º, LV); fundamentação racional das decisões e publicidade (art. 93, IX); duração razoável do processo (5°, LXXVIII) princípio da presunção de inocência (5º, LVII); além das garantias do *habeas corpus* (5º, LXVIII), mandando de segurança (5º, LXIX), mandado de injunção (5º, LXXI), *habeas data* (5º, LXXII) e ação popular (5º, LXXIII).

A constitucionalização do processo é um capítulo à parte dentro da tendência apresentada. Inicia-se já quando a socialização processual começa a ser amplamente absorvida pelos textos legais (códigos e ordenanças processuais) e ganha força na forma de se interpretar e aplicar os institutos do processo.[33]

A partir disso os cultores do Direito passaram a olhar de forma diferenciada para o "processo", não mais como direito "adjetivo", mas sim, retomando antigas teorias acerca de escopos "metajurídicos" presentes nas ações judiciais.[34] Tal preocupação não passou desapercebida pelos que elaboraram as constituições ao longo do século passado, pois, como já nos lembra,[35] estas "consagran expresamente los delineamientos de las instituciones procesales, ya que los constituyentes

---

por meio dessa regulação relativamente detalhada, abafados em parte ampla mas não eliminados; em alguns casos nascem até novos. Assim o artigo 5º, IV, declara a manifestação dos pensamentos como livre. Isso quer dizer que todas as manifestações de opinião são permitidas, também tais que violam a honra de outros e tais com conteúdo racista?" (Direitos fundamentais no estado constitucional democrático: para a relação entre direitos do homem, direitos fundamentais, democracia e jurisdição constitucional. *Revista de Direito Administrativo – RDA*, p. 63).

[32] Cf. BARACHO. *Processo constitucional*, p. 60; e BARACHO. A constituição do direito: a constitucionalização do direito processual: processo civil e direito constitucional: direito processual comunitário. *Logos Veritas – Revista do Curso de Direito do Instituto Luterano de Ensino Superior (ULBRA)*, n. 4, p. 13-14.

[33] NUNES. *Processo jurisdicional democrático*: uma análise crítica das reformas processuais, p. 88.

[34] As primeiras referências a escopos políticos, sociais e econômicos ao processo se encontram nas obras de Menger e Klein (NUNES. *Processo jurisdicional democrático*: uma análise crítica das reformas processuais, p. 79 *et seq*.). Sobre a retomada dessas ideias na atualidade, cf. DINAMARCO. *A instrumentalidade do processo*.

[35] Cf. FIX-ZAMUDIO. El pensamiento de Eduardo J. Couture y el derecho constitucional procesal. *Boletín Mexicano de Derecho Comparado*, p. 315-348.

contemporáneos se han percatado de la necesidad de otorgar la debida importancia a la función jurisdiccional".[36] Assim é que os três institutos básicos da teoria geral do processo (ação, jurisdição e processo) passaram a ser estudados também por constitucionalistas.

Trata-se de uma mudança paradigmática na interpretação do processo. Como definiram Andolina e Vignera:

> (...) [l]e norme ed i principi costituzionali riguardanti l'esercizio della funzione giurisdizionale, se considerati nella loro complessità, consentono all'interprete di disegnare un vero e proprio schema generale di processo, suscetibile di formare l'oggetto di una esposizione unitária.[37]

Dessa maneira, pode-se apropriar da noção de modelo constitucional de processo, que teve uma proposição inicial feita por tais autores italianos, mas aqui apropriada para um modelo de processo visando a construção de outra noção de teoria geral do processo, constituída justamente por uma base constitucional fundada nos princípios do processo.

A noção de modelo constitucional de processo permite suprimir a dicotomia entre direito processual constitucional e direito constitucional do processo, visto que tal modelo é constituído de uma base principiológica uníssona aplicável a todo e qualquer processo, já que todo processo é constitucional, seja em razão de sua fundamentação ou, pois é garantia constitutiva dos direitos fundamentais dos sujeitos de direitos.[38]

Ao se retomar a compreensão de Andolina e Vignera, o modelo constitucional de processo é "um esquema geral de processo"[39] que possui três importantes características: a expansividade, que garante

---

[36] Já Niceto Alcalá-Zamora y Castillo (*Proceso, autocomposición y autodefensa*: contribución al estudio de los fines del proceso, p. 103-104) mostrava a dificuldade de se tentar enquadrar a jurisdição como pertencente ao direito processual ou ao constitucional. O autor inclusive lembrava que Couture, ao tratar dos "fundamentos do direito processual" não tratou da jurisdição, o que foi objeto de críticas no meio processual. Cf. também FIX-ZAMUDIO. El pensamiento de Eduardo J. Couture y el derecho constitucional procesal. *Boletín Mexicano de Derecho Comparado*, p. 317; e SANTOS. *Pela mão de Alice*: o social e o político na pós-modernidade.

[37] ANDOLINA; VIGNERA. *I fondamenti costituzionali della giustizia civile*: il modello costituzionale del processo civile italiano, p. 13.

[38] Cf. BARROS. Ensaio de uma teoria geral do processo de bases principiológicas: sua aplicação no processo legislativo, executivo e jurisdicional. In: GALUPPO (Org.). *O Brasil que queremos*: reflexões sobre o Estado Democrático de Direito.

[39] ANDOLINA; VIGNERA. *I fondamenti costituzionali della giustizia civile*: il modello costituzionale del processo civile italiano, p. 9.

a idoneidade para que a norma processual possa ser expandida para microssistemas, desde que mantenha sua conformidade com o esquema geral de processo; a variabilidade, como a possibilidade de a norma processual especializar-se e assumir forma diversa em função de característica específica de um determinado microssistema, desde que em conformidade com a base constitucional; e, por fim, a perfectibilidade, como a capacidade de o modelo constitucional aperfeiçoar-se e definir novos institutos por meio do processo legislativo, mas sempre de acordo com o esquema geral.

Portanto, para um novo momento histórico de reformas macroestruturais da legislação processual civil e penal brasileira não se pode olvidar da nossa nova ordem constitucional democrática e do respeito aos princípios constitucionais de processo. Tal preocupação não se refere tão somente a necessária adequação das novas normas processuais propostas ao texto constitucional, mas inicia-se pela observância do devido processo legislativo, pois tendo em vista a magnitude da missão reformista afetará todos os cidadãos e jurisdicionados brasileiros, que buscam junto ao processo jurisdicional a garantia de seus direitos fundamentais. Logo, uma proposta de macro-reforma processual exige um debate e a participação da opinião pública, da sociedade civil organizada em termos amplos. Isto porque em um movimento de reforma processual de tal amplitude não se muda apenas as leis, mais que isto é preciso mudar em determinados casos práticas processuais reiteradas e consagradas.

Assim, cabe uma importante advertência feita por Cattoni de Oliveira entre processo legislativo e processo constitucional de controle jurisdicional da constitucionalidade. Apropriando-se da distinção proposta por Klaus Günther,[40] o primeiro é discurso de justificação e o segundo de aplicação. Certamente, ambos prescindem de garantia de participação dos afetados, mas tal participação se dá de modo diverso. Como assevera o autor:

> O processo legislativo situa-se em um nível discursivo em que argumentos de grande generalidade e abertura são acolhidos, e, na verdade, funcionam como pontos de partida para a construção do discurso jurídico, inclusive do doutrinário, do jurisprudencial e do administrativo. Assim, a "participação em simétrica paridade", dos possíveis afetados pelo provimento legislativo, no procedimento que o prepara, garantido

---

[40] Cf. GÜNTHER. *The Sense of Appropriateness*: Application Discourses in Morality and Law.

pelo princípio constitucional do contraditório, é possibilidade de participação na discussão política, mediada processualmente e não necessariamente atual e concreta.[41]

Como se observa o processo legislativo de reforma global da legislação processual guarda profundas diferenças com o processo de aplicação jurisdicional. Logo, discutir sobre elas exige que se defina como premissa a relação entre Constituição e Processo no Estado Democrático de Direito. Assim, ao mesmo tempo em que a reforma se dá por meio do processo ela exige a compreensão da própria noção de processo como garantia de direitos fundamentais, para propor as modificações necessárias ao direito processual que terão força normativa para modificar a realidade do processo civil e penal.

A primeira premissa, portanto, é a necessidade de amoldar uma proposta de novo Código ao sistema processual constitucional e que viabilize uma adaptação concomitante da busca de eficiência, tanto quantitativa quanto qualitativa — objetivos diretivos das reformas —, com o respeito à legitimidade (pela aplicação dos princípios processuais constitucionais em perspectiva dinâmica). Não há outro caminho senão partir da Constituição e dos princípios constitucionais de processo. Logo, pelo caráter de expansividade próprio do modelo constitucional de processo, permite-se que as normas processuais se expandam desde que mantenham sua coerência com o modelo constitucional de processo.

Percebe-se, assim, que os processualistas devem se abrir para os ganhos da Teoria do Direito, da Teoria da Constituição e da Filosofia.

Tal afirmação, de modo algum, advoga o retorno a posturas conceitualistas, próprias do início da ciência processual, nem mesmo o afastamento da busca de uma eficiência qualitativa para o sistema processual.

No entanto, ao ver ainda manifestações de "desprezo" aos avanços do constitucionalismo, da filosofia, da sociologia e, mesmo, das ciências gerenciais por parcela dos estudiosos do direito processual, reduzindo-as a concepções teóricas desprovidas de importância percebe-se que estes ainda insistem em manter uma análise própria do panorama jurídico anterior à constitucionalização dos direitos.

Vislumbra-se ainda a repetição de posturas e preleções típicas dos praxistas (dos idos tempos) como se ao falar de processo se reduzisse

---

[41] CATTONI DE OLIVEIRA. *Devido processo legislativo*: uma justificação democrática do controle jurisdicional de constitucionalidade das leis e do processo legislativo, p. 142.

a falar de formas e formalidades de um mecanismo técnico neutro, ou pior, de um mecanismo aberto às concepções pessoais (voluntarísticas) de cada aplicador.

Em verdade, deve-se, de uma vez por todas, perceber o impacto das concepções dinâmicas dos direitos fundamentais para o direito processual, de modo a permitir a obtenção de resultados eficientes e legítimos para os cidadãos que clamam por um acesso à justiça revigorado pela concepção de um Estado Constitucional Democrático.

Tal postura afasta uma análise pontual de institutos e insiste numa valorização da análise do panorama estatal e jurídico na busca de soluções técnicas macroestruturais consentâneas com os avanços dos direitos ocorridas desde o segundo pós-guerra nos países europeus.

Não se pode esquecer que o aprimoramento das técnicas processuais (com as reformas legislativas) somente viabilizará eficiência no sistema jurídico caso seja acompanhada de uma política pública de acesso à justiça, amplamente debatida, que problematize a questão das reformas processuais, mas também da gestão processual e da infraestrutura do Poder Judiciário de modo conjunto, ou seja, caso se realize uma verdadeira reforma do Sistema de aplicação, eis que a mera alteração legislativa não terá o condão de obter a melhoria que se almeja.[42]

3 Por um devido processo legislativo adequado às reformas processuais macroestruturais

Distinguir as reformas em macroestruturais ou reformas pontuais decorre da análise da própria trajetória do movimento reformista do direito processual após a segunda guerra mundial, em especial, ao se tomar o direito comparado como mote, nos termos propostos por Michele Taruffo.[43] Assim, pode-se destacar no cenário dos países da Europa e da América Latina que o movimento de reforma reflete o momento político de redemocratização e a construção de um novo "projeto cultural".

Assim, as reformas pontuais surgem para, em um primeiro momento, adequar de forma emergente os pontos de maior choque das normas processuais a nova ordem constitucional, preenchendo as lacunas da não recepção de normas. Como ressaltam Andolina e

---

[42] Cf. NUNES; BAHIA. Por um novo paradigma processual. *Revista da Faculdade de Direito do Sul de Minas*, p. 79-98.
[43] TARUFFO. Aspetti fondamentali del processo civile di civil law e di common law. *In*: TARUFFO. *Sui confini*: scritti sulla giustizia civile.

Vignera,[44] na perspectiva pós-constitucional (referindo-se à Constituição italiana de 1948), o problema do processo não se compreende a partir do *essere*, mas sim do *suo dovere essere*. Justamente, ressaltando a necessidade imediata de se adequar as normas processuais vigentes à nova normatividade constitucional.

Já as reformas macroestruturais decorrem de uma análise mais refletida que se verifica quando o projeto cultural democrático já esta mais consolidado, justificando a discussão de um novo Código de Processo. Esta compreensão do processo de redemocratização como um projeto que se volta para o futuro e sempre terá um *por-vir*, como propõe Derrida, é analisado por Cattoni de Oliveira no que se refere ao constitucionalismo brasileiro, mas pode ser apropriado para além da análise local.[45]

Pode-se tomar como exemplo a reforma total do *Codice Rocco* italiano de 1930, fundado no projeto fascista. Mesmo com nova ordem constitucional representada na Constituição Italiana de 1948, efetivou-se apenas uma *piccola riforma*, sendo que o novo Código de Processo Penal entrou em vigor em 1988.

Em Portugal verifica-se que, com a nova ordem democrática inspirada na Revolução dos Cravos e no fim do regime salazarista, promulga-se a Constituição de 1976, de matriz socialista. Esta matriz é base para a formulação de decreto legislativo que autoriza a elaboração de um novo código de processo adequado ao novo projeto cultural, ocorrido em 1887 pelo Decreto-Lei nº 78, para substituir o Código de Processo Penal português de 1929, marcadamente fascista, como ressalta Nuno Brandão.[46]

Na América Latina, contou-se com um importante movimento dos juristas para propor um *Código de Processo Penal-Tipo para América Latina*, que representou proposta de substituição das normas processuais autoritárias por proposta de redemocratização da legislação processual com o reconhecimento dos direitos e garantias constitucionais excluídos nos períodos das ditaduras militares que assolaram a região.[47]

---

[44] ANDOLINA; VIGNERA. *I fondamenti costituzionali della giustizia civile*: il modello costituzionale del processo civile italiano, p. 5.
[45] CATTONI DE OLIVEIRA. Democracia sem espera e processo de constitucionalização: uma crítica aos discursos oficiais sobre a chamada "transição política brasileira". *In*: CATTONI DE OLIVEIRA; MACHADO (Coord.). *Constituição e processo*: a contribuição do processo ao constitucionalismo democrático brasileiro, p. 365-399.
[46] Cf. BRANDÃO; CARVALHO. Sistemas processuais do Brasil e Portugal: estudo comparado. *In*: CARVALHO (Org.). *Processo penal do Brasil e de Portugal*: estudo comparado: as reformas portuguesa e brasileira.
[47] Cf. ZAFFARONI. *Informe final*: documento final del programa de investigación desarrollado por el Inst. Interamericano de Derechos Humanos (1982-1986).

Assim, a partir da releitura dos movimentos de reforma pelo direito comparado, verifica-se que o cenário atual brasileiro pode representar um momento de maior consciência jurídica no processo de redemocratização brasileiro, justificando, assim, a discussão de uma reforma macroestrutural. Uma reforma macroestrutural muda o eixo da discussão que antes partia-se da legislação processual para uma interpretação de acordo com o texto constitucional, agora a partir da Constituição se busca a produção de um novo texto processual fundado em sua normatividade e voltado ao projeto de concretização de uma ordem jurídica democrática.

Certamente, as reformas macroestruturais exigem mais que a atuação das diversas fases do processo legislativo brasileiro que começam com o Projeto de Lei, análise pela Comissão de Constituição e Justiça, votação nas duas casas do Congresso e sanção presidencial. Pelo âmbito de generalidade e abertura dos Códigos de Processo torna-se necessário que se agregue aos atos e fases do processo legislativo definido constitucionalmente outras fases que permitiram a maior legitimidade das reformas, pois serão reconhecidas em razão da participação cidadã, da sociedade civil organizada e dos "operadores do direito". Mas trata-se de uma participação que exige a preparação técnica e metodológica adequada para se evitar que a legislação processual seja vista como a adesão a compreensões pessoais sobre o direito processual. Envolto nessa preocupação de garantir um processo legislativo legítimo e democrático pretende-se estabelecer fases para o processo de macrorreformas.

A primeira fase é o *diagnóstico prévio*, ou seja, a necessidade de definir os problemas e as divergências na aplicação dos institutos processuais. Assim, é preciso realizar uma pesquisa prévia que busque elementos acerca do funcionamento dos institutos processuais e das mazelas de que padecem, a fim de garantir a manutenção de técnicas processuais que funcionam bem e sugerir novas técnicas — inclusive mediante análise do direito comparado — que permitam uma melhoria prática e institucional do sistema.[48]

Uma pesquisa dessa importância deveria agregar diversos setores da sociedade em todas as regiões de nosso país em face da pluralidade de nuances de aplicações ínsitas à diversidade brasileira.

A aludida pesquisa precisaria captar inclusive o perfil do profissional. Se especializado em determinado(s) ramo(s) do Direito, a

---

[48] Como exemplo desse procedimento o relatório da reforma processual civil inglesa de 1998, cf. WOOLF. *Access to Justice*: Final Report to the Lord Chancelor on the Civil Justice Sistem in England and Wales, section I.

reforma processual poderia contar com o delineamento de inúmeros procedimentos, cada um vocacionado para um tipo de demanda (tutelas diferenciadas).[49] Se generalista, com habilitação técnica (em tese) para trabalhar em qualquer área da ciência jurídica, como ocorre no Brasil, a reforma deveria ser mais comedida na construção de procedimentos, sob pena de gerar embaraços práticos ao profissional "mediano", constrito a conhecer prazos diversos e incontáveis variações procedimentais, que aumentarão demasiadamente o grau de complexidade do sistema, contrariando os desígnios do acesso a jurisdição. Como já advertia Alfredo Buzaid, utilizando-se dos estudos de Alcalá-Zamora y Castillo na exposição de motivos do CPC de 1973, há necessidade de conciliar inovação e conservação, ou seja, não se pode inovar a ponto de impossibilitar a adaptação dos profissionais e por outro lado não se pode conservar toda a estrutura anterior.

A segunda fase é a *definição dos parâmetros da reforma e a constituição de uma comissão de juristas*. A partir do relatório de diagnóstico é necessário que se tracem as diretrizes da reforma definindo os eixos estruturantes e conceituais da reforma, ou seja, a partir dos problemas detectados no relatório diagnóstico definir as linhas mestras que direcionaram os parâmetros da reforma.

A fixação dos "objetivos preponderantes" (para utilizar da expressão de Harry Woolf na reforma inglesa de 1998 – *overriding objective*) permite inclusive ao aplicador conhecer as escolhas de fundamentação dos reformistas.

Em qualquer reforma levada a cabo em perspectiva democrática, a assunção de uma aplicação dinâmica dos direitos fundamentais

---

[49] Conforme explicado em texto de nossa autoria: "O tema das tutelas diferenciadas ou das tutelas jurisdicionais diferenciadas passou a ser objeto do debate da ciência processual a partir do trabalho de Proto Pisani publicado em 1973, partindo-se do pressuposto óbvio da necessidade de diversidade de técnicas processuais para as diversas hipóteses de direito material a ser aplicado e analisando que a questão somente pode ser devidamente colocada em discussão a partir daquele momento histórico em face da viabilidade de pensar uma quebra com o modelo neutro e único de processos ordinários de cognição plena, presumidamente predispostos a permitir o julgamento de qualquer caso. Os modelos processuais diferenciados seriam delineados com a intenção de garantir as mais idôneas formas de tutela para as várias categorias de situações jurídicas merecedoras de tutela jurisdicional. Com tal expressão Proto Pisani estabeleceu dois tratos para a temática processual, que não se confundiam. Nesses termos, tutela jurisdicional diferenciada poderia significar a predisposição de vários procedimentos de cognição (plena e exauriente ou não), alguns dos quais modelados sobre categorias individuais de situações substanciais controversas; ou, em outra perspectiva, a expressão poderia se referir a formas típicas de tutela sumária (cautelar, antecipatória, específica etc.)" (Cf. NUNES. Novos rumos para as tutelas diferenciadas no Brasil? *In*: THEODORO JÚNIOR; LAUAR (Coord.). *Tutelas diferenciadas como meio de incrementar a efetividade da prestação jurisdicional*).

processuais é imperativa, sendo impossível a sobrevalorização de apenas um desses princípios (como, por exemplo, a celeridade).

Outra preocupação é delinear uma comissão de juristas que parta dos dados técnicos e não de sugestões pessoais isoladas (como, *v.g.*, seus problemas individuais na advocacia ou na magistratura), eis que a criação de um novo código é tarefa de cidadania e não de defesa de concepções teóricas e subjetivas próprias.

Após a definição da comissão de juristas, seria necessário que esta tivesse tempo razoável para discutir e apresentar o texto do anteprojeto para se passar à fase da discussão democrática do anteprojeto. Assim, por meio da organização de audiências públicas, congressos com especialistas garantir-se-ia, durante a gestação do anteprojeto, e *especialmente depois de sua confecção*, a participação dos cidadãos e da sociedade civil organizada, representadas por associações de classes, institutos de pesquisa e programas de pós-graduação. Esta constituiria a terceira fase.

Não se pode olvidar que mesmo no período militar, nosso atual CPC de 1973 foi submetido a um grande encontro prévio em 1965, na cidade de Campos do Jordão, onde foram apresentadas centenas de pontos de discussão, levados em consideração por Alfredo Buzaid antes do envio do Anteprojeto ao Congresso Nacional. Nesses termos, torna-se impensável que em um período democrático um anteprojeto de CPC ou CPP seja enviado ao Parlamento antes do cumprimento dessa etapa.

Assim, discutidos o anteprojeto e adotadas as sugestões e críticas pertinentes, produzir-se-ia o texto base a ser submetido ao *processo legislativo*, que passaria pelas fases de análise da adequação constitucional, apresentação de substitutivos e emendas, aprovação do texto em ambas as Casa do Congresso Nacional para a sanção presidencial, promulgação e um período de *vacatio legis*. O processo legislativo propriamente dito será, portanto, a quarta fase.

A quinta fase se subsume no *período de vacatio legis* em que se prepara para a entrada em vigor da reforma. Ela exige importante comprometimento dos "operadores do direito": magistrados, membros do Ministério Público, advogados, serventuários. Assim, em período razoável de *vacatio legis* (mínimo de um ano), todos os "operadores" deveriam se submeter a cursos de atualização para que se procedesse a uma redefinição da cultura, do pensamento e das práticas, em benefício de toda a sociedade.[50]

---

[50] Nesse sentido nos lembra Boaventura de Sousa Santos: na "Alemanha, não há nenhuma inovação legislativa sem que os juízes sejam submetidos a cursos de formação para poderem aplicar a nova lei" (*Para uma revolução democrática da justiça*).

Tanto a participação na fase de discussão do projeto como a fase de preparação para a entrada em vigor da reforma do período de *vacatio legis* são importantes para que reformas macroestruturais processuais possam ser efetivas, pois exigem uma mudança da mentalidade dos operadores do direito, ou nossos futuros e tão sonhados novos Código de Processo Penal e Código de Processo Civil serão inócuos para modificar a realidade atual dos nossos processos. Esta ressalva já foi feita por Coutinho, ao analisar a reforma parcial do CPP de 2008.[51]

Essa etapa é essencial, considerando-se o grande número de técnicas processuais vigentes há décadas, mas jamais implementadas de modo consistente. É o caso da oralidade, prevista desde a década de 1940, mas que até os dias de hoje não foi capaz de substituir a prática escrita.

Faz-se necessária, nesse período de *vacatio legis*, a implementação de uma política pública de democratização processual, que imponha verdadeira reforma do Poder Judiciário, de suas rotinas, entre outras intervenções, pois a mera reforma legislativa não possui o condão de obter resultados úteis.

Por fim, nesta fase é preciso que se prepare um verdadeiro estudo caso a caso do direito intertemporal, já que os processos em andamento precisarão se adaptar a nova ordem processual do ponto em que se encontrarem. Para tanto, é importante estabelecer uma comissão que defina as bases da adaptação procedimental do direito intertemporal, com intuito de garantir as bases do modelo constitucional de processo. Assim, deve-se levar em conta para estabelecer os pontos de adaptação do procedimento à nova ordem e respeito aos princípios constitucionais e às especificidades do microssistema analisado, seja processo civil individual, consumerista, incidentes de coletivização ou processo penal.[52]

Cumpridas as etapas aqui expostas de modo simplificado, far-se-á necessária a designação de uma outra comissão institucional para o monitoramento da reforma, ou seja, verificar o impacto prático das alterações e, em médio prazo, propor adequações em face de dados concretos de inconstitucionalidade, ainda não declarada, e ausência de funcionalidade do novo sistema.

---

[51] COUTINHO. Sistema acusatório: cada parte no lugar constitucionalmente demarcado. *Revista de Informação Legislativa*, p. 103-115.

[52] Cf. BARROS. *(Re)forma do processo penal*: comentários críticos dos artigos modificados pelas leis n. 11.690/08 e n. 11.719/08 e n. 11.900/09; e BARROS. O modelo constitucional de processo e o processo penal: a necessidade de uma interpretação das reformas do processo penal a partir da Constituição. *In*: CATTONI DE OLIVEIRA; MACHADO (Coord.). *Constituição e processo*: a contribuição do processo ao constitucionalismo democrático brasileiro.

A comparação da reforma macroestrutural brasileira com outras que lograram resultados no direito comparado (como a processual civil inglesa de 1998), demonstra que será difícil concretizar as reformas se não estabelecer um projeto de *monitoração das reformas* e adequação legislativas dos pontos divergentes, que será o último ponto. Outros países criam verdadeiros observatórios das reformas, como é o caso português[53] e inglês.[54]

4 Uma análise do movimento das reformas processuais brasileiras: estudos críticos sobre anteprojeto de CPP e CPC brasileiros

O movimento das reformas globais iniciou-se com a instituição da Comissão de Juristas para apresentação de anteprojeto de Novo Código de Processo Penal. No presente ensaio estabeleceu-se no tópico anterior a proposta do estabelecimento de fases para que as reformas processuais macroestruturais, com intuito de garantir o devido processo legal.

Assim, o primeiro ponto de análise é a definição de um estudo prévio de diagnóstico dos problemas específicos da legislação processual penal. Tal etapa não foi cumprida pelo processo legislativo brasileiro. Em que pese a crítica diária e consistente dos pesquisadores em direito processual penal, principalmente após a Constituição da República de 1988, que constituíam principalmente na crítica ao conteúdo inquisitorial do CPP e se apresentavam com a tentativa de constitucionalização do processo penal, não houve um estudo prévio. Principalmente, um levantamento de dados quanto ao número de processos penais no Brasil, quais os crimes e os procedimentos de maior ocorrência, dados sobre o número de prisões processuais e execuções penais, dentre outros. Ademais, não houve uma análise qualitativa prévia das reformas parciais de 2008, dos pontos de avanço ou retrocesso, principalmente, no que se referia à simplificação procedimental, ao procedimento do Tribunal do Júri e à adoção de institutos de matriz acusatória como a *cross examination* do art. 212 do CPP.

Assim, por mais que a comissão de juristas nomeada pelo Senado Federal tenha sido formada por juristas com importante trajetória, não houve preparação prévia para que no exíguo tempo de trabalho da

---

[53] Observatório Permanente da Justiça Portuguesa: <http://opj.ces.uc.pt>.
[54] Department for Constitutional Affairs: <http://www.dca.gov.uk>.

comissão fosse possível estabelecer os principais problemas do processo penal brasileiro, exigindo-se assim que as propostas estabelecidas partissem da experiência pessoal dos juristas operadores do direito ou de uma certa intuição (empírica) de que as mudanças recentes da reforma parcial seguiam um rumo certo ou errado.

Sem a vivência de um diagnóstico prévio não houve o estabelecimento das diretrizes da reforma, definidas previamente, antes da nomeação da comissão de juristas. Esta sim estabeleceu eixos diretivos da reforma, que pela leitura da exposição de motivos do anteprojeto de CPP podem ser identificados como a adequação do processo penal aos princípios constitucionais, especialmente ao princípio acusatório adotado pela Constituição da República. Ademais, pretende a exposição efetivar uma proposta de cunho garantista, o que não impede a implementação de um processo célere:

> Observe-se, mais, que a perspectiva garantista no processo penal, malgrado as eventuais estratégias no seu discurso de aplicação, não se presta a inviabilizar a celeridade dos procedimentos e nem a esperada eficácia do Direito Penal. Muito ao contrário: o respeito às garantias individuais demonstra a consciência das limitações inerentes ao conhecimento humano e a maturidade social na árdua tarefa do exercício do poder.[55]

Tal proposta deveria ser melhor refletida principalmente se a perspectiva garantista por identificada pela teoria do garantismo social, formulada inicialmente por Ferrajoli, que foi apropriada no Brasil pelo movimento do garantismo penal.[56] Certamente a proposta teórica garantista é incompatível com o viés pretendido de celeridade, principalmente pela proposta do procedimento sumário.

Verifica-se que a Comissão de Juristas estabeleceu estas como as matrizes da reforma, em especial, a proposta de adoção do sistema acusatório. Como ressalta Coutinho,[57] de um sistema inquisitorial que se agrega nuances acusatórias para um sistema acusatório, mas ainda com elementos inquisitoriais. Em especial, porque o anteprojeto manteve ainda no texto redação igual ao do art. 385 do atual CPP, no art. 409 do anteprojeto, que continua a permitir que o juiz condene o acusado

---

[55] BRASIL. Projeto de Lei do Senado nº 156, de 2009.
[56] Cf. FERRAJOLI. *Direito e razão*: teoria do garantismo penal.
[57] Cf. COUTINHO. Sistema acusatório: cada parte no lugar constitucionalmente demarcado. *Revista de Informação Legislativa*, p. 103-115.

tendo o órgão de acusação pedido absolvição, desde que nos limites da imputação. No sentido de manutenção dos traços inquisitoriais no texto do anteprojeto, ressalta-se que não se pode desconhecer que a manutenção do inquérito, mesmo que esvaziado, denota a dificuldade em se adotar o princípio acusatório constitucionalmente garantido. O inquérito mantido, prevê-se o interrogatório do acusado pelo delegado, desviando-se da noção do interrogatório como meio de autodefesa.[58]

Por outro, lado não se pode deixar de destacar os avanços obtidos na acusatoriedade. Em especial, o Projeto de Novo Código já no art. 4º diz da impossibilidade do juiz ser o gestor da prova, importante característica inquisitória definida por Franco Cordero[59] a partir da noção de um *quadri mentali paranoidi*. Isto porque ao gerir a prova o juiz mentalmente antecipa sua interpretação sobre os fatos, dirigindo suas perguntas, por exemplo, às testemunhas no sentido de obter como resultado o quadro mental previamente imaginado. Em outros termos, o julgador pode decidir antes e depois buscar, quiçá obsessivamente, provas para embasar sua decisão já previamente tomada.

Assim, segue bem o projeto de novo CPP ao tentar impedir que a gestão da prova comprometa a imparcialidade do juiz. Nas palavras do anteprojeto da comissão dos juristas:

> Art. 4º O processo penal terá estrutura acusatória, nos limites definidos neste Código, vedada a iniciativa do juiz na fase de investigação e a substituição da atuação probatória do órgão de acusação.

No anteprojeto não só se impede a iniciativa probatória do juiz, como também, exclui o controle judicial do arquivamento do inquérito pelo MP. Assim, busca-se a definição do lugar constitucionalmente demarcado das partes, como ressalta Coutinho.[60] Como órgão de acusação, o Ministério Público tem o ônus da prova em apresentar a prova da imputação. Contudo, perdeu-se a oportunidade de reconhecer o lugar constitucional da vítima no processo penal. O anteprojeto avança em termos de direitos humanos e na tentativa de não sobrevitimização, ou ainda, na possibilidade de cumulação de pedido de reparação do

---

[58] Cf. BORGES. Permeabilidade inquisitorial de um projeto de Código Processo Penal acusatório. In: COUTINHO; CARVALHO (Org.). *O novo processo penal à luz da Constituição*: análise crítica do Projeto de Lei nº 156/2009 do Senado Federal.
[59] Cf. CORDERO. *Guida alla procedura penale*.
[60] Cf. COUTINHO. Sistema acusatório: cada parte no lugar constitucionalmente demarcado. *Revista de Informação Legislativa*, p. 103-115.

dano, mas limita sua atuação como assistente, em especial, seu direito de recorrer na decisão.[61]

Certamente, a ausência das diretrizes iniciais da reforma macroestrutural do processo penal impediu que se formasse uma comissão que tivesse preocupação em reduzir as influências liberais da luta das partes, bem como do ativismo judicial próprio da socialização do processo. Uma proposta de reforma adequada ao Estado Democrático de Direito impediria que com a adoção do sistema acusatório se retornasse ao liberalismo processual em que o juiz inerte assiste a luta entre as partes. Ou por outro lado, que se mantivesse o ativismo judicial, em que o juiz exerce papel de garantidor da defesa social. Certamente, estas não podem ser as perspectivas adequadas ao Estado Democrático de Direito, em que o juiz possui papel importante de garantidor da construção participada da decisão, permitindo que garanta a influência e a não surpresa como bases de uma perspectiva de contraditório. Por esta perspectiva segue melhor caminho a reforma macroestrutural do processo civil que prevê inclusive o contraditório prévio nas decisões de ofício do juiz, como se verá a seguir.

A apresentação do anteprojeto pela Comissão de Juristas não passou por uma fase de debate sendo imediatamente transformado no Projeto de Lei do Senado nº 156/2009. Assim, a importante fase do debate público foi prescindida no anteprojeto de reforma macroestrutural do processo penal. Após a proposição do anteprojeto ao Congresso, institui-se no Senado Federal uma Comissão Temporária de Estudo da Reforma do Código de Processo Penal, que realizou 17 reuniões no ano de 2009, sendo 12 audiências públicas. Assim, no início do processo legislativo abriu-se às associações de classe, entidades públicas e privadas, segundo relatório do Senador Renato Casagrande. Assim, em momento diverso do adequado, haja vista que a Comissão de Juristas teria maior capacidade de manter a coesão do texto proposto *poderia ter colhido as sugestões e críticas antes do envio do texto final ao Congresso*, houve uma abertura do processo legislativo à participação cidadã.

Ainda não se pode ainda analisar as demais fases do processo legislativo, pois a aprovação das duas Casas do Congresso e a sanção presidencial ainda não ocorreram. Mas serve ainda de advertência à observância das duas últimas etapas, relativas à preparação para a

---

[61] BARROS. Direito das vítimas e sua participação no processo penal: a análise do PLS 156/2009 a partir de uma interpretação constitucional. *In*: COUTINHO; CARVALHO (Org.) *O novo processo penal à luz da Constituição*: análise crítica do Projeto de Lei nº 156/2009 do Senado Federal.

entrada em vigor do novo texto e à fase de monitoração da reforma. Certamente, serão elas as duas mais importantes fases para se evitar que todo o importante esforço de um Código de Processo Penal adequada à Constituição seja perdido em razão da dificuldade em se implementar as mudanças.

Por fim, é preciso aproveitar-se dos estudos de direito comparado para verificar que no esforço de redemocratização processual, verifica-se que em uma das discussões primordiais era a inclusão de direitos e garantias fundamentais do acusado, bem como, a adoção de uma legislação processual penal de matriz acusatória. Mas que após a reforma macroestrutural do CPPs italiano e português, por exemplo, tais legislações processuais penais passaram por reformas parciais, para adequar as necessidades atuais, principalmente, as relacionadas à macrocriminalidade e a duração do processo, que pretendem imprimir celeridade e simplificação, bem como, medidas restritivas e reducionistas das garantias constitucionais do acusados em crimes graves relacionados a macrocriminalidade.

Assim, é importante que o processo legislativo não permita que políticas criminais inspiradas no emergencialismo penal excluam os direitos fundamentais do acusado.

Já no campo processual civil, além do descumprimento das etapas prévias à elaboração do Anteprojeto, em especial a ausência de um diagnóstico prévio, fator assustador é o da exigência pelo Senado (com a finalidade de aproveitamento da legislatura) de entrega desse texto em 180 dias.

No entanto, após algum atraso, a comissão, em 8 de junho de 2010, entregou ao Congresso o anteprojeto, antes de qualquer debate público de seu conteúdo (dispositivos legais projetados), que foi convertido no Projeto de Lei do Senado nº 166, de 2010.

Na elaboração do anteprojeto, a Comissão não explicitou os objetivos estruturantes da proposta, apesar da afirmação recorrente de busca de celeridade alardeada nas inúmeras Audiências Públicas (Belo Horizonte, Fortaleza, Rio de Janeiro, Brasília e São Paulo) ocorridas até hoje para discussão das propostas temáticas divulgadas em dezembro de 2009 (e não do texto da lei projetada).

No entanto, uma das propostas a ser louvada pela Comissão é de reforçar a importância da aplicação dinâmica do princípio do contraditório.

Na busca de aumento da eficiência do sistema processual a Comissão percebeu, parcialmente, a necessidade de reforçar a cognição de primeiro grau, de maneira a ampliar o debate entre os sujeitos processuais (comparticipação)⁶² e, com tal medida, melhorar a qualidade das decisões judiciais. Tal aprimoramento geraria a diminuição de recursos e/ou redução das taxas de reformas dos provimentos judiciais perante os tribunais.

Tal proposição é mais consentânea com os desígnios do acesso à justiça e da celeridade do que a busca desenfreada pela extinção dos recursos, uma vez que toda vez que o legislador aniquila um meio legal de impugnação das decisões (recurso) faz surgir em seu lugar um sucedâneo recursal,⁶³ ou seja, "mata-se" o recurso e cria-se outra técnica (mais complexa e polêmica) para o cidadão, profissionais e Tribunais.

Ao perceber esta situação a Comissão propôs no projeto a redefinição dos limites do princípio do contraditório (artigos 10; 107, V; 151, §1º; 401 e outros) que impede o juiz de surpreender as partes com argumentos decisórios não submetidos ao debate processual.

Como já se defendeu em outras oportunidades,⁶⁴ o princípio do contraditório há muito deixou de ser analisado pela doutrina e jurisprudência estrangeiras como mera garantia formal de bilateralidade da audiência, mas, sim, como uma possibilidade de influência (*Einwirkungsmöglichkeit*) sobre o desenvolvimento do processo e sobre a formação de decisões racionais, com inexistentes ou reduzidas possibilidades de surpresa.

Tal concepção renovada significa que não se pode mais, na atualidade, acreditar que o contraditório se circunscreva ao dizer e contradizer formal entre as partes, sem que isso gere uma efetiva ressonância (contribuição) para a fundamentação do provimento, ou seja, afastando a ideia de que a participação das partes no processo possa ser meramente fictícia e mesmo desnecessária no plano substancial.

Ao seguir esta tendência, o PLS nº 166/2010 propõe que todas as matérias, inclusive as oficiosas, sejam submetidas ao contraditório entre as partes, corroborando a ideia de que o contraditório seja uma garantia dinâmica de influência e de não surpresa.⁶⁵

---

⁶² Cf. NUNES. *Processo jurisdicional democrático*: uma análise crítica das reformas processuais.

⁶³ Cf. NUNES; CÂMARA; SOARES. *Processo civil para OAB*.

⁶⁴ Cf. NUNES. *O recurso como possibilidade jurídico-discursiva das garantias do contraditório e da ampla defesa*; NUNES. *Processo jurisdicional democrático*: uma análise crítica das reformas processuais; e THEODORO JÚNIOR; NUNES. Uma dimensão que urge reconhecer ao contraditório no direito brasileiro: sua aplicação como garantia de influência, de não surpresa e de aproveitamento da atividade processual. *Revista de Processo*, p. 107-141.

⁶⁵ "c) As matérias conhecíveis de ofício pelo magistrado, sempre serão submetidas ao crivo do contraditório." De forma semelhante a inúmeros outros países: Alemanha, Portugal, França, Itália, Áustria, entre outros.

No entanto, a comissão até o presente momento não ofertou nenhuma tendência de se adotar uma fase preparatória metódica no processo de cognição.

Para tanto, no direito comparado, para articulação técnica de uma cognição idônea existe uma tendência universal de reforço de sua primeira fase[66] (fase introdutória ou preparatória do procedimento cognitivo), como demonstram os relatórios do Congresso da Associação Internacional de Direito Processual de 2008[67] no sentido de realizar uma verdadeira preparação da fase de debates (audiência de instrução e julgamento) e que poderá gerar um final abreviado do processo, mediante a realização de um acordo estruturado (conciliação) caso seja interesse das partes, ou, caso não seja possível, uma preparação adequada da instrução e debates que promoverá a melhoria qualitativa das decisões de primeiro grau, com redução dos índices de reforma desses provimentos nos tribunais.

Sabe-se que todos os sistemas processuais modernos, sejam de *common law* ou de *civil law*, dimensionaram suas fases ou procedimentos cognitivos em estruturas bifásicas em que, numa primeira fase técnica, ocorre a preparação do debate (*v.g.*, audiência preliminar, com a fixação de pontos controvertidos, e preparação escrita do tema da prova) e, numa segunda fase, a discussão endoprocessual de todos os argumentos relevantes (*v.g.*, audiência de instrução e julgamento).

Assim vem sendo feito nas reformas processuais mais recentes, como a inglesa, francesa, alemã e norueguesa.[68]

A novidade é que a preocupação recorrente e mais importante, no passado, com a fase de produção de provas (segunda fase procedimental), de modo a garantir o direito constitucional à prova, vem sendo deslocada paulatinamente para a primeira fase, na qual ocorre a *preparação* do debate e da produção das provas, uma vez que se percebeu que a depuração quase completa das questões objeto do processo permite um diálogo profícuo, seja em procedimentos marcadamente escritos, seja em procedimentos marcadamente orais, além de impedir que a decisão seja fruto solitário do pensamento judicial.[69]

---

[66] Cf. NUNES. *Processo jurisdicional democrático*: uma análise crítica das reformas processuais; e NUNES; BAHIA. Eficiência processual: algumas questões. *Revista de Processo*, p. 127.
[67] Cf. CARPI; ORTELLS RAMOS. *Oralidad y escritura en un proceso civil eficiente.*
[68] VALGUARNERA. Le riforme del processo civile in Norvegia: qualche riflessione comparativa. *Rivista Trimestrale di Diritto e Procedura Civile*, p. 892.
[69] Cf. NUNES. *Processo jurisdicional democrático*: uma análise crítica das reformas processuais.

No entanto, causando preocupação a qualquer pesquisador da eficiência das reformas do direito comparado, percebe-se que o PLS nº 166/2010 não leva a sério a fase preparatória.

Ao se analisar seus artigos 333 e 354, não se verifica grande inovação, mas em verdade, um retrocesso em relação ao atual art. 331 do atual CPC.

Essa fase preparatória deveria ser (claramente) o momento para articulação dos poderes de *case management* do juiz, conforme os artigos 107, V; e 151, §1º, do PLS nº 166, com a adaptação e flexibilização do procedimento, em contraditório, de acordo com as especificidades do caso concreto.

No entanto, nos aludidos preceitos que "tratam" da preparação da causa (artigos 333 e 354) o legislador nenhuma menção faz à adaptabilidade procedimental, criando-se um paradoxo: em qual momento o juiz poderá adaptar o procedimento sem a quebra da previsibilidade que o processo deve viabilizar?

Como comenta Valguarnera, "as reformas dos últimos anos tendem a assegurar um desenvolvimento mais eficiente do procedimento, com redução dos custos e dos tempos, embasando-se sobre dois elementos principais: 1) a elasticidade do rito, que deve poder se adaptar à complexidade da causa, e 2) o poder do juiz de gerir o processo, dosando os recursos processuais segundo a necessidade". Informa ainda que tal gestão se dá de modo comparticipativo (como previsto no §11-6 do novo código norueguês).[70]

Apesar da possibilidade esparsa de adaptação do procedimento (artigos 107, V; e 151, §1º) e da filtragem da discussão processual (com a fixação dos pontos controvertidos), o PLS nº 166 não articula uma fase metódica de preparação.

E desde o sucesso inegável da reforma alemã de 1976, a partir do modelo de Stuttgart (*Das Stuttgarter model*) e da reforma (novela) de simplificação (*die Vereinfachungsnovelle*),[71] toda cognição aposta na aludida estruturação minuciosa desta fase preliminar.

Ademais, para que se possa adotar a aludida concepção de contraditório dinâmico como influência e não surpresa torna-se imperativa a adoção de uma efetiva fase preliminar pois caso contrário, se o juiz não puser à mesa no meio do processo todos os possíveis fundamentos decisórios (na fixação dos pontos controvertidos jurídicos) pode ser que

---

[70] VALGUARNERA. Le riforme del processo civile in Norvegia: qualche riflessione comparativa. *Rivista Trimestrale di Diritto e Procedura Civile*, p. 894.
[71] Cf. NUNES. *Processo jurisdicional democrático*: uma análise crítica das reformas processuais.

ele somente os perceba no momento da prolação da sentença, criando-se a necessidade de abertura do contraditório, com ampliação do tempo de tramitação processual.

Em síntese percebe-se que o PLS nº 166 não pactua com esse movimento universal de reforma da cognição e estruturou um modelo bifásico de cognição, no qual na primeira fase ocorrerá uma audiência de conciliação (não preparatória) que poucos frutos poderão gerar em comparação com as efetivas fases preparatórias utilizadas no direito comparado.

Nesses termos, a adoção concomitante de um contraditório dinâmico e de uma efetiva fase preliminar poderiam promover uma melhoria qualitativa e de eficiência em nosso sistema processual.

Entrementes parece que a Comissão não pactua com esse movimento universal de reforma da cognição e até o presente momento pretende dimensionar um modelo bifásico de cognição, no qual na primeira fase ocorrerá uma audiência de conciliação (não preparatória) que poucos frutos poderão gerar em comparação com as efetivas fases preparatórias utilizadas no direito comparado.

Não se pode ainda olvidar de outras propostas temáticas perigosas, como a de diminuição de alguns recursos, retirada de incidentes e das intervenções de terceiros (entre outras propostas) que poderão gerar inúmeros problemas de eficiência e de celeridade, além de ferir mortalmente outros direitos fundamentais.

Seria de se louvar a preocupação com a litigiosidade repetitiva (serial) mediante a utilização de um incidente de coletivização inspirado no modelo alemão do *Musterverfahren*.[72]

No entanto, este outro elemento do PLS nº 166/2010, festejado por todos, delineado para o dimensionamento da litigiosidade repetitiva ou serial merece atenção: o denominado incidente de resolução de demandas repetitivas dos artigos 895 a 906.

Tal instituto é confessadamente inspirado no sistema alemão,[73] mas dele se afasta em seus principais caracteres.

Esse mecanismo de coletivização incidental (*Musterverfahren*) é utilizado em procedimentos comuns ordinários que envolvam pretensões isomórficas.

---

[72] Cf. THEODORO JÚNIOR; NUNES; BAHIA. Litigiosidade em massa e repercussão geral no recurso extraordinário. *Revista de Processo*, p. 9-46.

[73] Com os mesmos objetivos, criou-se, com inspiração no direito alemão, o já referido incidente de Resolução de Demandas Repetitivas, que consiste na identificação de processos que contenham a mesma questão de direito, que estejam ainda no primeiro grau de jurisdição, para decisão conjunta. Trecho da exposição de motivos do anteprojeto.

Tal incidente, a ser julgado pelo órgão de segundo grau, suspende a tramitação das ações repetitivas, e promove a análise dos elementos comuns das causas repetitivas com a remessa, após essa análise, ao primeiro grau para o julgamento das especificidades.

Na Alemanha essa técnica de coletivização vem prevista na lei sobre o processo modelo nas controvérsias do mercado de capital tedesca – *Kapitalanleger-Musterverfahrensgesetz (KapMuG)*. O objetivo da lei é de resolver de modo idêntico e vinculante questões controversas em causas paralelas, mediante decisão modelo dos aspectos comuns pelo Tribunal Regional (*Oberlandesgericht*), com ampla possibilidade de participação dos interessados. A partir dessa decisão se julgarão as especificidades de cada caso.[74]

Na causa piloto (*Musterprozessfürung*), "as diversas demandas são propostas por uma parte com a finalidade, não só de decidir o caso específico, mas com o escopo secundário de utilizar a solução jurisdicional assim obtida como referência para a solução consensual de uma pluralidade indeterminada de controvérsias que conduziria um grupo mais amplo de sujeitos possuidores do mesmo interesse"[75] (tradução livre).

No entanto, no processo modelo alemão, como explica com precisão Antonio do Passo Cabral:

> A finalidade do procedimento é fixar posicionamento sobre supostos fáticos ou jurídicos de pretensões repetitivas. A lei é clara em apontar estes escopos (*Feststellungsziele*) expressamente, assinalando que devem inclusive ser indicados no requerimento inicial (§1 (2)). Assim, não é difícil identificar o objeto do incidente coletivo: no *Musterverfahren* decidem-se apenas alguns pontos litigiosos (*Streitpunkte*) expressamente indicados pelo requerente (apontados concretamente) e fixados pelo juízo, fazendo com que a decisão tomada em relação a estas questões atinja vários litígios individuais. Pode-se dizer, portanto, que o mérito da cognição no incidente compreende elementos fáticos ou questões prévias (*Vorfragen*) de uma relação jurídica ou de fundamentos da pretensão individual.[76]

O procedimento (incidente de coletivização) se articula em três fases:

---

[74] CAPONI. Modelli europei di tutela collettiva nel processo civile: esperienze tedesca e italiana a confronto. *Rivista Trimestrale di Diritto e Procedura Civile*, p. 1229.
[75] WITTMANN. Il "contenzioso di massa" in Germania. *In*: GIORGETTI; VALLEFUOCO. *Il contenzioso di massa in Italia, in Europa e nel mondo*: profili di comparazione in tema di azioni di classe ed azioni di gruppo, p. 454.
[76] Cf. CABRAL. O novo procedimento-modelo (*Musterverfahren*) alemão: uma alternativa às ações coletivas. *Revista de Processo*, v. 32, n. 147, p. 123-146.

a) Admissibilidade, com propositura de um incidente padrão (*Musterfeststellungsantrag*) por uma das partes e a verificação da existência de vários procedimentos tratando de questões jurídicas ou pontos prejudiciais que mereçam uma decisão modelo; caso verifique a necessidade, o primeiro juízo no qual se suscitou o incidente de julgamento modelo, mediante a publicação da existência da ação em um registro eletrônico,[77] remete a discussão ao Tribunal Regional.

b) A segunda fase se desenvolve no Tribunal Regional, mediante a suspensão de todos os procedimentos nos juízos de origem; permite-se que qualquer uma das partes manifeste suas defesas (tal possibilidade, inclusive, constitui o fundamento do efeito vinculante da decisão modelo). Porém, para evitar o tumulto a corte nomeia, de oficio, litigantes-modelo, representando os autores e réus (*Musterkläger* e *Musterbeklagte*). Estes, como assevera Cabral:

> (...) serão interlocutores diretos com a corte (...) como estamos diante de procedimento de coletivização de questões comuns a vários processos individuais, faz-se necessária a intermediação por meio de um "porta-voz". Estes são uma espécie de "parte principal": são eles, juntamente com seus advogados, que traçarão a estratégia processual do grupo. Os demais, se não poderão contradizer ou contrariar seus argumentos, poderão integrá-los, acrescentando elementos para a formação da convicção judicial.[78]

A decisão tomada nesta segunda fase vinculará todos os processos.

c) Com o depósito da decisão passada em julgado, por obra de cada parte em cada processo individualizado se inicia a terceira fase na qual se definirão as pretensões individuais de cada litígio (suas especificidades).[79]

A divisão da cognição, que o incidente viabiliza, mitiga os problemas de análise das especificidades de cada demanda e viabiliza um melhor julgamento dos aspectos "idênticos" das ações seriais.

Tal exemplo não deve ser obviamente transportado ao direito brasileiro sem maiores reflexões, mas, representa um exemplo de

---

[77] Cf. <http://www.ebundesanzeiger.de/ebanzwww/wexsservlet>.

[78] Cf. CABRAL. O novo procedimento-modelo (*Musterverfahren*) alemão: uma alternativa às ações coletivas. *Revista de Processo*, p. 123-146.

[79] Cf. CAPONI. Modelli europei di tutela collettiva nel processo civile: esperienze tedesca e italiana a confronto. *Rivista Trimestrale di Diritto e Procedura Civile*, p. 1229; e CABRAL. O novo procedimento-modelo (*Musterverfahren*) alemão: uma alternativa às ações coletivas. *Revista de Processo*, v. 32, n. 147, p. 123-146.

busca de dimensionamento do problema das ações repetitivas sem negligenciar as garantias processuais do modelo constitucional de processo, como a técnica de processo-teste, como a repercussão geral, *v.g.*, pode conduzir.[80]

Ocorre que do modo posto pelos artigos 895 a 906 do PLS o incidente permitirá uma *padronização decisória* da demanda em todos os seus aspectos, algo que poderá gerar inúmeros problemas. Ademais, várias opções da Comissão de juristas e por conseqüência do legislador brasileiro devem ser criticadas, de forma minuciosa e científica, em trabalhos específicos.

Conclusão

O presente ensaio buscou estabelecer, a partir de uma compreensão do processo adequada ao Estado Democrático de Direito e de uma reflexão crítica do conceitualismo voltado ao liberalismo e ao socialismo processual, uma proposta de devido processo legislativo concernente as reformas processuais macroestrutruais que vem sendo implementadas no Brasil tanto para o processo civil quanto para o processo penal.

Desta feita, o estudo estabeleceu fases para um devido processo legislativo de reforma processual, definindo três fases preparatórias: a primeira do diagnóstico prévio dos problemas e crises da legislação a ser reformada, a segunda fase de definição legislativa das diretrizes da reforma e nomeação de uma Comissão de juristas e a terceira, consubstanciada, no debate público da proposta de anteprojeto de Código. Somente depois desta fase preparatória adviria o processo legislativo propriamente dito que vai da proposição de projeto de lei até a sanção presidencial. Como fases finais do devido processo legislativo, prevê-se a necessidade de período de *vacatio legis* adequado à preparação dos "operadores do direito" para implantação da nova sistemática processual e ainda uma última fase que se inicia com a entrada em vigor do novo Código denominada de fase de monitoramento da reforma.

A partir da definição de um devido processo legislativo para as reformas processuais macroestrutruais o presente estudo analisou as atuais fases das reformas do Código de Processo Penal e Código de Processo Civil brasileiro analisando as aproximações e os distanciamentos que as propostas apresentam.

---

[80] THEODORO JÚNIOR; NUNES; BAHIA. Litigiosidade em massa e repercussão geral no recurso extraordinário. *Revista de Processo*, p. 9-46.

Deve-se evitar a concepção e tratamento do processo como um mal uma vez que esta perspectiva tem subsidiado propostas e reformas no sentido de se lhe abreviar o máximo possível. A brevidade também é justificada (e aqui talvez com maior intensidade) do ponto de vista institucional, é dizer, o processo consome recursos públicos (sempre insuficientes para dar conta de todas as demandas), logo, quanto mais rápido se der a solução, menores os gastos.

Não se pode esquecer que o processo é uma garantia que não pode ser concebida como um entrave com formalidades desprovidas de fundamentação constitucional (formalismo constitucionalizado), mas não pode ter esvaziado seu papel de promoção da participação dos interessados na obtenção de direitos fundamentais, por razões de eficiência quantitativa e pelas pressões econômicas ou políticas dos grandes grupos de poder.

Assim, percebe-se, que a sociedade brasileira se encontra com uma oportunidade inédita de conceber legislações processuais marcadas pela democratização e constitucionalização do Direito.

Somente se espera que fatores políticos, econômicos ou sociais não viabilizem que as Comissões de Juristas e o Congresso Nacional aprovem leis apressadas e que não se encontram em consonância com o paradigma constitucional democrático que vivenciamos desde 1988.

Referências

ALCALÁ-ZAMORA Y CASTILLO, Niceto. *Proceso, autocomposición y autodefensa*: contribución al estudio de los fines del proceso. 3. ed. 1. reimp. México: Universidad Nacional Autónoma de México, 2000.

ALEXY, Robert. Direitos fundamentais no estado constitucional democrático: para a relação entre direitos do homem, direitos fundamentais, democracia e jurisdição constitucional. *Revista de Direito Administrativo – RDA*, n. 217, p. 55-66, jul./set. 1999.

ANDOLINA, Italo; VIGNERA, Giuseppe. *I fondamenti costituzionali della giustizia civile*: il modello costituzionale del processo civile italiano. 2. ed. ampliata e aggiornata. Torino: G. Giappichelli, 1997.

BARACHO, José Alfredo de Oliveira. A constituição do direito: a constitucionalização do direito processual: processo civil e direito constitucional: direito processual comunitário. *Logos Veritas – Revista do Curso de Direito do Instituto Luterano de Ensino Superior (ULBRA)*, n. 4, p. 9-14, 2000.

BARACHO, José Alfredo de Oliveira. A teoria da igual proteção: equal protection. *Logos Veritas – Revista do Curso de Direito do Instituto Luterano de Ensino Superior (ULBRA)*, n. 3, p. 9-13, 1999.

BARACHO, José Alfredo de Oliveira. *Processo constitucional*. Rio de Janeiro: Forense, 1984.

BARACHO, José Alfredo de Oliveira. Teoria geral do processo constitucional. *Revista da Faculdade Mineira de Direito*, v. 2, n. 3/4, p. 89-154, 1999.

BARROS, Flaviane de Magalhães. *(Re)forma do processo penal*: comentários críticos dos artigos modificados pelas leis n. 11.690/08 e n. 11.719/08 e n. 11.900/09. 2. ed. Belo Horizonte: Del Rey, 2009.

BARROS, Flaviane de Magalhães. Ensaio de uma teoria geral do processo de bases principiológicas: sua aplicação no processo legislativo, executivo e jurisdicional. *In*: GALUPPO, Marcelo Campos (Org.). *O Brasil que queremos*: reflexões sobre o Estado Democrático de Direito. Belo Horizonte: PUC Minas, 2006.

BARROS, Flaviane de Magalhães. O modelo constitucional de processo e o processo penal: a necessidade de uma interpretação das reformas do processo penal a partir da Constituição. *In*: CATTONI DE OLIVEIRA, Marcelo Andrade; MACHADO, Felipe Daniel Amorim (Coord.). *Constituição e processo*: a contribuição do processo ao constitucionalismo democrático brasileiro. Belo Horizonte: Del Rey, 2009.

BARROS. Flaviane de Magalhães. Direito das vítimas e sua participação no processo penal: a análise do PLS 156/2009 a partir de uma interpretação constitucional. *In*: COUTINHO, Jacinto Nelson de Miranda; CARVALHO, Luis Gustavo Grandinetti Castanho de (Org.). *O novo processo penal à luz da Constituição*: análise crítica do Projeto de Lei nº 156/2009 do Senado Federal. Rio de Janeiro: Lumen Juris, 2010.

BORGES, Clara Maria Roman. Permeabilidade inquisitorial de um projeto de Código Processo Penal acusatório. *In*: COUTINHO, Jacinto Nelson de Miranda; CARVALHO, Luis Gustavo Grandinetti Castanho de (Org.). *O novo processo penal à luz da Constituição*: análise crítica do Projeto de Lei nº 156/2009 do Senado Federal. Rio de Janeiro: Lumen Juris, 2010.

BRANDÃO, Nuno; CARVALHO, Luis Gustavo Grandinetti Castanho de. Sistemas processuais do Brasil e Portugal: estudo comparado. *In*: CARVALHO, Luis Gustavo Grandinetti Castanho de (Org.). *Processo penal do Brasil e de Portugal*: estudo comparado: as reformas portuguesa e brasileira. Coimbra: Almedina, 2009.

BRASIL. Senado Federal. Projeto de Lei do Senado nº 156, de 2009. Brasília, 22 abr. 2009. Disponível em: <http://www.senado.gov.br/atividade/materia/detalhes.asp?p_cod_mate=90645>. Acesso em: 1º nov. 2010.

BRASIL. Senado Federal. Projeto de Lei do Senado nº 166, de 2010. Brasília, 8 jun. 2010. Disponível em: <http://www.senado.gov.br/atividade/materia/detalhes.asp?p_cod_mate=97249>. Acesso em: 1º nov. 2010.

BÜLOW, Oskar. *Gesetz und Richterant (1885); Ueber das Verhältnis der Rechtsprechung zum Gesetzesrecht (1906)*. Berlin: BWV, Berliner Wiss.-Verl., 2003. (Juristische Zeitgeschichte/Kleine Reihe, Bd. 10).

CABRAL, Antonio do Passo. O novo procedimento-modelo (*Musterverfahren*) alemão: uma alternativa às ações coletivas. *Revista de Processo*, v. 32, n. 147, p. 123-146, maio 2007.

CALMON DE PASSOS, José Joaquim. Cidadania e efetividade do processo. *Revista Síntese de Direito Civil e Processual Civil*, v. 1, n. 1, p. 30-35, set./out. 1999.

CAPONI, Remo. Modelli europei di tutela collettiva nel processo civile: esperienze tedesca e italiana a confronto. *Rivista Trimestrale di Diritto e Procedura Civile*, v. 61, n. 4, p. 1229, 2007.

CAPPELLETTI, Mauro. *O processo civil no direito comparado*. Tradução de Hiltomar Martins de Oliveira. Belo Horizonte: Líder, 2001.

CARPI, Federico; ORTELLS RAMOS, Manuel. *Oralidad y escritura en un proceso civil eficiente*. València: Universidad de València, 2008. 2 v.

CARVALHO, Luis Gustavo Grandinetti Castanho de (Org.). *Processo penal do Brasil e de Portugal*: estudo comparado: as reformas portuguesa e brasileira. Coimbra: Almedina, 2009.

CATTONI DE OLIVEIRA, Marcelo Andrade. Democracia sem espera e processo de constitucionalização: uma crítica aos discursos oficiais sobre a chamada "transição política brasileira". *In*: CATTONI DE OLIVEIRA, Marcelo Andrade; MACHADO, Felipe Daniel Amorim (Coord.). *Constituição e processo*: a contribuição do processo ao constitucionalismo democrático brasileiro. Belo Horizonte: Del Rey, 2009.

CATTONI DE OLIVEIRA, Marcelo Andrade. *Devido processo legislativo*: uma justificação democrática do controle jurisdicional de constitucionalidade das leis e do processo legislativo. 2. ed. Belo Horizonte: Mandamentos, 2006.

CATTONI DE OLIVEIRA, Marcelo Andrade; MACHADO, Felipe Daniel Amorim (Coord.). *Constituição e processo*: a contribuição do processo ao constitucionalismo democrático brasileiro. Belo Horizonte: Del Rey, 2009.

CHIOVENDA, Giuseppe. *Ensayos de derecho procesal civil*. Traducción de Santiago Sentis Melendo. Buenos Aires: Ed. Jurídicas Europa-América, 1949. 3 v.

CHIOVENDA, Giuseppe. Relación sobre el proyecto de reforma del procedimiento elaborado por la comisión de posguerra. *In*: CHIOVENDA, Giuseppe. *Ensayos de derecho procesal civil*. Traducción de Santiago Sentis Melendo. Buenos Aires: Ed. Jurídicas Europa-América, 1949. v. 2.

CORDERO, Franco. *Guida alla procedura penale*. Torino: UTET, 1986.

COUTINHO, Jacinto Nelson de Miranda. Sistema acusatório: cada parte no lugar constitucionalmente demarcado. *Revista de Informação Legislativa*, v. 46, n. 183, p. 103-115, jul./set. 2009.

COUTINHO, Jacinto Nelson de Miranda; CARVALHO, Luis Gustavo Grandinetti Castanho de (Org.). *O novo processo penal à luz da Constituição*: análise crítica do Projeto de Lei nº 156/2009 do Senado Federal. Rio de Janeiro: Lumen Juris, 2010.

DINAMARCO, Cândido Rangel. *A instrumentalidade do processo*. 6. ed. São Paulo: Malheiros, 1998.

FAZZALARI, Elio. Diffusione del processo e compiti della dottrina. *Rivista Trimestrale di Diritto e Procedura Civile*, n. 3, p. 861-862, 1958.

FERRAJOLI, Luigi. *Direito e razão*: teoria do garantismo penal. Tradução de Ana Paula Zomer, Fauzi Hassan Choukr, Juarez Tavares e Luiz Flávio Gomes. São Paulo: Revista dos Tribunais, 2002.

FIX-ZAMUDIO, Héctor. El pensamiento de Eduardo J. Couture y el derecho constitucional procesal. *Boletín Mexicano de Derecho Comparado*, v. 10, n. 30, p. 315-348, 1977.

FIX-ZAMUDIO, Héctor. *Veinticinco anos de evolución de la justicia constitucional*: 1940-1965. México: Universidad Nacional Autónoma de México, 1968.

FIX-ZAMUDIO, Héctor; VALENCIA CARMONA, Salvador. *Derecho constitucional mexicano y comparado*. México: Porrúa; Universidad Nacional Autónoma de México, 2007.

GALUPPO, Marcelo Campos (Org.). *O Brasil que queremos*: reflexões sobre o Estado Democrático de Direito. Belo Horizonte: PUC Minas, 2006.

GIORGETTI, Alessandro; VALLEFUOCO, Valerio. *Il contenzioso di massa in Italia, in Europa e nel mondo*: profili di comparazione in tema di azioni di classe ed azioni di gruppo. Milano: Giuffrè, 2008.

GOLDSCHMIDT, James. *Derecho procesal civil*. Traducción por Leonardo Prieto Castro. Barcelona: Labor, 1936.

GONÇALVES, Aroldo Plínio. *Técnica processual e teoria do processo*. Rio de Janeiro: Aide, 1992.

GÜNTHER, Klaus. *The Sense of Appropriateness*: Application Discourses in Morality and Law. Albany: State University of New York Press, 1993.

GÜNTHER, Klaus. Un concepto normativo de coherencia para una teoría de la argumentación jurídica. Traducción de Juan Carlos Velasco Arroyo. *Doxa – Cuadernos de Filosofía del Derecho*, n. 17/18, p. 271-302, 1995.

HABERMAS, Jürgen. *Faktizität und Geltung*: Beiträge zur Diskurstheorie de Rechts und des demokratischen Rechtsstaats. 4. Aufl. Frankfurt am Main: Suhrkamp, 1994.

KLEIN, Franz. *Zeit- und Geistesströmungen im Prozesse*. 2. Aufl. Frankfurt am Main. V. Klostermann, 1958.

MAC-GREGOR, Eduardo Ferrer. Héctor Fix-Zamudio y el origen científico del derecho procesal constitucional: 1928-1956. *In*: MAC-GREGOR, Eduardo Ferrer; LELO DE LARREA, Arturo Zaldívar (Coord.). *La ciencia de derecho procesal constitucional*: estudios en homenaje a Héctor Fix-Zamudio en sus cincuenta años como investigador del derecho. México, DF; Madrid: Universidad Autónoma de México; Marcial Pons, 2008. v. 1.

MAC-GREGOR, Eduardo Ferrer; LELO DE LARREA, Arturo Zaldívar (Coord.). *La ciencia de derecho procesal constitucional*: estudios en homenaje a Héctor Fix-Zamudio en sus cincuenta años como investigador del derecho. México, DF; Madrid: Universidad Autónoma de México; Marcial Pons, 2008. 12 v.

MONTERO AROCA, Juan. *I principi politici del nuovo processo civile spagnolo*. Napoli: Ed. Scientifiche Italiane, 2002.

NUNES, Dierle. Novos rumos para as tutelas diferenciadas no Brasil?. *In*: THEODORO JÚNIOR, Humberto; LAUAR, Maira Terra (Coord.). *Tutelas diferenciadas como meio de incrementar a efetividade da prestação jurisdicional*. Rio de Janeiro: GZ, 2010.

NUNES, Dierle. *O recurso como possibilidade jurídico-discursiva das garantias do contraditório e da ampla defesa*. 2003. Dissertação (Mestrado em Direito Processual) – Pontifícia Universidade Católica de Minas Gerais, Belo Horizonte, 2003.

NUNES, Dierle. *Processo jurisdicional democrático*: uma análise crítica das reformas processuais. Curitiba: Juruá, 2008.

NUNES, Dierle; BAHIA, Alexandre. Eficiência processual: algumas questões. *Revista de Processo*, v. 34, n. 169, p. 116-139, mar. 2009.

NUNES, Dierle; BAHIA, Alexandre. Por um novo paradigma processual. *Revista da Faculdade de Direito do Sul de Minas*, n. 26, p. 79-98, jan./jun. 2008.

NUNES, Dierle; BAHIA, Alexandre. Processo constitucional: uma abordagem a partir dos desafios do Estado Democrático de Direito. *Revista Eletrônica de Direito Processual – REDP*, ano 3, v. 4, p. 223-249, jul./dez. 2009. Disponível em: <http://www.redp.com.br>. Acesso em: 1º nov. 2010.

NUNES, Dierle; CÂMARA, Bernardo Ribeiro; SOARES, Carlos Henrique. *Processo civil para OAB*. Salvador: JusPodivm, 2010.

SANTOS, Boaventura de Sousa. *Para uma revolução democrática da justiça*. São Paulo: Cortez, 2007.

SANTOS, Boaventura de Sousa. *Pela mão de Alice*: o social e o político na pós-modernidade. Porto: Afrontamento, 1994.

TARUFFO, Michele. Aspetti fondamentali del processo civile di civil law e di common law. *In*: TARUFFO, Michele. *Sui confini*: scritti sulla giustizia civile. Bologna: Il Mulino, 2002.

TARUFFO, Michele. Orality and Writing as Factors of Efficiency in Civil Litigation. *In*: CARPI, Federico; ORTELLS RAMOS, Manuel. *Oralidad y escritura en un proceso civil eficiente*. València: Universidad de València, 2008. v. 2.

TARUFFO, Michele. *Sui confini*: scritti sulla giustizia civile. Bologna: Il Mulino, 2002.

THEODORO JÚNIOR, Humberto; LAUAR, Maira Terra (Coord.). *Tutelas diferenciadas como meio de incrementar a efetividade da prestação jurisdicional*. Rio de Janeiro: GZ, 2010.

THEODORO JÚNIOR, Humberto; NUNES, Dierle. Uma dimensão que urge reconhecer ao contraditório no direito brasileiro: sua aplicação como garantia de influência, de não surpresa e de aproveitamento da atividade processual. *Revista de Processo*, v. 34, n. 168, p. 107-141, fev. 2009.

THEODORO JÚNIOR, Humberto; NUNES, Dierle; BAHIA, Alexandre. Litigiosidade em massa e repercussão geral no recurso extraordinário. *Revista de Processo*, v. 34, n. 177, p. 9-46, nov. 2009.

VALGUARNERA, Filippo. Le riforme del processo civile in Norvegia: qualche riflessione comparativa. *Rivista Trimestrale di Diritto e Procedura Civile*, v. 62, n. 3, p. 885 *et seq.*, set. 2008.

WASSERMANN, Rudolf. *Der soziale Zivilprozess*: zur Theorie und Praxis des Zivilprozesses im sozialen Rechtsstaat. Neuwied, Darmstadt: Luchterhand, 1978.

WOOLF, Harry. *Access to Justice*: Final Report to the Lord Chancelor on the Civil Justice Sistem in England and Wales. London: HMSO, 1986.

ZAFFARONI, Eugenio Raúl. *Informe final*: documento final del programa de investigación desarrollado por el Inst. Interamericano de Derechos Humanos (1982-1986). Buenos Aires: Depalma, 1986. (Sistemas penales y derechos humanos en América Latina, Informe 2).

Informação bibliográfica deste texto, conforme a NBR 6023:2002 da Associação Brasileira de Normas Técnicas (ABNT):

NUNES, Dierle; Barros, FLAVIANE de Magalhães. As reformas processuais macroestruturais brasileiras. *In*: BARROS, Flaviane de Magalhães; BOLZAN DE MORAIS, Jose Luis (Coord.). *Reforma do processo civil*: perspectivas constitucionais. Belo Horizonte: Fórum, 2010. p. 15-53. ISBN 978-85-7700-404-1.

O Problema do "Livre Convencimento" e do "Protagonismo Judicial" nos Códigos Brasileiros: a Vitória do Positivismo Jurídico

Lenio Luiz Streck

Sumário: 1 Considerações propedêuticas – **2** Em tempos de reforma dos códigos de processo, a aposta no "livre convencimento" ou "no protagonismo-instrumentalista": um claro resquício (ou aposta) na discricionariedade positivista – **3** O Projeto de Novo Código de Processo Civil: novo código, velhos problemas – **4** Considerações finais – Referências

1 Considerações propedêuticas

Historicamente, as tentativas de "aprisionar" o direito no interior de conceitos — como se a razão teórica pudesse ter uma vida autônoma, separada do modo como lidamos com o mundo, nossas escolhas, etc. (razão prática) — fracassaram de forma retumbante. Autoritarismos, duas grandes guerras e ditaduras: *esses foram o resultado da "pureza do direito"*. Conceitos sem mundo prático: definitivamente, o positivismo fracassou. Mas qual é o positivismo que fracassou?

Em qualquer discussão, o ponto inicial deveria sempre versar sobre a má compreensão acerca do positivismo. Como isso se proliferou? Dou aqui algumas pistas: as teorias críticas do direito — me refiro àquelas sustentadas na analítica da linguagem (caso específico, por exemplo, da teoria da argumentação jurídica) — não conseguem fazer mais do que superar o positivismo primitivo (exegético), ultrapassando-o, entretanto, apenas no que tange ao problema "lei = direito", isto é, somente alcançam o "sucesso" de dizer que "o texto é diferente da norma" (na verdade, fazem-no a partir não de uma diferença, mas, sim, de uma cisão semântico-estrutural, cortando qualquer amarra de sentido entre texto e sentido do texto). Isto é, "descobriram" que o problema do direito não está na lei (texto relacionado com texto), mas na norma.

Para isso, valem-se da linguagem, especialmente calcados na primeira fase do *linguistic turn*, que conhecemos como o triunfo do neopositivismo lógico (ou empirismo contemporâneo). Claro que essa questão diz respeito apenas a alguns setores da doutrina jurídica, eis que a maioria sequer se dá conta ou sabe da importância do Círculo de Viena (para dizer o mínimo). Na especificidade do campo jurídico, a(lguma)s teorias analíticas tomaram emprestado do próprio Kelsen o elemento superador do positivismo exegético, cuja perspectiva hermenêutica funcionava no plano semiótico da sintaxe, enfrentando um segundo nível, o da semântica, o que se observa ainda hoje em diversas concepções que se pretendem críticas, mormente naquilo que vem sendo denominado de "neoconstitucionalismo". Registre-se: os componentes sintáticos não estão excluídos na "viragem kelseniana"; apenas, no que tange ao problema da interpretação/aplicação do direito — que é o que nos interessa (Capítulo VIII da *Teoria pura do direito*) —, há um sensível deslocamento em direção à semântica,[1] que fica claro na ideia

---

[1] Importante registrar um esclarecimento: quando falo aqui em uma ênfase semântica, estou me referindo explicitamente ao problema da *interpretação do direito* tal qual é descrito por Kelsen no fatídico Capítulo VIII de sua *Reine Rechtslehre*. Para compreendermos bem essa questão, é preciso insistir em um ponto: há uma cisão, em Kelsen, entre direito e ciência do direito que irá determinar, de maneira crucial, seu conceito de interpretação. De fato, também a interpretação, em Kelsen, será fruto de uma cisão: *interpretação como ato de vontade* e *interpretação como ato de conhecimento*. A interpretação como ato de vontade produz, no momento de sua "aplicação", *normas*. A descrição dessas normas de forma objetiva e neutra — interpretação como ato de conhecimento — produz *proposições*. Dado à característica relativista da moral kelseniana, as normas — que exsurgem de um *ato de vontade* — terão sempre um espaço de mobilidade sob o qual se movimentará o intérprete. Esse espaço de movimentação é derivado exatamente do problema semântico que existe na aplicação de um signo linguístico — através do qual a norma superior se manifesta — aos objetos do mundo concreto — que serão afetados pela criação de uma nova norma. Por outra banda, a interpretação como ato de conhecimento — que descreve, no plano de uma metalinguagem, as normas produzidas pelas autoridades jurídicas — produz proposições que se relacionam entre si de uma maneira estritamente lógico-formal. Vale dizer, a relação entre as proposições são, essas sim, meramente *sintáticas*. Minha preocupação, contudo, não é dar conta dos problemas sistemáticos que envolvem o projeto kelseniano de ciência jurídica. Minha questão é explorar e enfrentar o problema lançado por Kelsen e que perdura de um modo difuso e, por vezes, inconsciente no imaginário dos juristas: a ideia de discricionariedade

de moldura da norma. Além disso, a grande "sacada" kelseniana foi a de compreender que o problema do direito não era a discussão acerca do sentido sintático da lei, mas, sim, que o problema está no conceito de norma, que é reconhecido como um "conceito semântico", circunstância reconhecida, inclusive, por autores como Alexy. Não fosse por nada, restaria a pergunta: por que uma decisão judicial, em Kelsen, também é (ou faz) norma?

Mais ainda, não esqueçamos que, no positivismo exegético, o que importa é o direito entendido como sistema (que é autônomo); a lei é expressão da razão; a interpretação da lei é prévia, ficando reduzida à análise sintática. Por isso, a aposta na autônoma razão teórica. No positivismo primitivo (tanto no que tange à escola da exegese como na jurisprudência dos conceitos), o "fato" vem depois; ele não faz parte da interpretação do direito. Lembremos que, nessa época, estava-se no auge da cisão "interpretação-aplicação", cujas consequências podem ser vistas até hoje em face da dificuldade na compreensão dessa cisão.

Que a lei não dá conta de tudo Kelsen já havia percebido, só que, enquanto ele chegava a essa conclusão a partir da cisão entre ser e dever ser — a partir da divisão entre linguagem-objeto e metalinguagem —, as teorias analíticas e seus correlatos chegam à mesma conclusão. Ocorre, entretanto, que essa "mesma conclusão" vem infectada com o vírus do sincretismo filosófico, uma vez que mixaram inadequadamente o nível da metalinguagem com o da linguagem-objeto, isto é, do plano da ciência do direito (pura) e o do direito (eivado do solipsismo próprio da razão prática).

Explicando melhor: Kelsen apostou na discricionariedade do intérprete (no nível da aplicação do direito, isto é, no nível da linguagem-objeto e não da metalinguagem) como sendo uma fatalidade exatamente para salvar a "pureza metódica", que assim permanecia "a salvo" da subjetividade, da axiologia, da ideologia, etc. Ou seja, se Kelsen faz essa aposta nesse "nível", as diversas teorias (semânticas e pragmaticistas) aposta(ra)m na discricionariedade a ser feita "diretamente" pelo intérprete/juiz. Veja-se que leitura equivocada foi feita da obra de Kelsen. Mais ainda, se Kelsen teve o cuidado de construir o seu próprio objeto de conhecimento — e, por isso, é um autêntico positivista —, a teoria pós-kelseniana que não compreendeu a amplitude e profundidade do

---

do intérprete ou do decisionismo presente na metáfora da "moldura da norma". É nesse sentido que se pode afirmar que, no que tange à interpretação do direito, Kelsen amplia os problemas semânticos da interpretação, acabando por ser picado fatalmente pelo "aguilhão semântico" de que fala Ronald Dworkin.

neopositivismo lógico acabou por fazer essa mixagem dos dois níveis (metalinguagem e linguagem-objeto). Não me admiro mais quando ouço juristas de nomeada confundirem o Kelsen da ciência jurídica com o Kelsen do oitavo capítulo...! Seguidamente se pode observar juristas falarem da interpretação pura (sic) proposta por Kelsen ou frases do tipo "ao propor a aplicação da literalidade da lei, você está sendo kelseniano"...! Veja-se a necessidade de retornar às leituras do mestre de Viena.

Em outras palavras, a partir dessa má-compreensão, (muit)os juristas pensaram que o juiz seria o sujeito pelo qual, no momento da aplicação do direito (em Kelsen, o juiz faz um ato de vontade e não de conhecimento), passa(ria) a fazer a "cura dos males do direito". O que em Kelsen era uma fatalidade (e não uma solução), para as correntes semanticistas (pensemos no "aguilhão semântico" de Dworkin para saber o que quero dizer quando falo de "semântica"), passou a ser a salvação para as "insuficiências" ônticas do direito.

E de que modo as teorias analíticas pretende(ra)m controlar a "expansão linguística" provocada pela descoberta da cisão da norma do seu texto? A resposta é simples: pela metodologia. Algo como "racionalizar" o subjetivismo...! No fundo, um retorno à velha jurisprudência dos conceitos. Ou melhor, em tempos de jurisprudência dos valores, axiologismos, etc., nada melhor do que um retorno a uma certa racionalidade dedutivista. A diferença é que agora não se realiza mais uma pirâmide formal de conceitos para apurar o sentido do direito positivo; ao revés, utiliza-se o intérprete como "canal" através do qual os valores sociais "invadem" (sic) o direito, como se o sujeito que julga fosse o fiador de que as regras jurídicas não seriam aplicadas de um modo "excessivamente formalista" (sic). No Brasil, é fácil perceber esse fenômeno, bastando, para tanto, um olhar sobre a discussão que a doutrina vem fazendo sobre "interpretação" e "aplicação", com a nítida aposta no protagonismo judicial (p.ex., sob o pálio da vulgata da "ponderação de valores"). Isso para dizer pouco acerca do que representa essa aposta no protagonismo sob o pálio de uma ponderação que, longe do que se propunha o seu criador, Alexy, acaba sendo empregada para disfarçar o solipsismo judicial.

Ocorre que, ao permanecerem no campo da semanticidade (já não falo da sintaxe), os juristas que se inserem nesse contexto (na verdade, a maioria) são obrigados — sob pena de autodestruição de seu discurso — a admitir múltiplas respostas na hora da decisão. Nada mais do que evidente: se as palavras contêm incertezas designativas/significativas, há que se admitir uma pluralidade de sentidos (no campo da semântica, é claro). *Só que isso denuncia a cisão entre interpretar e aplicar*. Observemos: o neopositivismo surgiu exatamente para construir uma linguagem artificial, com o fito de superar essa incerteza da linguagem natural com a qual era feita a ciência. Já as diversas teorias analíticas apenas comemoram tardiamente a descoberta dessas incertezas da linguagem, pensando que, se superassem o exegetismo assentado na justaposição entre texto e norma, já estariam em um segundo patamar... O resultado disso todos conhecemos. Basta olhar para a verdadeira ode ao relativismo que é feita cotidianamente na doutrina e na jurisprudência. O juiz pode tudo; o intérprete é soberano...!

Por tudo isso, é possível dizer que, mormente no Brasil, as ditas teorias ou posturas "críticas" do direito merecem sobremodo fortes críticas, justamente em face dos problemas por elas causadas. As posturas "críticas" dominantes ainda estão presas a essa contraposição entre o paradigma hermenêutico do positivismo legalista/sintático/exegético e o positivismo/normativista/semântico. Veja-se: o próprio Robert Alexy apenas supera o positivismo exegetista, continuando, no entanto, refém do positivismo normativista (pós-exegético). Por isso, do mesmo modo que Kelsen e Hart, aposta — explicitamente — na discricionariedade, com a diferença de que procura racionalizar essa diferenciação entre texto e norma.

Sofisticadamente ou não, o custo maior aparece no plano da operacionalidade do direito, onde a dogmática jurídica dominante, inserida no senso comum teórico pragmático-sincretista e sem maiores compromissos teóricos, continua a apostar na discricionariedade, como se esta fosse algo "crítico", esquecendo-se que foi esse — o positivismo normativista — que, calcado na discricionariedade, ultrapassou o positivismo primitivo.

Na verdade, a dogmática jurídica, compreendida nesse contexto, nada mais fez (ou faz) do que aquilo que Kelsen tão bem designou de política jurídica ou judiciária. Dogmática jurídica tem sido (e ainda é) uma aposta na velha vontade de poder, circunstância perceptível até mesmo em setores da assim denominada "crítica do direito" pós-Constituição de 1988.

O que deve ser dito é que, em um nível mais sofisticado, o triunfo da discricionariedade (que leva quase sempre à arbitrariedade de sentidos) se deve à permanência do paradigma da filosofia da consciência em termos de fundamento, assim como a uma analítica da linguagem — que desenvolve uma reflexão num nível semântico — do ponto de vista metodológico.

O que tudo isso tem a ver com os Códigos Processuais brasileiros? Muito simples: nossos Códigos (de Processo Penal e de Processo Civil) sofrem de um vício estrutural, que lhe acarreta um grave prejuízo na sua função: *o de estarem visceralmente reféns dos sistemas inquisitivo e instrumentalista, respectivamente*. E isso tem a ver com o positivismo normativista (e discricionário).

Especificamente no âmbito do processo civil, basta que se observe que ele está sustentado no instrumentalismo, que afirma a possibilidade de o juiz construir o procedimento justo para o caso (sic). Isso reflete no problema da gestão da prova, pois boa parte da doutrina brasileira — e aqui também se inclui a doutrina processual penal — se perde na definição dos modelos de apreciação da prova (quais sejam: o *modelo da íntima convicção*; o *modelo da prova legal*; e o *modelo da livre apreciação da prova*), como se o problema estivesse apenas em optar por um deles, mas não em superá-los.

Há certo consenso no sentido de que o modelo da livre apreciação da prova seria "mais democrático" (sic) que o modelo da prova legal, uma vez que, nesse último, o juiz e as partes ficariam reféns de uma hierarquia valorativa da prova estipulada pela própria lei — pelo legislador, portanto —, enquanto, no sistema do livre convencimento, há uma maior liberdade de conformação por parte do juiz que pode "adequar" (sic) a avaliação da prova às circunstâncias concretas do caso. Desse modo, vem à tona a conclusão — precipitada — de que o modelo da livre apreciação da prova seria aquele que se amoldaria melhor ao processo.

Acontece que o problema da gestão da prova deve ir além de uma simples opção por um dos modelos citados acima. Aliás, ele deve ser pensado no contexto de um processo democraticamente gerido, *o que implica pensar os limites daquele que figura como o titular o impulso oficial: o juiz*. Pois não há democracia onde haja poder ilimitado. E isso é assim desde o primeiro constitucionalismo. Portanto, o problema da gestão da prova é, também, um problema de teoria da decisão, problemática que será analisada/ressaltada na sequência destas reflexões.

Ainda, ressalte-se que esse vício estrutural presente na legislação processual brasileira também decorre de outro problema paradigmático: o atrelamento da concepção de direito (ainda dominante) aos paradigmas aristotélico-tomista e da filosofia da consciência. Assim, se, de um lado, os juízes tomam para si a condução da prova no processo, como se a produção da prova pudesse ser gerida a partir de sua consciência (atenção: consciência entendida no sentido do paradigma da filosofia da consciência); ao mesmo tempo, ainda acreditam na possibilidade da busca da verdade real (*sic*) — como se existissem essências (sim, existe ainda parcela considerável de juízes — doutrinadores, é claro — que acredita nisso!). Ora, por detrás desse "vício de origem" está a velha discricionariedade, que, não por acaso, *é o que sustenta outro inimigo do direito democrático: o positivismo jurídico.*

2 Em tempos de reforma dos códigos de processo, a aposta no "livre convencimento" ou "no protagonismo-instrumentalista": um claro resquício (ou aposta) na discricionariedade positivista

Umas das questões centrais em qualquer modelo processual é a formação da prova. Na verdade, *está-se a tratar de uma questão filosófica, representada pela discussão acerca das condições de possibilidade que o juiz/ intérprete possui para decidir.* Trata-se da questão fulcral no campo da teoria do direito: a teoria da validade e de como se decide.

Nesse sentido, entendo que o principal problema aparece quando se procura determinar *como ocorre e dentro de quais limites deve ocorrer a decisão judicial.* O juiz decide por "livre convencimento"? Mas *o que é isto, "o livre convencimento"*? Ora, a decisão não pode ser, como critica Taruffo no campo processual, "o produto de um conjunto de imperscrutáveis valorações subjetivas, subtraídas de qualquer critério reconhecível ou controle intersubjetivo".[2] Daí a minha indagação: de que adianta, por exemplo, afirmar um novo modo de "gestão da prova" (e isso vale para o processo civil e o processo penal) se o sentido a ser definido sobre o "produto final" dessa "gestão probatória" *permanece a cargo de um "inquisidor de segundo grau" que possui "livre convencimento" ou de um juiz-protagonista que tem o poder de adaptar o procedimento para — como estabelece o projeto do CPC — alcançar a decisão justa?*

Dizendo de outro modo – e venho insistindo nesse ponto – essa problemática da "validade da explicitação da compreensão" (portanto, da validade da interpretação e, assim, da decisão) deve ser analisada a partir da destruição do método que é proporcionada por Gadamer. Com efeito, não há nisso um déficit de metodologia ou de racionalidade. Essa ruptura não significou um ingresso na irracionalidade ou no relativismo filosófico. *Muito pelo contrário!* Assim como a integridade está para a teoria dworkiniana, a hermenêutica está fundada na autoridade da

---

[2] COMOGLIO; FERRI; TARUFFO. *Lezioni sul processo civile*, p. 623.

tradição, que pode ser autêntica e inautêntica, além da importância do texto (que, em Gadamer, é um evento, como já demonstrei em *Verdade e consenso*).[3] Gadamer deixa claro que a ausência do método *não significa que se possa atribuir sentidos arbitrários aos textos*. Na medida em que a interpretação sempre se dá em um caso concreto, não apenas fica nítida a impossibilidade de cisão entre *quaestio facti* e *quaestio juris*. Aliás, nunca esqueçamos que foi o positivismo exegético que inventou a cisão estrutural entre fato e direito. E aqui já estamos trabalhando no interior de um paradigma absolutamente pós-positivista (que quer dizer superação do positivismo normativista, que, por sua vez, superou o positivismo primitivo).

A hermenêutica não trata apenas da faticidade; tampouco apenas da normatividade (ou da validade). Ela não apenas explica como se dá o sentido ou as condições pelas quais compreendemos, como, na verdade, nela, por estar calcada na circularidade hermenêutica, *fato e direito se conjuminam em uma síntese*, que somente ocorre, concretamente, na *applicatio* (lembremos sempre que não se cinde conhecimento, interpretação e aplicação). Se interpretar é explicitar o que compreendemos, a pergunta que se faz é: essa explicitação seria o *locus* da validade? Fosse verdadeira essa assertiva, estaríamos diante de outro problema: o que fazer com a *quaestio facti*?

Numa palavra: a questão da validade reside na circunstância de que não podemos simplesmente confundir essa validade com uma espécie de imposição ontológica (no sentido clássico) nas questões com que se ocupam determinados campos do conhecimento científico. Também não podemos mais pensar a validade como uma cadeia causal sucessiva que tornaria verdadeiro determinado conjunto de proposições jurídicas. *A validade é o resultado de determinados processos de argumentação em que se confrontam razões e se reconhece a autoridade de um argumento.*

E que fique bem claro que o reconhecimento da autoridade de um argumento não está ligado a uma imposição arbitrária (lembremos novamente do "livre convencimento"). Pelo contrário, a hermenêutica é incompatível com qualquer tipo de arbitrariedade (ou relativismo). Como afirma Gadamer — ao proceder a reabilitação da *autoridade* da tradição: "o reconhecimento da autoridade está sempre ligado à ideia de que o que a autoridade diz não é uma arbitrariedade irracional, mas algo que pode ser *inspecionado principalmente*. É nisso que consiste a essência

---

[3] Cf. STRECK. *Verdade e consenso*: constituição, hermenêutica e teorias discursivas: da possibilidade à necessidade de respostas corretas em direito.

da autoridade que exige o educador, o superior, o especialista".[4] Em consequência, devemos primeiro compreender o problema da validade como uma questão que pode ser amplamente desenvolvida pela ciência e pela lógica. Mas não há dúvida de que aqui também reaparece um certo tipo de pressuposto que está sempre presente para produzir o campo comum de interação próprio para troca de argumentos.

É preciso entender que a hermenêutica (filosófica) — e Dworkin segue essa mesma reflexão — (re)valoriza a dimensão prática da retórica, oferecendo a possibilidade de instauração de um ambiente no qual os problemas da realidade são resolvidos concretamente, no interior desta mesma realidade, e não numa instância superior, de cunho ideal que, posteriormente, passa a ser aplicada por mimetismo à realidade. Note-se, por exemplo, que as críticas de que existe um excesso de abstração na teoria de Dworkin apresentam um equívoco de base: a orientação filosófica de Dworkin vai em direção a uma análise pragmática da realidade. Tal acusação poderia ser feita às teorias argumentativas e epistemo-procedurais, mas não a Dworkin ou à hermenêutica filosófica.

Em defesa de Dworkin — circunstância que pode ser estendida à hermenêutica filosófica — é preciso lembrar que, enquanto um procedimentalista como Habermas desonera os juízes da elaboração dos discursos de fundamentação (*Begründungsdiskurs*) — porque desacredita na possibilidade de os juízes poderem se livrar da razão prática (eivada de solipsismo) —, ele (Dworkin) *ataca esse problema a partir da responsabilidade política de cada juiz/intérprete/aplicador*, obrigando-o (*has a duty to*) a obedecer à integridade do direito, evitando que as decisões se baseiem em raciocínios *ad hoc* (teleológicos, morais ou de política). Já aí se está diante de uma verdadeira blindagem contra "livres convencimentos".

Insista-se: quando Dworkin diz que o juiz deve decidir lançando mão de *argumentos de princípio* e não de política, não é porque esses princípios sejam ou estejam elaborados previamente, à disposição da "comunidade jurídica" como enunciados assertóricos ou categorias (significantes primordiais-fundantes). Na verdade, quando sustenta essa necessidade, apenas aponta para os limites que deve haver no ato de aplicação judicial (por isso, ao direito não importa as convicções pessoais/morais do juiz acerca da política, sociedade, esportes, etc.; ele deve decidir por princípios). É preciso compreender que essa

---

[4] GADAMER. *Verdade e método*, v. 1, p. 420.

"blindagem" contra discricionarismos é uma defesa candente da democracia, uma vez que Dworkin está firmemente convencido — e acertadamente — de que não tem sentido, em um Estado Democrático, que os juízes tenham discricionariedade para decidir os *hard cases*.

Mas isso é assim — filosoficamente — porque Dworkin compreendeu devidamente o problema do esquema sujeito-objeto, questão que, entretanto, não está devidamente esclarecida e compreendida pela teoria do direito. Exatamente por superar o esquema sujeito-objeto é que *Dworkin não transforma o seu "juiz Hércules" em um juiz solipsista* e tampouco em alguém preocupado apenas em elaborar discursos prévios, despreocupados com a aplicação (decisão). Hércules é uma metáfora, demonstrando as possibilidades de se controlar o sujeito da relação de objeto, isto é, com Hércules se quer dizer que não é necessário, para superar o sujeito solipsista da modernidade, substituí-lo por um sistema ou por uma estrutura (*v.g.*, como fazem Luhmann e Habermas). Insista-se: a teoria dworkiniana, assim como a hermenêutica, por estarem preocupadas fundamentalmente com a *applicatio*, não desoneram o aplicador (juiz) dos *Begründungsdiskurs* (discursos de fundamentação). E isso faz a diferença.

Permito-me insistir: enquanto (na qualidade de) princípios garantidores da igualdade e da equanimidade da *applicatio*, a coerência e a integridade (que, não esqueçamos, aplicam-se também à legislação) *estabelecem um padrão do que devamos entender por decisão adequada*, a partir da doutrina e da jurisprudência. Caso jurídico, caso concreto, decisão, validade: *tudo isso está umbilicalmente ligado e dependente da integridade e da coerência, que se constituem na condição de possibilidade do significado da jurisprudência e da doutrina em um Estado Democrático*. Decidir adequadamente é tarefa da *jurisdictio*; apontar o modo adequado de decidir é tarefa da doutrina. Não há jurisprudência sem doutrina e a doutrina tem a tarefa de censura significativa das decisões (podemos chamar a essa tarefa também de "constrangimento epistemológico").

Jurisprudência não significa simplesmente um conjunto de casos julgados. Um caso isolado, que tenha "quebrado" a sequência de decisões e que não tenha sido seguido, provavelmente terá sido fruto de decisão arbitrária; do mesmo modo, a quebra sequencial, sem fundamentação, apenas com o dizer "neste caso não sigo a jurisprudência" tem *validade hermenêutica* "zero". Repita-se: validade hermenêutica zero! *Somente uma apurada justificação/fundamentação permite que se rompa a cadeia que forma a integridade do direito*. A sanção para tal tipo de decisão é a nulidade, forte no art. 93, IX, CF. E, na hipótese de aquele julgado ser seguido por outros, estes devem estar igualmente fundamentados à saciedade, uma vez que é direito fundamental dos participantes do processo ter conhecimento das razões pelas quais o Tribunal mudou seu entendimento acerca de determinado texto jurídico. Eis a co-originariedade/complementaridade entre a noção de princípio e a concreta realização da normatividade jurídica. Transporte-se essa questão para os casos de apreciação/julgamento/definição das provas apresentadas para o processo civil (ou para uma ação penal) e veremos as consequências...!

3 O Projeto de Novo Código de Processo Civil: novo código, velhos problemas[5]

Na sequência, fica fácil verificar como essa problemática relacionada ao poder do juiz e a "legitimação de seu olhar solipsista" tem a mesma dimensão no campo do processo civil. Dizendo de outro modo: quando já de há muito está anunciada a morte do sujeito (da subjetividade assujeitadora – filosofia da consciência), parece que, no âmbito do direito, tal notícia não surtiu qualquer efeito.

Isso porque o projeto que pretende introduzir um novo Código de Processo Civil em *terrae brasilis* é o que melhor simboliza a aposta no sujeito-juiz-protagonista. Ideologicamente sustentado na escola instrumentalista, entre outras coisas, reconhece em favor do juiz o poder de adequar o mecanismo às especificidades da situação, além de reforçar a transferência das decisões colegiadas para o monocratismo. Há, entretanto, questões mais graves ainda.

Com efeito, no art. 108 do anteprojeto, exsurge uma intrigante questão que aponta para um sintoma gravíssimo de não superação dos paradigmas novecentistas de interpretação do direito. Embora a exposição de motivos do projeto do novo CPC faça ode à Constituição de 1988 e descreva, constantemente, a necessidade de se adaptar o processo aos problemas tipicamente contemporâneos, vemos o dispositivo em epígrafe sustentar que *o juiz não pode deixar de decidir alegando lacuna* (sic) *ou obscuridade* (sic) *da Lei*. Por mais incrível que possa parecer, está-se diante do vetusto imperativo do *non liquet*, que aparece também no art. 4º da LICC.

---

[5] É possível até que o novo CPC seja aprovado sem as anomalias a seguir comentadas. Entretanto, na medida em que elas constam do projeto que tramita no parlamento, a intenção destas críticas é registrar o modo como se pretende (ou se pretendeu) tratar dessa problemática na legislação processual.

Além de repristinar, desse modo, discussões acerca daquilo que podemos chamar de "senso semântico" (*semantic sense*) nas discussões sobre a interpretação do direito — desconsiderando assim as conquistas da hermenêutica filosófica e da própria teoria integrativa dworkiniana —, o projeto do CPC ainda faz menção à necessidade de "utilizar", na solução da demanda, os princípios constitucionais e princípios gerais do direito (para ficar apenas nesse ponto).

É espantoso vermos colocados lado a lado os princípios constitucionais e os velhos princípios gerais do direito. É como se não tivéssemos aprendido nada nesses duzentos anos de teoria do direito. Ora, há um sério equívoco neste tipo de incorporação legislativa, visto que, como demonstrei em meu *Verdade e consenso*, "não há como afirmar, simultaneamente, a existência de princípios constitucionais (cujo conteúdo deôntico é fortíssimo) com os princípios gerais do direito, que nada mais são do que instrumentos matematizantes de composição das falhas do sistema".

Vale dizer, os princípios gerais do direito não possuem força deôntica, mas são acionados apenas em casos de "lacunas" ou de obscuridade da previsão legislativa (esses dois fatores — lacuna e obscuridade — decorrem muito mais da situação hermenêutica do intérprete do que exatamente da legislação propriamente dita). São axiomas criados para resolver os problemas decorrentes das insuficiências ônticas dos textos jurídicos.

Os autores do projeto, dessa forma, não compreenderam que os princípios constitucionais — na senda da revolução copernicana do direito público efetuada pelo constitucionalismo do segundo pós-guerra — *representam uma ruptura com relação aos velhos princípios gerais do direito*. Essa ruptura implica superar a velha metodologia privativista e introduzir um novo modelo de pensamento da ideia de princípios. Mas o espanto não termina nisso, eis que o mesmo art. 108 opõe, ainda, "princípios constitucionais" e "normas legais". Cabe perguntar: o que são normas? E o que são normas legais? Elas se confundem com as leis ou com o texto das leis? Pergunto: os princípios constitucionais não possuem caráter normativo?

Não fosse isso suficiente, tem-se o art. 472, que, indo na linha daquilo que estabelece a instrumentalidade do processo e do candente reforço do protagonismo judicial que se propõe, dispõe que o juiz, na fundamentação da sentença, *deverá proceder à ponderação dos princípios colidentes à luz do caso concreto, numa alusão quase explícita à teoria da argumentação jurídica proposta por Robert Alexy*. Ou seja, uma ponderação sem teoria da argumentação!

Ademais, também no art. 472, *é possível perceber como a processualística brasileira ainda não conseguiu ir além dos problemas metodológicos que foram instituídos no final do século XIX e no início do século XX, mesmo em tempos de (neo)constitucionalismo e todas as consequências paradigmáticas que daí se seguem*. Consciente ou inconscientemente, neguem ou não os autores do projeto, o novo CPC propõe um retorno (se quisermos, um retrocesso) ao positivismo semântico-normativo de cariz kelseniano. Deixar tudo para os juízes? Ora, isso Kelsen já havia deixado como herança maldita para os juristas. E as consequências disso todos conhecemos. Depois nos queixamos das súmulas vinculantes...! Primeiro, incentivamos atitudes ativistas-protagonistas; depois, quando tudo parece incontrolável, apelamos aos enunciados metafísico-sumulares...! A pergunta que fica é: quando é que os juristas se darão conta disso tudo?

Outro problema que assola o direito processual civil (e também penal) é o dos embargos declaratórios. A problemática é antiga e não poderia voltar acobertada pelo manto do novo Código de Processo Civil, nem em pleno Estado Democrático de Direito e do comando constitucional da igualdade, do contraditório e da fundamentação (este compreendido como direito fundamental). Apesar disso, os embargos declaratórios — sintomas da "abertura" sistêmica do positivismo exegético — também está presente no projeto do novo CPC.

Efetivamente, os embargos declaratórios não se coadunam com a Constituição. Com efeito, a Constituição estabelece que todas as decisões devem ser fundamentadas/justificadas. Há, portanto, um dever fundamental de motivar/explicitar a decisão. O órgão decisor deve, pois, amplas explicações à sociedade. É o que se pode chamar de *accountability* processual-argumentativa. Consequentemente, uma sentença ou acórdão omisso, dúbio, incompleto, *obscuro ou contraditório* é, antes de tudo, nulo, írrito, nenhum.

Os embargos de declaração representam, assim, no plano simbólico, a admissão de que (um)a decisão possa ser até mesmo contraditória. Na prática cotidiana da operacionalidade do direito se sabe muito bem que as decisões que são "salvas" pelos embargos não são apenas obscuras ou contraditórias. São, efetivamente, deficientemente fundamentadas, naquilo que se deve compreender a partir do comando constitucional. Para se admitir os embargos declaratórios, é necessário um detalhado controle acerca do seu manejo. E não parece que o anteprojeto tenha se preocupado com esse detalhe.

Numa palavra: há que se entender que um dos fatores que desencadeou o caos do sistema jurídico foi a fragmentação das decisões judiciais. As súmulas vinculantes e os demais mecanismos de "amarração hermenêutica" *nada mais são do que uma espécie de "adaptação darwiniana" do sistema jurídico*. Se cada um decide como quer e se se permite que a fundamentação possa até mesmo ser *obscura ou contraditória*, o resultado é a multiplicação de demandas, enfim, o caos. Consequência: um "leviatã hermenêutico" (lembremos, evidentemente, para entender a metáfora, do precursor do Estado Moderno, Thomas Hobbes).

Ora, decisões judiciais fundadas em meros enunciados (ementas jurisprudenciais) sem a necessária justificação já são, *per se*, nulas. A isso devemos agregar que parcela considerável das decisões já são nulas por esse aspecto e que nem sequer são objeto de embargos, tudo em face de um senso comum que se forjou no âmbito da dogmática jurídica. Observe-se que uma decisão pode estar aparentemente fundamentada com um verbete; entretanto, se o verbete jurisprudencial não estiver contextualizado, a decisão sofre(rá) da mácula constitucional. Os embargos declaratórios são transformados, desse modo, *em um álibi para salvar decisões nulas*. Além disso, ferem o princípio do contraditório e da igualdade, circunstância que assume maior gravidade se examinarmos a previsão do parágrafo único do art. 937 (do projeto), que admite "efeitos modificativos" aos embargos...! Inovação legislativa do projeto de novo CPC!

Portanto, afigura-se-me inconstitucional a previsão dos embargos declaratórios *stricto sensu* e os embargos declaratórios com efeito modificativo (*sic*), por afronta ao art. 93, IX e art. 5º, LV, da CF. Sua expunção do anteprojeto fará com que as decisões judiciais *sejam como devem ser*: sem obscuridades e sem contradições. Simples, pois!

Assim, permito-me insistir neste ponto: em tempos de aposta no "livre convencimento", é preciso trabalhar o *grau de legitimidade do provimento jurisdicional* (resultado do processo). E este se mede (pelo menos) de duas formas:

Primeiro, pela exigência de que o provimento seja efetivamente influenciado pela argumentação dos interessados (cláusula do contraditório como *garantia de influência*);

Segundo, pela necessidade de que a decisão seja compatível, de modo substancial, com a Constituição (a decisão deverá ser e estar integrada, validamente, na história institucional do Direito).

A questão central passa, pois, pela inexorável exigência de que a motivação do ato jurisdicional seja "ampla", abrangendo não só a versão "aceita" pelo julgador, mas também as razões pelas quais ele recusara a versão oposta. A fundamentação deve ser, assim, "completa", compreensiva de todos os aspectos relevantes da causa. Os interessados no provimento jurisdicional têm o direito (fundamental) — que decorre textualmente do art. 93, IX, da Constituição do Brasil — de obter "respostas" para suas alegações e provas, o que o obrigará ao compartilhamento decisório. O descumprimento deste dever tem como consequência, *independentemente de qualquer alteração legislativa*, a pena da *nulidade* (de resto, igual e textualmente prevista no citado dispositivo constitucional).

De mais a mais, estou convencido de que é a partir do fiel cumprimento deste *dever fundamental de fundamentar decisões* (produzidas em contraditório) que deve ser equacionada a *questão da democracia* que subjaz ao processo. Aliás, muito embora trate de processo administrativo, parece que o voto do Min. Gilmar Mendes, proferido no MS nº 24.268/04, pode vir a se constituir em um fio de esperança *se o transportarmos para o direito processual civil*. Explico: penso que seria um avanço considerável — arrisco em dizer, uma verdadeira revolução copernicana no direito processual de *terrae brasilis* — se o direito brasileiro *tomasse a sério o princípio do contraditório* (nos moldes da jurisprudência do Tribunal Constitucional alemão citado pelo Min. Gilmar), *através do qual a pretensão à tutela jurídica corresponde à garantia consagrada no art. 5º, LV, CF*, contendo a garantia de os sujeitos processuais verem: a) seus argumentos considerados (*Recht auf Berücksichtigung*), b) o que exige do julgador capacidade, apreensão e isenção de ânimo (*Aufnahmefähigkeit und Aufnahmebereitschaft*) para contemplar as razões apresentadas; c) agregue-se que o dever de conferir atenção ao direito das partes não envolve apenas a obrigação de tomar conhecimento (*Kenntnisnahmeplicht*), mas também a de considerar, séria e detidamente, as razões apresentadas (*Erwägungsplicht*).

Do mesmo modo, não se pode pensar que a adoção do princípio do contraditório seja a tábua de salvação das insuficiências, uma vez que este — o contraditório —, deixado a cargo de um juiz solipsista/discricionário, proporciona(rá) um retorno ao subjetivismo. Ou seja, um sistema não será mais democrático ou legítimo pelo fato de vir a adotar determinado modelo de processo e tampouco será suficiente esgrimir o contraditório como álibi retórico.

Parece não restar dúvida de que, tanto o modelo liberal de partes (de cariz objetivista), como o modelo social-inquisitivo (de cariz subjetivista), são caudatários do grande problema paradigmático que atravessa o direito: o positivismo, isto é, os dois modelos processuais são faces da mesma moeda (é como olhar para a teoria do direito e ver, de um lado, o normativismo kelseniano e, de outro, o positivismo fático assentado no realismo jurídico — ambos apostam na discricionariedade, para dizer o menos). O que, afinal, foi deixado de lado por esses dois modelos? A resposta é simples: a questão de como se dá o processo decisório, ou seja, ambos passaram longe do enfrentamento do elemento hermenêutico essencial à experiência jurídica.

Um sistema será, (as)sim, democrático e legítimo — e aí independerá de quem toma a iniciativa probatória nos marcos do modelo processual (claro que sempre ajudará se o texto legal consagrar elementos mínimos que, desde logo, deixem os papéis bem delineados) — se contiver os ingredientes já explicitados, isto é, um contraditório devidamente equalizado, exigindo a apreciação dos argumentos dos sujeitos processuais à saciedade, e a decisão controlada a partir do dever de fundamentar (*accountability*), aliado à obediência da integridade e da coerência, vale dizer, uma decisão somente se legitima na medida em que consiga se situar numa cadeia de decisões (DNA do direito), vedados — e permito-me a insistência — ativismos, protagonismos e discricionariedades.

Ou seja, é preciso perceber que discutir o instrumentalismo ou o livre convencimento é discutir paradigmas. Mais do que isso, é tratar de *rupturas paradigmáticas*. É necessário entender que o tudo isto (assim como o sistema inquisitório, para o processo penal) está ligado umbilicalmente ao paradigma da subjetividade, isto é, ao esquema sujeito-objeto.[6] Para o instrumentalismo, o sujeito é "senhor dos sentidos". Ele "assujeita" as "coisas" (se, se quiser, "as provas", o "andar do processo", etc.). Isso exsurge, por exemplo, da produção da prova *ex officio* e da prevalência de princípios (*sic*) como o do "livre convencimento do juiz" e ou "livre apreciação da prova". Daí a pergunta: por que, depois de uma intensa luta pela democracia e pelos direitos fundamentais, enfim, pela inclusão nos textos legais-constitucionais das conquistas civilizatórias, *continuamos a delegar ao juiz a apreciação discricionária* nos casos de regras (textos legais) que contenham vaguezas e ambiguidades e nas hipóteses dos assim denominados *hard cases*?[7] Volta-se, sempre, ao lugar do começo: *o problema da democracia e da (necessária) limitação do poder*.

---

[6] O esquema sujeito-objeto está relacionado ao paradigma da filosofia da consciência. É esse "esquema" que sustenta o sujeito de qualquer relação cognitiva. Sobre o tema, cf. STRECK. *O que é isto - decido conforme minha consciência?*.

[7] Aqui me permito remeter o leitor ao meu *Verdade e consenso*: constituição, hermenêutica e teorias discursivas: da possibilidade à necessidade de respostas corretas em direito, em que deixo claro que a cisão entre casos fáceis (*easy cases*) e casos difíceis (*hard cases*) é uma

4 Considerações finais

Embora o projeto de Código de Processo Civil tenha sido elaborado em uma perspectiva de "reforma processual", ele pouco alcançou tal intento (e o mesmo pode ser dito sobre o CPP). O projeto merece, portanto, alterações de dois níveis: *filosófico*, enquanto matriz de compreensão do direito, e *dogmático*, enquanto instrumentalização do texto legal a ser produzido pelo Congresso Nacional. Assim, no plano filosófico, a adoção/manutenção do "livre convencimento" peca pela permanência do superado paradigma da filosofia da consciência.

Ressalte-se, ainda, que quando faço o alerta para o patológico déficit democrático que acomete o sistema processual edificado sob o sujeito solipsista (a aposta na discricionariedade, eufemisticamente batizada de "livre convencimento"), não estou pugnando pela configuração de um simplório *processo de partes* à moda do liberalismo clássico. Longe disso! Aliás, como já foi ressaltado inúmeras vezes, a participação do juiz na condução do processo — que inclusive se desenrola por impulso oficial — é admitida, *desde que legitimada por um espectro hermenêutico que dê voz ao contraditório e que seja capaz de se posicionar*, coerentemente, na cadeia da integridade do direito.

Note-se que há teses que colocam um papel estratégico no contraditório, mas não conseguem superar o sujeito solipsista da filosofia da consciência. Ou seja, não basta "apostar todas as fichas" no contraditório (ou no modelo acusatório), se, ao final, a decisão acerca do sentido da prova fica "ao alvedrio do juiz". Esse é o caso das teorias instrumentais do processo, no interior das quais as partes se apresentam, apenas, como destinatários do poder do estado que se manifesta através da jurisdição (juiz tem a tarefa de "realizar a justiça social").[8] Ora, mais do que isso, o contraditório é um *locus* no qual as partes não apenas tem o direito de ser ouvidas, mas também têm a garantia de que seus argumentos serão considerados pelo judiciário, ainda que seja para afastá-los.

---

arrematada ficção! Do mesmo modo, não existem regras "claras". Uma regra só é clara quando nos colocamos de acordo com o seu sentido. Quando alguém discorda, já não é mais "tão clara assim". Também deixo delineadas minhas críticas à distinção estrutural entre regras e princípios. Princípios não "abrem" a interpretação, ao contrário do que se diz no senso comum. Na verdade, princípios "fecham" a interpretação.

[8] Para uma crítica pormenorizada, cf. ABBOUD; OLIVEIRA. O dito e o não-dito sobre a instrumentalidade do processo: críticas e projeções a partir de uma exploração hermenêutica da teoria processual. *Revista de Processo*, p. 27-70. Ainda, NUNES. Apontamentos iniciais de um processualismo constitucional democrático. *In*: CATTONI DE OLIVEIRA; MACHADO (Coord.). *Constituição e processo*: a contribuição do processo ao constitucionalismo democrático brasileiro.

Há um equívoco no interior da teoria processual que precisa ser debelado quando se fala de contraditório e do papel da jurisdição: não é possível — depois do *giro linguístico-ontológico* — continuar a professar a ideia de que a jurisdição deve garantir aquilo que as teses instrumentalistas chamam de *"escopos metajurídicos do processo"*. Isso acarreta um excesso de judicialização porque dá voz ao solipsismo do sujeito, e isso não pode ser admitido na atual quadra da história em que a filosofia (no caso, na perspectiva hermenêutica) resolveu o problema da intersubjetividade no nível do conhecimento.

Em suma, quando critico a subjetividade do juiz, não estou dizendo que o sujeito processual estado-juiz esteja aniquilado ou reduzido em sua posição institucional. O que estou dizendo é que, no que tange ao aspecto volitivo das suas decisões (discricionariedade), ele se encontra hermeneuticamente limitado pela história institucional do direito e pela integridade. É por isso que há respostas adequadas; é por isso que o cidadão tem o direito fundamental a uma resposta adequada à Constituição. E o Estado-juiz tem o dever (*have a duty to*) de dá-la.

Ainda no plano filosófico, pode-se alertar para a estranha previsão de que, quando a sentença contém obscuridades ou contradições, esta não é nula e, sim, corrigível via embargos declaratórios (sem esquecer os embargos com efeito modificativo, sem previsão de contraditório). Parece aí haver uma clara colisão com o art. 93, IX, CF.

Deixo claro que essa temática — toda ela — deve ser discutida sob os auspícios de uma teoria da decisão, isto porque a simples homenagem ao contraditório (ou a extinção dos embargos de declaração ou ainda a exigência da fundamentação — que, convenhamos, pode facilmente ser contornada a partir da crescente estandartização do direito) *não* são suficientes para proteger o processo contra o velho inimigo já presente tanto no modelo liberal como no modelo "social" do processo: o positivismo e seus efeitos colaterais (em especial, o "livre convencimento", o "instrumentalismo" *stricto sensu* ou a institucionalização da ponderação, eufemismos do modelo de discricionariedade — lembrando aqui do debate Hart-Dworkin).

O processo deveria conter os ingredientes já explicitados, isto é, um contraditório devidamente equalizado, exigindo a apreciação dos argumentos dos sujeitos processuais à saciedade, e a decisão controlada a partir do dever de fundamentar que deveria funcionar como um dever de prestação de contas (*accountability*), dever este aliado à obediência da integridade e da coerência, vale dizer, uma decisão somente se legitima na medida em que consiga se situar numa cadeia de decisões (o direito tem DNA, sim), vedados — e permito-me a insistência — ativismos, protagonismos e discricionariedades.

Numa palavra final, também deve merecer cuidado a alusão ao princípio da proporcionalidade (ou a razoabilidade), para que este não venha a ser utilizado como um instrumento para o cometimento de discricionariedades/arbitrariedades e/ou voluntarismos (ativismos judiciais). Como se sabe, em nome da proporcionalidade e do "sopesamento entre fins e meios" (a assim denominada "ponderação"), é possível chegar as mais diversas respostas, ou seja, casos idênticos acabam recebendo decisões diferentes, tudo sob o manto da "ponderação" e da proporcionalidade (ou da razoabilidade). Lembro que a proporcionalidade somente tem sentido se entendida como "garantia de equanimidade". Ou seja, proporcionalidade — admitindo-a *ad argumetandum tantum* — não é sinônimo de equidade. Aliás, o "princípio" da proporcionalidade e o "princípio" do livre convencimento são irmãos gêmeos, fruto do casamento do positivismo jurídico com a filosofia da consciência. Por isso, a necessária pré-ocupação com essas questões filosóficas que podem nos pregar peças. *Pré-juízos* não filtrados poderão vir a nos causar enormes *prejuízos*.

E, numa palavra final: parece espantoso que estejamos transformando em lei a ponderação de valores (*sic*). *Afinal, se o ato de "ponderar" se transformará em obrigação legal, consoante o art. 472 do Projeto do CPC, penso que teremos de reivindicar, isonomicamente, que o novo Código faça menção também à teoria dos sistemas, à hermenêutica filosófica, à teoria habermasiana, etc. ou a alguma outra teoria do direito. Ou seja* — e permito-me ser irônico —, *por que só a teoria da argumentação jurídica pode fazer parte de uma lei processual em* terrae brasilis?[9]

Referências

ABBOUD, Georges; OLIVEIRA, Rafael Tomaz de. O dito e o não-dito sobre a instrumentalidade do processo: críticas e projeções a partir de uma exploração hermenêutica da teoria processual. *Revista de Processo*, v. 33, n. 166, p. 27-70, dez. 2008.

---

[9] Não devemos esquecer, ademais, que as súmulas — para falar apenas deste instrumento estandartizante — bem se parecem com os conceitos construídos pelos pandectistas. Já que queremos voltar no tempo, melhor seria retornar de vez à metafísica clássica... Bem antes, portanto, da jurisprudência dos valores e da jurisprudência dos interesses. Na metafísica clássica, não havia sujeito. Tudo já estava "dado"...!

CATTONI DE OLIVEIRA, Marcelo Andrade (Coord.). *Jurisdição e hermenêutica constitucional*: no Estado Democrático de Direito. Belo Horizonte: Mandamentos, 2004.

CATTONI DE OLIVEIRA, Marcelo Andrade. Processo e jurisdição constitucional. *In*: CATTONI DE OLIVEIRA, Marcelo Andrade (Coord.). *Jurisdição e hermenêutica constitucional*: no Estado Democrático de Direito. Belo Horizonte: Mandamentos, 2004.

CATTONI DE OLIVEIRA, Marcelo Andrade; MACHADO, Felipe Daniel Amorim (Coord.). *Constituição e processo*: a contribuição do processo ao constitucionalismo democrático brasileiro. Belo Horizonte: Del Rey, 2009.

COMOGLIO, Luigi Paolo; FERRI, Conrado; TARUFFO, Michele. *Lezioni sul processo civile*. Bologna: Il Mulino, 1995.

DWORKIN, Ronald. *Levando os direitos a sério*. Tradução de Nelson Boeira. São Paulo: Martins Fontes, 2002.

GADAMER, Hans-Georg. *Verdade e método*. Tradução de Flávio Paulo Meurer. Revisão da tradução por Enio Paulo Giachini. 3. ed. Petrópolis: Vozes, 1999. (Traços fundamentais de uma hermenêutica filosófica, v. 1).

HART, Herbert Lionel Adolphus. *O conceito de direito*. Tradução de A. Ribeiro Mendes. 2. ed. Lisboa: Fundação Calouste Gulbenkian, 1994.

KELSEN, Hans. *Teoria pura do direito*. Tradução de João Baptista Machado. São Paulo: Martins Fontes, 1985.

NUNES, Dierle. Apontamentos iniciais de um processualismo constitucional democrático. *In*: CATTONI DE OLIVEIRA, Marcelo Andrade; MACHADO, Felipe Daniel Amorim (Coord.). *Constituição e processo*: a contribuição do processo ao constitucionalismo democrático brasileiro. Belo Horizonte: Del Rey, 2009.

STRECK, Lenio Luiz. *O que é isto - decido conforme minha consciência?*. Porto Alegre: Livraria do Advogado, 2010.

STRECK, Lenio Luiz. *Verdade e consenso*: constituição, hermenêutica e teorias discursivas: da possibilidade à necessidade de respostas corretas em direito. 3. ed. rev. e ampl. Rio de Janeiro: Lumen Juris, 2009.

Informação bibliográfica deste texto, conforme a NBR 6023:2002 da Associação Brasileira de Normas Técnicas (ABNT):

STRECK, Lenio Luiz. O problema do "livre convencimento" e do "protagonismo judicial" nos códigos brasileiros: a vitória do positivismo jurídico. *In*: BARROS, Flaviane de Magalhães; BOLZAN DE MORAIS, Jose Luis (Coord.). *Reforma do processo civil*: perspectivas constitucionais. Belo Horizonte: Fórum, 2010. p. 55-74. ISBN 978-85-7700-404-1.

Tendências de Padronização Decisória no PLS nº 166/2010: o Brasil entre o *Civil Law* e o *Common Law* e os Problemas na Utilização do "Marco Zero Interpretativo"

Alexandre Bahia
Dierle Nunes

Sumário: 1 Considerações iniciais – **2** Diversidade de litigiosidades: a tendência de padronização decisória – **3** Uma nova escola da exegese? – **4** Ausência da percepção de mixagem de sistemas jurídicos: o Brasil entre o *civil law* e o *common law*. A ausência de uma teoria brasileira dos precedentes judiciais. A anarquia interpretativa e o desrespeito a uma "possível" história institucional: o marco zero das interpretações pelos tribunais brasileiros – Referências

1 Considerações iniciais

O objetivo do presente ensaio é apresentar os primeiros comentários acerca de uma tendência extremamente preocupante de nosso "direito vivente" (para se valer de uma expressão italiana) legislativa e doutrinária, de utilização do julgamento dos casos passados para se tentar dimensionar a litigiosidade repetitiva ou serial no Brasil, mediante a criação de *standards*, de padrões decisórios, em face da visão funcional de tais demandas como completamente idênticas.

Ao se analisar o PLS nº 166/2010 em inúmeros dispositivos (*v.g.*, artigos 285, IV; 317, I e II; 478, §3º; 491, IV; 847, I; 853, III, "a"; 895-906; 950; 953-958) percebe-se essa utilização do julgamento de novos casos a partir de padrões decisórios, sob o argumento de que tal promoveria um julgamento igualitário dos casos e representaria uma aproximação com o sistema do *common law*.

Sabe-se que inúmeros países já são bijuralistas há algum tempo (como o Canadá),[1] possuindo a aplicação de perspectivas típicas do *common law* e *civil law* em seu sistema normativo.

Conhece-se também a tendência mundial de convergência dos aludidos sistemas, de modo a não se poder mais afirmar que um país seja puramente de *common law* ou de *civil law*, em face da adoção de códigos e leis nos primeiros (como, *v.g.*, a CPR inglesa de 1998) como fonte importante na aplicação do direito, e da adoção da força persuasiva ou vinculante dos precedentes nos segundos, como de algum modo vem ocorrendo em nosso país.

O Congresso da *International Association of Procedural Law* de 2009 tematizou essa tendência no processo civil, no campo técnico e institucional,[2] demonstrando que a convergência deve ser devidamente analisada em cada país com muita cautela e estudo aprofundado de seus efeitos.

No Brasil, assistimos paulatinamente o reforço da importância das decisões dos Tribunais, especialmente Superiores, na fixação de nossa agenda institucional, no entanto, precisamos discutir o modo como os casos são julgados por nossas Cortes e se a aplicação de seus posicionamentos se dá de modo análogo àqueles países tradicionalmente vinculados à aplicação dos precedentes.

Caso tal não ocorra não poderemos, para mostrar uma visão pseudo inovadora e pseudo constitucional, fazer uma defesa do reforço do papel das decisões como modo de obtenção de igualdade, salvo se começarmos a buscar uma proximidade com o modo de aplicação do direito naquelas tradições (tipicamente de *common law*).

Não se almeja apresentar uma crítica radicalmente particularística de julgamento do caso concreto, como se estivéssemos lidando somente com a "litigiosidade individual" (como poderia aparentar sob uma ótica superficial),[3] e sim tematizar os problemas da convergência do sistema de *civil* e *common law* num viés aprofundado e reflexivo, para que ele

---

[1] No Canadá já se fala de multijuralismo, com respeito, inclusive, das tradições jurídicas aborígenes.

[2] Cf., entre outros, DAMAŠKA. The Common Law/Civil Law Divide: Residual Truth of a Misleading Distinction. *In*: INTERNATIONAL Association of Procedural Law. Toronto Conference, June 3-5, 2009.

[3] Para os menos afeitos ao fenômeno de circulação de modelos processuais de *civil* e *common law*.

seja dimensionado no Brasil e viabilize a criação de uma dogmática adequada para a litigiosidade repetitiva que não se preocupe somente com o direito dos cidadãos como meros dados numéricos. Eis que a aplicação do direito a partir do Processo constitucional exige que esta ocorra de modo eficiente[4] e legítimo.[5]

---

[4] "É de fato há uma preocupação onipresente com a maior eficiência. Em meio a essa preocupação, é perceptível a tendência em desenfatizar as preocupações processuais sobre a forma — incluindo diferenças residuais entre os regimes *common law* e o *civil law* — e se concentrando em medidas que possam contribuir para o bom funcionamento da justiça civil. Mas consideramos que a eficiência, quando bem entendida, é uma medida da relação entre o resultado, ou objetivo de uma atividade, ao custo de alcançá-lo. A velocidade e custo que um sistema de justiça incorre para a resolução dos casos nos dizem pouco sobre a sua eficácia se não formos informados de suas metas: sem referência a elas, a eficiência é um ideal sem conteúdo. Agora, seria errado acreditar que as metas e sistemas de valor de máquinas mais ou menos burocratizadas de justiça são iguais. Suas avaliações sobre importância da descoberta acurada dos fatos, a coerência na tomada de decisões, a dissidência, a discrição oficial ou a terceirização das ações oficiais, tudo isso se difere de maneira significativa. Assim, enquanto persistem vestígios no processo civil de atitudes díspares nas estruturas de autoridade entre o *common law* e o *civil law*, eles não devem ser desconsiderados, mesmo se a preocupação principal é o aumento da eficiência processual. Também não é algo do passado caso, para a finalidade de orientação aproximada sobre uma série de questões processuais, manter em mente que o processo civil continental conserva resquícios de atitudes processuais e condições propícias para um mecanismo hierárquico-burocrático de justiça, enquanto o seu homólogo no *common law* mantém resquícios de um ambiente mais igualitário e menos burocratizado" (Tradução livre dos membros do grupo de pesquisa e graduandos da UFMG "processualismo constitucional democrático e circulação dos modelos de *civil law* e *common law*" Anna Carolina Pedroso Tameirão Ferreira e Silva, Fernanda Costa Gouthier, Lídia Gonçalves, Patrícia Fernanda Gonçalves, Gustavo Costa Ferreira, Tereza de Assis Fernandes, Fernanda Costa Gouthier, Lídia Gonçalves).
No original: "And indeed there is ubiquitous concern with increased efficiency. In the midst of this concern, a tendency is discernible to deemphasize preoccupations with procedural form — including residual differences between common law and civil law regimes — and concentrate instead on measures likely to contribute to the efficient functioning of civil justice. But consider that efficiency, properly understood, is a measure of the relation of the valued output, or goal of an activity, to the cost of achieving it. The speed and cost at which a justice system disposes of ingested cases tell us little about its efficiency unless we are informed of its goals: without reference to them, efficiency is a contentless ideal. Now, it would be wrong to believe that goals and value systems of more or less bureaucratized machineries of justice are alike. Their assessments of the importance of accurate fact-finding, consistency in decision-making, dissent, official discretion, or the outsourcing of official action, all differ in significant ways. Thus, so long as vestiges persist in civil procedure of attitudes traceable to disparate common law and civil law structures of authority, they should not be disregarded, even if one's principal concern is the increase of procedural efficiency. Nor is it really passé, for the purpose of rough orientation on a number of procedural issues, to keep in mind that continental civil procedure retains remnants of procedural attitudes and arrangements congenial to a hierarchical-bureaucratic machinery of justice, while its common law counterpart keeps alive vestiges of a more egalitarian and less bureaucratized institutional environment" (DAMAŠKA. The Common Law/Civil Law Divide: Residual Truth of a Misleading Distinction. *In*: INTERNATIONAL Association of Procedural Law. Toronto Conference).

[5] Cf. NUNES. *Processo jurisdicional democrático*: uma análise crítica das reformas processuais; e THEODORO JÚNIOR; NUNES; BAHIA. Litigiosidade em massa e repercussão geral no recurso extraordinário. *Revista de Processo*, p. 9-46.

2 Diversidade de litigiosidades: a tendência de padronização decisória

Especialmente em face da ampliação da agenda do sistema jurisdicional brasileiro, sabe-se que não é possível, na atualidade, esquecer que a ciência jurídica (e processual) precisa lidar, de modo a viabilizar uma aplicação legítima e eficiente, com três tipos de litigiosidade: a) individual ou "de varejo": sobre a qual o estudo e dogmática foram tradicionalmente desenvolvidos, envolvendo lesões e ameaças a direito isoladas; b) a litigiosidade coletiva: envolvendo direitos coletivos e difusos, nos quais se utilizam procedimentos coletivos representativos, normalmente patrocinados por legitimados extraordinários (órgão de execução do MP, Associações representativas etc.); e c) em massa ou de alta intensidade: que dá margem a propositura de ações repetitivas ou seriais, que possuem como base pretensões isomórficas, com especificidades, mas que apresentam questões (jurídicas e/ou fáticas) comuns para a resolução da causa.[6]

Tal questão das litigiosidades deve ser colocada em debate no Brasil, no entanto, sem perder de foco que cabe ao Poder Judiciário o julgamento de causas e não de teses. Desde já algum tempo as reformas têm se concentrado na tentativa de uniformização da jurisprudência a todo custo. O suposto é que seja possível estabelecer "*standards* interpretativos" a partir do julgamento de alguns casos: um Tribunal de maior hierarquia, diante da multiplicidade de casos, os julgaria abstraindo-se de suas especificidades e tomando-lhes apenas o "tema" a "tese" subjacente. Definida a tese, todos os demais casos serão julgados com base no que foi predeterminado; para isso, as especificidades destes novos casos também serão desconsideradas para que se concentre apenas na "tese" que lhes torna idênticos aos anteriores.[7]

---

[6] THEODORO JÚNIOR; NUNES; BAHIA. Litigiosidade em massa e repercussão geral no recurso extraordinário. *Revista de Processo*, p. 9-46. Cf. MENCHINI. Azioni seriali e tutela giurisdizionale: aspetti critici e prospettive ricostruttive. In: ATTI del incontro di studi: le azioni seriali do Centro Interuniversitario di Studi e Ricerche sulla Giustiza Civile Giovani Fabbrini, junto da Università di Pisa, 4 e 5 maio 2007.

[7] "Quanto ao mecanismo de sobrestamento de alguns Recursos 'idênticos' enquanto alguns deles são apreciados pelo Tribunal (e depois a decisão destes predetermina a sorte dos demais), apenas podemos manifestar nossa perplexidade: na crença de que as questões em Direito podem ser tratadas de forma tão 'certa', que se possa realmente dizer que as causas são idênticas; no tratamento dos casos como *standards*, como temas, pois que as características do caso e as pretensões que são levantadas em cada um são desconsideradas e então um deles servirá para que se tente sensibilizar o Tribunal da importância de sua apreciação. Se não conseguir, todos os demais recursos perecerão, sem que tenha havido apreciação individual; se conseguir, todos os demais serão julgados da mesma forma, também sem apreciação individual" (BAHIA. *Recursos extraordinários no STF e no STJ*: conflito entre interesses público e

Fala-se muito na necessidade de garantia da *igualdade*, isto é, que se deve buscar o estabelecimento de uniformidade nas decisões porque, o fato de haver divergência sobre um mesmo "tema" viola a garantia constitucional de tratamento isonômico. Mas o que é igualdade? Sabemos que, há muito, igualdade deixou de ter apenas um conteúdo negativo (isonomia), como o era nos séculos XVIII e XIX e passou a incorporar também uma dimensão positiva (direito à diferença).[8]

Assim, preserva-se a igualdade quando, diante de situações semelhantes, há decisões semelhantes. Entretanto, viola-se o mesmo princípio quando, nestas mesmas hipóteses (de situações "semelhantes"), aplica-se, sem mais, uma "tese" anteriormente definida (sem considerações quanto às questões próprias do caso a ser decidido e o paradigma, cf. infra): aí há também violação à igualdade, nesse segundo sentido, como direito constitucional à diferença e à singularidade. Nesses termos a temática se torna mais complexa, uma vez que não é mais possível simplificar a questão almejando tão só resolver o problema da eficiência quantitativa, tendo como pressuposto uma interpretação desatualizada do que representa a atual concepção de igualdade; até porque isonomia e diferença seriam co-originários na formação da igualdade.

Nesse aspecto, a tradição dos precedentes[9] dos países do *common law* pode ser bem aproveitada para este debate em relação à igualdade; para se evitar a antiga crítica realizada de que ela poderá ser vista como uma "fórmula da perpetuação do erro".[10]

---

privado, p. 175). Dando prosseguimento, "o tratamento de casos em bloco, ao suposto de que se pode reunir diferentes causas em torno de *temas* (porque as causas são idênticas) apenas pode se dar diante de certos supostos: um deles a crença que a aplicação do Direito pode ser feita de forma *simples, matemática* — uma compreensão presa a concepções superadas quanto ao Direito pelo menos desde Kelsen (para não falar de Gadamer)" (p. 310).
No mesmo sentido, "o STF, assim como o STJ, não defendem tese, eles julgam. Não resulta de sua atividade do uma tese mas um acórdão" (BAHIA. Os recursos extraordinários e a co-originalidade dos interesses público e privado no interior do processo: reformas, crises e desafios à jurisdição desde uma compreensão procedimental do estado democrático de direito. *In*: CATTONI DE OLIVEIRA; MACHADO (Coord.). *Constituição e processo*: a contribuição do processo ao constitucionalismo democrático brasileiro, p. 366).

[8] Cf. BAHIA; NUNES. O potencial transformador dos direitos "privados" no constitucionalismo pós-88: igualdade, feminismo e risco. *Revista dos Tribunais*, p. 45-60.

[9] "(...) la trascendencia y autoridad tradicionales otorgados a los casos fallados ("precedentes" en el amplio sentido identificado por John Bell) por los juristas ingleses (y, notablemente, jueces posteriores) fueron reforzadas durante el siglo XIX mediante un conjunto de normas en cuya virtud una sentencia anterior (o, al menos, *parte* de la misma, su *ratio decidendi*) fue declarada formal y jurídicamente vinculante para un tribunal posterior. Este conjunto de reglas devino conocido como la doctrina del precedente u ocasionalmente *stare decisis* (precedente en el segundo sentido señalado por John Bell)" (WHITTAKER. El precedente en el derecho inglés: una visión desde la ciudadela. *Revista Chilena de Derecho*, p. 39).

[10] WHITTAKER. El precedente en el derecho inglés: una visión desde la ciudadela. *Revista Chilena de Derecho*, p. 38.

Como informa Simon Whittaker, na tradição inglesa:

> (...) el punto de partida con el *Common Law* significa que la naturaleza del material sobre el que se construyen muchas decisiones judiciales inglesas difiere radicalmente de aquellos sistemas jurídicos cuya base es legislativa. En efecto, el lugar de inicio no se halla en un texto único — cualquiera sea su extensión o vaguedad — sino que en diversos textos, esto es, en una recopilación de sentencias que abarcan un período que con frecuencia se remonta dos siglos atrás y a veces más. Asimismo, la clase de texto de una sentencia inglesa desde luego se distingue fundamentalmente de todo texto legislativo, siendo aquel por lo regular discursivo o argumentativo, en el cual el juez o los jueces sopesan las consideraciones en pugna identificadas en los casos previos para alcanzar su decisión. Incluso, si un juez busca exponer el Derecho en una o varias proposiciones, estas palabras, por sí solas, carecen de toda fuerza, salvo (*inter alia*) en su respectivo contexto jurídico y fáctico. Esto reafirma la idea de que las resoluciones anteriores no son simples toques en un cuadro puntillista más amplio (a pesar de que un jurista inglés siempre debe retroceder para apreciar una área del Derecho), porque los textos de las sentencias intentan explicar por sí mismos su relación con lo que ha ocurrido antes y, en algunas oportunidades, con lo que puede suceder con posterioridad. Ciertamente, muchos más fallos recientes ("discursos") de los miembros de la Cámara de los Lores buscan delinear el modelo de las proposiciones jurídicas que atañe al *tipo* de asunto sometido a su conocimiento, confiriendo sentido a las diversas decisiones anteriores.[11]

Nesses termos, percebe-se que nem em países nos quais é tradicional o uso de precedentes pode haver sua utilização mecânica sem a reconstrução do histórico de aplicação decisória e sem se discutir sua adaptabilidade, mesmo que se busque tal desiderato embasado em uma lógica tacanha da aplicação da igualdade.[12]

Ademais, não é possível mais pensar somente nas consequências (demandas em profusão) eis que do ponto de vista institucional o sistema jurídico funcionaria bem melhor se impedíssemos as causas delas (não cumprimento de direitos fundamentais sociais etc.).

---

[11] WHITTAKER. El precedente en el derecho inglés: una visión desde la ciudadela. *Revista Chilena de Derecho*, p. 44.

[12] "(...) el proceso de decisión judicial inglés se revela como mucho más complejo que lo que la descripción formal de la doctrina del precedente sugeriría fácilmente, toda vez que los jueces procuran dirimir la tensión que existe entre las virtudes de la coherencia y la igualdad que subyacen al *stare decisis* y la necesidad de adaptar el Derecho para hacer justicia a los hechos que evolucionan ante sí" (WHITTAKER. El precedente en el derecho inglés: una visión desde la ciudadela. *Revista Chilena de Derecho*, p. 77).

E, dentro dessa tônica, uma das questões mais tormentosas é a já aludida tendência técnica de criação de mecanismos de *padronização decisória* para a resolução quantitativa das demandas seriais.

Técnicas de julgamento liminar (§1º do art. 518 e art. 285A, CPC; art. 317, PLS nº 166/2010), súmulas,[13] repercussão geral, recursos especiais repetitivos e o projetado, incidente de resolução de mandas repetitivas, mostram que se busca, mediante um pressuposto exegeta, padronizar comportamentos mediante decisões padrão que não conseguirão e não conseguem (como os grandes Códigos do século XIX não conseguiram) fechar o mundo nos textos (antes os Códigos, hoje as decisões padrão).[14]

3 Uma nova escola da exegese?

A exegese foi uma corrente do pensamento jurídico no século XIX que acreditava na clareza dos textos normativos e na segurança jurídica que daí advinha. Acreditava-se no poder absoluto da razão, que, compartilhada igualmente por todos, tornaria óbvias as normas de agir. De forma que as normas positivadas (passageiras e imperfeitas) deveriam estar de acordo com as leis eternas da razão (direito natural).

O processo de positivação do Direito nada mais foi que uma tentativa de traduzir em leis positivas as leis eternas da razão. A ideia de normas gerais e abstratas é uma das maiores conquistas do Direito na Modernidade: as leis agora não mais são feitas para garantia de privilégios (de nobres ou do clero), para a manutenção de castas ou, de toda sorte, para impedir a mobilidade social. Elas já agora são um produto da razão, igualmente compartilhada por todos, sendo, então, imperativos hipotético-condicionais de comportamento, gerais e abstratos que estabilizam expectativas possíveis de comportamento e que, por isso mesmo, resistem ao seu descumprimento sem que, com isso, sejam anuladas. Desta forma, quando é aprovado o Código Civil francês de 1804, pretendeu-se uma lei que fosse tão perfeita quanto as leis do direito natural. Este Código surge com a crença de ser obra completa e acabada, sobre a qual não haveria *necessidade* de interpretação por parte do juiz pois toda norma possui um sentido

---

[13] A PEC nº 358/2005 quer instituir a Súmula Impeditiva de Recursos: o STJ e o TST teriam o poder de editar súmulas que impediriam não só o acesso imediato, mas também a interposição de quaisquer recursos e outros meios de impugnação contrários à súmula.

[14] Cf. THEODORO JÚNIOR; NUNES; BAHIA. Litigiosidade em massa e repercussão geral no recurso extraordinário. *Revista de Processo*, p. 9-46.

verdadeiro, claro e óbvio. O juiz deveria se postar, diante da perfeição da norma, como aquele que apenas pronuncia as palavras da lei, como *bouche de la loi*.[15]

Dada a clareza e completude da norma, qualquer problema relativo à obscuridade ou antinomia seria decorrente de uma má compreensão do aplicador, que, por isso, deveria consultar o legislador – *référé législatif*.

Doutrina mais elaborada que a exegeta, o positivismo jurídico, produto também do século XIX, desenvolveu métodos e técnicas mais elaboradas de aplicação do direito. Seus métodos de interpretação buscavam uma forma de se eliminar obscuridades, antinomias ou anomias (todas sempre aparentes). Contra anomias, havia métodos de heterointegração e auto-integração do direito, onde, com o uso de analogia, interpretação extensiva, princípios gerais do direito, costumes (etc.), obtinha-se a norma aplicável ao caso. Contra antinomias, recorria-se as três regras: *lex superior derogat legi inferiori, lex posterior derogat legi priori* e *lex specialis derogat legi generalli*.

Quanto às obscuridades, no século XIX foram sendo desenvolvidos métodos, um após outro, na tentativa de se obter "o verdadeiro sentido" da lei. Isso quando houvesse dúvida, pois que apenas haveria interpretação quando, eventualmente a regra não fosse clara, já que *in claris cessat interpretatio*. Os principais métodos foram: gramatical/literal, que supunha que o problema da obscuridade é uma questão que se resolve se valendo de um dicionário; a este método se seguiram o lógico, o histórico, o sistemático, o teleológico. Buscava-se a *mens legislatoris* isto é, para compreender a lei dever-se-ia buscar qual teria sido a vontade do legislador ao elaborá-la.[16] Após, visto que tal técnica era falha, falou-se na busca pela *mens legis*, é dizer, se deveria buscar qual a intenção (oculta) da lei na própria lei — inclusive nos fatos e nos debates que lhe deram origem.

No século XX tais métodos e compreensões se tornaram ultrapassados ou, no mínimo, problemáticos. Todos os métodos pressupunham

---

[15] Segundo Montesquieu, "les juges de la nation ne sont que la bouche qui prononce les paroles de la loi, des êtres inanimés qui n'en peuvent modérer ni la force ni la rigueur" (*De l'esprit des lois; Défense de l'esprit des lois*, lv. XI, capítulo 6). Para Piero Calamandrei, o "juiz não tem sequer necessidade de ter olhos para ver: ele é um mecanismo inanimado, uma espécie de porta-voz através do qual a lei fala por si, a *bouche de la loi*" (*Eles, os juízes, vistos por um advogado*, p. 244). E "os juízes, para operar com o bisturi das leis, precisam esquecer a dor que o corte inflige aos pacientes" (p. 265).

[16] Isso ainda pôde ser visto no voto de um dos Ministros do STF no julgamento do HC nº 82.424: para o Ministro, já que o dispositivo constitucional que trata do racismo foi inserido no texto por emenda de dois constituintes negros, logo, percebe-se que a "vontade" do legislador era proteger apenas os negros contra o racismo.

a lógica cartesiana de ciência baseada no tripé: sujeito (neutro), objeto e método. Dessa forma, em todos eles havia a crença de que, com o uso do método, resolvia-se o problema da interpretação jurídica, e descobrir-se-ia a então oculta verdade de sentido. Mas o que se percebeu é que a lei, mesmo geral e abstrata, não é imune a manipulações e distorções (ou ainda, que, como texto, não é imune à *condição hermenêutica* que nos constitui).[17]

Começando por Hans Kelsen, para quem norma não é lei, mas *o sentido que se apreende de uma lei*.[18] A partir disso, Kelsen constrói sua *Teoria pura do direito*, que culmina com uma teoria da interpretação jurídica que vale a pena destacarmos. Kelsen rejeita os antigos métodos de interpretação do direito, já que, para ele, não faz sentido buscar-se uma *mens legis* ou *legislatoris*.[19] Ao mesmo tempo, aqueles métodos (gramatical, lógico, etc.) padecem de um problema quanto a seus supostos, é dizer, acreditam ainda na busca pelo (único) sentido verdadeiro para as normas, quando, na verdade, isso não existe. Ao contrário disso, Kelsen defende que *toda norma abre um quadro de interpretações possíveis* (todas igualmente válidas, sem qualquer relação de prioridade entre elas), preenchido pela doutrina (interpretação não autêntica) — e, acrescentaríamos, também pela jurisprudência.

Cabe ao legislador e ao juiz (intérpretes autênticos), ao produzirem, respectivamente, normas gerais/abstratas e normas individuais, pinçar uma das interpretações do quadro.[20] Na verdade, os intérpretes autênticos, por receberem autorização de um nível superior para decidir, podem, por isso, dar decisões que estejam totalmente fora do quadro, inclusive sob fundamentos extrajurídicos.[21]

Perceba-se, então, que, qualquer um que defenda, hoje, a univocidade ou a "clareza" na interpretação jurídica (seja de uma lei, seja de uma Súmula) está aquém da teoria de Kelsen, de meados do século passado. Desde Kelsen, os postulados da exegese e mesmo do positivismo clássico quanto a "um" sentido verdadeiro/correto de uma norma já não fazem mais sentido.

---

[17] Cf. BAHIA. A interpretação jurídica no Estado Democrático de Direito: uma contribuição a partir da teoria do discurso de Jürgen Habermas. *In*: CATTONI DE OLIVEIRA (Coord.). *Jurisdição e hermenêutica constitucional*: no Estado Democrático de Direito, p. 301-357.
[18] KELSEN. *Teoria pura do direito*, p. 4.
[19] KELSEN. Sobre a teoria da interpretação. *Cadernos da Escola do Legislativo*, p. 36.
[20] KELSEN. *Teoria pura do direito*, p. 394.
[21] Cf. KELSEN. *Teoria pura do direito*, p. 394; e CATTONI DE OLIVEIRA. *Direito processual constitucional*, p. 39 et seq.

De forma semelhante não se pode desconsiderar as contribuições da chamada *hermenêutica filosófica*. Com Gadamer, percebemos que qualquer doutrina ou legislação a respeito da decisão judicial já não pode mais crer que a aplicação do direito possa se dar nos mesmos moldes propostos pelo positivismo clássico. A começar, porque já não é possível fundar uma dogmática na crença do método, na crença de que um sujeito neutro, destacando uma parcela da realidade vá dela tratar a partir de um método "rigoroso". Para Gadamer, não há um método *a priori* de conhecimento válido para todos os casos, mas somente construções metodológicas que devem ser construídas e justificadas caso a caso.[22]

Não há neutralidade na ciência, nem tampouco na aplicação do direito; não há métodos ou construções metodológicas que queiram nos livrar do "problema" de "ter" que interpretar a partir da predefinição do sentido. Gadamer mostra como co-originais três ações/momentos que, até então, se tinham como distintos/sucessivos: compreensão, aplicação e interpretação: não existe tanta clareza em um texto que dele se possa prescindir da interpretação; a compreensão de um texto (de um fato) é sempre, ao mesmo tempo, interpretação; a aplicação de uma norma e a solução de um caso — ambos "textos" — envolvem, simultaneamente, sua compreensão e, para tanto, sua interpretação.[23] A condição humana é uma condição hermenêutica, por isso qualquer juiz, diante de um caso, irá — de forma ontologicamente inafastável — interpretar fatos, normas, provas e teses.

Ao invés de neutralidade, falar-se-á agora em imparcialidade, é dizer, tendo em vista que não é possível que o magistrado "saia do mundo" para decidir o caso — se, afinal, os limites da minha linguagem são os limites do meu mundo —,[24] deverá explicitar detalhadamente as razões que formaram seu "convencimento". Apesar de não haver a diferença entre a interpretação de um texto e de uma norma, Gadamer aponta objetivos diferentes entre o primeiro, que é entendido historicamente e a segunda, cujo processo hermenêutico visa concretizar a norma frente ao caso, pois que uma norma só fará sentido frente a um caso.[25]

---

[22] GADAMER. *Verdade e método*, v. 2, p. 457.

[23] Cf. GADAMER. *Verdade e método*, v. 1, p. 459-460; e DWORKIN. *Uma questão de princípio*, p. 220.

[24] "*Os limites da minha linguagem* denotam os limites do meu mundo. (...) Que o mundo é o *meu* mundo, isto se mostra porque os limites da linguagem (da linguagem que sòmente eu compreendo) denotam os limites do *meu* mundo" (WITTGENSTEIN. *Tractatus logico-philosophicus*, p. 111, §§5.6, 5.62).

[25] GADAMER. *Verdade e método*, v. 1, p. 461 *et seq*.

Dessa forma, não há que se falar na busca por uma intenção da norma ou do legislador, pois que "nenhum intérprete pode pretender reconstruir a intenção do legislador, sem assumir que sua própria pré-compreensão faz, por sua vez, parte desse processo interpretativo, produzindo a cada nova leitura um novo sentido".[26]

Ronald Dworkin traz contribuições valiosas ao tema aqui debatido. O autor diferencia o que seria uma comunidade de mero acidente, uma comunidade de regras e uma comunidade de princípios.[27] Se estamos em uma comunidade de princípios, o direito não é apenas um conjunto de decisões (legislativas e/ou judiciais) tomadas no passado, de forma que tal uma compreensão principiológica do direito permite que o sistema possa "expandir-se e contrair-se organicamente (...), sem a necessidade de um detalhamento da legislação ou da jurisprudência de cada um dos possíveis pontos de conflito.[28]

Essa última referência é particularmente importante no Brasil, onde se acredita que os problemas do direito são resolúveis pela alteração constante das leis ou pela fixação de novo posicionamento pretoriano. Tomando-se o exemplo do Processo Civil, percebe-se que, a despeito das reformas incessantes pelas quais vem passando a lei e, a despeito do "aperfeiçoamento" do sistema de Súmulas, a crise do Judiciário não foi resolvida, pois que nosso problema não é de texto — como poderia parecer a uma comunidade de regras.

A atividade judicial em uma comunidade de princípios é regida pelo princípio da integridade, isto é, legislador e juiz devem atuar de forma a construir um sistema coerente de direito. Nas decisões legislativas o destinatário deve se reconhecer como seu autor.[29]

Já nas decisões judiciais, a integridade se mostra na postura que os juízes devem assumir frente ao ordenamento: devem tomá-lo "como se" ele compusesse "conjunto coerente de princípios".[30] O juiz deve chegar a uma decisão válida na medida em que compensa a indeterminação do Direito apoiando sua decisão na reconstrução que faz da ordem jurídica, de modo que aquele possa ser justificado a partir de uma série ordenada de princípios.

---

[26] LOPES. O papel do juiz na hermenêutica jurídica de Hans-Georg Gadamer. *Revista da Faculdade de Direito da UFMG*, p. 297.
[27] DWORKIN. *O império do direito*, p. 254.
[28] DWORKIN. *O império do direito*, p. 229.
[29] DWORKIN. *O império do direito*, p. 229.
[30] DWORKIN. *O império do direito*, p. 261.

Esta tarefa, que cabe a todo juiz (de qualquer instância), implica que ele deve decidir um caso concreto tendo em mira o Direito em conjunto (através dos princípios), o que nada mais é do que *sua obrigação prévia frente à Constituição*.[31] Para isso os princípios devem ser reconstruídos no presente, levando-se em conta o passado (de forma reflexiva e não como mera repetição) e também para o futuro, como abertura para as próximas gerações.

A subserviência ao passado é uma postura típica do "convencionalismo", em que a aplicação do direito se dá automaticamente pela aplicação dos precedentes (ou, em nosso caso, de Súmulas e/ou jurisprudência dominante) ou da subsunção à lei (e/ou a uma Súmula Vinculante).[32] Contudo, Dworkin também procura se afastar do que poderia ser a situação oposta, *i.e.*, o pragmatismo jurídico, onde o juiz age instrumentalmente, visando com sua decisão o que seria melhor para o futuro.[33] Ambas perdem o sentido de totalidade do ordenamento jurídico: a primeira delas, o convencionalismo, é particularmente importante no presente em razão da tendência — que ganha força no Brasil — de colocação dos precedentes como fonte do direito.[34]

Dworkin defende que o juiz, ao decidir um caso, não o considere como um caso isolado, mas inserido em um todo (integridade), num processo construtivo a que o juiz dá continuidade.[35] Isso não significa que o juiz tenha de repetir a mesma decisão passada quando está diante de um caso similar — mesmo sendo os EUA um país de historicamente de *common law* —, pois que o juiz, ao mesmo tempo em que aplica o direito é, também autor (porque acrescenta algo ao edifício jurídico) e crítico do (pois que interpreta o) passado.[36] O Direito é, pois, tomado não

---

[31] HABERMAS. *Facticidad y validez*: sobre el derecho y el estado democrático de derecho en términos de teoría del discurso, p. 286.

[32] DWORKIN. *O império do direito*, p. 141 *et seq*.

[33] Percebemos tal postura, por exemplo, naqueles casos que envolvem a chamada "judicialização da saúde", quando o juiz deve decidir pela compra ou não de um remédio à custa (ou pela realização de um procedimento médico) do Estado e sua decisão, baseada no princípio da proporcionalidade, leva em conta não necessariamente o caso em si mas suas possíveis consequências futuras.

[34] MANCUSO. *O precedente como fonte de direito*. Este fenômeno é conhecido como *mixed jurisdictions*. Cf. NUNES; BAHIA. Por um novo paradigma processual. *Revista da Faculdade de Direito do Sul de Minas*, p. 79-98.

[35] Esse conhecimento de todos os princípios, de todo o passado visto em uma rede, não é uma tarefa fácil. Aparece aí a figura do Juiz Hércules. Cf. DWORKIN. *O império do direito*, p. 87 *et seq*. O que se tem aí é um recurso argumentativo, isto é, Dworkin não espera que todos os juízes sejam como Hércules ou pior, que se eleja um Tribunal com esse fim.

[36] DWORKIN. *Uma questão de princípio*, p. 235-253.

como um dado mas como um constructo[37] e, como o caso é considerado em suas particularidades, pode-se falar em uma única resposta correta. Ao mesmo tempo, porque é a resposta correta para aquele caso, a decisão não será tomada como um *standard* que predetermine automaticamente a solução dos outros casos futuros.

Klaus Günther pode também nos ajudar a compreender melhor como se dá o processo de decisão judicial. Diferentemente de Dworkin, Günther deixa claro que o processo de reconstrução do ordenamento e do caso — ambos não são "dados", como também já mostrara Dworkin — é feito pelas partes em contraditório, sob as vistas do magistrado que pode, assim, manter sua imparcialidade. Para Gunther, a decisão deve preceder um processo em que todas as características relevantes do caso sejam levadas em consideração.[38] Ao ser feito esse levantamento o ordenamento aparece ao aplicador como um "mar revolto" de normas competindo entre si para regerem a situação e não como "uma única regra integrante de um todo passivo, harmônico e predeterminado que já teria de antemão regulado de modo absoluto a aplicação de suas regras".[39] Havendo várias normas válidas que poderiam reger aquele caso — normas aplicáveis *prima facie* —, a descoberta de qual delas é a norma adequada é tarefa da qual participam, como dissemos, ativamente as partes em contraditório e o próprio juiz. Descobrir quais são as normas aplicáveis *prima facie* — isto é, quais normas são válidas já que obedecem a um critério de universalização, portanto, sem consideração do caso —, é um processo que se dá através de *discursos de justificação*.[40] Uma vez definidas quais são as normas *prima facie* aplicáveis, passa-se ao que Günther chama de *discursos de aplicação*, como dissemos, através da busca pela descrição o mais completa possível do caso, de suas particularidades,[41] será possível perceber qual daquelas normas (e nenhuma outra) é a norma adequada. Dessa forma, não há um conflito real entre as normas, mas apenas aparente. Pretensões abusivas se evidenciam quando o gozo regular do direito de um implica a infringência do direito legítimo de outrem.

---

[37] Um "romance em cadeia". Cf. DWORKIN. *O império do direito*, p. 274 *et seq*.
[38] GÜNTHER. Justification et application universalistes de la norme en droit et en morale. *Archives de Philosophie du Droit*, p. 269.
[39] CARVALHO NETTO. Requisitos pragmáticos da interpretação jurídica sob o paradigma do Estado Democrático de Direito. *Revista de Direito Comparado*, p. 483.
[40] GÜNTHER. Uma concepção normativa de coerência para uma teoria discursiva da argumentação jurídica. *Cadernos de Filosofia Alemã*, p. 99.
[41] Cf. GÜNTHER. Justification et application universalistes de la norme en droit et en morale. *Archives de Philosophie du Droit*, p. 281, 289.

Não há lei, princípio, súmula ou jurisprudência que possam prever todas suas situações de aplicação, toda norma (ou similar) é pensada para um certo número de situações, porém a realidade é muito mais rica/diversa e colocará novas situações que desafiam o aplicador inclusive porque causarão conflito entre aquelas normas: são os dados do caso que, "complementando" as normas, darão subsídios à decisão.

Por fim, Jürgen Habermas nos esclarece a respeito da tensão existente entre a "faticidade" e a "validade" na jurisdição: entre *segurança jurídica* (positividade do Direito) e a pretensão de gerar *decisões corretas* (legitimidade): uma decisão judicial deve levar em conta o ordenamento (justificação interna), como repositório das expectativas de comportamento que foram estabilizadas, seja pelo legislador, seja pelo Judiciário (ou ainda pela tradição e costumes).[42]

Ao mesmo tempo, no entanto, a decisão reclama aceitabilidade racional (justificação externa). Para isso há que se atentar não apenas para a qualidade dos argumentos mas também para a própria estrutura do procedimento argumentativo que leva à decisão, de forma a garantir a igual participação dos afetados pela decisão, sem coerções (validade), a despeito da limitação de tempo (faticidade).[43] Para que uma decisão judicial possua certeza e aceitabilidade racional deve cumprir duas condições: fundamentação interna, isto é, conceber-se o Direito como um conjunto principiológico de normas e fundamentação externa, legitimidade que garanta aceitabilidade à decisão verificada pela observância de um procedimento que haja garantido igual participação, em contraditório.[44]

A própria noção do que seja "segurança jurídica" é redefinida como garantia às partes de um "procedimento *fair*", em que não há como garantir um certo resultado mas sim o esclarecimento discursivo das questões de forma que os destinatários da decisão tenham segurança que esta não foi dada a partir de "quaisquer" razões, mas somente daquelas que foram relevantes, no caso.[45]

---

[42] HABERMAS. *Facticidad y validez*: sobre el derecho y el estado democrático de derecho en términos de teoría del discurso, p. 267.

[43] HABERMAS. *Facticidad y validez*: sobre el derecho y el estado democrático de derecho en términos de teoría del discurso, p. 307, 353.

[44] Cf. CATTONI DE OLIVEIRA. *Direito constitucional*, p. 78-79; e GONÇALVES. *Técnica processual e teoria do processo*, p. 115-125.

[45] Cf. HABERMAS. *Facticidad y validez*: sobre el derecho y el estado democrático de derecho en términos de teoría del discurso, p. 291; e NUNES; BAHIA. Eficiência processual: algumas questões. *Revista de Processo*, p. 116-139.

A ênfase dada às particularidades do caso, que densificam as normas na busca da norma adequada, não transforma o processo judicial em uma prática casuística; isso porque a práxis discursiva da busca pelo melhor argumento abre uma dupla dimensão à sentença: a dimensão da imanência, isto é, que o processo representa uma resposta ao caso e também uma dimensão transcendente:

> O procedimento deve ser tal que as perspectivas em concreto das partes sejam correlacionadas com aquelas que fundamentaram o discurso de justificação, de forma a aferir a correspondência entre as perspectivas dos participantes do processo judicial e as dos membros da comunidade jurídica, representados pelo juiz imparcial. Além de ser uma resposta àquelas partes, à pretensões a direito levantadas pelas partes, a sentença deve ser tal que quaisquer pessoas que estivessem ali naquele caso obteriam a mesma decisão.[46]

4 Ausência da percepção de mixagem de sistemas jurídicos: o Brasil entre o *civil law* e o *common law*. A ausência de uma teoria brasileira dos precedentes judiciais. A anarquia interpretativa e o desrespeito a uma "possível" história institucional: o marco zero das interpretações pelos tribunais brasileiros

E o problema se torna mais grave em face da ausência de percepção da mixagem, circulação de modelos jurídicos ou "bijuralismo" entre sistemas que tipicamente eram de *civil law* ou de *common law*.

Existem inúmeros estudos nos últimos anos que mostram essa tendência de junção das tradições já no século XX: na experiência continental europeia tornou-se evidente a concessão de maior espaço ao direito jurisprudencial, e, em sentido inverso, uma orgia legislativa que ofertam formas legais às regras do *common law* clássico.[47]

E nós brasileiros não ficamos avessos a este fenômeno.

A cada dia assistimos o reforço da importância dos julgamentos dos Tribunais, especialmente superiores, na fundamentação das decisões proferidas.

---

[46] BAHIA. A interpretação jurídica no Estado Democrático de Direito: uma contribuição a partir da teoria do discurso de Jürgen Habermas. *In*: CATTONI DE OLIVEIRA (Coord.). *Jurisdição e hermenêutica constitucional*: no Estado Democrático de Direito, p. 351-352.

[47] GAMBARO. Common law e civil law: evoluzione e metodi di confronto. *In*: DUE iceberg a confronto: le derive di common law e civil law.

No entanto, tal fenômeno de um *"common law* à brasileira" se dá sem a preocupação científica de consolidação de uma "teoria dos precedentes" para nosso país. Isso porque, no Brasil, a referência às Súmulas e mesmo a processos anteriormente julgados se dá de forma desconectada com as questões, debates e teses que lhes deram origem. Assim, ao se invocar certa Súmula a mesma é autônoma frente à discussão subjacente.

Costumeiramente, no direito comparado se tematiza a questão do modo como os Tribunais superiores se valem dos precedentes.[48]

Nada disso é novidade na práxis de países como os EUA; se é de lá que vem a inspiração para tornar nosso direito um híbrido em que se valorizam os precedentes, podemos também retirar dali lições valiosas. A primeira questão é que, mesmo havendo precedente, a atividade judicial ordinária de solução de um caso não se realiza apenas pela repetição dos casos anteriores. Como mostra Edward D. Re, o precedente é um *principium*, um ponto de partida que contribuirá para a decisão.[49]

Nem todos os precedentes têm a mesma "força". Entre eles há os vinculativos e os meramente persuasivos: o que diferencia uns de outros é a práxis argumentativa nos tribunais. No interior de um precedente ainda se diferencia entre a parte de fundamentação do precedente (princípio) e o simples *dictum* (sem força vinculante).

Percebe-se que um sistema fundado no *stare decisis* não está, contudo, preso a leituras "exegéticas" dos precedentes. A relação é dinâmica, de construção do direito e não estática de quem toma os precedentes como um dado do passado a que se deva repetir sem mais.

Não bastasse, há duas técnicas que nos interessam em particular. Uma é o método de superação dos precedentes (*overruling*): os demandantes podem postular, junto à Corte que emitiu o precedente (ou esta pode fazê-lo, de ofício), a abolição/releitura do antigo precedente mostrando a alteração nas hipóteses fáticas/jurídicas que lhes deram origem.[50] A outra é o *distinguishing*, uma forma de se fugir ao rigor dos precedentes; pode-se mostrar que o caso possui particularidades que o diferenciam.[51]

---

[48] WHITTAKER. El precedente en el derecho inglés: una visión desde la ciudadela. *Revista Chilena de Derecho*, p. 44.
[49] RE. Stare Decisis. *Revista dos Tribunais*, p. 7-13. Ver também DWORKIN. *O império do direito*, p. 274.
[50] Como exemplos a questão do negro e do aborto nos EUA. Cf. BAHIA. *Recursos extraordinários no STF e no STJ*: conflito entre interesses público e privado, p. 56.
[51] Cf. GARCIA. Efeito vinculante dos julgados da corte suprema e dos tribunais superiores. *Revista dos Tribunais*, p. 40-47.

Tanto uma como outra técnica podem ser plenamente utilizadas no Brasil como forma de se contornar as violações constitucionais na aplicação radical das Súmulas. No entanto, o problema se torna mais grave na aplicação de casos anteriormente julgados, uma vez que não se faz uma reconstrução discursiva de um caso do passado para sua aplicação no caso presente a ser julgado.

Com Dworkin aprendemos que os tribunais, ao julgar um novo caso, devem respeitar a história institucional da aplicação daquele instituto (tese ou caso) como um romance em cadeia, mas permitindo rupturas devidamente fundamentadas e consonante a sua concepção de integridade.

No entanto, em face da pressuposição brasileira de que os Ministros (e juízes) devem possuir liberdade decisória cria-se um quadro de "anarquia interpretativa" na qual nem mesmo se consegue respeitar a história institucional da solução de um caso dentro de um mesmo tribunal. Cada juiz e órgão do tribunal julgam a partir de um "marco zero" interpretativo, sem respeito à integridade e ao passado de análise daquele caso; permitindo a geração de tantos entendimentos quantos sejam os juízes.

Este modo de aplicação seria percebido de modo muito estranho por perspectivas atuais do próprio sistema inglês. Como preleciona Whittaker:

> (...) Porque si las decisiones inglesas obligan, ello sucede solo en la medida en que un tribunal en el futuro así lo declare. *Por tanto, el grado de autocontrol que podemos percibir que los jueces ingleses ejercen en el desarrollo del Derecho, puede ser explicado por su sentido de lo que es apropiado constitucionalmente, la factibilidad de construir normas adecuadas de suficiente aliento y fortaleza en el área de Derecho pertinente, la necesidad de certeza jurídica y la naturaleza apremiante de "justicia" en el caso concreto. Así, si bien a veces encontramos jueces ingleses que aceptan formas de razonamiento radicalmente nuevas, en verdad, nuevos principios jurídicos, a menudo también descubrimos que rehúsan admitirlas con la digresión de que esta materia debiera ser resuelta por el Parlamento.*[52] (grifos nossos)

No Brasil, a utilização do aludido "marco zero" se apresenta, inclusive, quando são utilizadas súmulas e casos julgados (passados), isto é, a mera referência a "teses" colhidas daqueles não garante maior integridade.

---

[52] WHITTAKER. El precedente en el derecho inglés: una visión desde la ciudadela. *Revista Chilena de Derecho*, p. 45.

Não podemos ainda nos olvidar, com Michele Taruffo, que muitas vezes o que torna um caso difícil (*hard case*), não é somente a interpretação do direito, mas também dos fatos,[53] que pode conduzir a respostas diversas para casos semelhantes. Logo, proposições legislativas que sublimam os fatos (em sua inteireza), concentrando-se apenas nalguns pontos "semelhantes", perdem o discurso do aplicador (da teoria da decisão judicial), para ficar com o discurso daquele que produz enunciados gerais e abstratos.

Evidentemente, que esse quadro pode ser visto como exagerado, mas, ele tenta promover um alerta e uma provocação aos pesquisadores e "operadores" em geral dos riscos de uma padronização decisória sem uma teoria consistente de como se articular os precedentes em nosso país.

Essas palavras iniciais acerca do tema devem ser vistas como uma provocação acadêmica ao debate (e sem conclusões) de modo a impedir que o fenômeno da convergência entre *civil law* e *common law* não seja visto como uma panaceia inovadora, sem que seja devidamente problematizada por todos os seguimentos jurídicos, especialmente da Processualística, do Constitucionalismo e da Teoria do Direito.

Referências

BAHIA, Alexandre. A interpretação jurídica no Estado Democrático de Direito: uma contribuição a partir da teoria do discurso de Jürgen Habermas. *In*: CATTONI DE OLIVEIRA, Marcelo Andrade (Coord.). *Jurisdição e hermenêutica constitucional*: no Estado Democrático de Direito. Belo Horizonte: Mandamentos, 2004.

BAHIA, Alexandre. Os recursos extraordinários e a co-originalidade dos interesses público e privado no interior do processo: reformas, crises e desafios à jurisdição desde uma compreensão procedimental do estado democrático de direito. *In*: CATTONI DE OLIVEIRA, Marcelo Andrade; MACHADO, Felipe Daniel Amorim (Coord.). *Constituição e processo*: a contribuição do processo ao constitucionalismo democrático brasileiro. Belo Horizonte: Del Rey, 2009.

BAHIA, Alexandre. *Recursos extraordinários no STF e no STJ*: conflito entre interesses público e privado. Curitiba: Juruá, 2009.

BAHIA, Alexandre; NUNES Dierle. O potencial transformador dos direitos "privados" no constitucionalismo pós-88: igualdade, feminismo e risco. *Revista dos Tribunais*, v. 98, n. 882, p. 45-60, abr. 2009.

---

[53] TARUFFO. Il fatto e l'interpretazione. *Revista da Faculdade de Direito do Sul de Minas*.

CALAMANDREI, Piero. *Eles, os juízes, vistos por um advogado*. Tradução de Eduardo Brandão. 3. tiragem. São Paulo: Martins Fontes, 1997.

CARVALHO NETTO, Menelick de. Requisitos pragmáticos da interpretação jurídica sob o paradigma do Estado Democrático de Direito. *Revista de Direito Comparado*, n. 3, p. 473-486, maio 1999.

CATTONI DE OLIVEIRA, Marcelo Andrade (Coord.). *Jurisdição e hermenêutica constitucional*: no Estado Democrático de Direito. Belo Horizonte: Mandamentos, 2004.

CATTONI DE OLIVEIRA, Marcelo Andrade. *Direito constitucional*. Belo Horizonte: Mandamentos, 2002.

CATTONI DE OLIVEIRA, Marcelo Andrade. *Direito processual constitucional*. Belo Horizonte: Mandamentos, 2001.

CATTONI DE OLIVEIRA, Marcelo Andrade; MACHADO, Felipe Daniel Amorim (Coord.). *Constituição e processo*: a contribuição do processo ao constitucionalismo democrático brasileiro. Belo Horizonte: Del Rey, 2009.

DAMAŠKA, Mirjan. The Common Law/Civil Law Divide: Residual Truth of a Misleading Distinction. *In*: INTERNATIONAL Association of Procedural Law. Toronto Conference, June 3-5, 2009.

DWORKIN, Ronald. *O império do direito*. Tradução de Jefferson Luiz Camargo. 2. ed. São Paulo: Martins Fontes, 2007.

DWORKIN, Ronald. *Uma questão de princípio*. Tradução de Luís Carlos Borges. 2. tiragem. São Paulo: Martins Fontes, 2001.

GADAMER, Hans-Georg. *Verdade e método*. Tradução de Enio Paulo Giachini. Revisão da tradução por Marcia Sá Cavalcante Schuback. Petrópolis: Vozes, 2002. (Complementos e índice, v. 2).

GADAMER, Hans-Georg. *Verdade e método*. Tradução de Flávio Paulo Meurer. Revisão da tradução por Enio Paulo Giachini. 3. ed. Petrópolis: Vozes, 1999. (Traços fundamentais de uma hermenêutica filosófica, v. 1).

GAMBARO, Antonio. Common law e civil law: evoluzione e metodi di confronto. *In*: DUE iceberg a confronto: le derive di common law e civil law. Milano: Giuffrè, 2009. (Quaderni della *Rivista Trimestrale di Diritto e Procedura Civile*, 12).

GARCIA, Dínio de Santis. Efeito vinculante dos julgados da corte suprema e dos tribunais superiores. *Revista dos Tribunais*, v. 85, n. 734, p. 40-47, dez. 1996.

GONÇALVES, Aroldo Plínio. *Técnica processual e teoria do processo*. Rio de Janeiro: Aide, 1992.

GÜNTHER, Klaus. Justification et application universalistes de la norme en droit et en morale. *Archives de Philosophie du Droit*, t. 37, p. 269-302, 1992.

GÜNTHER, Klaus. Uma concepção normativa de coerência para uma teoria discursiva da argumentação jurídica. Trad. Leonel Cesarino Pessoa. *Cadernos de Filosofia Alemã*, n. 6, p. 85-102, 2000.

HABERMAS, Jürgen. *Facticidad y validez*: sobre el derecho y el estado democrático de derecho en términos de teoría del discurso. Traducción de Manuel Jiménez Redondo. Madrid: Trotta, 1998.

KELSEN, Hans. Sobre a teoria da interpretação. Tradução de Raíssa R. Mendes. *Cadernos da Escola do Legislativo*, v. 3, n. 5, p. 27-71, jan./jun. 1997.

KELSEN, Hans. *Teoria pura do direito*. Tradução de João Baptista Machado. 2. ed. São Paulo: Martins Fontes, 1987.

LOPES, Ana Maria D'Ávila. O papel do juiz na hermenêutica jurídica de Hans-Georg Gadamer. *Revista da Faculdade de Direito da UFMG*, n. 36, p. 281-301, 1999.

MANCUSO, Rodolfo de Camargo. *O precedente como fonte de direito*. Porto Alegre: TRF – 4ª Região, 2008. (Caderno de Direito Processual Civil, v. 7).

MENCHINI, Sergio. Azioni seriali e tutela giurisdizionale: aspetti critici e prospettive ricostruttive. *In*: ATTI del incontro di studi: le azioni seriali do Centro Interuniversitario di Studi e Ricerche sulla Giustiza Civile Giovani Fabbrini, junto da Università di Pisa, 4 e 5 maio 2007.

MONTESQUIEU. *De l'esprit des lois; Défense de l'esprit des lois*. Paris: Flammarion, 1926.

NUNES, Dierle. *Processo jurisdicional democrático*: uma análise crítica das reformas processuais. Curitiba: Juruá, 2008.

NUNES, Dierle; BAHIA, Alexandre. Eficiência processual: algumas questões. *Revista de Processo*, v. 34, n. 169, p. 116-139, mar. 2009.

NUNES, Dierle; BAHIA, Alexandre. Por um novo paradigma processual. *Revista da Faculdade de Direito do Sul de Minas*, n. 26, p. 79-98, jan./jun. 2008.

RE, Edward D. Stare Decisis. Tradução de Ellen Gracie Northfleet. *Revista dos Tribunais*, n. 702, p. 7-13, abr. 1994.

TARUFFO, Michele. Il fatto e l'interpretazione. *Revista da Faculdade de Direito do Sul de Minas*, n. 31, jul./dez. 2010. No prelo.

THEODORO JÚNIOR, Humberto; NUNES, Dierle; BAHIA, Alexandre. Litigiosidade em massa e repercussão geral no recurso extraordinário. *Revista de Processo*, v. 34, n. 177, p. 9-46, nov. 2009.

WHITTAKER, Simon. El precedente en el derecho inglés: una visión desde la ciudadela. *Revista Chilena de Derecho*, v. 35, n. 1, p. 37-83, ene./abr. 2008.

WITTGENSTEIN, Ludwig. *Tractatus logico-philosophicus*. Tradução de José Arthur Giannotti. São Paulo: Ed. Nacional; Ed. Universidade de São Paulo, 1968.

Informação bibliográfica deste texto, conforme a NBR 6023:2002 da Associação Brasileira de Normas Técnicas (ABNT):

BAHIA, Alexandre; NUNES, Dierle. Tendências de padronização decisória no PLS nº 166/2010: o Brasil entre o *civil law* e o *common law* e os problemas na utilização do "marco zero interpretativo". *In*: BARROS, Flaviane de Magalhães; BOLZAN DE MORAIS, Jose Luis (Coord.). *Reforma do processo civil*: perspectivas constitucionais. Belo Horizonte: Fórum, 2010. p. 75-95. ISBN 978-85-7700-404-1.

PARTE II

A REFORMA PROCESSUAL E SUA ADEQUAÇÃO AOS PRINCÍPIOS CONSTITUCIONAIS DO PROCESSO

EXAME PRELIMINAR DO PROJETO DE NOVO CÓDIGO DE PROCESSO CIVIL

Ronaldo Brêtas de Carvalho Dias

Sumário: Introdução – **1** Críticas à estrutura sistemática do projeto – **2** A barbaridade inconstitucional do art. 839, §2º – **3** Defeitos normativos do procedimento da apelação (artigos 908, 926 e 928) – **4** Alguns conteúdos normativos criticados: modificações sugeridas – **4.1** Conteúdo normativo do art. 108 – **4.2** Conteúdo normativo do art. 109 – **4.3** Conteúdos normativos do art. 112 e parágrafo único – **4.4** Conteúdo normativo do art. 314 – **4.5** Conteúdos normativos do art. 795 e parágrafo único – **4.6** Conteúdos normativos do art. 837 e seu §1º – Conclusão – Referências

Introdução

Pelo ato de nº 379, de 30 set. 2009, firmado pelo Senador José Sarney, Presidente do Senado Federal, foi constituída comissão de notáveis juristas, alguns dos quais renomados processualistas,[1] com a incumbência de elaborar o anteprojeto do novo Código de Processo Civil brasileiro.

Em poucos meses, a douta comissão instituída elaborou dito anteprojeto em desabalada correria, agora convertido no Projeto de Reforma do Código de Processo Civil em trâmite no Senado Federal, sob o nº 166/2010, apresentado pelo Presidente, Senador José Sarney.

---

[1] Luiz Fux (Presidente), Teresa Arruda Alvim Wambier (Relatora), Adroaldo Furtado Fabrício, Benedito Cerezzo Pereira Filho, Bruno Dantas, Elpídio Donizetti Nunes, Humberto Theodoro Júnior, Jansen Fialho de Almeida, José Miguel Garcia Medina, José Roberto dos Santos Bedaque, Marcus Vinicius Furtado Coelho e Paulo Cesar Pinheiro Carneiro.

No Senado, foi constituída Comissão Especial de Reforma do Código de Processo Civil, da qual é Presidente o Senador Demóstenes Torres, sendo seu Relator Geral o Senador Valter Pereira, os quais vêm realizando audiências públicas em todo o país, promovendo debates e obtendo sugestões de mudanças, visando ao aperfeiçoamento do texto do atual projeto.[2]

Esse projeto contém 970 artigos, distribuídos de forma sistemática em cinco livros. A comissão que o elaborou optou pela estruturação técnica de reunir as normas gerais do processo no Livro I (artigos 1º a 301), sistematizando, depois, as normas regentes do processo de conhecimento (procedimentos cognitivos) no Livro II (artigos 302 a 696),[3] as normas regentes do processo de execução (procedimentos executivos) no Livro III (artigos 697 a 846), as normas dos procedimentos nos Tribunais e de impugnação das decisões judiciais (recursos) no Livro IV (artigos 847 a 960) e, finalmente, reservando o Livro V para as disposições normativas finais e transitórias (artigos 961 a 970).

Observa-se que o trabalho de elaboração do anteprojeto que serviu de base ao atual projeto foi desenvolvido pela comissão em exíguo espaço de tempo, de forma visivelmente apressada, o que gerou muitas imperfeições e graves deficiências na sua sistematização e nos seus conteúdos normativos, o que já era esperado, porque, afinal de contas, a sabedoria popular sempre advertiu que a pressa é inimiga da perfeição.

Muitos desses aspectos negativos já foram destacados por um ilustre membro da Comissão e um de seus mais notáveis processualistas, de renome nacional e internacional, o Professor Humberto Theodoro Júnior, em artigo doutrinário que publicou, no qual presta o seguinte depoimento:

---

[2] Essas audiências públicas revelam um dos aspectos da legitimação democrática do Estado de Direito, eis que possibilitam a qualquer do povo influir nos debates travados em torno de relevantes questões nacionais e de participar do processo constitucional de elaboração das normas legislativas, levando ao Estado-legislativo sugestões de aprimoramento do texto em atual discussão no Senado Federal. Contudo, é preciso que as sugestões apresentadas nas audiências públicas mereçam a devida atenção dos Senadores membros da Comissão, sem o que não atingirão seu objetivo, apenas servindo para o Estado-legislativo *fingir* que o princípio democrático está sendo observado na apreciação do projeto. Sobre legitimação democrática do Estado de Direito, cf. DIAS. *Processo constitucional*: e Estado Democrático de Direito, p. 24-25.

[3] De forma acertada, o projeto reduziu o elenco de procedimentos especiais (em relação ao existente no Código de 1973) e os inseriu no Livro I, que cuida do processo de conhecimento, conforme estudos e recomendações feitos por boa parte da doutrina. Cf. DIAS; NEPOMUCENO (Coord.). *Processo civil reformado*, p. 441-443, 445-448.

Como membro da Comissão, pude advertir, desde o princípio, para a impossibilidade material de planejar, redigir e debater, a contento, o anteprojeto no exíguo espaço de tempo, de apenas uns poucos meses, prefixado para a conclusão da complexa tarefa. (...). A pressa, entretanto, com que a obra se concluiu, deixa expostas deficiências evidentes de redação e sistematização que não aconselham a pronta transformação do projeto em lei. Aquilo que não se teve tempo e oportunidade de fazer durante a curtíssima atividade da Comissão terá de ser cumprido durante a tramitação parlamentar.[4]

Com razão o doutrinador e articulista referido, porque, sem dúvida alguma, o projeto do novo Código de Processo Civil apresenta muitos problemas de sistematização e de redação de seus preceitos, podendo-se afirmar que, em razão disto, infelizmente, seus desacertos superam os acertos.

Assim, em exame preliminar, sem maiores aprofundamentos, passamos a focalizar, em seguida, os pontos negativos revelados pela rápida leitura do projeto, além daqueles já apontados com propriedade pelo professor Humberto Theodoro Júnior no artigo doutrinário dantes colacionado.

1 Críticas à estrutura sistemática do projeto[5]

O projeto, no Título III do seu Livro II (Processo de Conhecimento), artigos 505 a 696, trata dos *Procedimentos Especiais*. Entretanto, ao individualizá-los, nos capítulos que o integram (Capítulo I, artigos 505 a 515, Capítulo II, artigos 516 e 520, e capítulos seguintes), o texto não mais faz referência a *procedimentos*, mas, sim, a *ações*: *ação* de consignação em pagamento (Capítulo I, artigos 505 a 515), *ação* de prestação de contas (Capítulo II, artigos 516 a 520), e assim por diante. Ora, se o referido Título III cuida dos qualificados *procedimentos especiais*, o texto, como está, revela confusão entre *procedimento* e *ação*, porque, nos capítulos que o integram, o certo seria mencionar Do *procedimento da consignação em pagamento* (Capítulo I, artigos 505 a 515), Do *procedimento de prestação*

---

[4] THEODORO JÚNIOR. Primeiras observações sobre o projeto do novo Código de Processo Civil. *Revista IOB de Direito Civil e Processual Civil*, p. 7-8.
[5] O texto que se segue está baseado em documento entregue pelo autor à Comissão Especial de Reforma do Código de Processo Civil, representando a Faculdade Mineira de Direito da PUC Minas, em audiência pública realizada na sede do Tribunal de Justiça de Minas Gerais, na data de 3 set. 2010, consubstanciando uma proposta de sugestões para alterações do PLS nº 166/2010.

de contas (Capítulo II, artigos 516 a 529), *Do procedimento de divisão e da demarcação de terras particulares* (Capítulo III, artigos 521 a 550), *Dos procedimentos possessórios* (Capítulo IX, artigos 639 a 652) e assim por diante. É de se reparar que o Capítulo X (artigos 653 *et seq.*), de forma correta, menciona *Dos procedimentos contenciosos*. Sendo assim, a expressão *ação* deveria ser substituída por *procedimento*. Registre-se que o Código de Processo Civil de 1973, em vigor, no Livro IV (artigos 890 *et seq.*), faz a mesma confusão entre *ação* e *procedimento*, originária do praxismo forense de se rotular ou qualificar a ação, na petição inicial.[6]

Apontada miscelânea das ideias de ação e procedimento, consagrada na malsinada prática forense, ainda repercutiu na redação do art. 238 do projeto, ao tratar do chamado procedimento edital, cabível em situações nas quais o réu é incerto ou desconhecido, o que exige seja feita sua citação por edital. Referida norma, sob atecnia, recomenda seja adotado o procedimento edital "na ação de usucapião" (inciso I), "nas ações de recuperação ou substituição de título ao portador" (inciso II), "em qualquer ação" (inciso III). Ora, tal procedimento não é adotado na *ação*,[7] mas em razão da *pretensão* do autor, deduzida no processo (procedimento em contraditório), por meio do pedido formulado na petição inicial, contra o réu incerto ou desconhecido (por exemplos, o detentor dos títulos os quais o autor pretende substituir ou recuperar; o proprietário de um dos imóveis confrontantes com o imóvel usucapindo, que tem de ser citado).[8]

No Livro III do projeto, que trata do Processo de Execução (artigos 697 *et seq.*), constata-se problema na sua estrutura sistemática. No seu Título III (*Das diversas espécies de execução*), Capítulo I (*Das disposições gerais*), o art. 721 prevê que a execução se realiza no interesse do credor, que adquire, pela penhora, o direito de preferência

---

[6] O Código de Processo Civil de 1973 comete o mesmo equívoco, tratando os *procedimentos* por *ações* (Livro IV, arts. 890 e seguintes). A doutrina sempre o criticou por isto. Cf. DINAMARCO. *Fundamentos do processo civil moderno*, v. I, p. 341-342; SANTOS. *Manual de direito processual civil*, v. 1, p. 54; e DIAS; NEPOMUCENO (Coord.). *Processo civil reformado*, p. 445-447.

[7] A ação proposta provoca o início do processo, que é procedimento em contraditório. Logo, a ação ajuizada desencadeia o procedimento, sem qualquer sentido lógico ou técnico cogitar-se em adotar um *procedimento* na *ação*, como prevê o art. 238 do projeto. O que condiciona seja adotado determinado procedimento (comum ou especial) é a *pretensão* de direito material deduzida em juízo, que é pré-processual. Cf. DIAS. *Processo constitucional*: e Estado Democrático de Direito, p. 80-83.

[8] Sobre ação como direito constitucional de petição, pretensão de direito material, pedido, processo e procedimento, cf. DIAS; NEPOMUCENO (Coord.). *Processo civil reformado*, p. 420-428, 443-448.

sobre os bens penhorados do devedor. Referido artigo faz uma ressalva ao seu início: "ressalvado o caso de insolvência do devedor, em que tem lugar o concurso universal". Advirta-se que o intitulado *concurso universal de credores* tem lugar no procedimento da execução por quantia certa contra devedor insolvente, também chamado, de forma simplificada, *insolvência civil*. Mais adiante, no Capítulo IV (artigos 749 e seguintes), o texto do projeto trata do que qualifica *Da execução por quantia certa contra devedor solvente*. Entretanto, o Livro III (artigos 697 a 846), que disciplina o Processo de Execução, não normatiza o procedimento da execução por quantia certa contra *devedor insolvente*. Porém, de forma estranha, no Livro V, que trata das Disposições Finais e Transitórias (artigos 961 a 970), o projeto prevê, no art. 970: "até que se edite lei para regular a insolvência civil do devedor civil, permanecerão em vigor as disposições do Título IV do Livro II do Código revogado, observado o disposto neste artigo".

Ora, essa estruturação sistemática do projeto revela-se inusitada, com a devida vênia. Primeiro, porque, a se manter o projeto como está, o novo Código de Processo Civil iniciará sua vigência deixando em vigor parte do antigo Código de Processo Civil, ou seja, o velho Código de 1973 ficará revogado apenas parcialmente, porque o *procedimento da execução por quantia certa contra devedor insolvente* (*insolvência civil*), ali disciplinado normativamente, continuaria prevalecendo. Em segundo lugar, porque, ressalvado melhor exame, a exposição de motivos do projeto não esclarece o porquê dessa estruturação, melhor dizendo, não aponta as razões pelas quais serão necessárias outras disposições normativas para a execução por quantia certa contra devedor insolvente, procedimento a ser disciplinado, cogitado ou construído por lei extravagante. Se há necessidade de outro modelo normativo para a insolvência civil, o projeto deveria tê-lo construído de uma vez. Em terceiro, porque o procedimento da execução por quantia certa contra devedor insolvente, criado no Código de 1973, foi considerado, na época, um de seus pontos diferenciados, e não sofre, na doutrina, grandes críticas quanto à sua configuração normativa. Em quarto e último lugar, outros procedimentos de Código de 1973 foram reproduzidos no projeto, apenas com breves alterações (por exemplo, exatamente os procedimentos executivos existentes no Livro III, Título II, Capítulos II, II, IV e seguintes, abrangendo os artigos 730 *et seq.*).

Sendo assim, é preciso corrigir esse aspecto estrutural do projeto, inaceitável tecnicamente. A sugestão corretiva que se faz é a de trazer para o corpo do projeto, por inteiro, o texto normativo do Código de Processo Civil de 1973, que disciplina o *procedimento da execução por quantia certa contra devedor insolvente ou insolvência civil*, Livro II, Título IV (artigos 748 a 786-A). Haveria, assim, um encarte dessas disposições normativas no projeto, introduzidas no seu Livro III (Processo de execução), Título II, depois do seu Capítulo IV (que trata *da execução por quantia certa contra devedor solvente* – artigos 749 *et seq*.). A insolvência civil (ou *execução por quantia certa contra devedor insolvente*) seria então tratada normativamente no Capítulo V (após art. 833), do Título II, do Livro III, do projeto. Ter-se-ia, em consequência, de carrear as normas do procedimento da *execução contra a Fazenda Pública* (art. 834) para um Capítulo VI, no projeto, naturalmente sob renumeração adequada dos seus artigos 834 *et seq*.

Finalmente, feitos esses acertos estruturais no sistema normativo do projeto, em relação ao seu Livro III (processo de execução), o texto do art. 970 (Livro V, Disposições Finais e Transitórias) não mais teria razão de ser, do qual seria expungido. Como está o projeto, admitido que fosse convertido em lei, entraria em vigor de forma inacabada, como está a informar o conteúdo normativo de seu art. 970, ou seja, teríamos um novo Código não terminado, incompleto, porque mantendo em vigor parte do antigo Código (procedimento da insolvência civil), o que afigura pouco lógico ou racional.

2 A barbaridade inconstitucional do art. 839, §2º

No Livro II, ao cuidar da disciplina normativa do processo de execução, a regra do art. 839, §2º, do projeto, formula o seguinte preceito: "A ausência de embargos obsta à propositura de ação autônoma do devedor contra o credor para discutir o crédito".

Novamente, valemo-nos do depoimento do Professor Humberto Theodoro Júnior, um dos membros da Comissão, em crítica contundente, acoimando referida regra de "verdadeira barbaridade, que atinge as raias da inconstitucionalidade".[9]

Realmente, há visível inconstitucionalidade no apontado conteúdo normativo, porque, se os embargos à execução constituem processo incidental de conhecimento, inexistente doutrina que diga o contrário, não pode sua ausência significar para o devedor que não os apresentou uma perda do seu direito fundamental de acesso à jurisdição (exercício do direito de ação) para discutir o título executivo e a

---

[9] THEODORO JÚNIOR. Primeiras observações sobre o projeto do novo Código de Processo Civil. *Revista IOB de Direito Civil e Processual Civil*, p. 10.

obrigação nele formalizada, o que configura ofensa grosseira às normas do art. 5º, inciso XXXV, da Constituição Federal.[10]

Acertada, pois, a crítica de Humberto Theodoro Júnior ao preceito normativo do art. 839, §2º, do Projeto de Novo Código de Processo Civil, a merecer nossa inteira adesão:

> Como ficou, o dispositivo atenta, de forma sumária e radical, contra o direito da parte de ver apreciado seu direito em juízo, sem nunca tê-lo submetido ao julgamento do Poder Judiciário. É importante lembrar que os embargos não são simples resistência do réu a pedido do autor. São uma ação de conhecimento que o devedor pode ou não manejar, segundo suas conveniências pessoais. Além do mais, são os embargos apenas uma das ações de que o devedor pode lançar mão, e nunca uma única via de que se possa valer o litigante para obter o acertamento de sua eventual controvérsia com o credor. Enquanto não prescrita a pretensão do devedor, não pode a lei processual privá-lo do direito fundamental de postular a tutela jurisdicional de cognição. Daí por que, à luz da garantia constitucional, não pode a ausência da ação de embargos representar a perda de um direito fundamental, como é o direito de ação que nunca chegou a ser exercitado e que sequer foi transformado em objeto de solução dentro do processo de execução.[11]

Por esses fundamentos, entendemos que o §2º, do art. 839, do projeto em exame, deveria ter a seguinte redação, afeiçoada ao devido processo constitucional: "A intempestividade dos embargos não obsta o prosseguimento da ação do devedor contra o credor por meio de procedimento cognitivo autônomo, que não suspenderá o processo de execução em curso".

3 Defeitos normativos do procedimento da apelação (artigos 908, 926 e 928)

O procedimento do recurso de apelação, no tocante ao juízo de admissibilidade e aos efeitos em que é recebido, segundo entendemos, precisa ser totalmente revisado e reformulado. O projeto prevê que o juízo de admissibilidade do referido recurso toca exclusivamente ao segundo grau de jurisdição (art. 926), ao qual compete, também, atribuir-lhe o efeito suspensivo (artigos 908 e 928).

---

[10] Sobre a jurisdição como direito fundamental, cf. DIAS. *Processo constitucional*: e Estado Democrático de Direito, p. 67-75.

[11] THEODORO JÚNIOR. Primeiras observações sobre o projeto do novo Código de Processo Civil. *Revista IOB de Direito Civil e Processual Civil*, p. 10.

Essa sistemática implantada, salvo melhor entendimento, precisa ser revista, porque, à evidência, não se revela racional retirar do juízo de primeiro grau a possibilidade de também examinar os pressupostos de admissibilidade do recurso. Não tem sentido lógico, por exemplo, o juízo de primeiro grau determinar a remessa ao Tribunal de apelação manifestamente intempestiva ou deserta.

A questão do efeito suspensivo atribuído ao recurso de apelação também precisa ser revista, de forma que, em primeiro lugar, o código indique clara e exaustivamente os casos nos quais a apelação será recebida no referido efeito, de modo que o juízo de primeiro grau examine os efeitos que lhe serão atribuídos, tão logo ocorra sua interposição (lembrando-se que a apelação sempre será recebida no efeito devolutivo).

O projeto, de forma mal arrumada, criou um incidente processual junto ao Tribunal (art. 908, §2º), pelo qual a parte apelante terá de requerer seja atribuído efeito suspensivo à apelação. Não está bem claro como tal requerimento será autuado e processado, se instruído com cópias do processo principal e quais seriam elas, sem qualquer procedimento inteligente e bem sistematizado. Demais disto, se prevalecer, duplicar-se-á o trabalho dos relatores no Tribunal, pois, logicamente, todo apelante irá requerer seja conferido efeito suspensivo à apelação, após sua interposição, ainda estando sendo processado dito recurso no juízo de primeiro grau. Isto significa dobrar o trabalho dos Desembargadores relatores. Primeiro, criado o incidente, examinarão se será atribuído efeito suspensivo à apelação, o que exige contraditório. Depois, em outra etapa, quando os autos com a apelação chegarem ao Tribunal, examinarão seus pressupostos e mérito. Com todo o respeito, o sistema do projeto peca pela ausência de racionalidade e o sistema do Código de 1973, vigente, é muito mais lógico e racional. Há casos em que, objetivamente, o recurso de apelação não poderá ter efeito suspensivo. Por exemplo, recurso de apelação contra sentença que rejeitou embargos à execução, liminarmente ou não. Por óbvio, em face de normas específicas do processo de execução, neste caso, o recurso de apelação somente terá efeito devolutivo. Outro exemplo, sentença que confirmou decisão interlocutória liminar concessiva de tutela antecipada de mérito, da mesma forma, se impugnada por recurso de apelação, não se admite lhe seja atribuído o efeito suspensivo. Ora, se é assim, não se vê motivos para que o projeto se omita em prever as situações nas quais o recurso de apelação somente será recebido no efeito meramente devolutivo, devendo indicá-las no seu texto, desde logo. O projeto, como está, não tem parâmetro normativo algum a respeito e está calcado no máximo da subjetividade conferida ao relator, quando examinar se atribuirá efeito suspensivo ao recurso de apelação. Sem dúvida, consagra um retrocesso, gerando confusão e insegurança, situações que não se conciliam com a ideia de processo.

4 Alguns conteúdos normativos criticados: modificações sugeridas

4.1 Conteúdo normativo do art. 108

O texto normativo do art. 108 apresenta o seguinte conteúdo: "O juiz não se exime de decidir alegando lacuna ou obscuridade da lei, cabendo-lhe, no julgamento da lide, aplicar os princípios constitucionais e as normas legais; não as havendo, recorrerá à analogia, aos costumes e aos princípios gerais de direito".

Redação sugerida: "O juiz não se exime de decidir alegando lacuna ou obscuridade do ordenamento jurídico; no julgamento do processo, caber-lhe-á aplicar os princípios constitucionais, as regras legais e os princípios gerais de direito, realizando-se a integração do direito pela analogia".

Justificativas. A redação atual menciona "julgamento da lide". Contudo, *lide* tem significado técnico-jurídico um pouco diverso do que se pretende no texto do projeto. Na doutrina precursora de Carnelutti, lide é "conflito de interesses qualificado por uma pretensão resistida (discutida)",[12] razão pela qual é aconselhável que o texto legal mencione, então, *julgamento do processo*.

Por outro lado, hodiernamente, a partir dos estudos aprofundados de Boulanger, Esser e Alexy, em torno dos *princípios de direito*, passou-se a entender que as *normas jurídicas* (gênero) compreendem os *princípios* e as *regras de direito* (espécies). Logo, princípios constitucionais, regras constitucionais, regras infraconstitucionais (regras legais) e princípios gerais de direito — sem quaisquer exceções — são *normas jurídicas*, que integram o *ordenamento jurídico* do Estado. A redação cuja modificação é sugerida, de forma errônea, contrariando concepção moderna da ciência do Direito no Século XXI, coloca os *princípios gerais de direito* como *fonte supletiva formal do direito* (depois do costume), em havendo lacunas (falibilidade normativa), aos quais o intérprete ou decididor somente recorrerá, *se não houver regras legais* a respeito. Neste aspecto, labora o

---

[12] Cf. CARNELUTTI. *Instituciones del proceso civil*, v. 1, p. 27-34.

texto do projeto em equívoco, com todo o respeito, sob entendimento de antanho, há muito tempo superado.[13] Na verdade, de forma errônea, o projeto está copiando a redação do art. 126 do Código de 1973, sendo certo que este, por sua vez, inspirou-se nas disposições da vetusta Lei de Introdução ao Código Civil (Decreto-Lei nº 4.657/1942, art. 4º), o que exige revisitação.

Deve-se atentar, ademais, para a circunstância de que o *ordenamento jurídico* não é *lacunoso*, porque, nele, sempre será encontrada uma *norma jurídica* (regra ou princípio) que solucione a situação fática reconstruída dialeticamente pelas partes contraditoras e juiz no processo (espaço normativo cognitivo-argumentativo), via fundamentação conectada ao contraditório.[14] Já dizia o saudoso Professor José Olímpio de Castro Filho, nas suas magníficas aulas de Direito Processual Civil proferidas na UFMG, que "o intérprete, diante do ordenamento jurídico, é o infinitésimo desafiando o infinito".

Em sendo assim, por todos esses fundamentos de direito, o juiz também não pode decidir pelo *costume* (direito costumeiro). Afinal de contas, o Estado Democrático de Direito brasileiro consagra o sistema jurídico romano-germânico (*civil law*). Enfim, a redação ora sugerida permitirá que as normas do art. 108 fiquem em coerência com as oportunas normas introduzidas nos artigos 1º e 6º do projeto, as quais, em boa hora, realçam a importância dos princípios (sobretudo os constitucionais) no ordenamento jurídico, chamando a atenção dos órgãos jurisdicionais para o assunto.

A exposição de motivos do projeto esclareceu que "criou-se um Código novo, que não significa, todavia, uma ruptura com o passado, mas um passo a frente". A redação do art. 108, então, precisa ser alterada, como aqui se sugere, de modo a se alcançar esse almejado "passo a frente".

4.2 Conteúdo normativo do art. 109

O texto normativo do art. 108 apresenta o seguinte conteúdo: "O juiz só decidirá por equidade nos casos previstos em lei".

Sugere-se que esse texto seja suprimido, por afrontar visivelmente a principiologia constitucional do Estado Democrático de Direito, renumerando-se os subsequentes, que forem mantidos.

---

[13] Sobre princípios e regras, cf. DIAS. *Processo constitucional*: e Estado Democrático de Direito, p. 103 *et seq.*

[14] Cf. DIAS. *Processo constitucional*: e Estado Democrático de Direito, p. 132-134.

Justificativas. No Estado Democrático de Direito brasileiro, que adota o sistema jurídico romano-germânico (*civil law*), o juiz não pode decidir *por equidade*. O agente público decisor *sempre* estará vinculado à *reserva legal*, garantia fundamental do povo, conforme prevê o art. 5º, inciso II, da Constituição Federal: "Ninguém será obrigado a fazer ou deixar de fazer alguma coisa senão em virtude de lei". A expressão *lei*, no texto constitucional, deve ser entendida como *ordenamento jurídico*, ou seja, conjunto de princípios e regras constitucionais e infraconstitucionais que o compõem, vinculando os órgãos jurisdicionais, quando proferem suas decisões.[15] Daí a inarredável sujeição do Estado Democrático de Direito ao princípio constitucional da legalidade, que o estrutura constitucionalmente (ver art. 37 da Constituição Federal, mencionando dito princípio estruturante do Estado Democrático de Direito *em primeiro lugar*, na enumeração que empreende).

A respeito, em sede de doutrina, já foi considerado:

> A legitimidade democrática das decisões jurisdicionais, comprometidas com o princípio do Estado Democrático de Direito, está assentada na exclusiva sujeição dos órgãos jurisdicionais às normas que integram o ordenamento jurídico, emanadas da vontade do povo, porque discutidas, votadas e aprovadas pelos seus representantes, no Congresso Nacional.[16]

Por conseguinte, a orientação doutrinária de Rosemiro Pereira Leal tem lugar na situação em comentário, ao assinalar dito jurista que, nas democracias, "nenhuma norma é exigível se seu destinatário não é o seu próprio autor", porque, "se o povo real não legislou, o direito não existe para ninguém".[17]

A supressão ora sugerida ficará harmonizada com a proposta legislativa apresentada na própria exposição de motivos, pois um dos objetivos ali declarados, na elaboração de um novo Código de Processo Civil, aliás, o primeiro, foi "estabelecer expressa e implicitamente verdadeira sintonia fina com a Constituição Federal", em razão da "necessidade de que fique evidente a *harmonia da lei ordinária em relação à Constituição Federal*".

---

[15] Cf. DIAS. *Processo constitucional*: e Estado Democrático de Direito, p. 67-74, 114, 118-122.
[16] DIAS. *Responsabilidade do Estado pela função jurisdicional*, p. 134.
[17] LEAL. *Teoria processual da decisão jurídica*: ato de decisão e legitimidade decisória, hermenêutica decisional na teoria discursiva, legitimidade decisória e devido processo constitucional, p. 39.

4.3 Conteúdos normativos do art. 112 e parágrafo único

O texto normativo do art. 112 e de seu parágrafo único apresentam os seguintes conteúdos normativos: "O juiz que concluir a audiência de instrução e julgamento resolverá a lide, salvo se estiver convocado, licenciado, afastado por qualquer motivo, promovido ou aposentado, casos em que passará os autos ao seu sucessor. Parágrafo único. Em qualquer hipótese, o juiz que tiver que proferir a sentença poderá mandar repetir as provas já produzidas, se entender necessário".

Redação sugerida para esse parágrafo único: "Art. 112. (...). Parágrafo único. Em qualquer hipótese, o juiz que tiver de proferir a sentença poderá mandar repetir as provas já produzidas, se entender necessário, mediante decisão fundamentada, impugnável por agravo de instrumento, com efeito suspensivo".

Justificativas. Conveniente chamar o novo Código a atenção do juiz para a necessidade de fundamentar a decisão que determinar a repetição de provas, na fase decisória, porque suas consequências causam elevado ônus, relativamente ao tempo (retardamento da solução do processo) e dinheiro (despesas para as partes), tudo passível de comprometer os princípios informativos do processo da economia e da celeridade. Pelos mesmos motivos, é prudente suspender a eficácia da decisão, por meio de agravo de instrumento com tal efeito, até que o Tribunal o julgue, em face dos graves problemas que a decisão poderá gerar. Ora, várias são as espécies de prova contempladas no ordenamento jurídico, entre elas a pericial e a testemunhal, ambas de produção demorada, todas gerando despesas e tempo procedimental adequado. Suponha-se que um juiz, substituindo outro, na fase decisória (subsequente à instrutória ou probatória), depois de longa espera das partes pela sentença de mérito, decida repetir a prova pericial e a prova testemunhal, sem que isto seja realmente necessário (*hiperatividade jurisdicional desordenada e inócua*),[18] tudo ocasionando designação de outra audiência de instrução e julgamento, ampliação do tempo para a solução decisória e mais despesas às partes. Imagine-se decisão em tal sentido, sem qualquer justificação (fundamentação), deixando as partes atônitas ou perplexas, o que, é de sabença geral, não é raro acontecer na prática do foro. A própria exposição de motivos do projeto bem alcançou que é necessário "dar todo o rendimento possível

---

[18] Sobre hiperatividade jurisdicional desordenada, cf. DIAS. *Processo constitucional*: e Estado Democrático de Direito, p. 164.

a cada processo", advertindo, mais, que a elaboração do novo Código de Processo Civil "levou em conta o princípio da razoável duração do processo" (acrescentamos, princípio este guindado ao patamar de garantia constitucional), porque, ainda justificou a mesma exposição, "afinal, a ausência de celeridade, sob certo ângulo, é ausência de justiça". Sem dúvida, a redação ora sugerida virá ao encontro desses salutares propósitos cogitados na exposição de motivos.

4.4 Conteúdo normativo do art. 314

O texto normativo do art. 314 apresenta o seguinte conteúdo: "O autor poderá, enquanto não proferida a sentença, aditar ou alterar o pedido e a causa de pedir, desde que o faça de boa-fé e que não importe em prejuízo ao réu, assegurado o contraditório mediante a possibilidade de manifestação deste no prazo mínimo de quinze dias, facultada a produção de prova suplementar".

Redação sugerida: "Enquanto não saneado o processo (art. 354), o autor poderá aditar ou alterar o pedido e a causa de pedir, desde que o faça de boa-fé e que não importe em prejuízo ao réu, assegurado o contraditório mediante a possibilidade de manifestação deste no prazo mínimo de quinze dias, facultada a produção de prova complementar".

Justificativas. A atual redação do artigo, permitindo alteração da causa de pedir e do pedido, núcleo da narrativa de mérito, enquanto não proferida a sentença, poderá causar desordem e tumulto no processo. Ora, suponha-se que, depois de saneado o processo, após a audiência de instrução e julgamento, encerrada a fase instrutória ou probatória, estando o processo pronto para receber solução decisória (sentença de mérito), resolva o autor alterar causa de pedir ou pedido, isto implicando em produção de prova suplementar. Ou seja, se a prova suplementar for a testemunhal e se for deferida, o juiz terá de designar, também, outra audiência, único espaço procedimental adequado à produção de prova oral. Se a qualificada prova suplementar for perícia (vistoria, avaliação, exame), novo *trabalho pericial* (laudo do perito e pareceres dos assistentes técnicos). Tudo isto depois de renhido e indispensável contraditório, ou seja, reabertura de novo e intenso debate dialético entre autor e réu sobre as inovações trazidas com as alterações perpetradas na narrativa de mérito. Ter-se-á um reinício da cognição, exatamente no momento procedimental em que o processo receberia sentença de mérito (pronunciamento decisório final).

Todo esse tumulto, gerado pela permissividade do art. 314, na redação em que se encontra, atritando com a celeridade processual e com a garantia constitucional da razoável duração do processo, não condiz com a ideia do que seja processo. Daí a modificação ora sugerida, permitindo alterações na narrativa de mérito (causa de pedir e pedido) somente até a fase de saneamento, com remissão às normas do art. 314, que dispõem sobre o momento procedimental em que o juiz declara saneado o processo.

A sugestão ora feita, no particular, escora-se na doutrina oportuna e insuperada de Hélio Tornaghi:

> O processo é um caminhar para a frente (*pro cedere*); é uma sequência de atos que se encadeiam numa sucessão lógica e com um fim, que é o de possibilitar ao juiz o julgamento. (...) Qualquer ato que signifique um retardamento é um *noncesso* (...); a balbúrdia, o movimento desordenado (*moto multo*) é o *tumulto*.[19]

Ademais, deve-se lembrar que o autor, se saneado o processo em curso, poderá levar sua pretensão inovadora para outro processo, a ser iniciado pelo exercício do seu direito constitucional de ação, vale dizer, não sofrerá prejuízo a respeito. Enquanto isto, o Estado porá fim ao processo já iniciado há algum tempo e que exige pronunciamento decisório final, nos termos em que o autor, mal ou bem, o provocou, ou seja, com a narrativa de mérito feita na petição inicial por ele entregue ao Estado-jurisdição, sobre a qual o réu esboçou defesa.

4.5 Conteúdos normativos do art. 795 e parágrafo único

O texto normativo do art. 795 e de seu parágrafo único apresentam os seguintes conteúdos normativos: "A avaliação realizada pelo oficial de justiça constará de auto de penhora, ou, em caso de perícia realizada por avaliador, de laudo apresentado no prazo fixado pelo juiz, devendo-se, em qualquer hipótese, especificar: I- os bens, com as suas características, e o estado em que se encontram; II- o valor dos bens. Parágrafo único. Quando o imóvel for suscetível de cômoda divisão, a avaliação, tendo em conta o crédito reclamado, será realizada em partes, sugerindo-se os possíveis desdobramentos para alienação".

---

[19] TORNAGHI. *Instituições de processo penal*, v. 1, p. 313.

Redação sugerida para o parágrafo único: "Após juntado aos autos o auto de penhora e avaliação ou o laudo de avaliação, o juiz determinará a intimação das partes para se manifestarem a respeito, no prazo comum de 10 dias".

Justificativas. A redação atual do artigo, pertinente à avaliação do bem penhorado no procedimento da execução por quantia certa contra devedor solvente (Livro III), cuja modificação ora é sugerida, está vazada nos seguintes termos: "Parágrafo único. Quando o imóvel for suscetível de cômoda divisão, a avaliação, tendo em conta o crédito reclamado, será realizada em partes, sugerindo-se os possíveis desmembramentos para alienação". Tal possibilidade aventada é passível de causar grandes discussões e problemas na execução, por vários motivos. Primeiro, imóvel, em princípio, pela sua natureza e substância, é juridicamente insuscetível de divisão (Código Civil, art. 87). Segundo, não é possível conceder ao oficial de justiça ou ao avaliador o poder ou a função de aquilatar ou verificar se o imóvel é "suscetível de cômoda avaliação" e, a partir daí, avaliá-lo por frações ou pedaços, o que vai gerar discussões infindáveis no processo de execução. Terceiro, na redação atual, insere-se expressão destituída de qualquer sentido: "sugerindo-se os possíveis desmembramentos para alienação". Enigmaticamente, a norma não aponta quem formulará as cogitadas sugestões de possíveis desmembramentos, muito menos seus critérios, quem será seu destinatário e quais as providências devidas à concretização do considerado desdobramento.

Lado outro, é importante lembrar que, no sistema jurídico-registral brasileiro, todo imóvel está sujeito à matrícula no registro imobiliário por inteiro (Lei nº 6.015/1973, artigos 167 *et seq.*). Ora, quaisquer desmembramentos ou fracionamentos têm de ser levados ao referido registro público, com a respectiva abertura de nova matrícula para cada um dos desdobramentos, o que somente é possível fazê-lo seja por meio de sentenças, obtidas em processos jurisdicionais de divisão, seja por meio de procedimentos administrativos instaurados perante o próprio órgão imobiliário registral. Ninguém vai adquirir pedaços do imóvel penhorado avaliados sob tal permissivo. Se as frações ou pedaços avaliados não correspondem ao que se encontra individualizado e mencionado no registro imobiliário, sob regular matrícula, objeto da penhora, surgirão dificuldades para que sejam adjudicados ou alienados judicialmente. Forçosamente, não se conseguirá fazer o registro imobiliário da posterior carta de arrematação ou mesmo da carta de adjudicação, pela ausência de matrícula. Logo, no lugar da redação que se encontra no referido parágrafo, sugere-se outra, que, em perspectiva vinculada ao devido processo constitucional, atenda à garantia do contraditório e à segurança das partes.

Sendo assim, observa-se que a norma em exame encontra-se na Subseção XI, Seção III, Capítulo III, Título II, Livro III, que trata da *avaliação do bem penhorado* (artigos 793 a 798). A finalidade da avaliação é apurar o valor do bem penhorado, a fim de que o juízo da execução, em seguida, possa dar início "aos atos de expropriação de bens" (art. 798). Saber o valor do bem penhorado, no processo de execução, é importante tanto para o credor quanto para o devedor, por ser, também, o indicador econômico do valor da sua adjudicação (art. 799) ou da sua alienação (artigos 802 *et seq.*). Por isso, é imperioso estabelecer no ponto — valor do bem penhorado — o indispensável contraditório, permitindo às partes a oportunidade de discuti-lo, o que não se vê na referida Subseção XI, *da avaliação*, artigos 793 a 798.

Esse defeito técnico-estrutural do projeto — ausência de contraditório no procedimento da avaliação do bem penhorado — já estava presente no Código de 1973 em vigor, mesmo após as modificações que lhe foram feitas pela Lei nº 11.386/2006, e está permanecendo no projeto de um novo Código de Processo Civil, o que merece correção.

Com efeito, sobre o tema, já havia sido feita a seguinte consideração doutrinária crítica, visando a se corrigir o indicado defeito técnico, que ainda se torna pertinente ao assunto, respaldando a redação aqui sugerida:

> Impõe-se observar que as apontadas modificações acarretam às partes maior atenção e vigilância ao procedimento de avaliação do bem penhorado (arts. 680 a 685), pois seu valor, agora, se constitui no preço mínimo pelo qual o bem apreendido poderá ser adjudicado pelo credor ou alienado por sua própria conta ou por meio de agente credenciado. Curiosamente, todavia, o desavisado legislador reformista, no texto da Lei nº 11.386, de 6/12/2006, nenhuma alteração promoveu nas normas que regem o procedimento de avaliação, de sorte a permitir, tanto ao credor, quanto ao devedor, a oportunidade de se manifestarem ou de discutirem o valor da avaliação, constante do respectivo laudo, se dele divergirem (art. 680). Esta omissão agride o modelo constitucional do processo, pois, grosseiramente, suprime das partes a garantia constitucional do contraditório. Ora, credor e devedor têm o manifesto interesse de discutirem o valor que for atribuído ao bem penhorado, seja na avaliação feita pelo oficial de justiça, pelo valor indicado no auto de penhora e de depósito, seja no laudo de avaliação elaborado por perito com conhecimentos especializados (arts. 680 e 681). Logo, tão logo juntado aos autos o auto de penhora e de depósito com o valor

atribuído ao bem penhorado ou o laudo de avaliação elaborado por perito, deverão as partes ser intimadas para se manifestarem a respeito. Avaliações inexatas ou estapafúrdias são passíveis de acarretar grandes prejuízos ao credor ou ao devedor, lembrando-se, por pertinente, que os avaliadores, seja o oficial de justiça, seja o perito, são civilmente responsáveis pelos danos assim causados às partes, cabendo-lhes a obrigação indenizatória por perdas e danos pelos atos de seus ofícios praticados com dolo ou culpa (arts. 144 e 147). Ora, se o bem penhorado for avaliado por valor inferior ao do mercado, embora não o seja, se lhe for superior o valor da dívida, o prejuízo será do devedor, porque a execução prosseguirá pelo saldo remanescente (art. 685-A, §1º, *in fine*).

Ao contrário, se avaliado por valor exagerado, muito acima ao preço usual de mercado, o prejuízo será do credor, porque, se este requerer sua adjudicação, por exemplo, e o será pelo valor da avaliação, este superior ao valor do crédito exeqüendo, o adjudicante terá de depositar, de imediato, o valor da diferença, que ficará à disposição do executado, para posterior levantamento (art. 685-A, §1º). O ato judicial que decidir as impugnações feitas pelas partes ao valor da avaliação será decisão interlocutória (art. 162, §2º), passível de questionamento pela via recursal do agravo de instrumento e de revisão pelo seu prolator, no chamado juízo de retratação (arts. 522 e 529).[20]

4.6 Conteúdos normativos do art. 837 e seu §1º

O texto normativo do art. 837 e de seu §1º apresentam os seguintes conteúdos normativos: "No prazo para embargos, reconhecendo o crédito do exequente e comprovando o depósito de trinta por cento do valor da execução, inclusive custas e honorários de advogado, o executado poderá requerer seja admitido a pagar o restante em até seis parcelas mensais, acrescidas de correção monetária e juros de um por cento ao mês. §1º Sendo a proposta deferida pelo juiz, o exequente levantará a quantia depositada e serão suspensos os atos executivos; caso seja indeferida, seguir-se-ão os atos executivos, mantido o depósito. §2º (...)".

Redação sugerida para o §1º: "Ouvido previamente o credor, no prazo de 5 dias, se a proposta for deferida pelo juiz, o exequente levantará a quantia depositada e serão suspensos os atos executivos; caso seja indeferida, seguir-se-ão os atos executivos, mantido o depósito".

Justificativas. Novamente, ausência de contraditório no ponto examinado, em consequência, olvidado ao devido processo constitucional. Na redação atual do seu art. 837, parágrafos 1º e 2º, o projeto,

---

[20] *In*: DIAS; NEPOMUCENO (Coord.). *Processo civil reformado*, p. 514-516.

repetindo o Código de 1973, prevê e disciplina normativamente a possibilidade de o devedor-executado renunciar à sua defesa e requerer o pagamento parcelado do valor da dívida objeto da execução, o que a doutrina qualifica de *moratória legal*, mas não contempla o direito de o credor exequente manifestar-se previamente sobre o parcelamento pretendido pelo devedor. Constata-se o mesmíssimo defeito já detectado no Código de 1973 em vigor, quando criou a figura da chamada *moratória legal*, em seu art. 745-A.

Na matéria, já havia crítica doutrinária ao Código de 1973, que também se repete e estende ao Projeto de Novo Código de Processo Civil, porque o defeito perdura na elaboração deste último:

> Após citado, (...) o devedor, reconhecendo a obrigação e renunciando à sua defesa, poderá requerer pagamento parcelado do montante da dívida ajuizada (principal, acessórios, custas e honorários de advogado), em até 6 parcelas mensais, desde que deposite, à ordem do juízo, de imediato, ou seja, simultaneamente ao requerimento, 30% de seu total (art. 745-A). A expressão utilizada na lei é a de que "poderá o executado requerer seja admitido a pagar o restante em até 6 (seis) parcelas mensais". Este enunciado fraseológico "poderá requerer" não significa que o devedor tenha o direito absoluto ou incontestável de efetivar o pagamento do valor da execução parceladamente, entendimento que, tudo indica, consagrou-se erroneamente na malsinada prática forense. Aliás, temos visto que alguns juízes, desautorizados pelo ordenamento jurídico vigente, ao deferirem a petição inicial da execução e determinando a citação do executado (...), também recomendam constar do mandado citatório que o devedor tem o direito de efetuar o pagamento da dívida exeqüenda em parcelas. Cuida-se de incorreção, por vários motivos de direito, que enumeramos a seguir. Em primeiro lugar, as normas do Código de Processo Civil, concernentes ao processo de execução, regem os procedimentos que o Estado coloca à disposição do credor, para que este obtenha, coativamente, o cumprimento da obrigação inadimplida pelo devedor, ou seja, no caso em exame, pagar quantia em dinheiro. (...) Tais regras (de direito processual), por óbvio, não cuidam da relação jurídica obrigacional (regida pelo direito material), que, muito antes do processo de execução existir, ficou estabelecida entre credor e devedor, relação jurídica pré-processual, disciplinada pelas normas de direito material ou de direito substancial existentes no Código Civil, Parte Especial, Livro I, Direito das Obrigações (arts. 233 a 420). Logo, somos levados a entender que o credor não está obrigado a receber prestação diversa da que foi convencionada no título executivo extrajudicial e que lhe é devida, ainda se mais valiosa, também não podendo o credor ser obrigado ou compelido pelo Estado a receber por partes, mesmo que a obrigação tenha por objeto prestação divisível, se assim não foi convencionado ou ajustado no título executivo. Haverá de prevalecer,

no caso, os princípios da autonomia da vontade e da legalidade, albergados, respectivamente, nas normas dos arts. 112, 313 e 314 do Código Civil, que o juízo da execução nunca poderá desconhecer (...). Ora, por consequência, em segundo lugar, caso o devedor requeira o pagamento da dívida executada em parcelas mensais, benefício que alguns doutrinadores chamam de moratória legal (art. 745-A), antes de deferir o requerimento, deverá o juízo da execução intimar o credor para se manifestar a respeito, em prazo reputado razoável ao caso (art. 177), mínimo de 5 dias (art. 185), até mesmo em respeito à garantia constitucional do contraditório, que integra a garantia também fundamental e mais extensa do devido processo legal (Constituição Federal, art. 5º, inciso LV). (...) Na situação em comentário, não poderá o juízo da execução desconsiderar o contraditório no processo de execução, até porque o credor talvez possa ter razões de sobra para se opor ao requerimento do executado, recusando-se a receber o valor do seu crédito em parcelas mensais, dentre as quais, por exemplo, a de possuir o devedor vários bens móveis e imóveis no seu vasto patrimônio ou importâncias em dinheiro depositadas em polpudas contas bancárias, passíveis de penhora, para posterior adjudicação daqueles ou indisponibilidade destas, com o levantamento posterior dos seus valores, após transferidos para depósitos à ordem judicial.[21]

Conclusão

A forma apressada pela qual se desenvolveu o trabalho de elaboração do anteprojeto, que serviu de base ao atual Projeto de Novo Código de Processo Civil, acarretou gama elevada de imperfeições e graves deficiências na sua sistematização e nos seus conteúdos normativos, muitas desrespeitando o devido processo constitucional, algumas delas apontadas no presente texto, em perfunctório exame.

Essa constatação, abonada pelo professor Humberto Theodoro Júnior, um dos juristas integrantes da Comissão que elaborou o respectivo anteprojeto, permite concluir que o agora projeto está a exigir acurada análise, detida revisão e profunda meditação, antes de se converter em lei, devendo a Comissão Especial instituída no Senado Federal conferir redobrada atenção às sugestões e críticas apresentadas pela comunidade jurídica, sobretudo aquelas feitas nas audiências públicas que estão sendo realizadas em todo o país, sem correrias ou precipitações.

---

[21] *In*: DIAS; NEPOMUCENO (Coord.). *Processo civil reformado*, p. 512-513.

Referências

CARNELUTTI, Francesco. *Instituciones del proceso civil*. Traducción por Santiago Sentis Melendo. 2. ed. Buenos Aires: Ediciones Jurídicas Europa-América, 1973. 3 v.

DIAS, Ronaldo Brêtas de Carvalho. Exame técnico e sistemático do Código de Processo Civil reformado. *In*: DIAS, Ronaldo Brêtas de Carvalho; NEPOMUCENO, Luciana Diniz (Coord.). *Processo civil reformado*. 2. ed. Belo Horizonte: Del Rey, 2009.

DIAS, Ronaldo Brêtas de Carvalho. Procedimento reformado da execução por quantia certa. *In*: DIAS, Ronaldo Brêtas de Carvalho; NEPOMUCENO, Luciana Diniz (Coord.). *Processo civil reformado*. 2. ed. Belo Horizonte: Del Rey, 2009.

DIAS, Ronaldo Brêtas de Carvalho. *Processo constitucional*: e Estado Democrático de Direito. Belo Horizonte: Del Rey, 2010.

DIAS, Ronaldo Brêtas de Carvalho. *Responsabilidade do Estado pela função jurisdicional*. Belo Horizonte: Del Rey, 2004.

DIAS, Ronaldo Brêtas de Carvalho; NEPOMUCENO, Luciana Diniz (Coord.). *Processo civil reformado*. 2. ed. Belo Horizonte: Del Rey, 2009.

DINAMARCO, Cândido Rangel. *Fundamentos do processo civil moderno*. 4. ed. São Paulo: Malheiros, 2001. 2 v.

LEAL, Rosemiro Pereira. *Teoria processual da decisão jurídica*: ato de decisão e legitimidade decisória, hermenêutica decisional na teoria discursiva, legitimidade decisória e devido processo constitucional. São Paulo: Landy, 2002.

SANTOS, Ernane Fidélis dos. *Manual de direito processual civil*. 11. ed. rev. e atual. São Paulo: Saraiva, 2006. 3 v.

SOARES, Carlos Henrique. Considerações preliminares sobre o relatório do novo Código de Processo Civil. *Revista IOB de Direito Civil e Processual Civil*, n. 65, p. 119-133, maio/jun. 2010.

THEODORO JÚNIOR, Humberto. Primeiras observações sobre o projeto do novo Código de Processo Civil. *Revista IOB de Direito Civil e Processual Civil*, n. 66, p. 7-12, jul./ago. 2010.

TORNAGHI, Hélio. *Instituições de processo penal*. 2. ed. rev. e atual., inclusive quanto à Lei n. 6.416, de 24 de maio de 1977. São Paulo: Saraiva, 1977. 4 v.

Informação bibliográfica deste texto, conforme a NBR 6023:2002 da Associação Brasileira de Normas Técnicas (ABNT):

DIAS, Ronaldo Brêtas de Carvalho. Exame preliminar do Projeto de Novo Código de Processo Civil. *In*: BARROS, Flaviane de Magalhães; BOLZAN DE MORAIS, Jose Luis (Coord.). *Reforma do processo civil*: perspectivas constitucionais. Belo Horizonte: Fórum, 2010. p. 99-118. ISBN 978-85-7700-404-1.

O que é uma Decisão Judicial Fundamentada? Reflexões para uma Perspectiva Democrática do Exercício da Jurisdição no Contexto da Reforma Processual Civil

Marcelo Andrade Cattoni de Oliveira
Flávio Quinaud Pedron

Sumário: 1 A reforma do CPC e a disciplina dos fundamentos da decisão jurisdicional – **2** Afinal, o que é uma decisão judicial fundamentada? – **3** Conclusão – Referências

Para Flaviane de Magalhães Barros e Jose Luis Bolzan de Morais

1 A reforma do CPC e a disciplina dos fundamentos da decisão jurisdicional

Em 2009, o Presidente do Senado Federal entregou a uma comissão de juristas, famosos pelo estudo técnico-científico do processo civil, a tarefa de elaborar um Anteprojeto de Novo Código de Processo Civil, visando substituir o ainda vigente, datado de 1973. Tal comissão entregou ao Senado Federal, no primeiro semestre de 2010, a proposta, que já se encontra submetida aos trâmites do processo legislativo como disposto na Constituição da República de 1988. Dessa forma, o anteprojeto foi convertido no Projeto de Lei do Senado (PLS) nº 166/2010.[1]

Pela exposição de motivos, a comissão expressa uma enorme expectativa de que, de fato, tal substituição legislativa terá mesmo a capacidade para solucionar, pelo menos em parte, as mazelas que são atribuídas ao processo civil brasileiro. Considera que a legislação anterior teria operado satisfatoriamente até a década de noventa, quando mostrou sinal do seu descompasso com a realidade jurídica. Também afirma que com o novo Código não haveria que se falar em fórmulas mágicas para solucionar tais problemas, mas que ele seria capaz de gerar um processo mais célere, justo e mais atinente às preocupações e necessidades sociais. Para tanto, a comissão alega que o anteprojeto — agora PLS nº 166/2010 — teria assumido a sintonia com a Constituição de 1988 e com a observância de toda uma constelação de princípios e direitos fundamentais.

Todavia, tais pretensões merecem um olhar mais cuidadoso.

Por exemplo, os artigos 5º, 9º e 10º do PLS nº 166/2010, notadamente, trazem uma referência ostensiva ao princípio do contraditório (art. 5º, LV, CR/88).[2] Aqui, muitos querem compreender o contraditório como direito de "influência" na construção da decisão judicial, o que poderia representar uma mudança de compreensão do próprio princípio pela doutrina brasileira.

Nessa mesma doutrina, entretanto, ainda se apresentam vários autores, que seguindo Antônio Carlos de Araújo Cintra, Ada Pellegrini Grinover e Cândido Rangel Dinamarco,[3] ainda reduzem a participação em contraditório a mero direito à *bilateralidade de audiência* — às vezes a algo pior, que seria a antiquada leitura da "paridade de armas", como

---

[1] Importante lembrar que, até a redação final do presente texto, o PLS nº 166/2010 encontrava-se em fase de tramitação no Senado Federal, já tendo esgotado o prazo para apresentação de propostas para alterações.

[2] "Art. 5º As partes têm direito de participar ativamente do processo, cooperando entre si e com o juiz e *fornecendo-lhe subsídios para que profira decisões*, realize atos executivos ou determine a prática de medidas de urgência. (...)
Art. 9º Não se proferirá sentença ou decisão contra uma das partes sem que esta seja previamente ouvida, salvo se se tratar de medida de urgência ou concedida a fim de evitar o perecimento de direito.
Art. 10. O juiz não pode decidir, em grau algum de jurisdição, com base em fundamento a respeito do qual não se tenha dado às partes oportunidade de se manifestar, ainda que se trate de matéria sobre a qual tenha que decidir de ofício." (grifos nossos)

[3] CINTRA; GRINOVER; DINAMARCO. *Teoria geral do processo*, p. 55-56.

faz Daniel Amorim Assumpção Neves⁴ — ou a um mero direito de *dizer* e *contradizer*. E, com isso, opera-se uma teorização que é insuficiente quanto confrontada, por exemplo, com a proposta trazida por Elio Fazzalari: contraditório como direito de participação em igualdade na preparação do provimento.⁵

Mas a ambição em afirmar que o PLS nº 166/2010 já assumiria o contraditório como direito de influência na decisão pode ser algo precipitado. Isso porque o texto do projeto de Lei, ao menos em sua literalidade, ainda restringiria o contraditório a aspecto *formal* do processo, o que poderia acabar por jogar por terra um desenvolvimento legislativo consistente da normativa constitucional, caso tais disposições normativas não forem compreendidas a partir de uma perspectiva constitucionalmente adequada. Destarte, os dispositivos do PLS nº 166/2010 ainda não escapariam da limitação típica de uma leitura para a qual o contraditório seria apenas um direito de *informação* e de *reação*.⁶

Este, por exemplo, parece ser o caso dos artigos 195, 196 e 198 do projeto de novo CPC.⁷ Uma leitura conjunta de ambos os dispositivos acaba por revelar um *paradoxo*: nos dois primeiros artigos, a citação do réu é apresentada como *pressuposto de desenvolvimento do processo e de constituição* da "relação processual" (*sic*); ao passo que a regra do art. 198 autoriza a existência e validade (?) de processos, até mesmo porque eles produziram provimentos que receberiam o efeito de *coisa julgada, sem a participação (citação) do réu*.⁸ Ora, mesmo que se queria — o que não é caso do presente texto — assumir uma teoria que conceba o processo como relação jurídica, desde Bülow deve-se compreender que a ausência de citação do réu impediria a triangulação (ou angulação

---

⁴ NEVES. *Manual de direito processual civil*, p. 56.
⁵ Cf. FAZZALARI. *Istituzioni di diritto processuale*.
⁶ Cf. BUENO. *Curso sistematizado de direito processual civil*, v. 1, p. 140.
⁷ "Art. 195. A citação é o ato pelo qual se convocam o réu, o executado ou o interessado *para integrar a relação processual*.
Art. 196. Para a validade do processo é indispensável a citação inicial do réu ou do executado. (...)
Art. 198. Transitada em julgado a sentença de mérito proferida em favor do réu *antes da citação*, cabe ao escrivão comunicá-lo do resultado do julgamento." (grifos nossos)
⁸ Ora, é fato que o CPC vigente após a modificação da Lei nº 11.277/06, que inclui o art. 285-A em seu corpo também apresenta essa mesma aporia. É preciso lembrar que igualmente a situação acima narrada, o art. 214 do CPC vigente deixa claro que a validade do processo é dependente da citação do réu. Todavia, o primeiro dispositivo mencionado, buscando dar razão a uma suposta celeridade procedimental exacerbada (e talvez até mal teorizada pelos processualistas pátrios) admite possível a formação de provimentos sem a participação do réu — já que supõem que seria dispensada a sua citação — para os casos em que o magistrado pudesse julgar liminarmente a improcedência do pedido do autor.

como querem alguns) dessa suposta relação e, com isso, sua própria validade. Fica, então, a pergunta: como é possível falar em processo válido (art. 195) produtor de uma coisa julgada (art. 198) sem a citação do réu? Tal disposição normativa, ao que parece, pode acabar por negar de modo peremptório qualquer reconhecimento de um direito ao réu de participar da construção da decisão, mesmo que esta seja a seu favor. E, com isso, também o contraditório.

Nessa mesma lógica, os artigos 317 e 853 dão aos magistrados — o primeiro voltado para o juiz da primeira instância, o segundo para relator nos processos perante os tribunais — poderes especiais para excluir não apenas o réu, mas todos os demais sujeitos do processo, sempre que existir pronunciamento do Supremo Tribunal Federal ou de Tribunal Superior sumulado ou em decisões sobre o incidente de demandas repetitivas.[9] Ao que parece, aqui, está-se atribuindo um peso argumentativo supostamente auto evidente a tais decisões, como se elas fossem, por si só, *precedentes*, cuja mera referência impossibilitasse, de *per si*, qualquer contra-argumentação quanto à sua aplicabilidade ou extensão ao caso específico *sub judice*.

---

[9] "Art. 317. Independentemente de citação do réu, o juiz rejeitará liminarmente a demanda se:
I - manifestamente improcedente o pedido, desde que a decisão proferida não contrarie entendimento do Supremo Tribunal Federal ou do Superior Tribunal de Justiça, sumulado ou adotado em julgamento de casos repetitivos;
II - o pedido contrariar entendimento do Supremo Tribunal Federal ou do Superior Tribunal de Justiça, sumulado ou adotado em julgamento de casos repetitivos;
III - verificar, desde logo, a decadência ou a prescrição;
§1º Não interposta a apelação, o réu será intimado do trânsito em julgado da sentença.
§2º Aplica-se a este artigo, no que couber, o disposto no art. 316. (...)
Art. 853. Incumbe ao relator:
I - dirigir e ordenar o processo no tribunal;
II - apreciar o pedido de tutela de urgência nos recursos e nos processos de competência originária do tribunal;
III - negar seguimento a recurso inadmissível, prejudicado ou que afrontar:
a) súmula do Supremo Tribunal Federal, de tribunal superior ou do próprio tribunal;
b) decisão proferida pelo Supremo Tribunal Federal ou por tribunal superior em julgamento de casos repetitivos;
IV - dar provimento ao recurso se a decisão recorrida afrontar:
a) súmula do Supremo Tribunal Federal, de tribunal superior ou do próprio tribunal;
b) decisão proferida pelo Supremo Tribunal Federal ou por tribunal superior em julgamento de casos repetitivos;
V - exercer outras atribuições estabelecidas nos regimentos internos dos tribunais.
§1º Da decisão proferida nos casos dos incisos III e IV caberá agravo interno, no prazo de quinze dias, ao órgão competente para o julgamento do recurso, e, se não houver retratação, o relator incluirá o recurso em pauta para julgamento.
§2º Quando manifestamente inadmissível o agravo interno, assim declarado em votação unânime, o tribunal condenará o agravante a pagar ao agravado multa fixada entre um e dez por cento do valor corrigido da causa, ficando a interposição de qualquer outro recurso condicionada ao depósito do respectivo valor."

Mesmo o disposto no art. 5º, no qual se garantiria o direito de participação ativa, se segue a declaração de que tal participação se daria de forma subordinada à administração do magistrado, que continuaria como o autor solitário do provimento jurisdicional. Assim, o art. 320,[10] que disciplina a participação do *amicus curiae*, reduz figura tão importante na processualidade democrática a um mero parecerista, cujos argumentos apenas enfeitam os autos, sem qualquer necessidade de receberem uma atenção e resposta devidas pelo magistrado.[11] Com isso, dá-se mais uma vez, passos em sentido contrário a uma leitura aberta do direito, que deveria convidar e criar condições de possibilidade para um alargamento do espaço processual para a participação da sociedade, que ao contrário do que pensam uma maioria dos autores nacionais não iria servir para tumultuar o procedimento, mas antes para contribuir para um ganho de legitimidade democrática e enriquecer argumentativamente a própria decisão.

Não seria outro o sentido do art. 8º, ao falar em *dever* das partes,[12] e não em direito, de contribuir para a solução rápida da lide, ao colaborarem com o juiz para a identificação das questões de fato e de direito.[13] Assim, o projeto de lei de novo CPC ainda estaria comprometido com concepções autoritárias relacionadas a uma determinada assimetria entre os sujeitos processuais.[14]

---

[10] "Art. 320. O juiz ou o relator, considerando a relevância da matéria, a especificidade do tema objeto da demanda ou a repercussão social da lide, poderá, por despacho irrecorrível, de ofício ou a requerimento das partes, solicitar ou admitir a manifestação de pessoa natural, órgão ou entidade especializada, no prazo de dez dias da sua intimação.
Parágrafo único. A intervenção de que trata o caput não importa alteração de competência, nem autoriza a interposição de recursos."

[11] Problemática, portanto, é a disposição que torna irrecorrível a decisão do magistrado sobre a participação do *amicus curiae*, bem como a que lhe veda explicitamente o direito de participação processual por uma via recursal (cerceando-lhe com isso, espaços de incidência do contraditório e da ampla defesa).

[12] Os deveres das partes — bem como de todos os demais sujeitos que participam da dinâmica processual — estariam definidos no art. 66 do PLS nº 166/2010. Este mesmo dispositivo coloca — como já feito pelo art. 14 do atual CPC — o juiz como o censor (ou talvez o bedel/disciplinador) dos demais sujeitos processuais e, com isso, assinala-se uma posição especial de superioridade deste para com os demais.

[13] "Art. 8º As partes têm o *dever* de contribuir para a rápida solução da lide, colaborando com o juiz para a identificação das questões de fato e de direito e abstendo-se de provocar incidentes desnecessários e procrastinatórios." (grifos nossos)

[14] Importante, então, a remissão para as explicações e reconstruções históricas operadas por Dierle Nunes (*Processo jurisdicional democrático*: uma análise crítica das reformas processuais, p. 225-231). Mesmo a tentativa de inscrever no projeto um artigo similar ao art. 16 do *Nouveau Code de Procédure Civile* francês, de 1975, não é suficiente para se afirmar uma mudança de compreensão, principalmente qual todo o projeto é lido de maneira não só pontual, mas sim sistemática, já que outros dispositivos que realçam a referida assimetria acabam por anular o efeito do dispositivo em especial.

Tal assimetria é fruto da manutenção de um viés autoritário, que anima grande parte da doutrina processual brasileira, representada pela chamada tese da *instrumentalidade do processo*, cujas bases remontam ao pensamento de Bülow, adaptada a concepções de Liebman e de Dinamarco,[15] entre outros colaboradores. Aqui, o processo é ainda compreendido como uma espécie de relação jurídica que serve como mero instrumento para atuação da função jurisdicional na consecução de escopos axiológicos tidos como *metajurídicos*.[16]

Consequência direta, portanto, desse pensamento é a redução do princípio do contraditório, como pode levar uma dada interpretação do texto do PLS nº 166/2010, apenas e exclusivamente a uma condição formal ou externa para a produção do provimento jurisdicional (sentença), olvidando-se que na atualidade sua acepção é mais larga:

> Em relação às partes, o contraditório aglomera um feixe de direitos dele decorrentes, entre eles: a) direito a uma cientificação regular durante todo o procedimento, ou seja, uma citação adequada do ato introdutivo da demanda e a intimação de cada evento processual posterior que lhe permita o exercício efetivo da defesa no curso do procedimento; b) o direito à prova, possibilitando-lhe sua obtenção toda vez que esta for relevante; c) em decorrência do anterior, o direito de assistir pessoalmente a assunção da prova e de se contrapor às alegações de fato ou às atividades probatórias da parte contrária ou, mesmo, oficiosas do julgador; e d) o direito de ser ouvido e julgado por um juiz imune à ciência privada (*private informazioni*), que decida a causa unicamente com base em provas e elementos adquiridos no debate contraditório.[17]

Assim, diferentemente de mera condição para a produção da sentença pelo juiz ou de aspecto formal do processo, a garantia do contraditório, como veremos a seguir, é condição institucional de realização de uma argumentação jurídica consistente e adequada e, com isso, liga-se internamente à fundamentação da decisão jurisdicional participada.[18]

---

[15] Cf. DINAMARCO. *A instrumentalidade do processo*.

[16] Cabe conferir as críticas à instrumentalidade do processo em: CATTONI DE OLIVEIRA (Coord.). *Jurisdição e hermenêutica constitucional*: no Estado Democrático de Direito; GONÇALVES. *Técnica processual e teoria do processo*; LEAL. *Instrumentalidade do processo em crise*; NUNES. *Processo jurisdicional democrático*: uma análise crítica das reformas processuais; e STRECK. *O que é isto - decido conforme minha consciência?*

[17] NUNES. *Processo jurisdicional democrático*: uma análise crítica das reformas processuais, p. 230.

[18] Cf. LEAL. *O contraditório e a fundamentação das decisões no direito processual democrático*; e NUNES. *Processo jurisdicional democrático*: uma análise crítica das reformas processuais.

O art. 11 do PLS nº 166/2010, reproduzindo o texto do art. 93, IX, da Constituição da República, afirma a necessidade da fundamentação da decisão sob pena de nulidade.[19] Além disso, remetendo-se ao ponto respectivo sobre a sentença, o texto limita-se a reproduzir o que a legislação vigente já consagrava: a fundamentação é um *requisito essencial* da sentença (art. 471, II) e consiste na "análise das questões de fato e de direito".

Primeiramente, cabe considerar que o texto do PLS nº 166/2010 abre a possibilidade de se reduzir *fundamentação* à mera *motivação*, caso haja abertura a uma desarticulação das exigências do contraditório e da fundamentação. Ou seja, a fundamentação seria um ato que representaria o apontamento *pelo juiz* dos elementos que *ele* considerou mais relevante no caso e que fizeram com que *ele* tomasse tal decisão e não outra. Assim, por exemplo, para grande parte da doutrina, tal exigência de motivação seria relevante, em princípio, apenas para a parte sucumbente, que seria aquela interessada em atacar a decisão em sede recursal,[20] ainda que alguns posicionamentos tentem indicar que a motivação teria uma razão de ordem pública, na medida em que através da sua leitura seria possível detectar qualquer quebra do requisito jurisdicional da imparcialidade.[21] Ou, como afirma Cassio Scarpinella Bueno,[22] a presença da motivação em uma decisão judicial permitiria os demais sujeitos do processo — e também a sociedade — avaliar se ela representou a escolha "mais correta".[23] É curioso, ainda, é pensar que o Supremo Tribunal Federal, majoritariamente, a despeito do disposto no art. 93, IX, da Constituição de 1988, desenvolveu — e vem reiteradamente reafirmando, como, por exemplo, o faz no AI nº 791.292-QO/PE (23 jun. 2010)[24] — um entendimento no sentido

---

[19] "Art. 11. Todos os julgamentos dos órgãos do Poder Judiciário serão públicos, e fundamentadas todas as decisões, sob pena de nulidade. Parágrafo único. Nas hipóteses previstas neste Código e nas demais leis, pode ser autorizada somente a presença das partes ou de seus advogados."

[20] NEVES. *Manual de direito processual civil*, p. 62.

[21] CÂMARA. *Lições de direito processual civil*, v. 1, p. 55.

[22] BUENO. *Curso sistematizado de direito processual civil*, v. 1, p. 166.

[23] Aqui também o entendimento trazido em texto recente por Camilo Zufelato (Fundamentação lógica das decisões judiciais: notas sobre a racionalização da função jurisdicional de decidir. *In*: THEODORO JÚNIOR; CALMON; NUNES (Coord.). *Processo e Constituição*: os dilemas do processo constitucional e dos princípios processuais constitucionais), que abraça uma leitura muito redutora e simplista da importância da fundamentação das decisões judiciais.

[24] Importante, então, registrar que no referido julgado o Min. Marco Aurélio manteve-se como voto vencido, por contrariar o entendimento majoritário afirmando sim ser fundamental — e até mesmo perigoso o raciocínio em contrário — a resposta específica ponto a ponto de todo o conjunto argumentativo trazido pelas partes no processo.

de que o ato de o magistrado não está obrigado a responder todas as alegações trazidas pelas partes no processo, nem se pronunciar sobre todos os fundamentos trazidos por um provimento impugnado em sede de um juízo recursal. Ou seja, segundo o entendimento do Min. Gilmar Mendes, onde o texto constitucional faz referência a uma exigência de *fundamentação*, deve-se ler apenas a necessidade de uma *motivação* (mais uma vez, aqui, bastar-se-ia que o magistrado colocasse na decisão o *seu* entendimento de forma solipsista, pois é o seu querer, como ato de autoridade — e não um possível consenso sobre a correção — que faria suficiente a exigência constitucional).

Em todos esses posicionamentos, mesmo para aqueles que pensam que se abriria com a exigência de fundamentação a possibilidade de um controle público da decisão, esta é ato de criação solipsista do magistrado. E, com isso, não se poderia desconhecer, portanto, que a redução da fundamentação das decisões à mera motivação pelo magistrado poderia tão somente reforçar, mais uma vez, a velha tese do "livre convencimento" do juiz que, sob o argumento de decidir conforme a sua própria consciência,[25] colocaria em risco não apenas a validade, mas a legitimidade da decisão.[26]

De toda forma, ainda que o PLS nº 166/2010 procurasse articular de forma adequada e consistente contraditório e fundamentação, quais seriam os critérios que o juiz deveria se basear para explicitar, nos termos do art. 471, II, os fundamentos das decisões?

Cabe considerar que a questão acerca de o que seriam tais critérios de fundamentação pode ser introduzida a partir de uma reconstrução paradigmática do direito. Como veremos, com mais vagar, paradigmas jurídicos constituem-se em horizontes de sentido para o desenvolvimento, num dado contexto histórico, de uma sociedade, orientando internamente a práxis jurídica. No marco do paradigma do Estado Liberal, se poderia afirmar que a atividade do magistrado é mecânica e motivada apenas por uma construção lógica, sem qualquer outro elemento condutor.[27] Aqui, interpretar é descobrir, é determinar o sentido dos textos normativos. Partindo-se do pressuposto

---

[25] Cf. STRECK. *O que é isto - decido conforme minha consciência?*

[26] Na exposição de motivos, a comissão, preocupada com os possíveis abusos do "livre convencimento motivado", reconheceria apenas uma limitação a ele, no sentido de uma coibição a o que seria "uma dispersão excessiva da jurisprudência", pela via de mecanismos que, tal como o incidente de resolução de demandas repetitivas, garantiria estabilidade e uniformidade à jurisprudência.

[27] Cf. CARVALHO NETTO. Requisitos pragmáticos da interpretação jurídica sob o paradigma do Estado Democrático de Direito. *Revista de Direito Comparado*, p. 473-486.

da racionalidade do legislador ou do próprio direito, visto como um sistema unitário, coerente e completo de regras capazes de prever suas hipóteses de aplicação: a) a interpretação é uma atividade de conhecimento; b) a interpretação é uma atividade excepcional que se torna necessária apenas em casos de aparentes antinomias ou de lacunas; c) a aplicação é uma atividade silogística, vinculada ao direito preexistente; o aplicador se utiliza das regras e métodos para solucionar todo e qualquer caso (afinal, o que não é proibido é permitido). Ora, tal compreensão reduz o trabalho jurisdicional ao de um autômato, que recebe de maneira neutra os fatos trazidos pelas partes e profere uma decisão. O que está subjacente aqui é a preocupação, na verdade, de que casos *parecidos* — e não *idênticos*[28] — sejam recebidos e acabem por ter o mesmo conteúdo decisório, repetindo o brocado de que "casos semelhantes devem ter decisões semelhantes" ou "que os iguais devem ser tratados igualmente".[29] Para um autor clássico como Moacyr Amaral Santos,[30] o ato de decisão é a realização de um raciocínio silogístico, pelo

---

[28] Afinal de contas, só seria possível na lógica processual afirmar que se tem um caso idêntico ao outro se os elementos identificadores da demanda — partes, causa de pedir e pedido — forem idênticos. Mas então não se trata de caso de um novo julgamento, mas da extinção do feito por litispendência (caso haja simultaneidade de processamento das demandas) ou de ofensa à coisa julgada (no caso de uma delas já ter sido objeto de decisão jurisdicional).

[29] Fica demonstrado tal concepção — paradigmaticamente equivocada — quando se analisa o tratamento dado ao chamado *incidente de julgamento de demandas repetitivas* (art. 895 do projeto de novo CPC), bem como a releitura feita sobre os *recursos extraordinários* e *recursos especiais* (art. 944 do projeto de novo CPC). Nessas situações a pretensão por supervalorizar uma determinada concepção do que sejam celeridade e efetividade do processo acaba por conduzir a autorização normativa de total desconsideração do caso concreto *sub judice*, bem como de toda a malha argumentativa que possa vir a ser trazida pela participação das partes em cada procedimento. O Judiciário aqui assume a função de um *fornecedor* de respostas jurídicas para a sociedade perdendo de vista as exigências de legitimidade democrática e, em razão disso, as decisões nesses casos passariam a ser dotadas de eficácia *erga omnes* (ver art. 903, 950 e 956, todos do PLS nº 166/2010) para supostamente dispensar um pronunciamento jurisdicional específico; ou seja, passa-se a adotar a defesa de julgamento de matérias em bloco, mas com isso, perde-se em espaço de discussão. A possibilidade de utilização do instituto processual da Reclamação para esses casos vai agravar ainda mais o problema, pois assim, a aplicabilidade das decisões em *tese* proferidas pelos Tribunais repousa apenas na *autoridade* e não na legitimidade. Logo, parece que a teoria instrumentalista acaba por mostrar sua face mais cruel, o Judiciário não se preocuparia nem ao menos de convencer argumentativamente os seus membros (principalmente aqueles que se encontram na primeira instância), mas antes exigir deles o acatamento de suas posições pelos simples fato de estarem uma instância acima na estrutura jurisdicional. Além sob o prisma pragmático o produto decisório destes tribunais nesses casos não se preocupa em dar publicidade e em ventilar as razões que conduziram a tomada da decisão em um sentido e não em outro. Reduzir-se-á o conteúdo decisório a breves enunciados (textos) como se estes fossem autoaplicáveis ou auto evidentes.

[30] SANTOS. *Primeiras linhas de direito processual civil*. 22. ed. rev. e atual. por Aricê Moacyr Amaral dos Santos. São Paulo: Saraiva, 2008. v. 3, p. 9-11.

qual o magistrado, ao identificar na norma dada uma *premissa maior*, na situação fática apresentada uma *premissa menor*, chega por meio da sua decisão, à dedução lógica de uma *conclusão*.

A essa compreensão liberal se contrapõe, em princípio, as visões típicas do paradigma do Estado Social. Ao negarem o que seria um caráter meramente cognitivo da aplicação jurisdicional, liberta-se o magistrado para a discricionariedade decisória. E, aqui, a linguagem das cláusulas gerais ou dos conceitos jurídicos indeterminados pode apenas reforçar essa perspectiva. As teorias da interpretação de Kelsen[31] e de Hart[32] são representativos de tal assertiva, pois, para eles, seja em razão da relativa indeterminação normativa, seja em razão da chamada textura aberta do direito, não haveria, para além da própria discricionariedade judicial, critério jurídico capaz de avaliar a aplicação ou produção válidas das normas jurídicas. Toda decisão *se fundamenta* no caráter discricionário de todo processo de produção/aplicação jurídica. Nesses termos, interpretar é decidir sobre o sentido dos textos normativos partindo-se do pressuposto segundo o qual o legislativo não é capaz de prever todas as hipóteses de aplicação, reconhece-se um poder discricionário aos aplicadores para decidir em face de situações de relativa indeterminação: a) a interpretação é uma atividade cognitivo-volitiva; b) a interpretação é uma atividade necessária à aplicação; c) a aplicação é uma atividade decisória, de produção normativa, e de caráter discricionário (apenas em parte vinculada). Tal posição será radicalizada por outras posturas judiciárias, mais ligadas ao chamado realismo jurídico, que acabam, enfim, por reduzir o ato decisório a um ato totalmente subjetivo.[33]

Como o PLS nº 166/2010 se posicionaria em relação a essa disputa de paradigmas? Acreditamos que o disposto nos artigos 108 e 472 poderia nos oferecer algumas pistas.

O art. 108 dispõe que, ao decidir, "o juiz deverá aplicar os princípios constitucionais e as normas legais", sendo que, se não houver estas

---

[31] KELSEN. *Teoria pura do direito*, p. 363-371. Sobre o pensamento de Kelsen sobre interpretação, cf. CATTONI DE OLIVEIRA. *Direito processual constitucional*, p. 29-60.

[32] HART. *O conceito de direito*, p. 137-161. Sobre a concepção de interpretação em Hart, assim como do direito subjacente a ela, cf. DWORKIN. *Levando os direitos a sério*, p. 31-35; DWORKIN. *Justice in Robes*, p. 140-186; e CATTONI DE OLIVEIRA. Ronald Dworkin: de que maneira o direito se assemelha à literatura. *In*: TRINDADE; GUBERT; COPETTI NETO (Org.). *Direito e literatura*: ensaios críticos, p. 22-25.

[33] Referindo-se a tal tradição, Dworkin lembra a célebre frase do Justice Holmes, da Suprema Corte norte-americana, para quem o direito é "aquilo que os juízes comerem no café da manhã" (*O império do direito*).

normas, ele deverá recorrer à analogia, aos costumes e aos princípios gerais de direito. E o art. 472, parágrafo único, do PLS nº 166/2010, deixa transparecer que *se* a sentença for fundamentada "em regras que contiverem conceitos juridicamente indeterminados, cláusulas gerais ou princípios jurídicos", o juiz deverá expor, de forma analítica, "o sentido em que as normas foram compreendidas, demonstrando as razões pelas quais, ponderando os valores em questão e à luz das peculiaridades do caso concreto".[34]

Considerando o texto do art. 472 combinado com o do art. 108, o PLS nº 166/2010 parece oscilante, para não dizer *eclético*, no mau sentido, ou pouco rigoroso, quanto a reconhecer caráter obrigatório e dignidade aos princípios, na medida em que parece manter a tese da distinção entre princípios e normas, tomando estas como fonte jurídica primária, e por parecer pressupor que se poderia proceder a uma aplicação disjuntiva e exclusiva ora de princípios, ora de normas. Assim, ora os princípios são compreendidos como super-regras porque aplicáveis ao modo das normas legais, como é o caso dos "princípios constitucionais". Ora são contidos em (sub-)regras e são como cláusulas gerais ou regras que contenham conceitos jurídicos indeterminados. Ora são tidos como fonte subsidiária às normas legais. Ora são como valores, ponderáveis e colidentes. O juiz deve aplicar os princípios constitucionais e as normas legais. Na falta de normas legais, aplicará, após recorrer à analogia e aos costumes, os princípios gerais de direito (no mínimo curioso, diga-se de passagem, a distinção entre princípios constitucionais e princípios gerais de direito). E somente se o fizer (caberia perguntar por que tal exigência não seria cabível no caso da aplicação de "normas legais") o juiz deverá "expor, analiticamente, o sentido em que as normas foram compreendidas, demonstrando as razões pelas quais, ponderando os valores em questão e à luz das peculiaridades do caso concreto, não aplicou princípios colidentes".

---

[34] "Art. 108. O juiz não se exime de decidir alegando lacuna ou obscuridade da lei, cabendo-lhe, no julgamento da lide, aplicar os princípios constitucionais e as normas legais, não as havendo, recorrerá à analogia, aos costumes e aos princípios gerais de direito. (...)
Art. 472. O juiz proferirá a sentença de mérito acolhendo ou rejeitando, no todo ou em parte, o pedido formulado pelo autor. Nos casos de sentença sem resolução de mérito, o juiz decidirá de forma concisa.
Parágrafo único. Fundamentando-se a sentença em regras que contiverem conceitos juridicamente indeterminados, cláusulas gerais ou princípios jurídicos, o juiz deve expor, analiticamente, o sentido em que as normas foram compreendidas, demonstrando as razões pelas quais, ponderando os valores em questão e à luz das peculiaridades do caso concreto, não aplicou princípios colidentes."

Por tudo isso, não basta acreditar que uma reforma legislativa resolverá todos problemas do processo civil, que dirá da sociedade. Talvez porque, no fundo, o problema não seja *simplesmente* o de realizar uma reforma do texto legislativo. O problema não é apenas de texto, mas, sobretudo, um problema de interpretação adequada. Sem uma mudança de compreensão do direito, do processo e da jurisdição, a nova legislação reproduzirá a mesma cultura jurídica.

2 Afinal, o que é uma decisão judicial fundamentada?[35]

Há muito, a questão acerca da legitimidade das decisões judiciais deixou de ser um problema que se reduza à pessoa do juiz. O exercício adequado da jurisdição não se legitima, por exemplo, simplesmente pelo fato de o juiz ter sido eleito ou não segundo o princípio da maioria. Mas se a garantia jurisdicional dos direitos fundamentais não coaduna, por um lado, com uma concepção liberal de legitimidade democrática reduzida à representação política de interesses majoritários, nem por outro com a concepção comunitarista segundo a qual o juiz seria um canal entre o direito e uma pretensa carga de valores homogêneos da *nação*, enquanto unidade cultural, idealisticamente concebida, o que justifica a legitimidade das decisões, no contexto de uma sociedade plural e democrática, são antes garantias processuais atribuídas às partes, principalmente, a do contraditório e a da ampla defesa, além da necessidade de fundamentação das decisões.[36] A construção comparticipada da decisão judicial,[37] garantida num nível institucional, e o direito de saber sobre quais bases foram tomadas as decisões dependem não somente da atuação do juiz, mas também do Ministério Público, das partes e dos seus advogados.

Não é, pois, sem motivo o fato de ordens jurídicas que refletem constitucionalmente o paradigma do Estado Democrático de Direito determinarem, sob pena de nulidade, que as decisões jurisdicionais sejam fundamentadas, no quadro de um devido processo. Tal é o caso da ordem constitucional brasileira:

---

[35] Para o que se segue, cf., sobretudo, CATTONI DE OLIVEIRA (Coord.). *Jurisdição e hermenêutica constitucional*: no Estado Democrático de Direito, p. 47-78. Também: BAHIA. *Recursos extraordinários no STF e no STJ*: conflito entre interesses público e privado, p. 225-302; COURA. *Hermenêutica jurídica e jurisdição (in)constitucional*: para uma análise crítica da jurisprudência de valores à luz da teoria discursiva de Habermas, p. 109-184, 201-254; e MEYER. *A decisão no controle de constitucionalidade*, p.147-398.

[36] Cf. LEAL. *O contraditório e a fundamentação das decisões no direito processual democrático*.

[37] Cf. NUNES. *Processo jurisdicional democrático*: uma análise crítica das reformas processuais.

Art. 93. Lei Complementar, de iniciativa do Supremo Tribunal Federal, disporá sobre o Estatuto da Magistratura, observados os seguintes princípios: (...)
IX - Todos os julgamentos dos órgãos do Poder Judiciário serão públicos, e fundamentadas todas as decisões, sob pena de nulidade, podendo a lei limitar a presença, em determinados atos, às próprias partes e a seus advogados, ou somente a estes, em casos nos quais a presença do direito à intimidade do interessado no sigilo não prejudique o interesse público à informação;

Refletindo acerca da legitimidade das decisões judiciais, Robert Alexy considera que essa exigência de fundamentação das decisões judiciais, que deve dar-se através de uma argumentação racional, pode estender-se a todos os casos em que os membros de uma comunidade jurídica argumentam:

A questão do que seja argumentação racional ou argumentação jurídica racional não é portanto um problema que deva interessar somente aos teóricos ou aos filósofos do direito. Esse problema é colocado com a mesma urgência para o jurista prático, e interessa ao cidadão que participa da coisa pública. Que seja possível uma argumentação jurídica racional depende não só o caráter científico da Jurisprudência, senão também a legitimidade das decisões judiciais.[38]

Diferentemente da teoria da interpretação, proposta por Kelsen, que via na aplicação do direito o exercício de um poder discricionário, o direito, sob o Estado Democrático de Direito, não é indiferente às razões pelas quais um juiz ou tribunal toma suas decisões. O direito, sob o paradigma procedimental do Estado Democrático de Direito, cobra reflexão acerca dos paradigmas que informam e conformam a própria decisão jurisdicional.

No Estado Democrático de Direito, a pretensão jurídica moderna de garantir certeza nas relações, através de padrões normativos, a um só tempo, dotados de caráter coercitivo e intersubjetivamente estabelecidos, manifesta-se no exercício da jurisdição como a pretensão de que a um só tempo as decisões judiciais sejam coerentes com o direito vigente, e adequadas aos casos submetidos à apreciação judicial. Segundo Habermas, "a tarefa de julgar, para que realize a função socialmente integradora da ordem jurídica e a pretensão de legitimidade do direito,

---

[38] ALEXY. *Teoría de la argumentación jurídica*: la teoría del discurso racional como teoría de la fundamentación jurídica, p. 19.

deve simultaneamente cumprir as condições de uma decisão consistente e da aceitabilidade racional".[39]

Em outros termos, o princípio da certeza jurídica requer decisões que podem ser consistentemente tomadas no quadro do direito vigente e a pretensão de legitimidade da ordem jurídico-democrática requer decisões consistentes não apenas com o tratamento anterior de casos análogos e com o sistema de normas vigente, mas pressupõe igualmente que sejam racionalmente fundadas nos casos concretos, de tal modo que os cidadãos possam aceitá-las como decisões racionais. Em última análise, segundo Habermas, "o problema da racionalidade consiste, pois, em como a aplicação de um direito contingencialmente emergente pode ser realizada de modo internamente consistente e externamente fundado de forma racional no sentido de se garantir a certeza do direito e a sua correção".[40]

Considerando que tal problemática acerca da interpretação jurídica — o problema de como garantir decisões, a um só tempo, coerentes com o direito vigente e adequadas ao caso concreto — pressupõe paradigmas jurídicos, que informam e conformam a aplicação do direito, cabe recordar, que o termo "paradigma" foi introduzido na discussão epistemológica contemporânea, com o sentido utilizado por Gomes Canotilho, ou seja, como "'consenso científico' enraizado quanto às teorias, modelos e métodos de compreensão do mundo",[41] a partir do conceito concebido por Kuhn de que "paradigmas são realizações científicas universalmente reconhecidas que, durante algum tempo, fornecem problemas e soluções modelares para uma comunidade de praticantes de uma ciência".[42]

Como bem expõe Giovanni Reale:

> Kuhn escolheu o termo "paradigma" (...) porque ele exprime de maneira eficaz *o eixo de sustentação da nova epistemologia*. (...) Os "paradigmas" indicam as concepções e convicções que constituem os *pontos firmes* da ciência num dado momento, e que, no curso do arco do tempo, fornecem os *modelos* para a formulação dos problemas e das suas soluções para os cientistas que trabalham em determinados âmbitos de pesquisas. Escreve Kuhn: "Com a escolha desse termo, pretendi chamar

---

[39] HABERMAS. *Between Facts and Norms*: Contributions to a Discourse Theory of Law and Democracy, p. 198.
[40] HABERMAS. *Between Facts and Norms*: Contributions to a Discourse Theory of Law and Democracy, p. 199.
[41] CANOTILHO. *Direito constitucional*, p. 6.
[42] KUHN. *A estrutura das revoluções científicas*, p. 119.

a atenção para o fato de que alguns exemplos da prática científica efetiva reconhecidos como válidos — exemplos que compreendem globalmente leis, teorias, aplicações e instrumentos — fornecem *modelos originadores de tradições de pesquisa científica particulares que possuem a sua coerência*. (...) O "paradigma" constitui uma verdadeira "unidade de medida" fundamental nas pesquisas científicas, porque, como já dissemos, constitui o *critério* segundo o qual se acolhem os problemas, *justamente enquanto problemas científicos*, e se desenvolvem, conseqüentemente, as suas soluções. (...) O paradigma constitui uma verdadeira "atividade modeladora", anterior e não redutível inteiramente às componentes lógicas, ou seja, às várias leis, regras e teorias, que podem ser abstraídas e deduzidas delas. Os cientistas não aprendem as leis e as regras *abstratamente*, mas junto com o paradigma, do qual, posteriormente, as abstraem. (...) *Os paradigmas podem ser anteriores, mais vinculantes e mais completos do que qualquer conjunto de regras de pesquisa que se possa inequivocamente abstrair deles*. Nesse sentido, portanto, os paradigmas têm *função reguladora* nas ciências e são a verdadeira *força dinâmica* que determina o seu desenvolvimento.[43]

Todavia, Habermas irá ampliar e redefinir a noção de paradigma em suas reflexões sobre o direito:

As ordens jurídicas concretas representam não só distintas variantes da realização dos mesmos direitos e princípios; nelas se refletem também paradigmas jurídicos distintos. Entendo como tais as idéias típicas e exemplares de uma comunidade jurídica acerca da questão de como se pode realizar o sistema dos direitos e os princípios do Estado de Direito no contexto efetivamente *percebido* da sociedade dada em cada caso. Um *paradigma jurídico* explica, com ajuda de um modelo da sociedade contemporânea, de que modo devem entender-se e "manejar-se" os princípios do Estado de Direito e dos direitos fundamentais, para que possam cumprir no contexto dado as funções que normativamente lhes atribui. Um "modelo social do direito" (Wieacker) representa algo assim como a teoria implícita que da sociedade tem o sistema jurídico, quer dizer, a imagem que este se faz do seu ambiente social. O paradigma jurídico indica então como no marco de tal modelo podem entender-se e realizar-se os direitos fundamentais e os princípios do Estado de Direito.[44]

---

[43] REALE. *Para uma nova interpretação de Platão*: releitura da metafísica dos grandes diálogos à luz das doutrinas não-escritas, p. 7-10.

[44] HABERMAS. *Between Facts and Norms*: Contributions to a Discourse Theory of Law and Democracy, p. 194-195.

Isso significa que as compreensões jurídicas paradigmáticas de uma época, refletidas na dinâmica das ordens jurídicas concretas, referem-se a imagens implícitas que o direito tem da própria sociedade; um conhecimento de fundo, um background que confere às práticas de fazer e de aplicar o direito uma perspectiva, orientando o projeto de realização de uma comunidade jurídica, *para além da comunidade de especialistas*. Nesse sentido, ao considerar o problema acerca da interpretação do direito e de seu horizonte paradigmático, é preciso reconhecer, inclusive, os nexos de sentido explicitáveis de uma perspectiva histórica que permanecem latentes para os próprios participantes e que objetivamente estabelecem, no dizer de Habermas:

> (...) uma conexão entre o sistema jurídico e seu ambiente social, e também subjetivamente, através da imagem que os juristas fazem dos seus contextos sociais". Assim, ficaria claro que os teóricos do direito não somente interpretam as distintas proposições normativas a partir do contexto que essas proposições se encontram no *corpus* do direito considerado em conjunto, mas também desde o horizonte de uma pré-compreensão da sociedade contemporânea, a qual resulta retorna em todo o seu trabalho de interpretação. Nesse aspecto, a interpretação jurídica é sempre também uma resposta aos desafios de uma situação social percebida de determinada maneira. (...) Aquilo a que os atores ou agentes realmente respondem e realmente responderam com suas decisões e razões, só poderá ser entendido se se conhecer a *imagem* que esses atores *implicitamente* fazem da sua sociedade, se se sabe quais estruturas, operações, resultados, rendimentos, potenciais, perigos e riscos atribuem à sua sociedade, à luz da tarefa que esses atores se propõem, a saber, a tarefa de realizar os direitos e de aplicar o direito.[45]

O uso da noção de paradigma jurídico pretende, pois, *estabilizar* a tensão imanente aos processos de integração social entre *realidade* e *normatividade*, ao reconhecer a existência de um horizonte histórico de significação ou de sentido, ainda que mutável, para a prática jurídica concreta que pressupõe uma determinada "percepção" do contexto social do direito, a fim de se compreender em que perspectiva as questões jurídicas devem ser interpretadas para que o direito possa cumprir seu papel nos processos de integração social. Paradigmas do direito constituem internamente a prática e a teoria do direito, orientando seus desdobramentos. O reconhecimento desses paradigmas exige a superação da forma tradicional de lidar com questões normativas,

---

[45] HABERMAS. *Between Facts and Norms*: Contributions to a Discourse Theory of Law and Democracy, p. 388-389.

rompendo com a dicotomia real/ideal, assim como exige uma reflexão hermenêutica crítica em face de nós mesmos, que não pode desconsiderar as pretensões normativas concretamente articuladas pelos próprios envolvidos em questões jurídicas. Isso implicaria uma certa redução de complexidade: Uma reconstrução paradigmática do direito retiraria dos ombros do intérprete um papel ou encargo hercúleo, pois uma vez reconstruído o paradigma, ter-se-ia, sem maiores mediações, um vetor interpretativo já presente e efetivo para a resolução de questões jurídicas.

Entretanto, a tentativa de reduzir a complexidade da interpretação jurídica, através da reconstrução de um paradigma jurídico concreto, que desde o início já estabeleceria um horizonte histórico de sentido para a prática jurídica, só retiraria em parte dos ombros do juiz a tarefa hercúlea de por em relação os traços relevantes de uma situação concreta, apreendida de forma a mais complexa possível, com todo um conjunto de normas em princípio aplicáveis, pois o reconhecimento de que há paradigmas jurídicos que informam e conformam a prática jurídica leva hoje a uma disputa não só técnico-jurídica, mas política, acerca de qual dentre eles é o adequado à compreensão do direito, no contexto histórico percebido de uma sociedade aberta de intérpretes, a cada situação concreta. Segundo Habermas, a interpretação jurídica se dá hoje no contexto de uma disputa entre distintas compreensões paradigmáticas do direito, que se tornaram reflexivas. A "naturalização de certezas", própria de todo paradigma, pode ser vista, no contexto de um pluralismo social, político e cultural, como pura *ideologia*, posto que "a interpretação coerente de um caso no marco de um paradigma jurídico *fixo* permanece essencialmente infradeterminada; tal interpretação terá de competir com outras interpretações também coerentes do caso em paradigmas jurídicos alternativos".[46]

Do ponto de vista de uma reconstrução histórico-teorética, os paradigmas de direito de maior sucesso na história do constitucionalismo são os do direito formal burguês e do direito materializado do Estado Social. O paradigma liberal pressupõe uma sociedade econômica de mercado que se institucionaliza por meio do direito privado; vincula-se à expectativa de que se possa alcançar justiça social pela garantia de um *status* negativo, pela delimitação de esferas de liberdade individuais. O paradigma do Estado Social desenvolveu-se a partir

---

[46] HABERMAS. *Between Facts and Norms*: Contributions to a Discourse Theory of Law and Democracy, p. 293.

de uma crítica consistente a essa suposição. Se a "liberdade de poder ter e poder adquirir" deve garantir justiça social, é preciso haver uma igualdade do poder juridicamente. Segundo Habermas, com a crescente desigualdade das posições de poder econômico e de condições sociais, "desestabilizaram-se sempre mais os pressupostos factuais capazes de proporcionar que o uso das capacidades jurídicas distribuídas por igual ocorresse sob uma efetiva igualdade de chances".[47] Não deixou de ser necessário, pois, especificar o conteúdo das normas vigentes do direito privado, nem de se introduzir direitos fundamentais de cunho social, que embasassem as reivindicações de uma distribuição mais justa da riqueza produzida e de uma defesa mais efetiva contra os riscos produzidos socialmente.

Com a crise do paradigma jurídico do bem-estar social e mesmo com as tentativas empreendidas pela dogmática jurídica de escapar da alternativa "paradigma liberal" ou "paradigma social", inclusive procurando estabelecer conexões mais ou menos "híbridas" entre eles, fomentou-se uma compreensão reflexiva do direito, assim como a necessidade de se problematizar "modelos sociais" que estariam inscritos no próprio direito.[48] Segundo Habermas, sua intenção, com a interpretação que vem desenvolvendo do direito e da política à luz da teoria do discurso, é, em face disso, a de "dar contornos nítidos a um terceiro paradigma do direito, que recapitule em si os outros dois. Parto de que o que mais se ajusta aos sistemas jurídicos que em fins do século XX vigem nas democracias de massas, articuladas em termos de Estado Social, é uma compreensão procedimental do direito".[49]

Em termos habermasianos, podemos, pois, avançar a tese segundo a qual, no marco de uma compreensão procedimentalista do direito, na prática social do cotidiano dos operadores jurídicos, e que em muito ultrapassa o círculo fechado dos especialistas, os paradigmas jurídicos liberal e social permanecem em tensão, concorrendo caso a caso para a interpretação do suposto direito aplicável. Segundo Habermas:

> O paradigma procedimental do direito é, além do mais, resultado de uma disputa de paradigmas, e parte da premissa, segundo a qual o modelo liberal do direito e o modelo do Estado Social interpretam a

---

[47] HABERMAS. *The Inclusion of the Other*: Studies in Political Theory, p. 263.
[48] HABERMAS. *Facticidad y validez*: sobre el derecho y el Estado Democrático de Derecho en términos de teoría del discurso, p. 477.
[49] HABERMAS. *Facticidad y validez*: sobre el derecho y el Estado Democrático de Derecho en términos de teoría del discurso, p. 264.

evolução jurídica em termos excessivamente concretistas e ocultam a conexão que se dá entre autonomia privada e autonomia pública, a qual necessita ser interpretada caso a caso.⁵⁰

Essa compreensão procedimentalista do direito apresentada por Habermas pretende reinterpretar a relação entre autonomia pública e autonomia privada, entre direitos humanos e soberania popular, como equiprimordiais e co-originárias, enquanto "justificação pós-metafísica" de legitimidade do Estado Democrático de Direito.⁵¹ Para Habermas:

> A conexão interna entre democracia e Estado de Direito consiste em que, por um lado, os cidadãos só podem fazer um adequado uso de sua autonomia pública se graças a uma autonomia privada simetricamente asseguradas são suficientemente independentes e, por outro, em que só podem alcançar um equilibrado desfrute de sua autonomia privada se, como cidadãos, fazem um adequado uso de sua autonomia política. Por isso os direitos fundamentais de liberdade e os direitos políticos são indivisíveis. A imagem de um núcleo induz a erro, como se existisse um núcleo de liberdades fundamentais que pretendessem ter prioridade frente aos direitos de comunicação e participação (...) os direitos privados e os direitos de cidadania são em origem igualmente essenciais.⁵²

Foi com base nessa compreensão que Cattoni de Oliveira buscou desenvolver reflexões acerca do direito e da democracia.⁵³ Nessa obra, procuramos reconstruir as concepções de direito e de democracia que já estão presentes nas tradições liberal e republicana, de modo a mostrar como uma visão procedimentalista do direito e da democracia, desenvolvida no marco da teoria do discurso, pretende lidar construtivamente com as "tensões" que perpassam a história dessas tradições jurídico-políticas, e que se manifestam na história do constitucionalismo, mais propriamente, com o que Habermas chamou de o "paradoxo da emergência da legitimidade através da legalidade"⁵⁴ e de sua suposta "solução", não no quadro de uma pretensa Filosofia da História, mas sim à luz de uma teoria da comunicação, da sociedade, da racionalidade

---

⁵⁰ HABERMAS. *Facticidad y validez*: sobre el derecho y el Estado Democrático de Derecho en términos de teoría del discurso, p. 523-524.
⁵¹ HABERMAS. *Facticidad y validez*: sobre el derecho y el Estado Democrático de Derecho en términos de teoría del discurso, p. 169.
⁵² HABERMAS. *La constelación posnacional*: ensayos políticos, p. 152-153.
⁵³ Cf. CATTONI DE OLIVEIRA. *Devido processo legislativo*: uma justificação democrática do controle jurisdicional de constitucionalidade das leis e do processo legislativo.
⁵⁴ HABERMAS. *Facticidad y validez*: sobre el derecho y el Estado Democrático de Derecho en términos de teoría del discurso, p. 535-587.

e da modernidade centradas nas noções linguístico-pragmáticas de "facticidade" e "validade".[55]

Assim, o direito democraticamente produzido é um meio de integração social que pode controlar os riscos de dissenso, garantindo a estabilização de expectativas de comportamento e, a um só tempo, produzindo legitimidade, de tal forma que os destinatários das normas jurídicas (sujeitos privados), são os seus autores (cidadãos), sobre o pano de fundo de uma crescente distinção e autonomização da antiga esfera normativa ontologizada em um acentuado processo de diferenciação social. Habermas, pois, pretende que sua teoria do discurso seja capaz de reconstruir histórica, sociológica e teoreticamente como tal emergência da legitimidade através da legalidade tornou-se possível na modernidade, de modo, inclusive, a apresentar o que seja uma justificação moderna das organizações político-jurídicas; desloca-se, assim, o velho problema metafísico acerca do fundamento: uma soberania popular, concebida em termos procedimentais, liga-se internamente a um sistema de direitos fundamentais, em razão dos desafios que a própria evolução social contingente teria colocado a si mesma, num movimento de auto descrição da própria sociedade, que se faz moderna e complexa, sem centro, sem fundamento último e sem a possibilidade de apelos ontológicos à transcendência, supra ou a-histórica.

Em contraposição às tradições liberais e republicanas que, respectivamente, pretenderiam lidar com o problema da ausência de fundamento na modernidade, quer em pretensos "direitos pré-políticos", quer na vontade unida do povo enquanto corpo ético-político, Habermas apresenta uma visão procedimentalista do direito e da democracia, segundo a qual "o êxito da política deliberativa depende não da ação coletiva dos cidadãos, mas da institucionalização dos procedimentos e das condições de comunicação correspondentes", para a qual "a idéia de soberania popular refere-se a um contexto que, ao permitir a auto-organização de uma comunidade jurídica, não está de modo algum à disposição da vontade dos cidadãos", posto que "o 'eu' da comunidade jurídica que se organiza a si mesma desaparece aqui nas formas de comunicação sem sujeito que regulam o fluxo das deliberações de um modo tal que seus resultados falíveis se revistam da presunção de racionalidade".[56]

---

[55] HABERMAS. *Facticidad y validez*: sobre el derecho y el Estado Democrático de Derecho en términos de teoría del discurso, p. 63-104.

[56] Cf. HABERMAS. Três modelos normativos de democracia. *Cadernos da Escola do Legislativo*, p. 117-121.

O problema, pois, acerca do fundamento, deslocado, agora, para a pergunta acerca de uma emergência da legitimidade através da legalidade, é reconstruído procedimentalmente como institucionalização jurídica das condições comunicativas sob as quais o próprio direito seria legitimamente produzido e, no contexto de uma sociedade complexa, todos os afetados pelas normas jurídicas poderiam, em princípio, ser considerados co-autores dessas mesmas normas. Nesses termos, portanto, é que se poderia compreender a afirmação habermasiana segundo a qual "no Estado Democrático de Direito, tido como a morada de uma comunidade jurídica que se organiza a si mesma, o lugar simbólico de uma soberania discursivamente fluidificada permanece *vazio*".[57]

Cabe, agora, então, aprofundar a compreensão segundo a qual a interpretação jurídica, que se dá através de um processo argumentativo, pressupõe uma disputa de paradigmas e de compreensões do direito, que cobra reflexividade no marco de uma compreensão procedimentalista do direito e do Estado Democrático de Direito. Para isso, irei proceder, com Habermas, a partir de Günther, a uma caracterização dos discursos de aplicação jurídico-normativa, primeiramente diferenciando-os dos discursos de justificação.[58]

Os discursos de justificação jurídico-normativa se referem à validade das normas, e se desenvolvem com o aporte de razões e formas de argumentação de um amplo espectro (morais, éticas e pragmáticas), através das condições de institucionalização de um processo legislativo estruturado constitucionalmente, à luz do princípio democrático assim caracterizado:

> (...) somente podem pretender legitimidade as leis capazes de encontrar o assentimento de todos os co-associados jurídicos, num processo discursivo legislativo. O princípio da democracia explica, em outros termos, o sentido performativo da prática de autodeterminação de sujeitos de direito que se reconhecem mutuamente como membros iguais e livres de uma associação estabelecida livremente.[59]

Já discursos de aplicação se referem à adequabilidade de normas válidas a um caso concreto, nos termos do princípio da adequabilidade,

---

[57] HABERMAS. *Facticidad y validez*: sobre el derecho y el Estado Democrático de Derecho en términos de teoría del discurso, p. 529.
[58] Cf. GÜNTHER. *The Sense of Appropriateness*: Application Discourses in Morality and Law.
[59] HABERMAS. *Between Facts and Norms*: Contributions to a Discourse Theory of Law and Democracy, p. 111.

sempre pressupondo um "pano de fundo de visões paradigmáticas seletivas", a serem argumentativamente problematizadas: "o critério formal de adequabilidade só pode ser a coerência da norma com todas as outras e com as variantes semânticas aplicáveis na situação".[60]

Günther, retomando a psicologia social de Lawrence Kohlberg acerca do desenvolvimento da consciência moral a partir da perspectiva da relação entre igualdade e equidade, formula um modelo prático moral de três níveis de tipos de aplicação.[61] Segundo esse, no primeiro nível, justificação e aplicação não podem ser distinguidas, pois a validade de uma norma acarretaria sua adequabilidade, já que ambas são estabelecidas de modo dependente da situação e do contexto. Igualdade e equidade, aqui, são também indistintas, no sentido de que a igualdade é mecânica, não tolera exceções. No segundo nível, o contexto específico entre *ego* e *alter* pode ser visto de uma perspectiva de um, embora específico, sistema social. Igualdade e equidade são separadas, no sentido de que circunstâncias excepcionais são admitidas, mas somente no quadro de uma dada ordem normativa. Mas é somente num terceiro nível que a validade de uma norma passa a ser determinada no "universo do discurso", de um modo independente da situação, o que leva a uma clara separação entre justificação universal de normas e aplicação normativa sensível ao contexto. Igualdade e equidade novamente se tornam indistintas, mas no sentido de que cada caso individual é único, irrepetível.

Tendo por base esse último modelo de aplicação, agora num contexto propriamente jurídico, todas as normas válidas são, de início, indeterminadas em sua referência a situações específicas de aplicação e exigem conexões relacionais adicionais em um caso concreto particular — o que vale não só para os princípios e direitos constitucionais estruturantes do sistema jurídico. Todas as normas válidas são aplicáveis *prima facie*, no sentido de que devemos ingressar em um discurso de aplicação para comprovar se encontrarão aplicação em uma situação não prevista pelo processo de justificação ou se, embora válidas, devem ceder a outras, essas, sim, adequadas. Uma norma somente fundamenta um juízo normativo singular, que pode ter a pretensão de ser correto, se essa norma se comprovar singularmente adequada ao caso em questão. A validade *prima facie* de uma norma tão somente significa que essa norma foi imparcialmente justificada. Segundo Habermas:

---

[60] GÜNTHER. *The Sense of Appropriateness*: Application Discourses in Morality and Law, p. 243.
[61] GÜNTHER. *The Sense of Appropriateness*: Application Discourses in Morality and Law, p. 132.

Os discursos de aplicação não se referem à validade de uma norma, mas à adequabilidade de sua referência a uma situação. Já que cada norma registra somente aspectos específicos de um caso individual, situado no mundo da vida, o discurso de aplicação deve determinar quais são as descrições de fatos relevantes para a interpretação da situação em um caso controverso, bem como determinar qual dentre as normas *prima facie* é a adequada, uma vez que todas as características significativas da situação tenham sido registradas de forma tão completa quanto possível.[62]

Assim, um juízo singular deve fundar-se no conjunto de todas as razões pertinentes, com vistas a uma interpretação completa da situação. Ao juiz, então, cabe desenvolver um "sentido de adequabilidade": que várias interpretações sejam possíveis ou que várias normas sejam válidas, da perspectiva dos discursos jurídicos de justificação, isso não quer dizer que todas elas sejam adequadas ao caso concreto: "a colisão de normas não pode ser reconstruída como um conflito de pretensões de validade, porque as normas em colisão ou com variantes semânticas concorrentes somente adentram uma relação reciprocamente determinante entre si em uma situação concreta".[63]

A solução correta advém, pois, do desenvolvimento de um sentido de adequabilidade normativa, de uma interpretação racional e argumentativamente fundada em cada situação, tendo em vista uma reconstrução paradigmática apropriada do direito vigente.

Todavia, adequabilidade não é ponderação material de "comandos otimizáveis", com base num "princípio da proporcionalidade".[64]

Para Alexy, "princípios" devem ser aplicados em diferentes graus, mediante a utilização de "regras de prioridade" e do princípio da proporcionalidade, a uma mesma decisão judicial, vista como um meio ótimo ou preferível para a realização, enfim, de um ideal de sociedade, que estaria pressuposto à Constituição: uma pretensa ordem concreta de valores, supostamente compartilhados por todos os membros de uma sociedade política.[65] Ou seja, a ponderação de princípios como valores, sob condições de prioridade e do princípio da proporcionalidade — que exige indagar pela adequação, necessidade e estrita proporcionalidade

---

[62] HABERMAS. *Between Facts and Norms*: Contributions to a Discourse Theory of Law and Democracy, p. 194.
[63] GÜNTHER. *The Sense of Appropriateness*: Application Discourses in Morality and Law, p. 239.
[64] Cf. ALEXY. *Teoría de los derechos fundamentales*.
[65] ALEXY. *Teoría de los derechos fundamentales*, p. 87.

da decisão a valores e a finalidades pretensamente compartilhados — submete em última análise a aplicação utilitarista das normas a um cálculo de tipo custo/benefício.

O direito, ao contrário do que defende uma jurisprudência dos valores, possui um código binário, e não um código gradual: que normas possam refletir valores, no sentido de que a justificação jurídico-normativa envolve questões não apenas acerca de o que é justo para todos (morais) mas também acerca de o que é bom, no todo e a longo prazo, para nós (éticas), não quer dizer que elas *sejam* ou *devam ser tratadas* como valores:

> Em relação aos princípios do direito ou aos valores jurídicos, essa diferença é freqüentemente negligenciada, porque o direito positivo vale apenas para um território determinado e para seu correspondente círculo de afetados. Não obstante essa restrição de fato da esfera jurídica, os direitos fundamentais, no entanto, adquirem um sentido distinto se os concebermos, com Dworkin, como princípios jurídicos deontológicos, ou, com Alexy, como bens jurídicos otimizáveis.[66]

Essa última afirmação deriva do fato de que as normas — quer como princípios quer como regras — visam ao que é devido, são enunciados deontológicos: à luz de normas, posso decidir qual é a ação ordenada. Já os valores visam ao que é bom, ao que é melhor; condicionados a uma determinada cultura, são enunciados teleológicos: uma ação orientada por valores é preferível. Ao contrário das normas, valores não são aplicados, mas priorizados. Assim:

> Normas e valores, portanto, diferem-se entre si, primeiramente, por suas referências, respectivamente, ou a ações obrigatórias ou a ações teleológicas; em segundo lugar, os códigos ou binário ou gradual de suas pretensões de validade; em terceiro, por seu caráter ou absoluto ou relativo; e, quarto, pelos critérios que os sistemas de normas e os sistemas de valores devem satisfazer, respectivamente. O fato de que normas e valores diferem em suas propriedades lógicas produz diferenças significativas para sua respectiva aplicação.[67]

E quais diferenças? Que um direito não pode ser compreendido como um bem, mas como algo que é devido e não como algo que seja

---

[66] HABERMAS. *Between Facts and Norms*: Contributions to a Discourse Theory of Law and Democracy, p. 256.
[67] HABERMAS. *Between Facts and Norms*: Contributions to a Discourse Theory of Law and Democracy, p. 253.

meramente atrativo. Bens e interesses, assim como valores, podem ter negociada a sua "aplicação", são algo que se pode ou não optar, já que se estará tratando de preferências otimizáveis. Já direitos não. Tão logo os direitos sejam compreendidos como bens ou valores, eles terão que competir no mesmo nível que esses pela prioridade no caso individual. Essa é uma das razões pelas quais, lembra Habermas, Dworkin haver concebido os direitos como "trunfos" que podem ser usados nos discursos jurídicos contra os argumentos de políticas.[68]

Nesse sentido, uma reconstrução dos princípios do direito que parte de concepção jurídica fundada num *modelo de princípios* requer do Poder Judiciário agir politicamente, não no sentido de se dar curso a concepções próprias do julgador a respeito de o que esse consideraria pragmaticamente ou eticamente preferível, mas no sentido de se garantir os direitos fundamentais dos cidadãos. Isso, justamente, leva Dworkin a diferenciar os "argumentos de princípio", fundados em direitos, dos "argumentos de política", fundados em questões axiológico-teleológicas de bem-estar coletivo.[69]

O julgador, procurando colocar-se da perspectiva da sua comunidade, considerada como uma associação de coassociados livres e iguais perante o direito,[70] deve compreender criticamente o direito positivo como o esforço dessa mesma comunidade para desenvolver o sistema de direitos fundamentais. Não se pode, em nome da conveniência política ou do que seja, deixar de levar tais direitos a sério.

Por isso, Günther chama atenção para um aspecto importantíssimo:

> O critério de acordo com o qual nós nos orientamos quando sopesamos normas colidentes não pode ter, por sua parte, um conteúdo material predeterminado com o qual se dê prioridade a certos pontos de vista normativos sobre outros. O conceito alexyano de princípios como comandos otimizáveis desde já desperta nossa atenção para o perigo que pode surgir quando, nesse momento, um modelo de valores é projetado numa teoria da estrutura normativa. A decisão acerca da norma adequada é então reduzida a se decidir acerca de um estado de coisas relativamente melhor, o qual é ainda o ótimo numa situação particular. O problema aludido consiste no perigo da já introdução de critérios materiais quando da determinação da estrutura da argumentação, critérios os quais deveriam, eles mesmos, ser sujeitos a uma

---

[68] HABERMAS. *Between Facts and Norms*: Contributions to a Discourse Theory of Law and Democracy, p. 259.
[69] DWORKIN. *Taking Rights Seriously*, p. 82.
[70] Cf. DWORKIN. *Law's Empire*.

argumentação de adequabilidade. Um conceito procedimental de adequabilidade, ou uma aplicação procedimental de normas, teria que evitar o uso de tais critérios materiais implícitos. Se adequabilidade consiste em se considerar todos os elementos de uma situação, então o *método* de consideração não pode ser, por sua parte, determinado por critérios materiais.[71]

Tudo isso nos leva a concluir, com Habermas, em oposição à jurisprudência dos valores e a uma teoria material da Constituição:

> Qualquer um que pretenda equacionar a Constituição com uma ordem concreta de valores engana-se quanto ao caráter especificamente jurídico da primeira; os direitos fundamentais, enquanto normas jurídicas, são constituídos, como as normas morais, segundo o modelo das normas de ação obrigatória — e não consoante o dos bens atrativos.[72]

Ao tomar suas decisões, também, é preciso lembrar que o juiz não está sozinho no exercício das suas atribuições. Afinal, do procedimento que prepara a decisão jurisdicional, devem, em princípio, diretamente participar, em contraditório, *em simétrica paridade*,[73] os destinatários desse provimento jurisdicional. Nas palavras de Fazzalari, "o 'processo' é um procedimento no qual participam (são habilitados a participar) aqueles em cuja esfera jurídica o ato final é destinado a produzir efeitos: em contraditório, e de modo que o autor do ato final não possa desconsiderar a atividade deles".[74]

Em outras palavras, e lembrando que qualquer decisão é tomada nos contextos discursivos de uma esfera pública, presentes, inclusive, as pressões exercidas pela opinião pública, que se constitui em "sociedade aberta de intérpretes" do direito (HÄBERLE), não é necessário ser Hércules (DWORKIN), para se cumprir a tarefa jurisdicional.

Estando, pois, fechada a porta para aquelas posturas decisionistas que negam a possibilidade quer de correção, quer de certeza nas decisões jurisdicionais, e se a adequabilidade do juízo jurídico-normativo

---

[71] GÜNTHER. *The Sense of Appropriateness*: Application Discourses in Morality and Law, p. 240-241.
[72] HABERMAS. *Between Facts and Norms*: Contributions to a Discourse Theory of Law and Democracy, p. 256.
[73] "Há processo sempre onde houver o procedimento realizando-se em contraditório entre os interessados, e a essência deste está na 'simétrica paridade' da participação, nos atos que preparam o provimento, daqueles que nele são interessados porque, como seus destinatários, sofrerão seus efeitos" (GONÇALVES. *Técnica processual e teoria do processo*, p. 115).
[74] FAZZALARI. *Istituzioni di diritto processuale*, p. 82.

não é auto evidente ou existe de *per se*, mas é uma (re)construção, que levanta pretensões de validade no quadro de um determinado paradigma de direito e de Estado, a adequabilidade só pode ser buscada discursivamente, através do processo jurisdicional.

Mas, quanto a isso, outro dado é importante: a argumentação jurídica de adequabilidade não pode ser tratada como um caso especial da argumentação moral, nem no sentido dado por Alexy (argumentação axiológica), nem no sentido dado por Günther (argumentação deontológica), embora concordemos, em muito, com o enfoque normativo deste último.

Se, a princípio, a tese do caso especial, num sentido ou no outro, pudesse parecer plausível de um ponto de vista heurístico, a questão é que ela sugere uma subordinação do direito à moralidade, que, para uma perspectiva pós-metafísica, "é desencaminhante", para usar as palavras de Habermas, "porque ela está ainda carregada de conotações de direito natural".[75]

A tese do caso especial deve ser descartada tão logo se pense na distinção entre direito e moralidade, que ocorre num nível pós-convencional de justificação. O princípio do discurso, como mostra Habermas, concretiza-se, dentre outras formas, nos princípios da moralidade e da democracia, à luz de diferentes tipos de normas de ação.[76] Enquanto o princípio da moralidade regula as relações simples, face a face e informais, consistindo-se numa "regra de argumentação", o princípio da democracia regula as relações, num nível institucional, entre sujeitos jurídicos que se reconhecem como titulares de direitos:

---

[75] HABERMAS. *Between Facts and Norms*: Contributions to a Discourse Theory of Law and Democracy, p. 233.

[76] "Validas são apenas as normas de ação sobre as quais os possíveis afetados possam acordar enquanto partícipes de um discurso racional. Esse enunciado envolve alguns conceitos básicos que reclamam elucidação. O adjetivo 'válidas' qualifica normas de ação e todas as afirmações normativas gerais que correspondem a tais normas; ele expressa a validade/legitimidade normativa em um sentido não específico, ainda indiferente à distinção entre Moralidade e legitimidade. Pela expressão 'normas de ação' entendo as expectativas de comportamento temporal, social e materialmente generalizadas. Por 'afetados' qualquer pessoa cujos interesses possam ser atingidos ou afetados pelas conseqüências previsíveis de uma prática geral. E, na expressão 'discurso racional', deve-se considerar incluída qualquer tentativa de se alcançar o entendimento acerca de pretensões de validade problemáticas, desde que se verifiquem sob condições de comunicação que permitam o livre processamento de temas e contribuições, de informações e razões, no espaço público constituído pelas obrigações ilocucionárias. A expressão também se refere indiretamente aos processos de negociação que sejam regulados por procedimentos discursivamente fundados" (HABERMAS. *Between Facts and Norms*: Contributions to a Discourse Theory of Law and Democracy, p. 107).

O discurso racional pressuposto pelo princípio do discurso se ramifica, por um lado, na argumentação moral, e, por outro, nos discursos jurídicos e políticos que são institucionalizados na forma jurídica e incluem questões morais somente no que se relacionam com normas jurídicas. O sistema de direitos que simultaneamente assegura a autonomia pública e a privada dos cidadãos é interpretado e elaborado em procedimentos de legislação democrática e da aplicação normativa imparcial.[77]

Os discursos de justificação e de aplicação do direito não têm de ser introduzidos como casos especiais dos discursos de justificação e de aplicação morais, e serem diferenciados desses últimos em termos lógico-extensivos, configurando casos de argumentação moral que por se vincularem ao direito vigente limitam-se a um subconjunto de imperativos ou permissões morais. Ao invés disso, segundo Habermas:

> (...) eles se referem desde o início ao direito positivado democraticamente e, na medida em que não se trata de um problema de reflexão doutrinária, são eles mesmos juridicamente institucionalizados. Isso significa que, em segundo lugar, discursos jurídicos não somente se referem a normas jurídicas mas, junto com suas formas institucionalizadas de comunicação, são eles mesmos envolvidos pelo sistema jurídico. Como os procedimentos democráticos no âmbito da legislação, normas de direito processual jurisdicional no âmbito da aplicação jurídica são significativos para compensar a falibilidade e a incerteza na decisão, que decorrem do fato de que os exigentes pressupostos comunicativos do discurso racional podem somente ser aproximadamente realizados.[78]

Como já dissemos, a tensão interna, sob o paradigma procedimental do Estado Democrático de Direito, entre a pretensão de legitimidade e a positividade do direito é tratada, em termos substantivos, no exercício da jurisdição, como o problema de um procedimento decisório que seja a um só tempo correto e consistente. Tal tensão assume vida nova no nível pragmático do próprio processo decisório porque as exigências ideais do procedimento de argumentação devem harmonizar-se com as restrições impostas através da necessidade de fato de regulamentação:

---

[77] HABERMAS. *Between Facts and Norms*: Contributions to a Discourse Theory of Law and Democracy, p. 233-234.
[78] HABERMAS. *Between Facts and Norms*: Contributions to a Discourse Theory of Law and Democracy, p. 234.

O direito mais uma vez deve ser aplicado a si mesmo na forma de normas de organização, não somente para criar competências jurisdicionais, mas para estabelecer discursos jurídicos como componentes dos processos jurisdicionais. Normas de direito processual institucionalizam o processo de decisão judicial de tal modo que o julgamento e a sua fundamentação possam ser considerados o resultado de um jogo argumentativo governado por um programa específico. Mais uma vez, os procedimentos jurídicos entrecruzam-se com processos de argumentação, e de tal modo que o direito processual que institua discursos jurídicos não deva interferir na lógica argumentativa interna que caracteriza tais discursos. O direito processual não regula os discursos jurídico-normativos enquanto tais, mas assegura nos aspectos temporal, social e material a estrutura institucional que libera o caminho do processo de comunicação governado pela lógica dos discursos de aplicação.[79]

Portanto, a reconstrução adequada da situação de aplicação, condicionada e garantida pelo direito processual, é que possibilita, juridicamente, a determinação de qual, dentre as normas válidas, é a que deve ser aplicada.

Todavia, tal possibilidade, chamamos atenção, depende, e isso nem sempre é tão óbvio, de um direito processual jurisdicional que, presente a tensão interna e externa ao direito entre facticidade e validade,[80] garanta a devida racionalidade procedimental e a reflexividade que cobra o paradigma do Estado Democrático de Direito.

Disso, inclusive, resultaria a relevância dos princípios constitucionais processuais, tais como os do devido processo, do contraditório, da ampla defesa, do direito à prova, do juiz natural, independente e imparcial, da fundamentação racional das decisões jurisdicionais, da publicidade, da instrumentalidade técnica do processo, da efetividade e da inafastabilidade da tutela jurisdicional, etc., que estruturam o "modelo constitucional do processo":

> As normas e os princípios constitucionais que se referem ao exercício das funções jurisdicionais, se consideradas na sua complexidade, concedem ao intérprete a determinação de um verdadeiro e próprio esquema geral de processo.[81]

---

[79] HABERMAS. *Between Facts and Norms*: Contributions to a Discourse Theory of Law and Democracy, p. 234-235.
[80] HABERMAS. *Between Facts and Norms*: Contributions to a Discourse Theory of Law and Democracy, p. 287.
[81] ANDOLINA; VIGNERA. *Il modello costituzionale del processo civile italiano*: corso di lezioni, p. 13.

Segundo Italo Andolina e Giuseppe Vignera, as características gerais do modelo constitucional do processo civil na Itália, mas que podem ser elevadas a um *modelo constitucional geral do processo*, "podem individuar-se":

> a) na expansividade, consistente na sua idoneidade (acerca da posição primária das normas constitucionais na hierarquia das fontes) para condicionar a fisionomia dos procedimentos jurisdicionais singulares introduzidos pelo legislador ordinário, a qual (fisionomia) deve ser comumente compatível com as conotações de tal modelo;
>
> b) na variabilidade, a indicar sua atitude a assumir formas diversas, de modo que a adequação ao modelo constitucional (da obra do legislador ordinário) das figuras processuais concretamente funcionais possam advir-se segundo várias modalidades em vista da realização de finalidades particulares;
>
> c) na perfectibilidade, a designar sua idoneidade a ser aperfeiçoado pela legislação infraconstitucional, a qual (*scilicet*: no respeito, comum, de qual modelo e em função da consecução dos objetivos particulares) bem podem construir procedimentos jurisdicionais caracterizados pelas (ulteriores) garantias e pela instituição de institutos ignorados pelo modelo constitucional.[82]

3 Conclusão

Reformas legislativas podem ter um importante papel no desenvolvimento consistente do sistema de direitos fundamentais. Todavia, é preciso lembrar que um novo texto legislativo, por si só, não é capaz de contribuir para uma mudança de mentalidade, sobretudo se não se estiver atento para a tensão que se instaura em todo processo jurídico decisório entre texto e contexto. Afinal, não se muda a realidade de uma prática jurídica *por decreto*.

A mobilização por parte da opinião publica especializada em torno das reformas e o debate franco e aberto desempenham, de toda forma, um papel central, se não para uma alteração, ao menos para a explicitação e tematização de compreensões paradigmáticas em disputa que desde o inicio já informam e conformam o horizonte de sentido de uma dada prática ou cultura jurídica. Uma disputa de paradigmas não é apenas epistemológica, é hermenêutica e, portanto, ético-política,

---

[82] ANDOLINA; VIGNERA. *Il modello costituzionale del processo civile italiano*: corso di lezioni, p. 14-15.

constitucional, e envolve questões acerca da imagem que fazemos de nós enquanto comunidade jurídica. Por isso, as lutas por reconhecimento que lhe são subjacentes não podem ser meramente transmutadas paternalisticamente em tarefa de *experts*, por mais *técnica* que seja a questão a ser legislativa ou juridicamente tratada. Enquanto questão de cidadania, estão sujeitas ao debate público por uma questão de legitimidade.

Se reformas legislativas, num Estado Democrático de Direito, devem possibilitar, portanto, a canalização via debate público dos anseios políticos e sociais pela atualização, aqui e agora, do potencial de legitimidade dos direitos fundamentais, a fim de que os seus destinatários se reconheçam como seus coautores, por outro lado a tarefa legislativa não eximirá de responsabilidades os cidadãos, nem os juízes ou membros do Ministério Público ou advogados, na tarefa permanente de reconstruir de modo constitucionalmente adequado, e por isso sempre controverso e aberto ao futuro, as mudanças legais, como única forma de garantir, pois, a frágil e arriscada estabilização de expectativas normativas, de todo, *contrafáticas*.

Assim, não se pode esperar de reformas legislativas nem demais, nem de menos.

Referências

ALEXY, Robert. *Teoría de la argumentación jurídica*: la teoría del discurso racional como teoría de la fundamentación jurídica. Tradución por Manuel Atienza e Isabel Espejo. Madrid: Centro de Estudios Constitucionales, 1989.

ALEXY, Robert. *Teoría de los derechos fundamentales*. Tradución por Ernesto Garzón Valdés. Madrid: Centro de Estudios Constitucionales, 1993.

ANDOLINA, Italo; VIGNERA, Giuseppe. *Il modello costituzionale del processo civile italiano*: corso di lezioni. Torino: G. Giappichelli, 1990.

BAHIA, Alexandre. *Recursos extraordinários no STF e no STJ*: conflito entre interesses público e privado. Curitiba: Juruá, 2009.

BRASIL. Senado Federal. Projeto de Lei do Senado nº 166, de 2010. Brasília, 8 jun. 2010. Disponível em: <http://www.senado.gov.br/atividade/materia/detalhes.asp?p_cod_mate=97249>. Acesso em: 1º nov. 2010.

BUENO, Cassio Scarpinella. *Curso sistematizado de direito processual civil*. 4. ed. rev. e atual. São Paulo: Saraiva, 2010. (Teoria geral do direito processual civil, v. 1).

CALMON DE PASSOS, José Joaquim. Instrumentalidade do processo e devido processo sobre o tema. *In*: FIUZA, César; SÁ, Maria de Fátima Freire de; DIAS, Ronaldo Brêtas de Carvalho (Coord.). *Temas atuais de direito processual civil*. Belo Horizonte: Del Rey, 2001.

CÂMARA, Alexandre Freitas. *Lições de direito processual civil*. 17. ed. Rio de Janeiro: Lumen Juris, 2008. v. 1.

CANOTILHO, José Joaquim Gomes. *Direito constitucional*. 6. ed. rev. reimpr. Coimbra: Almedina, 1995.

CARVALHO NETTO, Menelick de. Requisitos pragmáticos da interpretação jurídica sob o paradigma do Estado Democrático de Direito. *Revista de Direito Comparado*, n. 3, p. 473-486, maio 1999.

CATTONI DE OLIVEIRA, Marcelo Andrade (Coord.). *Jurisdição e hermenêutica constitucional*: no Estado Democrático de Direito. Belo Horizonte: Mandamentos, 2004.

CATTONI DE OLIVEIRA, Marcelo Andrade. *Devido processo legislativo*: uma justificação democrática do controle jurisdicional de constitucionalidade das leis e do processo legislativo. 2. ed. Belo Horizonte: Mandamentos, 2006.

CATTONI DE OLIVEIRA, Marcelo Andrade. *Direito processual constitucional*. Belo Horizonte: Mandamentos, 2001.

CATTONI DE OLIVEIRA, Marcelo Andrade. Jurisdição e hermenêutica constitucional no Estado Democrático de Direito: um ensaio de teoria da interpretação enquanto teoria discursiva da argumentação jurídica de aplicação. *In*: CATTONI DE OLIVEIRA, Marcelo Andrade (Coord.). *Jurisdição e hermenêutica constitucional*: no Estado Democrático de Direito. Belo Horizonte: Mandamentos, 2004.

CATTONI DE OLIVEIRA, Marcelo Andrade. Ronald Dworkin: de que maneira o direito se assemelha à literatura?. *In*: TRINDADE, André Karan; GUBERT, Roberta Magalhães; COPETTI NETO, Alfredo (Org.). *Direito e literatura*: ensaios críticos. Porto Alegre: Livraria do Advogado, 2008.

CINTRA, Antônio Carlos de Araújo; GRINOVER, Ada Pellegrini; DINAMARCO, Cândido Rangel. *Teoria geral do processo*. 19. ed. rev. e atual. São Paulo: Malheiros, 2003.

COURA, Alexandre de Castro. *Hermenêutica jurídica e jurisdição (in)constitucional*: para uma análise crítica da jurisprudência de valores à luz da teoria discursiva de Habermas. Belo Horizonte: Mandamentos, 2009.

DINAMARCO, Cândido Rangel. *A instrumentalidade do processo*. 7. ed. rev. e atual. São Paulo: Malheiros, 1999.

DWORKIN, Ronald. *Justice in Robes*. Cambridge, MA: Harvard University Press, 2006.

DWORKIN, Ronald. *Law's Empire*. Cambridge, MA: Belknap Press, 1986.

DWORKIN, Ronald. *Levando os direitos a sério*. Tradução de Nelson Boeira. São Paulo: Martins Fontes, 2002.

DWORKIN, Ronald. *O império do direito*. Tradução de Jefferson Luiz Camargo. São Paulo: Martins Fontes, 1999.

DWORKIN, Ronald. *Taking Rights Seriously*. Cambridge, MA: Harvard University Press, 1978.

FAZZALARI, Elio. *Istituzioni di diritto processuale*. 8. ed. Padova: Cedam, 1996.

FIUZA, César; SÁ, Maria de Fátima Freire de; DIAS, Ronaldo Brêtas de Carvalho (Coord.). *Temas atuais de direito processual civil*. Belo Horizonte: Del Rey, 2001.

GONÇALVES, Aroldo Plínio. *Técnica processual e teoria do processo*. Rio de Janeiro: Aide, 1992.

GÜNTHER, Klaus. *The Sense of Appropriateness*: Application Discourses in Morality and Law. Translated by John Farrell. Albany: State University of New York Press, 1993.

HABERMAS, Jürgen. *Between Facts and Norms*: Contributions to a Discourse Theory of Law and Democracy. Translated by William Rehg. Cambridge, MA: The MIT Press, 1998.

HABERMAS, Jürgen. *Facticidad y validez*: sobre el derecho y el Estado Democrático de Derecho en términos de teoría del discurso. Traducción de Manuel Jiménez Redondo. Madrid: Trotta, 1998.

HABERMAS, Jürgen. *La constelación posnacional*: ensayos políticos. Traducción por Pere Fabra Abat, Daniel Gamper Sachse e Luis Pérez Diaz. Barcelona: Paidós, 2000.

HABERMAS, Jürgen. *The Inclusion of the Other*: Studies in Political Theory. Edited by Ciaran Cronin and Pablo De Greif. Cambridge, MA: The MIT Press, 1998.

HABERMAS, Jürgen. Três modelos normativos de democracia. Tradução de Anderson Fortes Almeida e Acir Pimenta Madeira. *Cadernos da Escola do Legislativo*, v. 2, n. 3, p. 105-122, jan./jun. 1995.

HABERMAS, Jürgen. *Verdade e justificação*: ensaios filosóficos. Tradução de Milton Camargo Mota. São Paulo: Loyola, 2004.

HART, Herbert Lionel Adolphus. *O conceito de direito*. Tradução de A. Ribeiro Mendes. 2. ed. Lisboa: Fundação Calouste Gulbenkian, 1994.

KELSEN, Hans. *Teoria pura do direito*. Tradução de João Baptista Machado. 2. ed. São Paulo: Martins Fontes, 1987.

KUHN, Thomas S. *A estrutura das revoluções científicas*. Tradução de Beatriz Vianna Boeira e Nelson Boeira. 4. ed. São Paulo: Perspectiva, 1994.

LEAL, André Cordeiro. *Instrumentalidade do processo em crise*. Belo Horizonte: Mandamentos, 2008.

LEAL, André Cordeiro. *O contraditório e a fundamentação das decisões no direito processual democrático*. Belo Horizonte: Mandamentos, 2002.

MEYER, Emílio Peluso Neder. *A decisão no controle de constitucionalidade*. São Paulo: Método, 2008.

NEVES, Daniel Amorim Assumpção. *Manual de direito processual civil*. São Paulo: Método, 2009.

NOJIRI, Sérgio. *O dever de fundamentar as decisões judiciais*. São Paulo: Revista dos Tribunais, 1999.

NUNES, Dierle. *Processo jurisdicional democrático*: uma análise crítica das reformas processuais. Curitiba: Juruá, 2008.

PERO, Maria Thereza Gonçalves. *A motivação da sentença civil*. São Paulo: Saraiva, 2001.

REALE, Giovanni. *Para uma nova interpretação de Platão*: releitura da metafísica dos grandes diálogos à luz das doutrinas não-escritas. Tradução de Marcelo Perine. São Paulo: Loyola, 1991.

SANTOS, Moacyr Amaral. *Primeiras linhas de direito processual civil*. 22. ed. rev. e atual. por Aricê Moacyr Amaral dos Santos. São Paulo: Saraiva, 2008. v. 3.

STRECK, Lenio Luiz. *O que é isto - decido conforme minha consciência?*. Porto Alegre: Livraria do Advogado, 2010.

THEODORO JÚNIOR, Humberto; CALMON, Petrônio; NUNES, Dierle (Coord.). *Processo e Constituição*: os dilemas do processo constitucional e dos princípios processuais constitucionais. Rio de Janeiro: GZ, 2010.

TRINDADE, André Karan; GUBERT, Roberta Magalhães; COPETTI NETO, Alfredo (Org.). *Direito e literatura*: ensaios críticos. Porto Alegre: Livraria do Advogado, 2008.

ZUFELATO, Camilo. Fundamentação lógica das decisões judiciais: notas sobre a racionalização da função jurisdicional de decidir. *In*: THEODORO JÚNIOR, Humberto; CALMON, Petrônio; NUNES, Dierle (Coord.). *Processo e Constituição*: os dilemas do processo constitucional e dos princípios processuais constitucionais. Rio de Janeiro: GZ, 2010.

Informação bibliográfica deste texto, conforme a NBR 6023:2002 da Associação Brasileira de Normas Técnicas (ABNT):

CATTONI DE OLIVEIRA, Marcelo Andrade; PEDRON, Flávio Quinaud. O que é uma decisão judicial fundamentada?: reflexões para uma perspectiva democrática do exercício da jurisdição no contexto da reforma processual civil. *In*: BARROS, Flaviane de Magalhães; BOLZAN DE MORAIS, Jose Luis (Coord.). *Reforma do processo civil*: perspectivas constitucionais. Belo Horizonte: Fórum, 2010. p. 119-152. ISBN 978-85-7700-404-1.

Princípio da Adequação Jurisdicional do Processo no Projeto de Novo Código de Processo Civil

Fredie Didier Jr.

1 O texto constitucional que consagra o *devido processo legal* é uma cláusula geral. Exatamente em razão disso, o seu conteúdo foi modificado ao longo da história.

O texto/fórmula/enunciado *devido processo legal* (*due process of law*) existe há séculos (nestes termos, em inglês, desde 1354 d. C., a partir de Eduardo III, rei da Inglaterra).

Obviamente, o que se entendia como *devido* no século XIV (época de absolutismo monárquico, teocracia etc.) não foi o que se entendeu como *devido* no início do século XX (consolidação da igualdade formal, separação entre Igreja e Estado, desenvolvimento acelerado da industrialização etc.), não é o que se entende como *devido* atualmente (informatização das relações, sociedade de massas, globalização etc.) nem será o que se entenderá daqui a dois séculos.

Há de ter-se a consciência da historicidade da noção de *correttezza processuale*.[1]

Há, inegavelmente, um acúmulo histórico a respeito da compreensão do *devido processo legal* que não pode ser *ignorado*. Ao longo dos séculos, inúmeras foram concretizações do devido processo legal

---

[1] Cf. VIGORITI. *Garanzie costituzionali del processo civile*: due process of law e art. 24 Cost., p. 35, 38-39.

que se incorporaram ao rol das garantias mínimas que estruturam o *devido processo*. Não é lícito, por exemplo, considerar *desnecessários* o contraditório ou a duração razoável do processo, direitos fundamentais inerentes aos *devido processo legal*. Nem será lícito retirar agora os direitos fundamentais já conquistados; vale, aqui, o princípio de hermenêutica constitucional que proíbe o *retrocesso* em tema de direitos fundamentais.[2]

Essas *concretizações* do *devido processo legal*, verdadeiros *corolários* de sua aplicação, estão previstas na Constituição brasileira e estabelecem o modelo constitucional do processo brasileiro.[3]

É preciso observar o *contraditório* e a *ampla defesa* (art. 5º, LV) e dar tratamento paritário às partes do processo (art. 5º, I, CPC); proíbem-se provas ilícitas (art. 5º, LVI); o processo há de ser público (art. 5º, LX); garante-se o juiz natural (art. 5º, XXXVII e LIII); as decisões hão de ser motivadas (art. 93, IX); o processo deve ter uma duração razoável (art. 5º, LXXVIII); o acesso à justiça é garantido (art. 5º, XXXV) etc. Todas essas normas, princípios e regras, são concretizações do devido processo legal e compõem o seu conteúdo mínimo.

2 Sucede que esse conteúdo *mínimo* do *devido processo legal*, construído após séculos de aplicação da cláusula, *não é suficiente* para a solução dos problemas contemporâneos. Esse longo período histórico não esvaziou a *cláusula geral do devido processo legal*, que permanece útil e em vigor.

A construção do processo devido é obra eternamente em progresso.

Essa cláusula geral exerceu e exerce plenamente a sua função de permitir a mobilidade e a abertura do sistema jurídico, como uma "garanzia plastica e flessibile di giustizia nel processo".[4] É por isso

---

[2] Cf. CANOTILHO. *Direito constitucional e teoria da constituição*, p. 339-340; e SARLET. *A eficácia dos direitos fundamentais*: uma teoria geral dos direitos fundamentais na perspectiva constitucional, p. 433 *et seq.*

[3] "Ao instituir esses elementos, a Constituição terminou por tornar obrigatório aquilo que poderia ser avaliado como adequado e necessário conforme as circunstâncias de cada caso concreto e, com isso, eventualmente afastado. Enquanto noutros sistemas, como o estadunidense, os elementos do devido processo legal são deduzidos, caso a caso, do ideal de protetividade dos direitos, no Brasil vários deles são impostos pela própria Constituição". (ÁVILA. O que é "devido processo legal"?. *Revista de Processo*, p. 57).
Sobre o modelo constitucional do processo brasileiro, entre *civil law* e *common law*, com especial atenção às progressivas mudanças no paradigma racional (lógico, hermenêutico e linguístico) e à relação entre processo, democracia e direitos fundamentais, cf. ZANETI JR. *Processo constitucional*: o modelo constitucional do processo civil brasileiro.

[4] VIGORITI. *Garanzie costituzionali del processo civile*: due process of law e art. 24 Cost., p. 34.

que o texto normativo permanece o mesmo há tantos anos, já tendo sido incorporado aos tratados internacionais de direitos humanos e a inúmeras constituições. A generalidade desse texto normativo garantiu a sua longevidade. Trata-se de uma proteção contra a tirania (contra a produção tirânica de normas jurídicas, em nível legislativo, administrativo, jurisdicional e privado).

O *princípio do devido processo legal* tem a "função de criar os elementos necessários à promoção do ideal de protetividade"[5] dos direitos, integrando o sistema jurídico eventualmente lacunoso. Trata-se da *função integrativa* dos princípios. Desse princípio constitucional extraem-se, então, outros princípios e direitos fundamentais, ainda sem o respectivo texto constitucional expresso, mas nem por isso menos importantes para a delimitação do modelo constitucional do processo jurisdicional brasileiro.

Assim, além de *público, paritário, tempestivo* etc., adjetivos que correspondem às normas constitucionais expressamente consagradas, citadas acima, o processo, para ser devido, há de ter outros atributos.

3 Um desses outros atributos é a adequação: o processo, para ser devido, precisa ser *adequado*. Surge, então, o princípio da adequação, corolário do devido processo legal.

O princípio da adequação pode ser visualizado em dois momentos: a) legislativo, que informa a produção legislativa das regras processuais; e b) jurisdicional, que permite ao juiz, no caso concreto, adaptar o procedimento às peculiaridades da causa que lhe é submetida.

Nesse segundo momento, fala-se em *princípio da adaptabilidade, elasticidade* ou *adequação formal do processo*.

Inicialmente, a própria construção do procedimento deve ser feita tendo-se em vista a natureza e as peculiaridades do objeto do processo a que servirá; o legislador deve atentar para estas circunstâncias, pois um procedimento inadequado ao direito material pode importar verdadeira negação da tutela jurisdicional. O princípio da adequação não se refere apenas ao procedimento. A tutela jurisdicional há de ser adequada; o procedimento é apenas uma forma de encarar este fenômeno.

O princípio da inafastabilidade da jurisdição garante uma tutela adequada à realidade de direito material, ou seja, garante o procedimento, a espécie de cognição, a natureza do provimento e os meios executórios adequados às peculiaridades da situação de direito material.[6]

---

[5] ÁVILA. O que é "devido processo legal"?. *Revista de Processo*, p. 57.
[6] MARINONI. *Novas linhas do processo civil*, p. 204.

Do princípio da inafastabilidade, é possível retirar-se o princípio da adequação da tutela jurisdicional. Também é possível retirá-lo do direito fundamental a um processo devido: processo devido é processo adequado. Lembre-se que o devido processo legal é uma cláusula geral, de onde se podem retirar outros princípios, tal como o da adequação. Há quem entenda, ainda, que o princípio da adequação decorre do princípio da efetividade, também esse corolário do devido processo legal.

É como afirma Luiz Guilherme Marinoni, visualizando a adequação como imposição do direito fundamental à efetividade:

> A compreensão desse direito depende da adequação da técnica processual a partir das necessidades do direito material. Se a efetividade requer a adequação e a adequação deve trazer efetividade, o certo é que os dois conceitos podem ser decompostos para melhor explicar a necessidade de adequação da técnica às diferentes situações de direito substancial.[7]

O titular do direito, para obter aquilo que realmente tem direito de obter, precisa de uma série de medidas estabelecidas pelo legislador, dentre as quais avulta a criação de um procedimento adequado às particularidades da situação jurídica substancial submetida à apreciação do órgão jurisdicional.[8]

É possível dizer, com Galeno Lacerda, que o princípio da adequação é o que justifica a existência de uma teoria do processo: sabendo-se que as regras processuais devem ser adequadas àquilo a que servirão de meio de tutela, será possível aceitar a existência de uma série de conceitos que devem ser utilizados para a compreensão de qualquer fenômeno processual (seja ele jurisdicional, legislativo, administrativo ou privado).

4 A adequação do processo apresenta-se, segundo Galeno Lacerda, sob os aspectos subjetivo, objetivo e teleológico, que não se excluem, antes se inter-relacionam.[9]

A adequação subjetiva do processo se opera em razão dos litigantes. São *regras de adequação subjetiva do processo*: a) intervenção obrigatória do Ministério Público nas ações de incapazes (art. 82, I, CPC);

---

[7] MARINONI. O direito à efetividade da tutela jurisdicional na perspectiva da teoria dos direitos fundamentais. *Gênesis – Revista de Direito Processual Civil*, p. 304.

[8] MARINONI. *Novas linhas do processo civil*, p. 214.

[9] "Instrumento é conceito relativo, que pressupõe um ou mais sujeitos-agentes, um objeto sobre o qual, mediante aquele, atua o agir, e uma finalidade que condiciona a ação" (LACERDA. O código como sistema legal de adequação do processo. *Revista do Instituto dos Advogados do Rio Grande do Sul*, p. 164).

b) diferenciação de regras de competência (domicílio do alimentando, art. 100, II, CPC; entes públicos federais, art. 109, I, CF/88); c) incapacidade processual para litigar em certos procedimentos (art. 8º, Lei Federal nº 9.099/1995); e d) prazos especiais (art. 188, CPC) etc.

A adequação teleológica do procedimento faz-se de acordo com as diversas funções a que visa. "Claro está que o processo de conhecimento, porque visa à definição do direito, requer atos e rito distintos daqueles exigidos para a execução, onde se cuida da realização coativa do direito declarado, ou para o processo cautelar, que busca a segurança do interesse em lide".[10] Há adequação teleológica também quando o procedimento é adaptado aos valores preponderantes em cada caso. Assim, por exemplo, o procedimento dos Juizados Especiais é adequado aos valores celeridade e efetividade, que presidiram a sua criação.

Três são, basicamente, os critérios objetivos de que se vale o legislador para adequar a tutela jurisdicional pelo procedimento: um, a natureza do direito material, cuja importância e relevância impõem uma modalidade de tutela mais efetiva; o segundo, a forma como se apresenta o direito material no processo; o terceiro, a situação processual da urgência. São exemplos do primeiro critério os procedimentos das "possessórias", dos alimentos, da busca e apreensão em alienação fiduciária e o das ações coletivas em geral etc. Do segundo critério são exemplos o mandado de segurança, a ação monitória e a tutela antecipada genérica do art. 273, CPC. São exemplos de tutela de urgência os procedimentos especiais de alimentos e mandado de segurança preventivo.

A indisponibilidade do direito é fator levado em consideração para a diferenciação procedimental. Galeno Lacerda, ao analisar esta adequação objetiva, assim se manifesta:

> Interessante é observar como a diferença de grau entre a disponibilidade e a indisponibilidade do objeto, isto é, do bem jurídico material, influi necessariamente nas regras de processo. As repercussões dessa gradação nos vários tipos de processos explicam as soluções várias e específicas para problemas como o impulso processual, a extensão dos poderes do juiz e dos direitos e deveres processuais das partes, os efeitos da aquiescência, a natureza da preclusão e da coisa julgada, a distinção quanto aos vícios do ato processual, a disponibilidade das provas, a substituição e a sucessão no processo, e tanto outros.[11]

---

[10] LACERDA. O código como sistema legal de adequação do processo. *Revista do Instituto dos Advogados do Rio Grande do Sul*, p. 166-167.

[11] LACERDA. O código como sistema legal de adequação do processo. *Revista do Instituto dos Advogados do Rio Grande do Sul*, p. 165.

Quando a diferenciação do procedimento ocorre pela apresentação processual do direito, temos a proteção daquilo que foi denominado de tutela da evidência ou tutela do direito evidente: tutela-se energicamente o direito em razão da evidência (aparência) com que se mostra nos autos. Não tem importância, a princípio, a natureza do direito material afirmado no processo. Privilegia-se, sem dúvida, a comprovação do direito alegado: direito líquido e certo (cujos fatos se comprovam documentalmente) e prova escrita, em se tratando de ação monitória.

5 O processo *deve* ser adequado também pelo órgão jurisdicional, que deve estar atento aos mesmos critérios de adequação.

Nada impede que se possa previamente conferir ao magistrado, como diretor do processo, poderes para conformar o procedimento às peculiaridades do caso concreto, tudo como meio de mais bem tutelar o direito material. Também se deve permitir ao magistrado que corrija o procedimento que se revele inconstitucional, por ferir um direito fundamental processual, como o contraditório (se um procedimento não prever o contraditório, deve o magistrado determiná-lo, até mesmo *ex officio*, como forma de efetivação desse direito fundamental). Eis que aparece o princípio da *adaptabilidade, elasticidade* ou *adequação judicial* do procedimento: cabe ao órgão jurisdicional prosseguir na empresa da adequação do processo, iniciada pelo legislador, mas que, em razão da natural abstração do texto normativo, pode ignorar peculiaridades de situações concretas somente constatáveis caso a caso.

Muitas vezes, há regras legais que autorizam essa adequação judicial do procedimento. Podem ser citadas como exemplos: a) possibilidade de inversão da regra do ônus da prova, em causas de consumo: a regra do procedimento é alterada no caso concreto, *ope iudicis*, preenchidos certos requisitos, de acordo com o art. 6º, VIII, CDC;[12] b) a possibilidade de conversão do procedimento sumário em ordinário, em razão da complexidade da prova técnica ou do valor da causa (art. 277, parágrafos 4º e 5º, CPC); c) o julgamento antecipado da lide, em que se pode abreviar o rito, com a supressão de uma de suas fases (art. 330, CPC); d) a determinação ou não de audiência preliminar, a depender da disponibilidade do direito em jogo (art. 331, CPC); e) as variantes procedimentais previstas na Lei de Ação Popular (Lei

---

[12] Em princípio essa possibilidade é extensível a todos os processos coletivos e ao processo em geral independente de reformas legislativas. Cf. DIDIER JR.; ZANETI JR. *Curso de direito processual civil*, v. 4, p. 194 *et seq*. Percebe-se igualmente sua presença no projeto da NLACP, art. 20, IV *et seq*., com algumas diferenças de redação, examinado mais à frente.

Federal n. 4.717/1965, arts. 7º *et seq.*); f) a possibilidade de o relator da ação rescisória fixar o prazo de resposta, dentro de certos parâmetros (art. 491, CPC); g) as mutações permitidas ao agravo de instrumento do art. 544, CPC, previstas em seus parágrafos; h) adequação do processo em jurisdição voluntária (art. 1.109, CPC) etc.

Mas o princípio da adequação do processo pode atuar *diretamente*, *sem a intermediação de que regras que o concretizem*.

Se a adequação do procedimento é um direito fundamental, cabe ao órgão jurisdicional efetivá-lo, quando diante de uma regra procedimental inadequada às peculiaridades do caso concreto,[13] que impede a efetivação de um direito fundamental (à defesa, à prova, à efetividade etc.). É como afirma Humberto Ávila, referindo ao devido processo legal, do qual, é preciso lembrar, se extrai o princípio da adequação:

> No plano da eficácia direta, os princípios exercem uma *função integrativa*, na medida em que justificam agregar elementos não previstos em subprincípios ou regras. Mesmo que um elemento inerente ao fim que deve ser buscado não esteja previsto, ainda assim o princípio irá garanti-lo. Por exemplo, se não há regra expressa que oportunize a defesa ou a abertura de prazo para manifestação da parte no processo — mas elas são necessárias —, elas deverão ser garantidas com base direto no princípio do devido processo legal.[14]

Um exemplo. O prazo de defesa no procedimento comum ordinário é de quinze dias. Entende-se que esse é o prazo adequado para elaboração da defesa pelo réu. Imagine, porém, que a petição inicial venha acompanhada de dez volumes de documentos (dois mil documentos, mais ou menos). Esse prazo revelar-se-á, *naquele caso*, como inadequado. Permite-se que o magistrado *dilate* o prazo de defesa, permitindo a efetivação do direito fundamental a um processo adequado à apresentação da defesa pelo demandando.[15]

---

[13] Por todos, cf. MARINONI. *Técnica processual e tutela dos direitos*.

[14] ÁVILA. *Teoria dos princípios*: da definição à aplicação dos princípios jurídicos, p. 97.

[15] Assim, considerando a "função bloqueadora" dos princípios, "porquanto afastam elementos expressamente previstos que sejam incompatíveis com o estado ideal de coisas a ser promovido" (ÁVILA. *Teoria dos princípios*: da definição à aplicação dos princípios jurídicos, p. 98). Assim, também, o art. 486, n. 4 e 5, do CPC português, que preveem regras que articulam o princípio da adequação judicial: "4. Ao Ministério Público é concedida a prorrogação do prazo quando careça de informações que não possa obter dentro dele ou quando tenha de aguardar resposta a consulta feita a instância superior; o pedido deve ser fundamentado e a prorrogação não pode, em caso algum, ir além de 30 dias. 5. Quando o tribunal considere que ocorre motivo ponderoso que impeça ou dificulte anormalmente ao réu ou ao seu mandatário judicial a organização da defesa, poderá, a requerimento deste e sem prévia audição da parte contrária, prorrogar o prazo da contestação, até ao limite máximo de 30 dias".

Outro exemplo. Na ação rescisória trabalhista, exige-se do autor a efetivação de um depósito prévio no montante de 20% sobre o valor da causa. Considere-se abstratamente adequado o valor, até como forma de desestimular ações rescisórias temerárias. Se, porém, esse valor mostrar-se, *em um caso concreto*, um obstáculo intransponível ou de difícil superação pelo autor, por ser demasiado, poderá o tribunal "adequar" o valor, reduzindo-o de modo a garantir a efetivação do direito fundamental de acesso à justiça.

A flexibilidade do procedimento às exigências da causa é, então, fundamental para a melhor consecução dos fins do processo. Carlos Alberto Álvaro de Oliveira sugere, para uma reforma legislativa, o estabelecimento do princípio da adaptabilidade (que ele denomina de princípio da adequação formal, seguindo a terminologia do CPC Português, que contém regra expressa)[16] como princípio geral do processo, extraída de uma *cláusula geral de adequação do processo*, "facultando ao juiz, obtido o acordo das partes, e sempre que a tramitação processual prevista na lei não se adapte perfeitamente às exigências da demanda aforada, a possibilidade de amoldar o procedimento à especificidade da causa, por meio da prática de atos que melhor se prestem à apuração da verdade e acerto da decisão, prescindindo dos que se revelem inidôneos para o fim do processo".[17] Como se trata de um desvio (previsível e permitido) da rota originariamente traçada, o órgão jurisdicional sempre deve alertar as partes de sua intenção, de modo a garantir a higidez do contraditório; somente com o prévio anúncio podem os litigantes comportar-se processualmente de acordo com as novas regras. Pensar o contrário seria permitir surpresas processuais, em afronta direta aos princípios do contraditório e da cooperação.

Em síntese: procede-se à adequação do processo ao seu objeto tanto no plano legislativo, abstrato, com a construção de procedimentos compatíveis com as necessidades do direito material, como também no plano do caso concreto, processual, conferindo-se ao órgão jurisdicional o poder de adequar o procedimento às exigências da causa.

6 O projeto de novo CPC, oportunamente, consagra previsão expressa do *princípio da adequação jurisdicional do processo*.

E o faz de modo tecnicamente muito bom.

---

[16] "Art. 265-A. Quando a tramitação processual prevista na lei não se adequar às especificidades da causa, deve o juiz oficiosamente, ouvidas as partes, determinar a prática dos atos que melhor se ajustem ao fim do processo, bem como as necessárias adaptações."

[17] OLIVEIRA. Efetividade e processo de conhecimento. *Revista de Processo*, p. 66.

Eis o texto do art. 107, V, do NCPC:

Art. 107. O juiz dirigirá o processo conforme as disposições deste Código, incumbindo-lhe: (...)

V - adequar as fases e os atos processuais às especificações do conflito, de modo a conferir maior efetividade à tutela do bem jurídico, respeitando sempre o contraditório e a ampla defesa.

Além de tudo o quanto já se disse, duas notas são dignas de registro, para complementar a exegese do texto normativo.

a) Não há previsão de limite temporal para a adequação jurisdicional do processo. Não há, portanto, vedação legal a que essa adequação seja feita em instância recursal. Na aplicação dessa norma, é preciso atentar, então, para os princípios da segurança jurídica e da duração razoável do processo, de modo a evitar retrocessos processuais ou surpresas indesejáveis.

b) Trata-se de uma cláusula geral processual.[18]

Cláusula geral é uma espécie de texto normativo, cujo antecedente (hipótese fática) é composto por termos vagos e o consequente (efeito jurídico) é indeterminado. Há, portanto, uma indeterminação legislativa em ambos os extremos da estrutura lógica normativa.[19] É indiscutível que a existência de cláusulas gerais reforça o poder criativo da atividade jurisdicional. O órgão julgador é chamado a interferir mais ativamente na construção do ordenamento jurídico, a partir da solução de problemas concretos que lhe são submetidos. Em vez de predeterminar as situações em que cabe a adequação da regra processual, o legislador autorizou genericamente essa correção, sempre que isso for recomendável para a efetivação do devido processo legal.

A opção é boa e merece elogio.

---

[18] Sobre as cláusulas gerais processuais, cf. DIDIER JR. *Curso de direito processual civil*, v. 1, p. 33-36; e DIDIER JR. Cláusulas gerais processuais. *Revista de Processo*, p. 69-83.

[19] Cf. ÁVILA. Subsunção e concreção na aplicação do direito. *In*: MEDEIROS (Org.). *Faculdade de direito da PUCRS*: o ensino jurídico no limiar do novo século, p. 432; CAMBI; NALIN. O controle da boa-fé contratual por meio dos recursos de estrito direito. *In*: NERY JÚNIOR; WAMBIER (Coord.). *Aspectos polêmicos e atuais dos recursos cíveis e de outros meios de impugnação às decisões judiciais*, p. 95; CASTRONOVO, Carlo. L'avventura delle clausole generali. *Rivista Critica del Diritto Privato*, p. 24, n. 14; MARTINS-COSTA. *A boa-fé no direito privado*: sistema e tópica no processo obrigacional, p. 303-306; e MAZZEI. O Código Civil de 2002 e o Judiciário: apontamentos na aplicação das cláusulas gerais. *In*: DIDIER JR.; MAZZEI (Org.). *Reflexos do novo Código Civil no direito processual*, p. 34.

c) Exige-se, como o faz o CPC português, que essa adequação seja precedida de contraditório, evitando alterações surpreendentes da rota processual. O contraditório não se limita à possibilidade de intervenção no ato decisório, ou seja, ao direito de influência, ao não ser colhido de surpresa. Oportunizado o contraditório e efetivada manifestação das partes, ao juiz incumbirá o dever de debater, fundamentando adequadamente a opção adotada. Não havendo manifestação, a matéria considera-se preclusa, sem ofensa ao devido processo legal.

d) O texto normativo sugere a adequação da norma processual para dar mais efetividade à tutela do bem jurídico discutido. Embora vise à efetividade da tutela jurisdicional, a adequação serve também para concretizar outros direitos fundamentais, como a duração razoável do processo, o contraditório e a igualdade. Não é a efetividade o único direito fundamental que se busca proteger com essa norma processual. Trata-se de norma que compõe o conteúdo do devido processo legal, com toda a sua complexidade. Como se disse: processo devido é processo adequado. O princípio da adequação jurisdicional do processo serve à concretização do princípio do devido processo legal.

e) Não obstante o silêncio legislativo, é importante adotar a sistematização dos critérios de adequação do processo sugeridos por Galeno Lacerda e já examinados.

Referências

ÁVILA, Humberto. O que é "devido processo legal"?. *Revista de Processo*, v. 33, n. 163, p. 50-59, set. 2008.

ÁVILA, Humberto. Subsunção e concreção na aplicação do direito. *In*: MEDEIROS, Antônio Paulo Cachapuz de (Org.). *Faculdade de direito da PUCRS*: o ensino jurídico no limiar do novo século. Porto Alegre: Edipucrs, 1997.

ÁVILA, Humberto. *Teoria dos princípios*: da definição à aplicação dos princípios jurídicos. 5. ed. rev. e ampl. São Paulo: Malheiros, 2006.

CAMBI, Eduardo; NALIN, Paulo. O controle da boa-fé contratual por meio dos recursos de estrito direito. *In*: NERY JÚNIOR, Nelson; WAMBIER, Teresa Arruda Alvim (Coord.). *Aspectos polêmicos e atuais dos recursos cíveis e de outros meios de impugnação às decisões judiciais*. São Paulo: Revista dos Tribunais, 2003. (Série aspectos polêmicos e atuais dos recursos, v. 7).

CANOTILHO, José Joaquim Gomes. *Direito constitucional e teoria da Constituição*. 6. ed. Coimbra: Almedina, 2002.

CASTRONOVO, Carlo. L'avventura delle clausole generali. *Rivista Critica del Diritto Privato*, v. 4, n. 1, 1986.

DIDIER JR., Fredie. Cláusulas gerais processuais. *Revista de Processo*, v. 35, n. 187, p. 69-83, set. 2010.

DIDIER JR., Fredie. *Curso de direito processual civil*. 12. ed. rev. ampl. e atual. Salvador: JusPodivm, 2010. (Teoria geral do processo e processo de conhecimento, v. 1).

DIDIER JR., Fredie; MAZZEI, Rodrigo Reis (Org.). *Reflexos do novo Código Civil no direito processual*. Salvador: JusPodivm, 2006.

DIDIER JR., Fredie; ZANETI JR., Hermes. *Curso de direito processual civil*. 4. ed. rev. atual. e ampl. Salvador: JusPodivm, 2009. (Processo coletivo, v. 4).

LACERDA, Galeno. O código como sistema legal de adequação do processo. *Revista do Instituto dos Advogados do Rio Grande do Sul*, v. 50, 1976. Edição comemorativa do cinquentenário.

MARINONI, Luiz Guilherme. *Novas linhas do processo civil*. 3. ed. São Paulo: Malheiros, 1999.

MARINONI, Luiz Guilherme. O direito à efetividade da tutela jurisdicional na perspectiva da teoria dos direitos fundamentais. *Gênesis – Revista de Direito Processual Civil*, v. 8, n. 28, p. 298-338, abr./jun. 2003.

MARINONI, Luiz Guilherme. *Técnica processual e tutela dos direitos*. São Paulo: Revista dos Tribunais, 2004.

MARTINS-COSTA, Judith. *A boa-fé no direito privado*: sistema e tópica no processo obrigacional. São Paulo: Revista dos Tribunais, 1999.

MAZZEI, Rodrigo Reis. O Código Civil de 2002 e o Judiciário: apontamentos na aplicação das cláusulas gerais. *In*: DIDIER JR., Fredie; MAZZEI, Rodrigo Reis (Org.). *Reflexos do novo Código Civil no direito processual*. Salvador: JusPodivm, 2006.

MEDEIROS, Antônio Paulo Cachapuz de (Org.). *Faculdade de direito da PUCRS*: o ensino jurídico no limiar do novo século. Porto Alegre: Edipucrs, 1997.

NERY JÚNIOR, Nelson; WAMBIER, Teresa Arruda Alvim (Coord.). *Aspectos polêmicos e atuais dos recursos cíveis e de outros meios de impugnação às decisões judiciais*. São Paulo: Revista dos Tribunais, 2003. (Série aspectos polêmicos e atuais dos recursos, v. 7).

OLIVEIRA, Carlos Alberto Álvaro de. Efetividade e processo de conhecimento. *Revista de Processo*, v. 24, n. 96, p. 59-69, out./dez. 1999.

SARLET, Ingo Wolfgang. *A eficácia dos direitos fundamentais*: uma teoria geral dos direitos fundamentais na perspectiva constitucional. 10. ed. rev. atual. e ampl. Porto Alegre: Livraria do Advogado, 2009.

VIGORITI, Vincenzo. *Garanzie costituzionali del processo civile*: due process of law e art. 24 Cost. Milano: Giuffrè, 1973.

ZANETI JR., Hermes. *Processo constitucional*: o modelo constitucional do processo civil brasileiro. Rio de Janeiro: Lumen Juris, 2007.

Informação bibliográfica deste texto, conforme a NBR 6023:2002 da Associação Brasileira de Normas Técnicas (ABNT):

DIDIER JR., Fredie. Princípio da adequação jurisdicional do processo no Projeto de Novo Código de Processo Civil. *In*: BARROS, Flaviane de Magalhães; BOLZAN DE MORAIS, Jose Luis (Coord.). *Reforma do processo civil*: perspectivas constitucionais. Belo Horizonte: Fórum, 2010. p. 153-164. ISBN 978-85-7700-404-1.

Interrogações sobre Princípios Processuais Previstos no Projeto de Novo Código de Processo Civil

Jânia Maria Lopes Saldanha
Angela Araujo da Silveira Espindola
Cristiano Becker Isaia

Sumário: Introdução – 1 Os novos desafios da jurisdição-processual no paradigma constitucional instituído pelo Estado Democrático de Direito – 2 As promessas do anteprojeto de CPC: Panprincipiologismo e incongruências em matéria de garantias processuais – Considerações finais – Referências

Dimokránsa

Kantádu ma dimokrasiâ,

Ma stába sukundidu,

Ma tudu dja sai na kláru

I nós tudu dja bira sabidu.

Kada um ku si maniâ

Fla rodóndu bira kuadrádu,

Kada um ku si tioriâ

Poi razom pendi di si ládu.

Ti Manel bira Mambiâ,
Ti Lobu bira Xibinhu,
Ti flánu ta faze majiâ
Ta poi grógu ta bira vinhu.
Mintira pom di kada dia,
Verdádi ka s'ta kontádu,
Nós tudu bira só finjidu
Ku kombérsu di dimagojiâ.
Vida bira simplismenti,
Konsedju bira ka ta obidu:
Tudu é agu na balai frádu
É rialidádi di oxindiâ.
Maioriâ sta tudu kontenti
Ku avontádi na dimokrasiâ
Fládu fla ka tem simenti,
Dipós di sábi móre é ka náda.
(Mayra Andrade; Kaka Barboza)[1]

Introdução

A reflexão que aqui se propõe tem como pano de fundo a constatação de uma crise da (pós)modernidade e seu impacto na ciência processual, partindo da indagação sobre o que acontece com o

---

[1] "Foi dito que a democracia era como um tesouro escondido, mas que agora ele foi encontrado e o povo não será mais enganado. Cada um, confiante nas decisões, aceita que a roda seja um quadrado e aceita todas as teorias. Manuel vira Maria. Lobos viram cordeiros. O rum é transformado em vinho. A mentira tornou-se a nossa realidade diária. A verdade deixou o centro do palco. O povo continua acostumado a esconder-se atrás do discurso. Agora, o raciocínio simplista impera e ninguém mais ouve os conselhos: não adianta oferecê-los, eles não querem ouvir! Este é o mundo que estamos construindo. A maioria está satisfeita, remando calmamente na democracia/mediocridade. Os rumores de hoje não têm amanhã. Quando você conhece o prazer, a morte já não é verdadeiramente tão assustadora" (Trecho da música de Mayra Andrade no CD *Navega* (2006). Tradução livre do crioulo cabo-verdiano para o português).

direito processual civil e os princípios processuais constitucionais em um período neoliberal, visto este como um programa de destruição das estruturas coletivas e construção de um novo sujeito, de uma nova sociedade e, assim, de um novo modelo de jurisdição.[2]

A análise recairá sobre o anteprojeto de Código de Processo Civil, particularmente no que diz respeito aos princípios processuais nele previstos e a resistência paradigmática a uma efetiva refundação do direito processual. A ciência processual, nascida no contexto liberal-individualista da Europa do século XIX, deixou marcas profundas no direito processual contemporâneo, provocando não só a sua autonomização face o direito material, mas a ruptura entre o direito processual e a práxis, entre "mundo jurídico" e "mundo real". E foi seduzida pelo canto do dualismo, dos universalismos, dos generalismos.[3] A consequência desse "defeito congênito",[4] como o definiu Baptista da Silva, foi o aperfeiçoamento de uma mentalidade comprometida com a ideologia da ordinariedade e a repugnância que o sistema desenvolveu às formas sumárias de tutela processual.[5]

Seguindo estes passos, tem-se, de um lado, o diagnóstico de uma crise do direito processual e, de outro, o prognóstico para a transformação da estrutura da ciência processual. Um diagnóstico que permite experimentar os limites da desconstrução que permanece prisioneira do sistema que a desconstrói. E um prognóstico, portanto, cujo êxito depende do reconhecimento da emergência do direito como plataforma civilizacional, ou seja, de assumir-se uma resposta culturalmente humana a um problema também humano.[6] Imagina-se, com isso, apontar alguns degraus para a construção da refundação do direito processual e para uma reflexão antipositivista e antidogmática ao anteprojeto de CPC, sem desconsiderar os sintomas que emergem na fratura da modernidade,

---

[2] Neste sentido, interessante a perspectiva de DUFOUR. *A arte de reduzir as cabeças*: sobre a nova servidão na sociedade ultraliberal.

[3] Sobre os compromissos da ciência processual, cf. BAPTISTA DA SILVA. *Epistemologia das ciências culturais*; BAPTISTA DA SILVA. *Jurisdição e execução na tradição romano-canônica*; e BAPTISTA DA SILVA. *Processo e ideologia*: o paradigma racionalista.

[4] A ideia da existência de um "defeito congênito" da ciência processual pode aproximar-se do diagnóstico da doença da cultura ocidental contemporânea feita por Erick Fromm.

[5] BAPTISTA DA SILVA. *Do processo cautelar*, p. 8.

[6] Neste sentido, cf. CASTANHEIRA NEVES. O direito como alternativa humana. Notas de reflexão sobre o problema actual do direito. *Digesta*: escritos acerca do direito, do pensamento jurídico, da sua metodologia e outros, p. 296-299. Cf. também CASTANHEIRA NEVES. Coordenadas de uma reflexão sobre o problema universal do direito: ou as condições da emergência do direito como direito. *In*: RAMOS et al. (Org.). *Estudos em homenagem à Professora Doutora Isabel de Magalhães Collaço*.

ou seja, a perda de referenciais e a dissolução das forças sobre as quais a modernidade estava apoiada, gerando o que se conhece como pós-modernidade (na cultura) e neoliberalismo (na economia).[7]

O texto está organizado em duas partes. A primeira apresenta o ponto de partida, qual seja, os novos desafios da jurisdição processual no contexto do paradigma constitucional do Estado Democrático de Direito. E a segunda parte expõe alguns pontos eleitos como sintomáticos da crise de paradigmas, do mix teórico e do panprincipiologismo presentes no anteprojeto de CPC.

Não se trata de um trabalho que visa a discutir as questões dogmáticas que giram em torno do direito processual ou do anteprojeto, mas sim, refletir sobre a compreensão do (sentido do) direito e do processo jurisdicional (no caso, em especial, do direito processual civil) à luz do paradigma do neoconstitucionalismo e da sociedade democrática.

1 Os novos desafios da jurisdição-processual no paradigma constitucional instituído pelo Estado Democrático de Direito

A contemporaneidade revela que se está frente a um direito problemático, assimétrico, a-sincronizado. Segundo Castanheira Neves, o direito encontra-se sistematicamente inadequado diante do meio contextual de uma sociedade que o solicita. Trata-se, como afirma o autor, do problema radical do sentido do direito e da sua subsistência nesta primeira década do século XXI, paradigma que o Estado de perfil democrático (e social) de direito pretende superar.

A gênese conteudística dessa modalidade estatal é fruto de uma série de conquistas, que ao longo dos anos se destinaram a traçar uma plataforma que superasse — sem absolutamente esquecê-los[8] — os direitos individuais e coletivos, concentrando-se nos movimentos sociais. Seu foco de atuação é direcionado aos interesses difusos referentes a coletividades indefinidas e sujeitos indeterminados,[9] os quais exigem uma nova postura da atividade jurisdicional, até mesmo porque

---

[7] Nesse sentido, cf. DUFOUR. *A arte de reduzir as cabeças*: sobre a nova servidão na sociedade ultraliberal, p. 24-27.

[8] Isso porque as bases da constituição do Estado Democrático de Direito são os modelos anteriores (liberal e social).

[9] CAMPILONGO. Os desafios do judiciário: um enquadramento teórico. *In*: FARIA (Org.). *Direitos humanos, direitos sociais e justiça*, p. 34.

a referida modalidade estatal assenta-se na democracia e nos direitos fundamentais.

A multiplicação de "novos atores sociais" envolve também o alargamento dos objetos de tutela jurídica e, mais do que isso, a explosão de uma conflituosidade social que, sem perder de vista o confronto trabalho/capital, assume muitas vezes facetas multipolares e dificilmente enquadráveis na rígida moldura normativista.[10]

O direito processual civil, para andar em sintonia com as exigências de um novo tempo e de uma nova sociedade, busca uma nova racionalidade. Uma racionalidade contra a irracionalidade, contra a força da ideologia do racionalismo, contra a geometrização do direito. Essa busca passa por uma necessária transformação paradigmática e, consequentemente, por uma revisão de alguns institutos processuais que merecem ser iluminados pelo sentido de Constituição.[11]

Em meio às profundas mudanças sociais e políticas por que passa o país, a renovação do debate (já histórico) sobre a reforma dos códigos se faz presente e tem sido intensificado nos últimos anos evidenciando que o núcleo da problemática reside antes na estrutura e não exclusivamente na função.

Se é verdade, que o direito é um dos construtores da sociedade, então é preciso concordar que o direito e a história caminham de mãos dadas. Tem razão François Ost, quando afirma que o tempo é uma construção social, e o direito tem por função contribuir para a institucionalização do social.[12] Ora, o direito cria institutos, institucionaliza determinados valores — esta é a sua função básica. Mas não pode perder de vista que, em pouco tempo, esses valores podem vir a modificar-se.

Se o direito precisa daquilo que François Ost denomina "questionamento", ou seja, ter a capacidade de institucionalizar, mas também admitir a desinstitucionalização para então novamente ter-se uma outra

---

[10] CAMPILONGO. Os desafios do judiciário: um enquadramento teórico. *In*: FARIA (Org.). *Direitos humanos, direitos sociais e justiça*, p. 37.

[11] Para um aprofundamento acerca do "sentido" da Constituição e da questão da (in)efetividade dos direitos a partir da perspectiva do Estado Democrático de Direito e do constitucionalismo, cf. STRECK. *Jurisdição constitucional e hermenêutica*: uma nova crítica do direito; STRECK. *Hermenêutica jurídica e(m) crise*: uma exploração hermenêutica da construção do direito; e STRECK. *Verdade e consenso*: constituição, hermenêutica e teorias discursivas: da possibilidade à necessidade de respostas corretas em direito.

[12] Cf. OST. *O tempo do direito*. Nesta obra, Ost apresenta a dialeticidade que existe na relação entre o Direito e o Tempo, demonstrando a proximidade entre as convenções temporais e legais e as estruturas sustentadoras das civilizações. Ost pretende demonstrar a presença de uma força humana ativa neste contexto. Também sugere-se: OST, François. *Contar a lei*. São Leopoldo: Unisinos, 2005; e OST. *Sade et la loi*.

re-institucionalização, então ele tem que ter a capacidade de construir, reconstruir e desconstruir o tempo e a si próprio.[13]

O direito processual civil, diante desse quadro, não pode ficar alheio ao tempo do direito. E é nessa perspectiva que, de certo modo, as "ondas reformistas"[14] devem ser lidas. As constantes reformas a que o Código de Processo Civil foi submetido, em especial desde a década de 1990, impuseram-lhe inúmeros "retoques", transformando-o numa verdadeira "colcha de retalhos".[15]

Em que pese inexistir um fio vermelho, uma teoria consistente a unir todas as alterações introduzidas na lógica processual, é possível afirmar que as reformas acabaram provocando uma significativa modificação no processo civil brasileiro, com alguns reflexos, ainda que tímidos, na sua função e na sua estrutura. Observe-se que falar em superar uma crise de estrutura, requer a modificação da fundação e não só da aerodinâmica do prédio processual civil. Ou seja, não basta simplesmente alterar a lei, é preciso que isso se faça acompanhado de uma reforma de pensamento.

É nesse contexto (e após a promulgação da Constituição Brasileira de 1988) que se inserem as inúmeras reformas aos códigos de processo (civil e penal) e os inúmeros projetos de lei que tramitam bem como o anteprojeto do Código Brasileiro de Processo Coletivo (anteprojeto do CBPC) e o anteprojeto de Código de Processo Civil (anteprojeto

---

[13] Nesse sentido, cf. ROCHA. A construção do tempo pelo direito. *In*: ROCHA; STRECK (Org.). *Anuário do Programa de Pós-Graduação em Direito*, p. 309-320; e SILVA; XAVIER. *Reforma do processo civil*: comentários às leis: 11.187, de 19.10.2005; 11.232, de 22.12.2005; 11.276 e 11.277, de 7.2.2006 e 11.280, de 16.2.2006.

[14] Muitas "ondas reformistas" já atingiram o Código de Processo Civil e outras ainda estão por vir. Rumo à efetividade na prestação jurisdicional, a primeira "onda", ou o primeiro ciclo/fase reformista do Código de Processo Civil, deu-se na década de 1990. A segunda em 2001 e 2002, a terceira a partir da Emenda Constitucional nº 45/04 e do Pacto de Estado por um judiciário mais rápido e republicano firmado pelos três poderes. Em seguida, entre 2005 e 2008, uma nova "onda reformista" banhou o Código de Processo Civil. Para os limites da discussão ora proposta, merecem destaque a Lei nº 11.232/2005 e a Lei nº 11.382/2006, que trouxeram alterações significativas para a execução de títulos executivos judiciais e execução de título executivos extrajudiciais, respectivamente.

[15] A expressão concha de retalhos não é aqui empregada no sentido pejorativo, mas quer imprimir a ideia de que, não raro, podemos apontar posições ideológicas antagônicas a guiar as várias reformas que permearam o direito processual civil. Não há, como bem refere, Baptista da Silva, uma teoria consistente por traz das várias reformas dos últimos anos. Segundo Baptista da Silva, "quem tiver o cuidado de examinar as várias tentativas feitas nos últimos anos, nesse sentido, poderá constatar que, mesmo sem a elaboração de uma teoria consistente, tangido mais pelas contingências da prática, as reformas produziram uma transformação significativa em nosso processo, no sentido de torná-lo menos dependente do procedimento da *actio*" (Sentença condenatória na Lei 11.232. *Baptista da Silva, Mielke & Lucena*).

de CPC). Mas é a partir da Emenda Constitucional nº 45/2004 e dos Pactos Republicanos de Estado[16] que compromissos estatais foram expressamente firmados para que as reformas a partir de então fossem balizadas para implementar a reforma constitucional do judiciário.

O anteprojeto de CPC foi aprovado recentemente, em 1º jun. 2010,[17] pela comissão de juristas encarregada de elaborá-lo e entregue ao Senado, na semana seguinte, em 8 jun. 2010. Na sua exposição de motivos, consta que o anteprojeto pretendeu "garantir um novo Código de Processo Civil que privilegie a simplicidade da linguagem e da ação processual, a celeridade do processo e a efetividade do resultado da ação, além do estímulo à inovação e à modernização de procedimentos, garantindo o respeito ao devido processo legal".

Veja-se, por exemplo, a recente alteração no Código de Processo Civil vigente trazida pela Lei nº 12.322/2010 — a nova Lei do Agravo — publicada em 10 set. 2010, que entra em vigor em dezembro 2010. A alteração transforma o agravo de instrumento interposto contra decisão que não admite recurso extraordinário ou especial em agravo nos próprios autos, dispensando a formação do instrumento. Na eventualidade de provimento do agravo, o órgão julgador poderá apreciar imediatamente o mérito da questão, diluindo os conhecidos custos (econômicos e temporais) com a comunicação e a remessa dos autos.

A força simbólica da recente alteração evidencia a "intenção reformista": prestigiar a quantidade, o custo e o tempo. Tão logo a referida lei foi publicada, o STF manifestou-se afirmando tratar-se de legislação com forte impacto e significativos ganhos para a celeridade e economia de recursos materiais e humanos ao Tribunal. Não se desconhece que o agravo de instrumento é a "classe processual mais numerosa, representando 50% de todos os processos em tramitação"[18] e que a sua redução irá impactar significativamente a distribuição

---

[16] O primeiro é o Pacto do Estado em Favor de um Judiciário Mais Rápido e Republicano, firmado pelos três poderes logo após a Emenda Constitucional nº 45/2004, em dezembro de 2004. O segundo é o Pacto Republicano de Estado por um Sistema de Justiça Mais Acessível, Ágil e Efetivo, assinado em abril de 2009.

[17] A comissão de juristas presidida pelo Ministro Luiz Fux, do STJ, foi nomeada em setembro de 2009. Foram exatos nove meses de trabalho para a confecção da redação do atual anteprojeto. A íntegra da versão oficial encaminhada ao Senado está disponível em: <http://www.senado.gov.br/senado/novocpc/pdf/Anteprojeto.pdf>. A redação final contou com sugestões recolhidas das inúmeras audiências públicas realizadas neste período nas cinco regiões do país. São membros da comissão: Luiz Fux, Teresa Wambier, Adroaldo Fabrício, Benedito Pereira Filho, Bruno Dantas, Elpídio Nunes, Humberto Teodoro Júnior, Jansen Almeida, José Miguel Medina, José Roberto Bedaque, Marcus Vinícius Coelho e Paulo Cezar Carneiro.

[18] STF calcula impacto da nova Lei do Agravo em termos de celeridade e economia de recursos. *Notícias STF*.

dos recursos humanos e a distribuição do tempo no processo, afora o impacto ecológico, por certo, haja vista a redução do uso do papel. Tudo isso é verdade e louvável.

No entanto, lamentavelmente, trata-se de curar apenas o sintoma e não a doença. Veja-se, a intenção é louvável, mas acreditar e apostar que os problemas da morosidade do judiciário e da prestação jurisdicional estarão solucionados é continuar acreditando que é possível avançar rumo à democratização do processo sem tocar em suas estruturas ou, como dizia Baptista da Silva, "não se pode (...) pretender a superação do paradigma racionalista sem que as atuais estruturas políticas e econômicas também minimamente se transformem".[19]

Para que as reformas não pareçam um sonho romântico é indispensável saber se, "uma vez transposto o paradigma dogmático, encontraremos terreno propício para que o processo desenvolva-se em harmonia com uma sociedade complexa e pluralista, cuja marca fundamental é o individualismo das grandes multidões urbanas".[20]

A compatibilidade entre democracia e individualismo é problema crucial que deve ser enfrentado para que efetivamente seja possível sinalizar os primeiros passos rumo à superação do dogmatismo e do positivismo. É preciso buscar alternativas sem perder de vista o problema fundamental que a Jurisdição estatal enfrenta, do contrário, as reformas introduzidas tornam-se escudos para que as causas profundas da crise do Poder Judiciário sejam esquecidas ou então são razões para colocá-las em segundo plano.

É com este cuidado que o anteprojeto de CPC deve ser examinado. A crise do processo e o problema do volume de processos nos tribunais é apenas um sintoma. O paciente precisa ser examinado: a crise da jurisdição insere-se na crise do próprio Estado e da Sociedade. Uma alternativa possível passa pelo fortalecimento da vida política da sociedade e, pela aproximação desta com os poderes do Estado, rompendo com o mito da separação (estanque) entre os poderes, sem cair-se na armadilha do protagonismo judicial, que exacerba ainda mais o paradigma dominante e a cegueira ideológica.

Seja diante da perda de exclusividade no exercício das funções estatais, seja em razão das modificações sofridas pela sociedade (em função da complexidade da sociedade contemporânea), a plataforma político jurídica do Estado Democrático de Direito exige que se pense

---

[19] BAPTISTA DA SILVA. *Processo e ideologia*: o paradigma racionalista, p. 301.
[20] BAPTISTA DA SILVA. *Processo e ideologia*: o paradigma racionalista, p. 305.

em uma espécie de aproximação funcional dos poderes na realização de um projeto efetivamente solidário. Justamente por isso é que o exercício jurisdicional recebeu, diante da referida modalidade estatal, tanto a função de zelar quanto a de implementar, a partir dos textos constitucionais, os direitos sociais.[21]

Tal atuação aponta para uma necessária invasão, pelo Judiciário, nas competências dos poderes legislativo e executivo (tema que retrata nitidamente o embate entre procedimentalistas e substancialistas),[22] profanando o princípio (liberal) da separação dos poderes, o qual inclusive, fato que já se fez referência, fundamenta o direito processual civil como hoje é conhecido (principalmente em relação à uniformização do procedimento e das técnicas processuais, haja vista que a jurisdição do Estado Liberal tratou a tudo e a todos da mesma forma, local onde a abstração do procedimento garantiu liberdade aos litigantes).[23]

Na contemporaneidade não pairam dúvidas sobre a participação jurisdicional no exercício do poder, principalmente diante da função do controle dos atos de autoridades (judiciais e não judiciais) através da interpretação das normas constitucionais, o que leva ao abandono da aspiração dos revolucionários franceses na ideologia da neutralidade

---

[21] Mauro Cappelletti, na década de 1980, identificou três razões para o aumento da atuação da jurisdição: a primeira ligada à própria natureza da legislação que cria os direitos sociais; a segunda relacionada ao gigantismo do legislativo e do executivo nas modernas democracias e a terceira decorrente do incremento dos direitos humanos após a II Guerra Mundial e a partir do que os textos que os preveem enquanto direitos deixaram de ter feições apenas filosóficas e passaram a ser textos com caráter jurídico. Cf. CAPPELLETTI. *Processo, ideologias e sociedade*, p. 8-12.

[22] No contexto do direito processual, referido embate também se mostra presente. Ambas as teorias são relevantes. Para os processualistas adeptos ao procedimentalismo, o que se deu principalmente a partir das ideias de Chiovenda, cumpre aprofundar os institutos e as técnicas processuais e por esse método buscar a melhor tutela dos direitos através do processo. Já para os amantes da tese substancialista a preocupação é para com a desenvoltura do direito subjetivo, da pretensão de direito material e da ação de direito material. Por essa corrente o interessado teria pretensão à declaração, ou à condenação, ou à constituição, ou à execução, ou à mandamentalidade, ainda no plano do direito material, e sua processualização se daria através da demanda, nascendo a pretensão processual com o pedido. Nesse enfoque o processo seria bem aderente ao direito material, pois a pretensão processual estaria perfeitamente ajustada à peculiaridade e à exigência da pretensão material. Cf. WATANABE. *Da cognição no processo civil*, p. 21-24.
Insta referir que o presente trabalho segue a corrente substancialista de processo, porquanto além de reconhecer a viabilidade das ações de direito material, busca através de uma técnica de sumarização a re-valorização do direito material subjetivo em processo, o qual não é entendido como uma segunda coisa, mas como "o" elemento fulcral da atividade jurídico-processual.

[23] MARINONI; ARENHART. *Procedimentos especiais*, p. 20-21.

do judiciário.[24] Pelo mesmo motivo é que a postura liberal burguesa, ao hipostasiar o indivíduo, se pensada à luz das pilastras que solidificaram o constitucionalismo presente no Estado Democrático de Direito, caminha de encontro ao alcance da democracia contemporânea, que a partir de uma atuação judicial transformadora da realidade é calcada no prisma substancial, através de uma postura promocional prestacional.

Mesmo diante de todas essas transformações e do ideário presente no Estado Democrático de Direito a resistência positivista vem se mantendo fortemente atuante no mundo jurídico e, o que não poderia deixar de ser diferente, no mundo processual civil (ainda vinculado ao racionalismo e ao ideário liberal burguês), seja na prática do ensino (para tanto, basta perceber a contínua utilização, pelos professores da área jurídica, de manuais de processo, códigos comentados, Constituição "esquematizada", etc.) seja na práxis dos Tribunais, os quais ainda continuam a crer numa prática subsuntivo-dedutivista no fenômeno da aplicação do direito. Ao plenipotencializarem as regras e apostar no solipsismo judicial, incorrem na mesma ficcionalização provocada pelo positivismo jurídico no decorrer da história.

Permitem, dessa forma, como já se fez referência, o protagonismo judicial. Os juízes se depararam com *novas situações*, oriundas do exercício de *novos direitos*, cujos detentores eram *novos atores*, o que gerou uma concreta conflituosidade intelectual no âmbito do *dizer o direito*.

O problema está em que o Poder Judiciário, através do processo civil, em pleno paradigma instituído pelo Estado Democrático de Direito, de economia globalizada e interesses supra-individuais, continua a reconhecer preponderantemente a resolução de conflitos entre *sujeitos iguais*, indo de encontro ao movimento constitucional contemporâneo, notadamente a partir da inserção dos princípios e do resgate do mundo prático pela filosofia.

Tal problema se agrava ainda mais diante da resistência positivista no exercício da jurisdição — o que o constitucionalismo do Estado Democrático de Direito procura superar (!) —, tendo como uma de suas bases de sustentação justamente a admissão da discricionariedade (de sentido forte) e de decisionismos (subjetivismos), ignorando o fato de que os textos não são plenipotenciários. Logo, em pleno Estado Democrático de Direito, tanto o direito quanto o processo civil

---

[24] FIX-ZAMUDIO. Preparación, selección y nombramiento de los jueces. *Revista de Processo*, p. 111.

continuam a alimentar a possibilidade de decisionismos interpretativos. Por isso é que, como alerta Lenio Streck, a produção democrática do direito deve ser um salto para além do paradigma subjetivista, de forma a blindar interpretações arbitrárias e discricionárias em processo, por parte dos juízes.[25]

Manter a produção jurídica na condição de refém de decisionismos interpretativos é atentar contra a própria autonomia do direito.[26] Isso porque no momento em que se admitem tais práticas o juiz torna-se legislador. Consequentemente, passa o direito a servir como instrumento (funcionalismo jurídico),[27] ou, como refere Castanheira Neves, "um meio de serviço de teleologias que de fora o convocam e condicionantemente o submetem".[28] Entretanto, e isso é fundamental relembrar, a luta contra a arbitrariedade judicial não pode ser compreendida como uma luta contra o processo interpretativo, inexorável à prestação jurisdicional. O que não se pode conceber, diante da plataforma estatal instituída pelas constituições dirigentes do segundo pós-guerra, é que o ato interpretativo jurisdicional seja relacionado a qualquer espécie de atividade extratora de sentido (da lei), prática positivista que se alicerça no paradigma aristotélico-tomista-dedutivista.

Se, como se viu, as posturas positivistas acabam por cindir casos fáceis de casos difíceis, propondo como método de solução dos primeiros a figura da subsunção, onde o juiz, num processo lógico dedutivo, "lavaria as mãos" na aplicação do direito ao caso concreto, subsumindo diretamente as regras existentes no ordenamento jurídico ao referido caso, em pleno paradigma instituído pelo Estado Democrático de Direito não é mais possível apostar no "poder de vontade" dos juízes,

---

[25] Cf. STRECK. Hermenêutica, constituição e autonomia do direito. *Revista de Estudos Constitucionais, Hermenêutica e Teoria do Direito – RECHTD*, v. 1, n. 1, p. 65-77.

[26] A expressão *autonomia do direito*, para este trabalho, não segue o sentido de autonomia cunhado pelo racionalismo iluminista do século XVII, em que o sistema jurídico observa somente a si mesmo e a sua coerência conceitual e sistemática, racionalmente específica. Aqui o sentido de *autonomia do direito* guarda relação com a coerência de um sistema de regras e princípios, através do qual o direito e sua realização concreta, independente de métodos dedutivos ou subsunções, têm condições em fornecer "a" resposta adequada para cada problema que lhe é apresentado, o que refoge à prática de decisionismo ou discricionariedades judiciais.

[27] Castanheira Neves alerta que o funcionalismo jurídico (a instrumentalidade jurídica) traz consequências avassaladoras à autonomia do direito. Isso porque ao se submeter a essa "instrumentalidade" o direito passa a ser puramente política. Para um maior aprofundamento, cf. CASTANHEIRA NEVES. *O direito hoje e com que sentido?*: o problema actual da autonomia do direito, p. 31-47.

[28] CASTANHEIRA NEVES. *O direito hoje e com que sentido?*: o problema actual da autonomia do direito, p. 30-31.

os quais se sustentam em subsunções, ponderações e interpretações calcadas em procedimentos, tais como o ordinário declaratório em processo civil.

É direta a relação dessa temática com o modelo de processo civil de que se dispõe atualmente. Um modelo que a partir da hipostasiação do processo de conhecimento sob o rito ordinário deixou o problema da satisfação dos direitos levados em juízo a um segundo plano, porquanto o que realmente interessa é o respeito à produção probatória exauriente, capaz, ao final, de viabilizar ao juiz o alcance da "verdade", sonho racional iluminista. Consequentemente, se no Estado de feição democrática o direito passa a ser transformador da realidade, impõe que se (re)pense a atividade jurisdicional para além da hipostasiação no apego a questões formais e técnicas, percorrendo um caminho à definição dos direitos dos cidadãos.[29]

Isso a partir de uma atitude ativa não decisionista na concretização de uma justiça substantiva (que sobreleve o direito material, o caso concreto) e da própria cidadania, atuando o juiz como um construtor do equilíbrio entre interesses supra-individuais,[30] angariando forças a viabilizar o cumprimento dos direitos sociais numa plataforma que almeje superar a crise epistemológica pelo qual atravessa o direito e, consequentemente, o processo.

> A crise da jurisdição revela-se como uma crise dos fundamentos dogmáticos da modernidade jurídica que, orientada para a preservação do passado por meio de práticas jurídicas de repetição, é incapaz de trabalhar com a diferença, com a complexidade da sociedade global, bem como não é apta a tomar decisões que garantam o futuro.[31]

O direito assume, a partir do Estado Democrático de Direito, um novo papel representado pela relação entre jurisdição (processo) e legislação (política), o que leva à constatação de que realmente "a dimensão política da Constituição não é uma dimensão separada, mas, sim, o ponto de estofo em que convergem as dimensões democrática

---

[29] BOLZAN DE MORAIS. A jurisprudencialização da Constituição. A construção jurisdicional do Estado Democrático de Direito. *In*: ANUÁRIO DO PROGRAMA DE PÓS-GRADUAÇÃO EM DIREITO, p. 322.
[30] BOLZAN DE MORAIS. A jurisprudencialização da Constituição. A construção jurisdicional do Estado Democrático de Direito. *In*: ANUÁRIO DO PROGRAMA DE PÓS-GRADUAÇÃO EM DIREITO, p. 322.
[31] LUCAS. A crise funcional do Estado e o cenário da jurisdição desafiada. *In*: BOLZAN DE MORAIS (Org.). *O Estado e suas crises*, p. 193.

(formação da unidade política), liberal (coordenação e limitação do poder estatal) e social (configuração social das condições de vida)".[32] Logo, ao invés de uma prática subsuntivo-dedutiva e de um agir que fomenta a ponderação do valor do direito ao obnubilar a singularidade do caso concreto — realizando a prática da arbitrariedade, do decisionismo e da discricionariedade no sentido forte — impõe-se ao Poder Judiciário uma atuação que rume à coerência e integridade necessárias a assegurar uma condição de igualdade aos casos submetidos a seu crivo, seja os que se referem à solução de conflitos individuais seja os de ordem social.

Isso somente será possível quando os "operadores" do direito (que não acompanharam o giro linguístico ontológico na filosofia) se derem conta — a hermenêutica jurídica terá um papel fundamental neste desvelamento — que os sentidos não estão nos textos legais, mas são inseridos pelo intérprete, o qual, numa linguagem gadameriana, "norma" o texto a partir de sua pré-compreensão (aqui, da Constituição) e de sua condição de ser-no-mundo, não olvidando, em momento algum, para se chegar à coerência e à integridade do direito, em respeitar o próprio texto, "ao qual deve ser atribuído um sentido a partir do caso concreto sob sua análise".[33]

Constituir uma jurisdição apta a contribuir com os anseios populares de um Estado autenticamente Democrático, que possibilite a efetividade da Constituição como uma forma apta a constituir a satisfação dos direitos fundamentais e da democracia, através de um processo que aproxime *procedimento* e *substância* é não só uma exigência político-social quanto um compromisso da democracia.

Consequentemente, as possibilidades de decisionismos (positivista) devem dar lugar à percepção integrativa do direito, a construção de um discurso, como refere François Ost, caracterizado pela produção de justificações transtemporais, inscrevendo a interpretação presente na continuidade de um discurso jurídico ininterrupto,[34] o que exige sua aplicação (no processo) de forma coerente com o plano fático do direito material-constitucional, dos princípios e decisões judiciais preexistentes no contexto donde se está a dizê-lo,[35] blindando a possibilidade da emissão de decisões em conformidade com a consciência do julgador.

---

[32] STRECK. *Jurisdição constitucional e hermenêutica*: uma nova crítica do direito, p. 107.
[33] STRECK. *Verdade e consenso*: constituição, hermenêutica e teorias discursivas: da possibilidade à necessidade de respostas corretas em direito, p. 324.
[34] Cf. OST. *O tempo do direito*.
[35] STRECK. *Verdade e consenso*: constituição, hermenêutica e teorias discursivas: da possibilidade à necessidade de respostas corretas em direito, p. 334.

É preciso aludir a uma filosofia *no* direito processual civil voltada para o mundo prático, para o mundo da vida, para o direito material-constitucional discutido em juízo. Enfim, para um tempo social-histórico, produto da história, em curso de elaboração. Em resumo, aludir a uma filosofia que justifique a existência do próprio processo, onde a linguagem seja compreendida como condição de possibilidade, rompendo com a ideia ficcional de que o processo civil é instrumento (método) desvelador de "verdades absolutas", perspectiva incompatível com um Estado que se proclama Democrático de Direito.

O objetivo está em compreender que é possível (e necessário) pensar em novos *locus* processuais de abertura à sociedade, rompendo com a estrutura tripartite em processo e, consequentemente, com uma função jurisdicional institucionalizada na posição de um terceiro a quem incumbe ditar o certo ou o errado.[36] Uma abertura que a própria constitucionalização exige diante do resultado da história e da cultura. Um processo pluralista em que os segmentos da sociedade terão participação ativa[37] na construção do *dizer o direito*, rompendo com o espectro individualista processual (e com o juiz solipsista) para satisfazer valores democráticos, legitimando, com isso, a própria atuação jurisdicional.

O sentido "comum" que se atribui aos princípios pode ser um caminho para a constatação de que as reformas processuais muito longe estão da superação do paradigma positivista.

---

[36] O que pode ocorrer, por exemplo, com o convite, pelo juiz, a organizações ou órgãos públicos para participar do processo judicial como *amicus*. Refere Owen Fiss que no direito processual norte-americano o conceito de *amicus* surgiu em casos relacionados às escolas, nos quais os juízes das cortes de instrução e julgamento convidaram o governo dos Estados Unidos a participar, com o propósito de obter o compromisso do Poder Executivo com o cumprimento da decisão e também de ampliar a estrutura representativa. FISS. *Um novo processo civil*: estudos norte-americanos sobre jurisdição, constituição e sociedade, p. 60-61.

[37] Uma das primeiras "experiências" em que o poder judiciário abriu efetivamente suas portas à sociedade deu-se no julgamento da ADIn nº 3.510, momento em que vários segmentos sociais foram ouvidos. O tema guardava relação com a Lei de Biossegurança (Lei nº 11.105/2005) e a discussão na utilização de células-tronco embrionárias para pesquisas e tratamentos terapêuticos. Para um maior aprofundamento desse tema, qual seja, da participação dos segmentos da sociedade em processo civil (onde o instituto do *amicus curiae* assume uma função extremamente relevante), cf. SALDANHA; ESPINDOLA. A jurisdição constitucional e o caso da ADIn 3.510: do modelo individualista e liberal ao modelo coletivo e democrático de processo. *Revista de Processo*, p. 265-283.

2 As promessas do anteprojeto de CPC: Panprincipiologismo e incongruências em matéria de garantias processuais[38]

Quando o Rei Lear disse a Gloucester que "um homem pode ver sem olhos como vai o mundo"[39] fez, na realidade, um alerta: "olhe com teus ouvidos". Para que isso ocorra, ensinou Shakespeare, é preciso mudar de lugar, para "ver" diferente. Criar um novo Código implica, em geral, mudar o rumo e, amiúde, mudar de lugar e ir além dos pontos de vista individuais. Por isso, um novo olhar sobre o direito processual civil se faz necessário, sobretudo porque na tradição jurídica civil, como a do Brasil, a categorização ainda é algo que dá o tom ao mundo jurídico. Embora esse estigma, no campo específico da atuação da jurisdição, a clássica separação entre o intérprete (juiz) e o fato concreto (levado à jurisdição) deve ceder à instituição de uma filosofia *no* processo. Uma atitude interpretativa (hermenêutico-ontológica) que rompa com a força objetificante (e, consequentemente, com a valorização do procedimento) do *iter* processual a fim de vislumbrar em seu horizonte a necessária satisfação (efetivação) dos direitos fundamentais sociais postos em juízo, colocando sua compreensão, pelo intérprete, no seu modo-de-ser, na faticidade, e na (efetiva) participação da sociedade.

Logo, o procedimento, a ação, o contraditório, dentre outros institutos processuais, *carecem de uma necessária re-leitura democrático-constitucional*, até mesmo como forma de libertação do autoritarismo liberal que "universaliza" a produção dos sentidos, renunciando a historicidade. A elegia do procedimento vazio deve ceder lugar ao processo substancializado materialmente. Pode-se compreender na jurisdição da atualidade, com todo o risco de errar, que se destina "menos a dizer o direito em casos individuais e mais a contribuir para a edificação de uma sociedade mais justa".[40] E o processo, nesse sentido, pode ser compreendido enquanto local de manifestação da democracia e que reconhece, enfim, do "fenômeno pós-moderno das diferenças da sociedade".[41]

---

[38] A construção desta seção foi feita com o auxílio da pesquisa realizada pelos acadêmicos, Márcio Brum, Renata Minuzzi e Rafaela Mello, da Faculdade de Direito da UFSM.

[39] SHAKESPEARE. *O Rei Lear*, p. 113.

[40] OST; KERCHOVE. *De la pyramide au réseau?*: pour une théorie dialectique du droit, p. 99. Neste mesmo sentido, é a posição de DAMAŠKA. *Las caras de la justicia y el poder del Estado*: análisis comparado del proceso legal.

[41] SALDANHA. Do funcionalismo processual da aurora das luzes às mudanças processuais estruturais e metodológicas do crepúsculo das luzes: a revolução paradigmática do sistema processual e procedimental de controle concentrado da constitucionalidade do STF.

Nesse contexto, o próprio direito, em pleno século XXI, deve ser compreendido enquanto meio transformador da sociedade, não mais simplesmente mantenedor da ordem ou cessionário do poder político às mãos dos detentores do poder econômico,[42] característica de um direito (e de um processo) liberal. Os novos direitos, pós-modernos, exigem também um processo pós-moderno. Um re-desenhar, em processo:

1. Da valorização do caso concreto;[43]
2. Da história[44] e da tradição[45] (no que se refere à satisfação dos direitos fundamentais);
3. Da práxis judiciária (enquanto produtora de precedentes judiciais);
4. Da necessidade em ultrapassar a construção do conhecimento isolado (desprovido de compreensão);[46]
5. Da proteção constitucional relacionada à condução da tempestividade da prestação jurisdicional;
6. Da aproximação entre jurisdição e comunidade;

In: STRECK; BOLZAN DE MORAIS (Org.). *Constituição, sistemas sociais e hermenêutica*, p. 120. Ademais não se deve esquecer toda a vagueza e ambiguidade que o termo "pós-moderno" carrega. Cf. LIPOVETSKY. *Os tempos hipermodernos*, p. 51-53; e SALDANHA; ISAIA. A paradoxal face "hipermoderna" do processo constitucional. *Revista Novos Estudos Jurídicos*, p. 5-26.

[42] O que levou José Saramago a afirmar que "o poder econômico superou o poder político, a cultura. (...) O neoliberalismo, em minha opinião, é um novo totalitarismo, disfarçado de democracia e mantendo as aparências" (Fim de uma civilização: entrevista com José Saramago. *Revés do avesso*, ano 9, n. 11, p. 18).

[43] A preocupação com a valoração do *concreto* em contraposição ao *abstrato* é objeto de obra de Castanheira Neves (*O actual problema metodológico da interpretação jurídica*, p. 12 et seq.). Reportando-se a Ihering, refere o autor português: "o direito existe para se realizar". Logo, o pensamento jurídico tende a ir para além do positivismo legalista, o que condiciona o problema da interpretação jurídica ao ato metodológico de determinação do sentido normativo jurídico no instante da realização do direito, levando-se em consideração às concretas exigências do problema jurídico a resolver. Consequentemente: a) norma e interpretação são incindíveis; b) a norma só se determina através da concreta resolução dos problemas jurídicos que a invoque como seu critério.

[44] Leciona Hans-Georg Gadamer que o jurista tem uma tarefa exclusivamente prática. Ao sentenciar, por exemplo, podem entrar em jogo muitas considerações político-jurídicas, o que leva o juiz a pautar-se em uma interpretação "correta", o que implica o necessário imbricamento entre a história e a atualidade. Sobre o tema, cf. *Verdade e método*, p. 19.

[45] Segundo François Ost, tradição é o elo lançado entre as épocas. Uma continuidade viva da transmissão de crenças e práticas. No entanto, para romper com qualquer semelhança ao conservadorismo ou ao dogmatismo, refere o autor que a tradição não sobrevive sem adaptação, sem a aptidão para produzir coisas inéditas em quadros antigos. Logo, o enigma da tradição está em renovar o fio da continuidade, incorporando a inovação e a reinterpretação que o presente exige. Este é o local onde a herança é incessantemente modificada. Cf. *O tempo do direito*.

[46] ROSA; LINHARES. *Diálogos com a Law & Economics*, p. 29.

7. Dos próprios princípios constitucionais e da participação democrática, condições de possibilidade para a construção de um direito íntegro.

É visível que um processo jurisdicional desse cariz, orientado por princípios inscritos na Constituição, não seja resultado simplesmente do poder criador do legislador constituinte nacional, legitimado pelo voto popular, mas inscreve-se no âmbito de conquistas culturais da humanidade temporalizado por cada povo e levado a abrir-se às demandas bem mais amplas do que aquelas sob as quais as suas primeiras teorizações modernas novecentistas foram decisivas.

Essa compreensão, no entanto, é colocada em suspenso ao observar-se as "promessas" de institucionalização, como se pretende no anteprojeto de CPC, de simples critérios interpretativos sob a roupagem de princípios. Há, nesse sentido, uma visível tendência no âmbito da jurisprudência nacional para a criação de "princípios" ao sabor do caso concreto e sem atentar para os limites que a própria Constituição impõe. É, assim, um problema paradigmático de primeira ordem. Logo o que se desenvolve atualmente é uma atividade desmedida de criação de princípios que passaram a traduzir discursos formais, postos tanto em dispositivos legais, como na doutrina e jurisprudência, com a pretensão de correção ou de "álibi"[47] para justificar decisões solipsistas que por vezes ultrapassam os limites constitucionais.

Nesta vertente, destaca-se que é grande a confusão doutrinária e jurisprudencial em torno do conceito e das formas de aplicação dos princípios, o que vem sendo objeto de discussões desde a segunda metade do século XX, principalmente após os embates teóricos entre Herbert Hart e Ronald Dworkin. Nessa perspectiva, conforme Streck, "os princípios são vivenciados ('faticizados') por aqueles que participam da comunidade e que determinam a formação comum de uma sociedade". E é justamente pelo fato de se manifestar *praticamente* na sociedade que toda a carga principiológica da Constituição torna-a materialmente legítima.[48]

Dessa forma, embora "princípios" como o do dever de colaboração, o de adequação ao rito ao direito material, sejam vistos por autores do quilate de Carlos Alberto Álvaro de Oliveira como "expressões da socialização do processo", é inegável que provocam um exasperamento

---

[47] STRECK. *Verdade e consenso*: constituição, hermenêutica e teorias discursivas: da possibilidade à necessidade de respostas corretas em direito, p. 476.
[48] STRECK. *Verdade e consenso*: constituição, hermenêutica e teorias discursivas: da possibilidade à necessidade de respostas corretas em direito, p. 495-496.

do poder discricionário do juiz, culminando em decisões que refletem nitidamente suas ideologias.[49]

As razões são as seguintes. O Estado Liberal clássico construiu um modelo de juiz passivo sintonizado com a concepção liberal da época onde o Estado devia manter-se afastado da gestão dos afazeres privados.[50] Para tanto, o direito processual é moldado para que houvesse um amplo controle sobre as decisões tomadas pelo Judiciário garantindo a supremacia da legislação.[51] Nem as partes, nem o juiz participavam da compreensão do sentido do direito.[52] Tem razão Michele Taruffo ao afirmar que "durante o Estado Liberal de Direito havia um forte controle político sobre o juiz por parte do governo".[53] Mas o Estado Social de Direito vai cobrar um papel mais ativo do juiz e o impacto disso no direito processual são uma sequencia de reformas que, à época, pensaram o processo apostando em mais poderes ao juiz, pensando-o como um instrumento de justiça social. O resultado foi a supremacia do judiciário. Em ambos os perfis estatais, tem-se uma caricatura da ordem política estabelecida e da separação entre Estado e Sociedade. Nem o juiz passivo (do Estado Liberal de Direito), nem o juiz ativo (do Estado Social de Direito) dão conta da sociedade complexa e de Estado democrático de direito que emergem em tempos de neoconstitucionalismo. Falar em colaboração no processo, não faz a defesa do protagonismo judicial, embora também refute a ideia de uma hipertrofia do positivismo jurídico pela supremacia da legislação. O Estado Democrático de Direito traz em si o caráter transformador da sociedade. A demanda por uma socialização do Estado e a democratização do processo impõem a participação de grupos de interesses e organizações sociais na tomada de decisões políticas centrais, bem como a recondução institucional das decisões.[54] Não se trata aqui de um protagonismo judicial, mas de

---

[49] Cf. OLIVEIRA. *Do formalismo no processo civil*; e STRECK. *Verdade e consenso*: constituição, hermenêutica e teorias discursivas: da possibilidade à necessidade de respostas corretas em direito, p. 495.

[50] DAMAŠKA. *Las caras de la justicia y el poder del Estado*: análisis comparado del proceso legal.

[51] CAENEGEM. "Oráculos da lei" ou "bouche de la loi": considerações históricas sobre o papel dos juízes. *In*: COSTA E SILVA *et al.* (Coord). *O perfil do juiz na tradição ocidental*: seminário internacional, p. 40.

[52] CASTANHEIRA NEVES. Entre o "legislador", a "sociedade" e o "juiz" ou entre "sistema", "função" e "problema": os modelos actualmente alternativos da realização jurisdicional do direito. Boletim da Faculdade de Direito da Universidade de Coimbra, v. 74, 1998. Separata.

[53] TARUFFO. *La giustizia in Italia dal '700 a oggi*, p. 149.

[54] Cf. NOVAIS. *Contributo para uma teoria do Estado de direito*: do Estado de direito liberal ao Estado social e democrático de direito; e STRECK; BOLZAN DE MORAIS. *Ciência política e teoria do Estado*, p. 95.

uma ampliação da atuação cidadã no curso do processo, uma espécie de autodeterminação democrática da sociedade sob os contornos dos direitos fundamentais, que existe uma constante reconstrução do Estado e do direito.[55]

Se a preocupação é dotar o sistema processual de qualidade, imaginando-se que a criação de novos princípios poderá cumprir tal papel, cabe ao intérprete agir com cuidado. Da criação, com base no mundo prático, das escolhas e da construção da sociedade para a banalização da criação de princípios é apenas um passo. O panprincipiologismo explica essa última possibilidade, justamente porque no plano jurídico a ciência jurídica e seus atores continuam fieis ao paradigma da subjetividade, enquanto no plano filosófico tem-se há muito superada a filosofia da consciência com os estudos no campo da linguística desde meados do século XX.

Embora os esforços meritórios dos autores do anteprojeto de CPC, percebe-se que não escaparam das armadilhas e do apego — mesmo que inconsciente — ao paradigma da filosofia da consciência. O panprincipiologismo é algo visível no anteprojeto e é reflexo, quem sabe, de uma certa dificuldade de compreender-se adequadamente a ruptura paradigmática ocorrida no Direito paralelamente aos avanços do saber filosófico. O peso dos processos interpretativos a partir do esquema sujeito-objeto é a marca indelével que define o agir dos juristas, para quem a linguagem continua a ser algo simplesmente interposto entre os dois polos da relação.

A risco de toda repreensão passa-se a analisar criticamente alguns princípios processuais — sem a pretensão de esgotá-los — inseridos no anteprojeto, cujo objetivo não é senão provocar a reflexão inerente — e pertinente — à criação de um código. Assim, no Capítulo I do Título I da Parte geral do anteprojeto (Dos princípios e das garantias fundamentais do processo civil), é possível vislumbrar-se um rol de princípios que expressam práticas anteriores de alguns tribunais e da própria doutrina, as quais dão espaço ao panpricipiologismo, aqui posto sob interrogação.

Como exemplo, o art. 1º do anteprojeto de CPC diz: "O processo civil será ordenado, disciplinado e interpretado conforme os valores e

---

[55] Para uma compreensão mais ampliada sobre o tema, cf. ESPINDOLA; SANTOS. *In*: CONGRESSO NACIONAL DO CONPEDI, 19; e ESPINDOLA. A tutela preventiva fundada nos princípios processuais constitucionais: os influxos do constitucionalismo contemporâneo na fratura da modernidade. *In*: THEODORO JÚNIOR; CALMON; NUNES (Coord.). *Processo e Constituição*: os dilemas do processo constitucional e dos princípios processuais constitucionais, p. 541-564.

os princípios fundamentais estabelecidos na Constituição da República Federativa do Brasil, observando-se as disposições deste Código".

Considerando-se que "outro" texto não deveria repetir a Constituição, parece ser demasiado o referido dispositivo, como a reforçar aos juristas que "não esqueçam da Constituição". Ora, no atual paradigma neoconstitucionalista, a observação dos princípios trazidos pela Constituição Federal é imprescindível para qualquer espécie de processo e procedimento. Ainda assim, o "princípio" da efetividade da Constituição é enunciado pelo Supremo Tribunal Federal e outros tribunais e, aqui, trazido pelo anteprojeto de CPC, ainda que, atualmente "não exista norma constitucional sem perspectiva de eficácia".[56]

Um dos maiores desafios do Poder Judiciário, hoje, é o de uma prestação jurisdicional célere, traço que, seguramente, expressa os valores da sociedade da urgência, numa perspectiva neoliberal, então, da sociedade do consumo e da descartabilidade. O art. 4º do anteprojeto, nesse sentido, repete o "princípio do prazo razoável" inscrito no art. 5º, LXXVIII, da Constituição Federal, ao dizer que "as partes têm direito de obter em prazo razoável a solução integral da lide, incluída a atividade satisfativa".

De fato, a sociedade brasileira, mergulhada no paradigma da pressa, como está toda a sociedade de consumo, busca no processo uma aceleração muitas vezes incompatível com a preservação de importantes garantias processuais, como o contraditório e a ampla defesa. Todavia, em aparência, o desprestígio da instituição do Poder Judiciário perante a população decorre da morosidade na entrega da prestação jurisdicional. A criação pela Emenda Constitucional nº 45/2004 da chamada "jurisprudência defensiva" — súmula vinculante, repercussão geral do recurso extraordinário, súmula impeditiva de recursos, entre outros —, não apenas indica, mas chancela, essa lógica hipermoderna.

A elevação do "prazo razoável" à condição de um "metaprincípio" denota o protagonismo do "princípio da celeridade" — fruto do panprincipiologismo — em detrimento de outros princípios e garantias fundamentais construídos às duras penas pela sociedade em tempos de reconquista democrática, como o do devido processo legal, do contraditório e o da fundamentação da decisão.

---

[56] STRECK. *Verdade e consenso*: constituição, hermenêutica e teorias discursivas: da possibilidade à necessidade de respostas corretas em direito, p. 478.

À revelia desse processo que parece ser irrefreável, é preciso não esquecer da pontencialidade recuperadora do mundo prático que o princípio possui. O princípio "cotidianiza"[57] a regra de modo a ser totalmente incompatível com tal natureza a abstração, a ponderação ou as meras "escolhas criadoras". Gustavo Zagrebelsky, referindo-se aos princípios, diz:

> (...) a diferencia de lo que sucede con las reglas, solo se les puede dar algún significado operativo haciéndoles "reaccionar" ante algún caso concreto. Su significado no puede determinarse en abstracto, sino solo en los casos concretos, y solo en los casos concretos se puede entender su alcance.[58]

Desse ponto de vista, o que não poderá ocorrer é a definitiva deturpação de uma garantia fundamental em função de outra já no plano abstrato, como se pretende fazer ao ensejo da elaboração de um novo Código de Processo Civil.

Quanto ao princípio da isonomia[59] previsto no art. 7º do anteprojeto de CPC, resta salientar que ele próprio trata de "desrespeitá-lo", por exemplo:

a) no §3º do art. 73, ao distinguir os honorários sucumbenciais nas causas em que for vencida a Fazenda Pública;

b) no art. 93, ao atribuir à Defensoria Pública o dobro dos prazos para as suas manifestações;

c) no art. 95, ao conceder prazo em dobro para a União, Estados, Distrito Federal, Municípios, autarquias e fundações de direito público, sem que haja qualquer justificativa para tanto.[60]

---

[57] STRECK. *O que é isto - decido conforme minha consciência?*, p. 103.
[58] ZAGREBELSKY. *El derecho dúctil*: ley, derechos, justicia, p. 111.
[59] "A cláusula relativa à igualdade diante da lei vem em primeiro lugar na lista dos direitos e garantias que a Constituição assegura aos brasileiros e aos estrangeiros residentes no país. Não foi por acaso ou arbitrariamente que o legislador constituinte iniciou com o direito à igualdade a enumeração dos direitos individuais. Dando-lhe o primeiro lugar na enumeração, quis significar expressivamente, embora de maneira tácita, que o princípio da igualdade rege todos os direitos em seguida a eles enumerados (...). Quando, efetivamente, a Constituição assegura a liberdade, a propriedade e os demais direitos individuais, ela os assegura não só indiscriminadamente a todos, mas a todos na mesma medida e mediante as mesmas condições. Enunciando o direito à igualdade em primeiro lugar, o seu propósito foi precisamente o de significar a sua intenção de proscrever, evitar ou proibir que em relação a cada indivíduo pudesse variar o tratamento quanto aos demais direitos que ela assegura e garante. O direito à igualdade rege aos demais direitos individuais, devendo ser subentendida em cada um dos parágrafos seguintes ao em que ele vem enunciado a cláusula relativa à igualdade" (CAMPOS. *Direito constitucional*, v. 2, p. 12).
[60] Cf. LACOMBE. Anteprojeto do CPC tem inconstitucionalidades. *Revista Consultor Jurídico*.

Os privilégios processuais ao Estado e aos seus órgãos são uma herança com duplo fundamento: um autoritário por sempre ter colocado o Estado na condição de superioridade em relação ao jurisdicionado e, outro, descontextualizado temporalmente, uma vez terem os prazos "privilegiados" nascido em um tempo em que não existiam quadros organizados em carreira para fazer a sua defesa.

Outro princípio que pode ser reputado como tautológico é o trazido pelo art. 10 do anteprojeto de CPC, ao dizer que "o juiz não pode decidir, em grau algum de jurisdição, com base em fundamento a respeito do qual não se tenha dado às partes oportunidade de se manifestar, ainda que se trate de matéria sobre a qual tenha que decidir de ofício".

Tal dispositivo incorpora versão moderna do princípio do contraditório. Embora se reconheça no princípio do contraditório uma importante — senão imprescindível — expressão de democracia no processo, sua inserção em lei infraconstitucional é desnecessária, tendo-se em conta o teor do art. 5º, LV, da Constituição Federal. Parece ser possível vislumbrar nessa repetição o reforço à proibição da "surpresa" no processo, traduzida em novo princípio, agora o da "não surpresa". Aduz Lenio Streck que tal princípio, "segundo a doutrina e a jurisprudência garantiria a segurança do cidadão contra uma surpresa inesperada" e, ainda indaga:

> (...) por que a garantia da não surpresa seria um princípio? E seria um princípio constitucional? Derivado de que e de onde? Ou seria uma construção feita a partir de velhos princípios gerais de direito? De todo modo, o paradoxo reside na seguinte questão: de que forma uma demanda é resolvida utilizando o princípio da não-surpresa?[61]

A proibição da prolação de "decisões surpresa", assim, não depende de previsão expressa na lei processual ordinária. De todo modo, o anteprojeto de CPC passa a fazê-lo expressamente, em seu art. 10.

Ultrapassado o exame deste Título I, e seu Capítulo I, da Parte Geral, salta-se estrategicamente até o Título VI (Do juiz e dos auxiliares da justiça), ainda do Livro I (Parte Geral), para tratar sobre o art. 108. Este artigo do anteprojeto diz que "o juiz não se exime de decidir alegando lacuna ou obscuridade da lei, cabendo-lhe, no julgamento

---

[61] STRECK. *Verdade e consenso*: constituição, hermenêutica e teorias discursivas: da possibilidade à necessidade de respostas corretas em direito, p. 479.

da lide, aplicar os princípios constitucionais e as normas legais; não as havendo, recorrerá à analogia, aos costumes e aos princípios gerais de direito".

O teor desse dispositivo, uma vez mais, demonstra o comprometimento dos autores do anteprojeto com a filosofia da consciência que será, muito provavelmente, corroborado pelo legislador. Deste modo, a adaptação criada pelo sistema para resolver tal impasse foi, colocar juntamente com o *legislador racional*, um *juiz/intérprete racional*, de modo que o primeiro criaria de maneira discricionária o conteúdo da lei, ao passo que o segundo teria uma delegação, para preencher os vácuos deixados pela discricionariedade do legislador.[62] E a saída encontrada pela tradição — inautêntica — sempre foi a de lançar mão dos princípios gerais do direito.

O intérprete — sobretudo o juiz —, em tal adaptação, deixaria de ser um mero "instrumento que serve de boca da lei", como afirmava Montesquieu e passaria a possuir uma espécie de "discricionariedade de segundo nível", representada, sobretudo, pela sua capacidade interpretativa. Esta espécie de discricionariedade caracterizar-se-ia pela utilização de princípios gerais, analogia, costume, entre outros.

Há, certamente, um avanço ao mencionar-se explicitamente no referido dispositivo os *princípios constitucionais* ao lado (antes, inclusive) das normas legais, como primeiros recursos a serem aplicados no julgamento da lide. Percebe-se a relação desse dispositivo com o art. 126 do Código de Processo Civil e com o art. 4º da Lei de Introdução ao Código Civil. Ambos referem-se apenas às "normas legais" como principais meios aplicáveis à solução da demanda. Entretanto, o presente dispositivo do anteprojeto avança no sentido de atribuir definitivamente aos princípios constitucionais normatividade para, em conjunto com as normas legais, apontar as soluções adequadas e legitimar decisões judiciais.

O que ocorre em momentos de criação desenfreada de princípios, é que tal criação não só pode ser arbitrária como também os próprios princípios podem a ser usados para "justificar" decisões. Na encruzilhada entre essas duas expressões é que pode estar a discricionariedade. Nesse sentido, "princípio" passa a "ter" o caráter de constitucional que, aliado a sua normatividade, possibilita-lhe a pretensão de ser um legitimador de decisões ao lado das normas legais.

---

[62] STRECK. *Verdade e consenso*: constituição, hermenêutica e teorias discursivas: da possibilidade à necessidade de respostas corretas em direito, p. 472.

Os princípios, que deveriam, com diz Lenio Streck, ser o "modo concreto de enfrentamento da discricionariedade judicial por serem a manifestação da densidade normativo-concreta de um mandamento legal",[63] acabam transformados em instrumento por permitirem ao julgador muito mais decidir consoante sua consciência e muito menos conforme a Constituição. Há, a partir disso, uma forte atividade imaginativa que cria "princípios" — ao menos assim os denomina — totalmente estranhos ao ordenamento jurídico mas que servem de justificativa para a decisão de algum caso concreto.

Finalmente, há de indagar-se por qual motivo mantém-se, ao final do dispositivo, referência aos princípios gerais do direito. Após menção explícita aos princípios constitucionais, há necessidade de continuar apostando também nos princípios gerais do direito? Neste caso, como estes resolveriam uma demanda quando sequer os princípios constitucionais foram capazes de solucionar?

A atividade interpretativa no Estado Democrático de Direito exige que se supere a figura do juiz solipsista, justamente porque decide em acordo com *sua* "vontade", "experiência", etc., interpretando, não com raridade, para "descobrir" o conteúdo da norma, extraindo o "significado ideal" do texto nos princípios gerais do direito.

Ao mesmo tempo em que reconhece o "amplo poder criativo de individualização da regra que deverá aplicar aos fatos", Taruffo pondera que tal poder seria vedado aos juízes ordinários e autorizado nas "ações de constitucionalidade"[64] — ideia, segundo ele, defendida por Ferrajoli. Seguramente, não é o que aqui se defende. Considerando a unidade da jurisdição, não há que se fazer tal distinção. Em lugar disso impõe-se a atuação de um juiz — de qualquer juiz — que tenha ciência da responsabilidade social e política de suas decisões, buscando dar coerência e integridade ao direito,[65] ciente de seu compromisso ante uma Constituição diretiva fundamental, que é condição de possibilidade para o funcionamento do Estado Democrático de Direito, incompatível com qualquer espécie de discricionariedade (positivista) ou decisionismo.

Seguindo este raciocínio, mas agora indo até o Livro II (Processo de conhecimento), em seu Título I (Procedimento comum), Capítulo

---

[63] STRECK. *Verdade e consenso*: constituição, hermenêutica e teorias discursivas: da possibilidade à necessidade de respostas corretas em direito, p. 474.

[64] TARUFFO. *Páginas sobre justicia civil*, p. 28.

[65] STRECK. *Verdade e consenso*: constituição, hermenêutica e teorias discursivas: da possibilidade à necessidade de respostas corretas em direito, p. 272.

XIII (Da sentença e da coisa julgada), encontra-se o art. 472, parágrafo único, que trata sobre a fundamentação das decisões judiciais nos seguintes termos:

> Art. 472. O juiz proferirá a sentença de mérito acolhendo ou rejeitando, no todo ou em parte, o pedido formulado pelo autor. Nos casos de sentença sem resolução de mérito, o juiz decidirá de forma concisa.
>
> Parágrafo único. Fundamentando-se a sentença em *regras que contiverem conceitos juridicamente indeterminados, cláusulas gerais ou princípios jurídicos*, o juiz deve expor, analiticamente, o sentido em que as normas foram compreendidas, demonstrando as razões pelas quais, *ponderando os valores* em questão e à luz das peculiaridades do *caso concreto*, não aplicou princípios colidentes. (grifos nossos)

Trata-se aqui de ponto fulcral quando se assume a perspectiva de uma refundação do processo civil atento ao paradigma do Estado Democrático de Direito: a fundamentação das decisões judiciais. A redação é de fato curiosa e sintomática, consistindo na caricatura da crise do processo. O texto traz dois dos principais problemas da fundamentação das decisões judiciais:

a) o problema da atribuição de sentido; e

b) o problema da colisão de princípios e do panprincipiologismo.

Destinado a guiar a fundamentação das decisões judiciais, em especial diante das cláusulas gerais, dos conceitos indeterminados, dos conceitos abertos e da colisão de princípios, o art. 472 do anteprojeto de CPC chama a atenção para o núcleo do problema. No entanto, fica aquém da solução do problema. Ousa na intenção, mas não avança na ação. Primeiro porque confunde texto e norma, desconsiderando a diferença (ontológica) entre eles ao afirmar que as regras podem conter conceitos juridicamente indeterminados. Segundo porque aceita a ideia de que as regras podem conter cláusulas abertas. E terceiro porque afirma que as regras podem conter princípios.

Ademais, o dispositivo ainda afirma categoricamente que o juiz "deve expor analiticamente, o sentido em que as normas foram compreendidas, demonstrando as razões pelas quais, ponderando os valores em questão e à luz das peculiaridades do caso concreto, não aplicou princípios colidentes".

O art. 472 do anteprojeto faz crer que é possível cindir interpretação e aplicação, aposta no direito enquanto mera racionalidade instrumental, no panprincipiologismo e na ponderação dos valores. Ora, "a impossibilidade da cisão entre compreender e aplicar implica a impossibilidade de o intérprete 'retirar' do texto 'algo que o texto possui-em-si-mesmo'".[66] O intérprete não é legislador, ao revés, o intérprete precisa assumir-se enquanto intérprete, realizando assim a passagem de intérprete-legislador, para intérprete-interprete.[67]

Evidencia-se aqui a dificuldade de o direito processual libertar-se das amarras conceituais herdadas do positivismo, apostando no decisionismo.

A norma jurídica não raro é confundida com o próprio direito. Há, de fato, uma relação entre texto e norma, porém não há uma separação ou ruptura, mas antes uma diferença ontológica.[68] A norma é a compreensão fictícia do fenômeno real, que prepara o intérprete para compreender os fenômenos.

Assumindo que o direito é composto por regras e princípios, os quais são orientados pela Constituição, significa também que a concretização de um texto jurídico passa pela sua transformação em norma independentemente de uma "subjetividade assujeitadora".[69] Ou seja, o sentido não depende da vontade do intérprete.

Têm razão Luiz Guilherme Marinoni e Daniel Mitidiero, quando afirmam que a redação do art. 472, parágrafo único, pretende a ampliação dos princípios, bem como de conceitos juridicamente indeterminados e de cláusulas gerais.[70] No entanto, há um aspecto importante e profundo a ser considerado aqui: a exigência da fundamentação das decisões judiciais é uma garantia constitucional que entre outras razões visa a ampliar as bases de um regime democrático participativo, como referia Baptista da Silva.[71] Para tanto, há que ser superada a formação jurídica dogmática. E o referido artigo parece estar fundado exatamente nestas bases dogmáticas, estabelecendo critérios para a fundamentação. A justiça de uma decisão não pode ser normatizada, mas precisa ser obtida a partir do caso concreto, observados, porém, determinados critérios

---

[66] STRECK. *O que é isto - decido conforme minha consciência?*, p. 83.
[67] Faz-se uso aqui da crítica que Zygmunr Bauman traz em sua obra BAUMAN, Zygmunt. Legisladores e intérpretes. Rio de Janeiro: Zahar, 2010.
[68] Cf. STRECK. Hermenêutica (jurídica): compreendemos porque interpretamos ou interpretamos porque compreendemos? uma resposta a partir do *ontological turn*. *Estudos Jurídicos*.
A diferença ontológica acontece na faticidade circular do ser-aí e não como o resultado de um conhecimento ou de um esforço reflexivo. A diferença ontológica se apresenta como elemento estrutural básico que informa o próprio ser-aí, dando-lhe seu ser e seu sentido. Trata-se de categoria que progressivamente tornou-se o tema central da filosofia heideggeriana.
[69] Expressão de Lenio Streck. In: *O que é isto - decido conforme minha consciência?*, p. 89.
[70] MARINONI; MITIDIERO. *O projeto do CPC*: críticas e propostas, p.129.
[71] BAPTISTA DA SILVA. Fundamentação das sentenças como garantia constitucional. In: BAPTISTA DA SILVA. *Jurisdição, direito material e processo*, p. 137.

capazes de impedir que a natural discricionariedade do ato jurisdicional se transforme em arbitrariedade.[72] Trata-se do *esprit de finesse*,[73] para lembrar Pascal, que a sociedade exige que seus juízes tenham, ou seja, a fina sintonia entre suas visões de mundo e a exigência constitucional de dar a resposta adequada à Constituição.

Não há dúvida de que a intenção (aparentemente) assumida pelos autores do anteprojeto de CPC é a de dar respostas à crise paradigmática. Neste afã, porém, criaram-se embaraços teóricos (como aconteceu nas ondas reformistas anteriores ao anteprojeto) e mixagens de paradigmas, em prejuízo das conquistas emancipatórias do neoconstitucionalismo que aqui se defende. Neste sentido, Lenio Streck vai tratar dos sintomas do "mix teórico", revelando as consequências da ideologia do caso concreto (descaracterizado pela consciência valorativa do juiz) e a proliferação indiscriminada de princípios (panprincipiologismo).[74] A concretização dos direitos prometida e esperada pelo projeto constitucional de 1988 transformou-se em uma concretização inesperada que desvirtuou o próprio projeto constitucional. Dito de outro modo, a Constituição se consolidou, mas não do modo esperado.

Um pouco mais adiante, agora no Livro IV (Dos processos nos tribunais e dos meios de impugnação das decisões judiciais), encontra-se o art. 847 do anteprojeto de CPC com a seguinte redação:

> Art. 847 Os tribunais velarão pela uniformização e pela estabilidade da jurisprudência, observando-se o seguinte:
>
> I - sempre que possível, na forma e segundo as condições fixadas no regimento interno, deverão editar enunciados correspondentes à súmula da jurisprudência dominante;
>
> II - os órgãos fracionários seguirão a orientação do plenário, do órgão especial ou dos órgãos fracionários superiores aos quais estiverem vinculados, nesta ordem;
>
> III - a jurisprudência pacificada de qualquer tribunal deve orientar as decisões de todos os órgãos a ele vinculados;
>
> IV - a jurisprudência do Supremo Tribunal Federal e dos tribunais superiores deve nortear as decisões de todos os tribunais e juízos singulares do país, de modo a concretizar plenamente os princípios da legalidade e da isonomia;

---

[72] BAPTISTA DA SILVA. Fundamentação das sentenças como garantia constitucional. In: BAPTISTA DA SILVA. *Jurisdição, direito material e processo*, p. 139. No mesmo sentido, cf. TARUFFO. Legalità e giustificazione della creazione giudiziaria del diritto. *Rivista Trimestrale di Diritto e Procedura Civile*, p. 16.

[73] A referência é de Fábio Konder Comparato, (*Rumo à justiça*, p. 280).

[74] Cf. STRECK. *O que é isto - decido conforme minha consciência?*.

V - na hipótese de alteração da jurisprudência dominante do Supremo Tribunal Federal e dos tribunais superiores ou daquela oriunda de julgamento de casos repetitivos, pode haver modulação dos efeitos da alteração no interesse social e no da segurança jurídica.

§1º A mudança de entendimento sedimentado observará a necessidade de fundamentação adequada e específica, considerando o imperativo de estabilidade das relações jurídicas.

§2º Os regimentos internos preverão formas de revisão da jurisprudência em procedimento autônomo, franqueando-se inclusive a realização de audiências públicas e a participação de pessoas, órgãos ou entidades que possam contribuir para a elucidação da matéria.

Interessa analisar, em especial, o §1º do artigo porque se liga estreitamente com a problemática da fundamentação. O referido dispositivo traz uma das vertentes do princípio da segurança jurídica, porém enquanto mera continuidade dos valores liberais — hoje neoliberais — no processo. O que se vê no referido princípio é a presença de elementos tautológicos, uma vez que não somente em casos de entendimento diverso da jurisprudência como em qualquer outro caso de decisão judicial, o juiz deve fundamentar seu entendimento, sob pena de nulidade da sentença. Aliás, a baliza para essa compreensão é justamente o teor do art. 93, IX, da Constituição Brasileira.

No Livro IV (Dos processos nos tribunais e dos meios de impugnação das decisões judiciais), em seu Título I, cabe destaque ao art. 850, com a seguinte redação:

Art. 850. Far-se-á a distribuição de acordo com o regimento interno do tribunal, observando-se os princípios da publicidade, da alternatividade e do sorteio.

No caso de tal dispositivo, o que seria o denominado princípio do sorteio? Qual seria a efetividade de tal princípio? E quanto à sua aplicação ao caso concreto? Por não haver uma resposta concreta a estes questionamentos, o denominado sorteio presente em tal dispositivo não deveria ter a natureza de princípio, e sim de critério determinado a partir dos regimentos internos dos tribunais.

Obviamente, não se deseja refutar a aplicação de princípios nas decisões judiciais, pois eles são historicamente relevantes na busca de soluções jurídicas frente às situações fáticas, das quais, visivelmente o direito não está separado. O que se considera errôneo e exagerado no anteprojeto de CPC é a aplicação do fenômeno panprincipiologista, a partir do qual um conjunto de critérios aplicativos é elevado ao patamar de princípio e aplicado apenas para justificar as posturas solipsistas nas decisões judiciais.

O panprincipiologismo, portanto, ao invés de reforçar o direito acaba por enfraquecê-lo, visto que esse grupo novo de princípios, prestes a ser positivado no ordenamento jurídico, transforma-se em um grupo de meta-regras.[75] Nesse quadro, fica fácil perceber a origem das condições que tornam possível a passagem de uma estagnação para um protagonismo judicial que agride a ordem constitucional vigente.

É necessária, sem dúvida, uma atitude ativa do judiciário, mas não decisionista. Uma atitude ativa no sentido de transformadora da realidade pós-moderna,[76] a partir daquilo que a Constituição diz, como também das conquistas do direito internacional especialmente em matéria de direitos humanos. Só assim será possível mudar a atual realidade de uma sociedade que, nas palavras de Boaventura de Souza Santos, "por um lado, tem consagrado, constitucionalmente, um vasto catálogo de direitos, mas que, por outro, é uma sociedade muito injusta e habituada à impunidade das violações mais grosseiras dos direitos humanos".[77]

Finalmente, se o intuito de superar valores positivistas e introduzir novos preceitos, em tempos ditos pós-positivistas, ainda não obteve êxito, é porque os problemas epistemológicos herdados pela corrente antecedente continuam presentes.

Considerações finais

De fato, se parte-se do paradigma do neoconstitucionalismo e do Estado Democrático de Direito, que carrega consigo um caráter transformador, não é possível conceber o Estado e, consequentemente, o Poder Judiciário, como sendo um Estado passivo ou uma função estatal passiva. É preciso, portanto, harmonizar o "problema da divisão do trabalho entre o juiz e as partes".[78] Implica, nesse sentido, compreender que nem as partes, nem o juiz solitariamente, em *monólogos articulados*, são capazes de atingir o melhor resultado do processo, restando daí

---

[75] STRECK. *Verdade e consenso*: constituição, hermenêutica e teorias discursivas: da possibilidade à necessidade de respostas corretas em direito, p. 489.

[76] SALDANHA; ISAIA. A paradoxal face "hipermoderna" do processo constitucional. *Revista Novos Estudos Jurídicos*, p. 5-26.

[77] SANTOS. *Para uma revolução democrática da justiça*, p. 114-115.

[78] Cf. MOREIRA. O problema da "divisão do trabalho" entre juiz e partes: aspectos terminológicos. *Revista de Processo*, p. 7-14.

a necessidade de trabalharem em conjunto, tecendo uma *parceria de singularidades*.[79] Nenhum projeto de Código de Processo Civil que se pretenda conectado com os novos desafios da contemporaneidade pode validar o papel apático e periférico do cidadão de um lado, tampouco a atuação degenerada da atividade jurisdicional (protagonismo judicial) sob pena de provocar o surgimento de entendimentos judiciais, subjetivistas e particulares sobre a aplicação normativa, distanciando-se da Constituição, das garantias constitucionais do processo, da concretização dos direitos humanos e do contexto global e internacional do direito.

É preciso superar o peso cultural do paradigma racionalista bem como os valores liberais individualistas ainda remanescentes, sem cair na armadilha do positivismo e do panprincipiologismo.

Assumir essa preocupação é essencial para a defesa da jurisdição estatal e da democracia sem desconsiderar o contexto histórico em que sociedade moderna — complexa e pluralista — encontra-se. O direito processual civil foi tomado como um instrumento jurídico puramente formal, abstrato, descomprometido com a história, com o tempo do direito e com o próprio homem, pretendendo-se perene como uma figura geométrica, sem conseguir "presentalizar-se" em relação ao futuro. Tudo isso, resultado da força da formação cartesiana, merece ser substituído pela compreensão hermenêutica do direito e do processo, fazendo-os caminhar em direção ao futuro, refundando a ciência processual.

Por todos os compromissos históricos e ideológicos, é compreensível a dificuldade estrutural que a tradição romano-canônica enfrenta para a construção de um novo Código de Processo Civil que toque fundo nas estruturas paradigmáticas do direito processual contemporâneo. É, portanto, o peso de todo o arcabouço teórico e paradigmático da ciência processual — a estrutura — dentro do qual os juristas operam, o principal obstáculo para a refundação do processo, especialmente do processo civil. A construção de um novo processo civil, apto a superar os desafios que lhe são impostos neste novo milênio, implica reconhecer as responsabilidades do poder judiciário ante a sociedade plurívoca e abandonar o mito do juízo de certeza, da segurança jurídica, do método previsível, determinado, calculado e infalível para encontrar o direito do caso.[80]

---

[79] As expressões "parceria de singularidades" e "monólogo articulado" são utilizadas pelos autores para representar, respectivamente, uma perspectiva individual liberalista e uma perspectiva democrática.

[80] BAPTISTA DA SILVA. Justiça da lei e justiça do caso. *Baptista da Silva, Mielke & Lucena.*

Referências

ALEXY, Robert. *Teoria dos direitos fundamentais*. Tradução de Virgílio Afonso da Silva. São Paulo: Malheiros, 2008.

ANDRADE, Mayra (Interpr.); BARBOZA, Kaka (Comp.). Dimokránsa. *In*: ANDRADE, Mayra. *Navega*. França: Rca Victor; SonyBmg, 2006. 1 CD.

BAPTISTA DA SILVA, Ovídio Araujo. *Do processo cautelar*. 3. ed. Rio de Janeiro: Forense, 2001.

BAPTISTA DA SILVA, Ovídio Araujo. *Epistemologia das ciências culturais*. Porto Alegre: Verbo Jurídico, 2009.

BAPTISTA DA SILVA, Ovídio Araujo. Fundamentação das sentenças como garantia constitucional. *In*: BAPTISTA DA SILVA, Ovídio Araujo. *Jurisdição, direito material e processo*. Rio de Janeiro: Forense, 2008.

BAPTISTA DA SILVA, Ovídio Araujo. *Jurisdição e execução na tradição romano-canônica*. 3. ed. rev. Rio de Janeiro: Forense, 2007.

BAPTISTA DA SILVA, Ovídio Araujo. *Jurisdição, direito material e processo*. Rio de Janeiro: Forense, 2008.

BAPTISTA DA SILVA, Ovídio Araujo. Justiça da lei e justiça do caso. *Baptista da Silva, Mielke & Lucena*, Porto Alegre/RS. Disponível em: <http://www.baptistadasilva.com.br>. Acesso em: 16 nov. 2010.

BAPTISTA DA SILVA, Ovídio Araujo. *Processo e ideologia*: o paradigma racionalista. 2. ed. Rio de Janeiro: Forense, 2006.

BAPTISTA DA SILVA, Ovídio Araujo. Sentença condenatória na Lei 11.232. *Baptista da Silva, Mielke & Lucena*, Porto Alegre/RS. Disponível em: <http://www.baptistadasilva.com.br>. Acesso em: 12 nov. 2010.

BAUMAN, Zygmunt. *Legisladores e intérpretes*. Rio de Janeiro: Zahar, 2010.

BOLZAN DE MORAIS, José Luis (Org.). *O Estado e suas crises*. Porto Alegre: Livraria do Advogado, 2005.

BOLZAN DE MORAIS, José Luis. A jurisprudencialização da Constituição. A construção jurisdicional do Estado Democrático de Direito. *In*: ANUÁRIO DO PROGRAMA DE PÓS-GRADUAÇÃO EM DIREITO, São Leopoldo, 2002.

CAENEGEM, R. C. van. "Oráculos da lei" ou "bouche de la loi": considerações históricas sobre o papel dos juízes. *In*: COSTA E SILVA, Paula *et al.* (Coord). *O perfil do juiz na tradição ocidental*: seminário internacional. Coimbra: Almedina, 2009.

CAMPILONGO, Celso Fernandes. Os desafios do judiciário: um enquadramento teórico. *In*: FARIA, José Eduardo (Org.). *Direitos humanos, direitos sociais e justiça*. São Paulo: Malheiros, 2005.

CAMPOS, Francisco. *Direito constitucional*. Rio de Janeiro: Freitas Bastos, 1956. 2 v.

CAPPELLETTI, Mauro. *Processo, ideologias e sociedade*. Tradução de Hermes Zaneti Jr. Porto Alegre: S. A. Fabris, 2010.

CASTANHEIRA NEVES, António. Coordenadas de uma reflexão sobre o problema universal do direito: ou as condições da emergência do direito como direito. *In*: RAMOS, Rui Manuel Gens de Moura *et al*. (Org.). *Estudos em homenagem à Professora Doutora Isabel de Magalhães Collaço*. Coimbra: Almedina, 2002.

CASTANHEIRA NEVES, António. Entre o "legislador", a "sociedade" e o "juiz" ou entre "sistema, "função" e "problema": os modelos actualmente alternativos da realização jurisdicional do direito. *Boletim da Faculdade de Direito da Universidade de Coimbra*, v. 74, 1998. Separata.

CASTANHEIRA NEVES, António. *O actual problema metodológico da interpretação jurídica*. Coimbra: Coimbra Ed., 2003.

CASTANHEIRA NEVES, António. O direito como alternativa humana. Notas de reflexão sobre o problema actual do direito. *In*: CASTANHEIRA NEVES, António *Digesta*: escritos acerca do direito, do pensamento jurídico, da sua metodologia e outros. Coimbra: Coimbra Ed., 1995. v. 1, p. 287-310.

CASTANHEIRA NEVES, António. *O direito hoje e com que sentido?*: o problema actual da autonomia do direito. Lisboa: Instituto Piaget, 2002.

COMPARATO, Fábio Konder. *Rumo à justiça*. São Paulo: Saraiva, 2010.

COSTA E SILVA, Paula *et al*. (Coord). *O perfil do juiz na tradição ocidental*: seminário internacional. Coimbra: Almedina, 2009.

DAMAŠKA, Mirjan. *Las caras de la justicia y el poder del Estado*: análisis comparado del proceso legal. Santiago: Editorial Jurídica de Chile, 2000.

DUFOUR, Dany-Robert. *A arte de reduzir as cabeças*: sobre a nova servidão na sociedade ultraliberal. Tradução de Sandra Regina Felgueiras. Rio de Janeiro: Companhia de Freud, 2005.

ESPINDOLA, Angela Araujo da Silveira. A tutela preventiva fundada nos princípios processuais constitucionais: os influxos do constitucionalismo contemporâneo na fratura da modernidade. *In*: THEODORO JÚNIOR, Humberto; CALMON, Petrônio; NUNES, Dierle (Coord.). *Processo e Constituição*: os dilemas do processo constitucional e dos princípios processuais constitucionais. Rio de Janeiro: GZ, 2010.

ESPINDOLA, Angela Araujo da Silveira; SANTOS, Igor Raatz. *In*: CONGRESSO NACIONAL DO CONPEDI, 19., 2010, Florianópolis. *Anais...* Florianópolis, 2010. Disponível em: <http://www.conpedi.org.br/conteudo.php?id=2>. Acesso em: 11 nov. 2010.

FARIA, José Eduardo (Org.). *Direitos humanos, direitos sociais e justiça*. São Paulo: Malheiros, 2005.

FISS, Owen. *Um novo processo civil*: estudos norte-americanos sobre jurisdição, constituição e sociedade. Tradução de Daniel Porto Godinho da Silva, Melina de Medeiros Rós. Coordenação da tradução Carlos Alberto de Salles. São Paulo: Revista dos Tribunais, 2004.

FIX-ZAMUDIO, Héctor. Preparación, selección y nombramiento de los jueces. *Revista de Processo*, v. 3, n. 10, p. 107-148, abr./jun. 1978.

GADAMER, Hans-Georg. *Verdade e método*. Tradução de Flávio Paulo Meurer. Revisão da tradução por Enio Paulo Giachini. Petrópolis: Vozes, 1997. 2 v.

ISAIA, Cristiano Becker. O direito processual e o problema do decisionismo jurisdicional: da subsunção à integridade do direito. *Revista Eletrônica Direito e Política*, v. 3, n. 3, p. 264-283, set./dez. 2008. Disponível em: <http://www.univali.br/direitoepolitica>. Acesso em: 11 nov. 2010.

LACOMBE, Américo Masset. Anteprojeto do CPC tem inconstitucionalidades. *Revista Consultor Jurídico*, São Paulo, 25 ago. 2010. Disponível em: <http://www.conjur.com.br/2010-ago-25/anteprojeto-codigo-processo-civil-inconstitucionalidades>. Acesso em: 11 nov. 2010.

LIPOVETSKY, Gilles. *Os tempos hipermodernos*. Tradução de Mário Vilela. São Paulo: Barcarolla, 2004.

LUCAS, Doglas Cesar. A crise funcional do Estado e o cenário da jurisdição desafiada. *In*: BOLZAN DE MORAIS, José Luis (Org.). *O Estado e suas crises*. Porto Alegre: Livraria do Advogado, 2005.

MARINONI, Luiz Guilherme; ARENHART, Sérgio Cruz. *Procedimentos especiais*. São Paulo: Revista dos Tribunais, 2009. (Curso de processo civil, v. 5)

MARINONI, Luiz Guilherme; MITIDIERO, Daniel. *O projeto do CPC*: críticas e propostas. São Paulo: Revista dos Tribunais, 2010.

MOREIRA, José Carlos Barbosa. O problema da "divisão do trabalho" entre juiz e partes: aspectos terminológicos. *Revista de Processo*, v. 11, n. 41, p. 7-14, jan./mar. 1986.

NOVAIS, Jorge Reis. *Contributo para uma teoria do Estado de direito*: do Estado de direito liberal ao Estado social e democrático de direito. Coimbra: Almedina, 2006.

OHLWEILER, Leonel P. Políticas públicas e controle jurisdicional: uma análise hermenêutica à luz do Estado democrático de direito. *In*: SARLET, Ingo Wolfgang; TIMM, Luciano Benetti (Org.). *Direitos fundamentais*: orçamento e "reserva do possível". Porto Alegre: Livraria do Advogado, 2008.

OLIVEIRA, Carlos Alberto Álvaro de. *Do formalismo no processo civil*. São Paulo: Saraiva, 1997.

OST, François. *Contar a lei*: as fontes do imaginário jurídico. Tradução de Paulo Neves. São Leopoldo: Unisinos, 2005.

OST, François. *O tempo do direito*. Tradução de Élcio Fernandes. Bauru: Edusc, 2005.

OST, François. *Sade et la loi*. Paris: Odile Jacob, 2005.

OST, François; KERCHOVE, Michel van de. *De la pyramide au réseau?*: pour une théorie dialectique du droit. Bruxelles: Publications des Facultés Universitaires Saint-Louis, 2002.

PORTANOVA, Rui. *Princípios do processo civil*. 7. ed. Porto Alegre: Livraria do Advogado, 2008.

RAMOS, Rui Manuel Gens de Moura *et al*. (Org.). *Estudos em homenagem à Professora Doutora Isabel de Magalhães Collaço*. Coimbra: Almedina, 2002.

REALE, Miguel. *Estado democrático de direito e o conflito das ideologias*. São Paulo: Saraiva, 1998.

ROCHA, Leonel Severo. A construção do tempo pelo direito. *In*: ROCHA, Leonel Severo; STRECK, Lenio Luiz (Org.). *Anuário do Programa de Pós-Graduação em Direito*. São Leopoldo/RS: Edições Portão, 2003.

ROSA, Alexandre Morais da; LINHARES, José Manuel Aroso. *Diálogos com a Law & Economics*. Rio de Janeiro: Lumen Juris, 2009.

SALDANHA, Jânia Maria Lopes. Do funcionalismo processual da aurora das luzes às mudanças processuais estruturais e metodológicas do crepúsculo das luzes: a revolução paradigmática do sistema processual e procedimental de controle concentrado da constitucionalidade do STF. *In*: STRECK, Lenio Luiz; BOLZAN DE MORAIS, José Luis (Org.). *Constituição, sistemas sociais e hermenêutica*. Porto Alegre: Livraria do Advogado; São Leopoldo: Unisinos, 2009. (Anuário 2008, n. 5. Programa de pós graduação em direito da Unisinos, mestrado e doutorado).

SALDANHA, Jânia Maria Lopes; ESPINDOLA, Angela Araujo da Silveira. A jurisdição constitucional e o caso da ADIn 3.510: do modelo individualista e liberal ao modelo coletivo e democrático de processo. *Revista de Processo*, v. 32, n. 154, p. 265-283, dez. 2007.

SALDANHA, Jânia Maria Lopes; ISAIA, Cristiano Becker. A paradoxal face "hipermoderna" do processo constitucional. *Revista Novos Estudos Jurídicos*, v. 15, n. 1, p. 5-26, jan./abr. 2010. Disponível em: <http://br.vlex.com/vid/217835441#ixzz150cIhWEo>. Acesso em: 11 nov. 2010.

SANTOS, Boaventura de Sousa. *Para uma revolução democrática da justiça*. 2. ed. São Paulo: Cortez, 2008.

SARAMAGO, José. Fim de uma civilização: entrevista com José Saramago. *Revés do avesso*, ano 9, n. 11, p. 17-19, nov./dez. 2000.

SARLET, Ingo Wolfgang; TIMM, Luciano Benetti (Org.). *Direitos fundamentais*: orçamento e "reserva do possível". Porto Alegre: Livraria do Advogado, 2008.

SHAKESPEARE, William. *O Rei Lear*. Tradução de Millôr Fernandes. Porto Alegre. L&PM, 1997.

SILVA, Jaqueline Mielke; XAVIER, José Tadeu Neves. *Reforma do processo civil*: comentários às leis: 11.187, de 19.10.2005; 11.232, de 22.12.2005; 11.276 e 11.277, de 7.2.2006 e 11.280, de 16.2.2006. Porto Alegre: Verbo Jurídico, 2006.

STF calcula impacto da nova Lei do Agravo em termos de celeridade e economia de recursos. *Notícias STF*, Brasília, 20 set. 2010. Disponível em: <http://www.stf.jus.br/portal/cms/verNoticiaDetalhe.asp?idConteudo=161919&tip=UN>. Acesso em: 12 nov. 2010.

STRECK, Lenio Luiz. Hermenêutica (jurídica): compreendemos porque interpretamos ou interpretamos porque compreendemos? uma resposta a partir do *ontological turn*. Estudos Jurídicos, São Leopoldo, v. 37, n. 101, p. 29-80, set./dez. 2004.

STRECK, Lenio Luiz. *Hermenêutica jurídica e(m) crise*: uma exploração hermenêutica da construção do direito. 7. ed. rev. e atual. Porto Alegre: Livraria do Advogado, 2007.

STRECK, Lenio Luiz. Hermenêutica, constituição e autonomia do direito. *Revista de Estudos Constitucionais, Hermenêutica e Teoria do Direito – RECHTD*, v. 1, n. 1, p. 65-77, jan./jun. 2009.

STRECK, Lenio Luiz. *Jurisdição constitucional e hermenêutica*: uma nova crítica do direito. 2. ed. rev. e ampl. Rio de Janeiro: Forense, 2004.

STRECK, Lenio Luiz. *O que é isto - decido conforme minha consciência?*. Porto Alegre: Livraria do Advogado, 2010.

STRECK, Lenio Luiz. *Verdade e consenso*: constituição, hermenêutica e teorias discursivas: da possibilidade à necessidade de respostas corretas em direito. 2. ed. rev. e ampl. Rio de Janeiro: Lumen Juris, 2007.

STRECK, Lenio Luiz; BOLZAN DE MORAIS, José Luis (Org.). *Constituição, sistemas sociais e hermenêutica*. Porto Alegre: Livraria do Advogado; São Leopoldo: Unisinos, 2009. (Anuário 2008, n. 5. Programa de pós graduação em direito da Unisinos, mestrado e doutorado).

STRECK, Lenio Luiz; BOLZAN DE MORAIS, José Luis. *Ciência política e teoria do Estado*. 6. ed. Porto Alegre: Livraria do Advogado, 2008.

TARUFFO, Michele. *La giustizia in Italia dal '700 a oggi*. Bologna: Il Mulino, 1980.

TARUFFO, Michele. Legalità e giustificazione della creazione giudiziaria del diritto. *Rivista Trimestrale di Diritto e Procedura Civile*, v. 55, n. 1, p. 11-32, 2001.

TARUFFO, Michele. *Páginas sobre justicia civil*. Traducción de Maximiliano Aramburo Calle. Madrid: Marcial Pons, 2009.

THEODORO JÚNIOR, Humberto; CALMON, Petrônio; NUNES, Dierle (Coord.). *Processo e Constituição*: os dilemas do processo constitucional e dos princípios processuais constitucionais. Rio de Janeiro: GZ, 2010.

WATANABE, Kazuo. *Da cognição no processo civil*. 2. ed. atual. São Paulo: CEBEPEJ; Campinas: Bookseller, 2000.

ZAGREBELSKY, Gustavo. *El derecho dúctil*: ley, derechos, justicia. Traducción de Marina Gascón. 9. ed. Madrid: Trotta, 2009.

Informação bibliográfica deste texto, conforme a NBR 6023:2002 da Associação Brasileira de Normas Técnicas (ABNT):

SALDANHA, Jânia Maria Lopes; ESPINDOLA, Angela Araujo da Silveira; ISAIA, Cristiano Becker. Interrogações sobre princípios processuais previstos no Projeto de Novo Código de Processo Civil. *In*: BARROS, Flaviane de Magalhães; BOLZAN DE MORAIS, Jose Luis (Coord.). *Reforma do processo civil*: perspectivas constitucionais. Belo Horizonte: Fórum, 2010. p. 165-200. ISBN 978-85-7700-404-1.

A Fase Preliminar da Cognição e sua Insuficiência no Projeto de Lei do Senado nº 166/2010 de um Novo Código de Processo Civil Brasileiro[1]

Dierle Nunes
Renata Gomes

Sumário: Introdução – **1** A questão da eficiência processual – **2** A fase preliminar do processo civil – **3** A fase preliminar como fator de eficiência – **4** Oralidade, escritura e os mitos – **5** Oralidade e escritura – **6** O PLS nº 166/2010: críticas aos artigos 333, 354, 107, V, e 151, §1º. Flexibilização do procedimento e ausência de uma fase preparatória idônea – **6.1** A conciliação projetada e os déficits técnicos das escolhas brasileiras – Considerações finais – Referências

Introdução

Desde o século XII até a primeira metade do século XIX, na grande maioria dos países, o processo era considerado um acessório do direito privado. O juiz não tinha contato direto com as provas, pois, se o fizesse, em face da credulidade da época, perderia a sua imparcialidade.

---

[1] Texto resultante do debate no âmbito do Projeto PROCAD (Unisinos-PUC Minas) e das atividades de pesquisa do grupo "PROCON – Processo, Constituição e Direito Comparado: a judicialização da política e o Legislativo", e de iniciação científica, nos anos de 2008/2009, junto à Faculdade de Direito do Sul de Minas (FDSM).

Os sistemas processuais eram extremamente formais e dominava o princípio da escritura. O sistema escrito servia como um escudo para garantir a imparcialidade do juiz, apartando-o do processo e das partes. O magistrado contava somente com os autos para proferir suas decisões.

A partir da metade do século XIX, o processo passa a ser visto como um instrumento para o exercício da jurisdição.

A tendência vigorante até então começa a perder força pelas alterações empreendidas em várias legislações, que passam a adotar o princípio da oralidade em conjunto com outros princípios técnico-processuais que são requisitos essenciais à prática do processo oral.

Desde então a oralidade é vista como sinônimo de eficiência, de o melhor caminho para se chegar à justiça, tornando-se quase um dogma.

Esse breve ensaio tem por objetivo analisar os princípios da oralidade e da escritura e apontar sua presença e/ou predominância no processo civil, bem como verificar a importância dos demais fatores de eficiência através de um estudo comparativo da fase procedimental preliminar dos sistemas processuais europeus e latino-americanos atuais.

1 A questão da eficiência processual

Na atualidade, percebe-se no discurso de boa parcela dos estudiosos do sistema processual uma maior preocupação com as questões de sua eficiência do que com as referentes à legitimidade do mesmo.

Apesar de não podermos nos esquecer que ambas as questões são nuances importantíssimas para a temática processual, quando se busca a aplicação do direito a partir de uma perspectiva democrática e constitucional, uma vez que ambas são complementares e interdependentes, não se pode negar que as contingências existentes (*v.g.* litigiosidade em massa, litigância de interesse público, baixa satisfação popular com o trabalho jurisdicional, morosidade) conduzem a uma maior preocupação com questões utilitaristas e de eficiência.[2]

---

[2] Não se pode esquecer dos problemas do neoliberalismo processual. Cf. NUNES. *Processo jurisdicional democrático*: uma análise crítica das reformas processuais.
Boaventura de Sousa Santos em uma de suas últimas obras informa, ao comentar as tendências neoliberais de reforma, em termos: "O neo-liberalismo revelou as suas debilidades. Não garantiu o crescimento, aumentou tremendamente as desigualdades sociais, a vulnerabilidade, a insegurança e a incerteza na vida das classes populares, e,

Mesmo ao se fazer pesquisas acerca do discurso dos processualistas e especialistas no âmbito comparatístico verifica-se uma preocupação análoga,[3] no entanto, sem a ocorrência de um distanciamento com

> alem disso, fomentou uma cultura da indiferença à degradação ecológica. Nesta nova fase, podemos identificar, em relação ao judiciário dos grandes campos. O primeiro é o campo hegemônico. *É o campo dos negócios, dos interesses econômicos, que reclama por um sistema judiciário eficiente, rápido, um sistema que permita, efectivamente, a previsibilidade dos negócios,* dê segurança jurídica e garanta a salvaguarda dos direitos de propriedade. É neste campo que se concentra a grande parte das reformas do sistema judiciário por todo o mundo. Há vários que analiso as reformas que tiveram lugar em vários países, sobretudo, na Europa, na América Latina e em África. *Os protagonistas do campo hegemônico são o Banco Mundial, o Fundo Monetário Internacional e as grandes agências multilaterais e nacionais de ajuda do desenvolvimento. O sistema judicial desses países está a ser orientado para dar previsibilidade aos negócios, o que significa que as reformas se centram, muito selectivamente, nos sectores que melhor servem a economia, deixando de fora todos os outros.* Por isso, há áreas do judiciário e formas de actuação que são consideradas importantes e outras não. E a formação dos magistrados deve estar orientada, fundamentalmente, para as necessidades da economia. As reformas são orientadas, quase exclusivamente, pela idéia de rapidez. Isto é, pela necessidade de uma justiça célere. Sou, naturalmente, a favor de uma justiça rápida. A celeridade de resposta do sistema judicial à procura que lhe é dirigida é também uma competente essencial de sua qualidade. (...) Mas, é evidente que, do ponto de vista de uma revolução democrática de justiça, não basta a rapidez. É necessário, acima de tudo, uma justiça cidadã" (SANTOS. *Para uma revolução democrática da justiça*, p. 23-24, grifos nossos).
> Ronald Dworkin nos chama a atenção para este problema: o que é melhor, gastar dinheiro/ tempo com o processo (assim garantindo, em tese, decisões mais corretas) ou garantir processos rápidos? "Se as pessoas não têm direito aos julgamentos mais exatos possíveis, seja qual for o custo, então a que nível de exatidão elas têm direito? Devemos partir para o outro extremo, e sustentar que as pessoas acusadas de crime não têm direito a nenhum nível particular de exatidão? Essa seria nossa suposição se escolhêssemos os processos de julgamento e as normas sobre as provas baseados inteiramente nos cálculos de custo e benefício sobre o melhor benefício para a sociedade como um todo, equilibrando os interesses dos acusados com os interesses dos que ganhariam com a economia de recursos públicos para 'maior bem do maior número'. Essa abordagem utilitarista seria compatível com nossa ardorosa declaração de que os inocentes têm direito de ser libertados?" (DWORKIN. *Uma questão de princípio*, p. 106). As mesmas ideias valem para a esfera cível, acrescenta o autor: "Quando uma pessoa recorre à justiça em uma questão civil, ela pede ao tribunal que imponha seus direitos, e o argumento de que a comunidade estaria melhor se esse direito não fosse aplicado não é considerado um bom argumento contra ela" (p. 107). Qual a solução? Para isso ele diferencia argumentos de princípio (propriamente jurídicos: Direitos Fundamentais) e argumentos de política (o que pode gerar melhor bem-estar geral para a comunidade).
> Questões de política pertencem aos debates de formação das leis, nos quais têm lugar toda ordem de argumentos (morais, pragmáticos, econômicos, governamentais, etc.). Questões de princípio pertencem aos momentos de aplicação jurisdicional do Direito. "Quando uma lei é reivindicada em juízo não importam as razões (de política) que o legislador possuía quando a elaborou; a parte irá pretender algo — o direito a um recurso, por exemplo — não porque com isso "toda a comunidade iria se beneficiar", ou sejam lá quais tenham sido as razões do legislador, que, como afirmamos, não importam judicialmente, mas para defender um *direito* que entende possuir. Uma lei é argüida em juízo a partir de argumentos de princípio, não de política" (BAHIA. *Interesse público e interesse privado nos recursos extraordinários*: por uma compreensão adequada no Estado Democrático de Direito, p. 188).

[3] Cf. WALTER. Cinquanta anni di studi sul processo civile in Germania: dal costruttivismo all'apertura internazionale. *Rivista di Diritto Processuale*, p. 36-52; e TARUFFO. Aspetti fondamentali del processo civile di civil law e di common law. *In*: TARUFFO. *Sui confini*: scritti sulla giustizia civile, p. 76.

a busca de uma interpretação adequada a seus respectivos modelos constitucionais de processo.[4]

Até mesmo por ser inegável que a constitucionalização do direito brasileiro (e, no caso, particularmente do direito processual) somente se deu (efetivamente) a partir da Constituição de 1988; fenômeno que em boa parte dos países europeus se realizou após a Segunda Grande Guerra.

Em face da percepção da importância da eficiência, até mesmo por preocupações econômicas recorrentes, a primeira premissa que precisamos analisar é qual eficiência os sistemas processuais democráticos almejam.

Conforme preleciona Taruffo, podemos buscar pelo menos dois tipos de eficiência no sistema processual.[5]

Uma primeira perspectiva de eficiência, por mim nominada quantitativa, se definiria em termos de velocidade dos procedimentos e redução de custos, na qual quanto mais barata e rápida a resolução dos conflitos, maior eficiência seria obtida, sendo a qualidade do sistema processual e de suas decisões um fator de menor importância.[6]

Uma segunda perspectiva de eficiência (qualitativa) seria aquela na qual um dos elementos principais de sua implementação passaria a ser a qualidade das decisões e de sua fundamentação e que conduziria à necessidade de técnicas processuais adequadas, corretas, justas, equânimes[7] e, completaria, democráticas para aplicação do direito.

Como o próprio Taruffo explicita, ambas as perspectivas seriam faces da mesma moeda, mas que podem e comumente são vistas como concepções contraditórias uma vez que um processo rápido e barato pode formar decisões incompletas ou incorretas, ao passo que para busca de uma decisão "justa" (correta e legítima) exige-se dinheiro, tempo e uma atividade compartipada entre o juiz e os demais sujeitos processuais. Tal situação, nesses termos, costuma impor a escolha de uma das faces da eficiência e à exclusão da outra por completo.[8]

---

[4] ANDOLINA; VIGNERA. *I fondamenti costituzionali della giustizia civile*: il modello costituzionale del processo civile italiano.

[5] TARUFFO. Orality and Writing as Factors of Efficiency in Civil Litigation. *In*: CARPI; ORTELLS RAMOS. *Oralidad y escritura en un proceso civil eficiente*, v. 2, p. 185 *et seq.*

[6] TARUFFO. Orality and Writing as Factors of Efficiency in Civil Litigation. *In*: CARPI; ORTELLS RAMOS. *Oralidad y escritura en un proceso civil eficiente*, v. 2, p. 187.

[7] TARUFFO. Orality and Writing as Factors of Efficiency in Civil Litigation. *In*: CARPI; ORTELLS RAMOS. *Oralidad y escritura en un proceso civil eficiente*, v. 2, p. 187-188.

[8] TARUFFO. Orality and Writing as Factors of Efficiency in Civil Litigation. *In*: CARPI; ORTELLS RAMOS. *Oralidad y escritura en un proceso civil eficiente*, v. 2, p. 188.

Infelizmente, em face de inúmeros fatores, o sistema processual brasileiro costuma trabalhar com a eficiência quantitativa, impondo mesmo uma visão neoliberal[9] de alta produtividade de decisões e de uniformização superficial dos entendimentos pelos tribunais,[10] mesmo

---

[9] Cf. NUNES. *Processo jurisdicional democrático*: uma análise crítica das reformas processuais.

[10] Não se podem negligenciar, nesse aspecto, as importantes ponderações no Ministro Herman Benjamim, sobre os perigos da uniformização sem um anterior debate aprofundado das temáticas:
"Uma perplexidade político-processual inicial: a solução de conflitos coletivos pela via de ação civil individual e a mutilação reflexa do direito de acesso à justiça de milhões de consumidores. A colenda Primeira Turma decidiu, em 24.4.2007 (fl. 186), afetar esta demanda à Primeira Seção. Até aí, nada de incomum, pois freqüentemente questões complexas ou repetitivas são levadas ao colegiado de dez Membros, para que possam os seus integrantes decidi-las de maneira uniforme, evitando assim entendimentos divergentes entre as duas Turmas. Aqui, contudo, afloram peculiaridades que desaconselhariam tal 'afetação', na forma e no momento em que foi feita, quase que automaticamente, sem qualquer discussão prévia e amadurecimento, no âmbito interno de ambas as Turmas, das múltiplas questões novas e controvertidas que acompanham esta demanda. Os pontos complexos que este processo envolve — e são tantos, como veremos no decorrer deste Voto — não se submeteram ao crivo de debates anteriores entre os Membros das Turmas, debates esses necessários para identificar e esclarecer as principais divergências e controvérsias de conflito desse porte, que, embora veiculado por ação individual (e formalmente refira-se com exclusividade a uma única consumidora), afeta, de maneira direta, mais de 30 milhões de assinantes (*rectius*, consumidores). Difícil negar que, no âmbito do STJ, a demanda não estava madura para, de cara, prolatar-se decisão unificadora e uniformizadora a orientar a Seção, suas duas Turmas e todos os Tribunais e juízos do Brasil. Em litígios dessa envergadura, que envolvem milhões de jurisdicionados, é indispensável a preservação do espaço técnico-retórico para exposição ampla, investigação criteriosa e dissecação minuciosa dos temas ora levantados ou que venham a ser levantados. Do contrário, restringir-se-á o salutar debate e tolher-se-á o contraditório, tão necessários ao embasamento de uma boa e segura decisão do Colegiado dos Dez. É bem verdade que o Regimento Interno prevê a 'afetação' de processos à Seção 'em razão da relevância da questão jurídica, ou da necessidade de prevenir divergências entre as Turmas' (art. 127). Contudo, escolheu-se exatamente uma *ação individual*, de uma contratante do Rio Grande do Sul, *triplamente vulnerável* na acepção do modelo constitucional *welfarista* de 1988 — consumidora, pobre e negra —, para se fixar o precedente uniformizador, mesmo sabendo-se da existência de várias *ações civis públicas*, sobre a mesma matéria, que tramitam pelo País afora. Ou seja, inverteu-se a lógica do processo civil coletivo: em vez da ação civil pública fazer coisa julgada *erga omnes*, é a ação individual que, por um expediente interno do Tribunal, de natureza pragmática, de fato transforma-se, em consequência da eficácia uniformizadora da decisão colegiada, em instrumento de solução de conflitos coletivos e massificados. Não se resiste aqui à tentação de apontar o paradoxo. Enquanto o ordenamento jurídico nacional nega ao consumidor-indivíduo, sujeito vulnerável, legitimação para a propositura de ação civil pública (Lei nº 7.347/1985 e CDC), o STJ, pela porta dos fundos, aceita que uma demanda individual — ambiente jurídico-processual mais favorável à prevalência dos interesses do sujeito hiperpoderoso (*in casu* o fornecedor de serviço de telefonia) — venha a cumprir o papel de ação civil pública às avessas, pois o provimento em favor da empresa servirá para matar na origem milhares de demandas assemelhadas — individuais e coletivas. Aliás, em seus Memoriais, foi precisamente esse um dos argumentos (a avalanche de ações individuais) utilizado pela concessionária para justificar uma imediata intervenção da Seção. Finalmente, elegeu-se exatamente a demanda de uma consumidora pobre e negra (como dissemos acima, *triplamente vulnerável*), destituída de recursos financeiros para se fazer presente *fisicamente* no STJ, por meio de apresentação

que isto ocorra antes de um exaustivo debate em torno dos casos, com a finalidade de aumentar a estatística de casos "resolvidos".

Ao se adotar a segunda perspectiva de eficiência, combinar-se-á a preocupação com a celeridade, os custos e com a qualidade das decisões. Desta feita, um processo é considerado eficiente quando não somente resolve a situação litigiosa em tempo razoável e custos reduzidos, mas também quando a decisão é fundamentada adequadamente. Como o autor afirma:

> Para poder ser correta, uma decisão deve fundamentar-se em uma apresentação adequada, completa e justa dos aspectos jurídicos das alegações de ambas as partes, assim como em uma interpretação exata, completa e possivelmente verdadeira dos fatos, baseada em um exame justo das provas.[11] (tradução livre)

O tratamento da eficiência processual no campo civil como resolução pura dos conflitos tem fomentado reformas processuais com a finalidade de aceleração do *iter* processual por meio da supressão de alguns atos processuais.

A busca pela "celeridade a qualquer preço" e sua quase incompatibilidade com uma cognição plena e exauriente, dá ensejo ao aumento de pronunciamentos jurisdicionais sumários, de legitimidade questionada.

A preocupação com a redução de custos também contribui para a aceleração processual porque "o processo consome recursos públicos (sempre insuficientes para atender a todas as demandas); logo, quanto mais rápido se der a solução, menores os gastos".[12]

---

de memoriais, audiências com os Ministros e sustentação oral. Como juiz, mas também como cidadão, não posso deixar de lamentar que, na argumentação oral perante a Seção e também em visitas aos Gabinetes, verdadeiro monólogo dos maiores e melhores escritórios de advocacia do País, a voz dos consumidores não se tenha feito ouvir. Não lastimo somente o silêncio de D. Camila Mendes Soares, mas sobretudo a ausência, em sustentação oral, de representantes dos interesses dos *litigantes-sombra* (...)" (STJ. Resp. nº 911.802/RS, 1ª S. Rel. Min. José Delgado. Julg. 24.10.2007. *DJe*, 1º set. 2008).

[11] TARUFFO. Orality and Writing as Factors of Efficiency in Civil Litigation. *In*: CARPI; ORTELLS RAMOS. *Oralidad y escritura en un proceso civil eficiente*, v. 2, p. 3. No original: "Para poder ser ecuánime, una decisión debe fundamentarse sobre la presentación adecuada, completa y justa que de los aspectos jurídicos de las alegaciones realizan ambas partes, así como en una decisión debe fundamentarse sobre la presentación adecuada, completa y justa que de los aspectos jurídicos de las alegaciones realizan ambas partes, así como en una resolución certera, completa y posiblemente veraz sobre los hechos, basada en un examen justo de las pruebas".

[12] NUNES; BAHIA. Por um novo paradigma processual. *Revista da Faculdade de Direito do Sul de Minas*, p. 80.

No entanto, todos esses argumentos caem por terra quando se faz a análise da questão da eficiência sob a ótica da qualidade das sentenças judiciais ofertadas e se busca a resolução dos conflitos mediante decisões corretas.

Uma decisão construída sem debate, "um processo mal instruído, em que não houve colocação clara (...) dos pontos controversos, é fonte geradora de um sem-número de recursos (...), o que, certamente não auxilia na obtenção de uma razoável duração do processo".[13]

Uma possível alternativa para a questão da eficiência processual é a utilização metódica da fase preliminar[14] que:

> (...) levada a sério com a fixação adequada de todos os pontos controvertidos pode conduzir a uma redução do tempo processual em face da percepção das próprias partes (e seus advogados) que a continuidade do feito não se faz adequada e necessária, o que conduzirá um advogado técnico à busca da conciliação com o término do processo em prazo razoável.[15]

2 A fase preliminar do processo civil

A dimensão bifásica dos procedimentos cognitivos, presente nos modernos sistemas processuais,[16] consiste em uma fase preliminar, preparatória do debate, e numa segunda fase, em que se discutem os argumentos de fato e de direito relevantes selecionados na primeira fase.

Como informa Leipold:

---

[13] NUNES; BAHIA. Por um novo paradigma processual. *Revista da Faculdade de Direito do Sul de Minas*, p. 81.

[14] A busca pela eficiência processual tem deslocado as atenções para a fase preliminar, no sentido de se constatar que, uma vez bem construída, garante elementos consistentes para a formação das decisões.

[15] THEODORO JÚNIOR; NUNES. Uma dimensão que urge reconhecer ao contraditório no direito brasileiro: sua aplicação como garantia de influência, de não surpresa e de aproveitamento da atividade processual. *Revista de Processo*, p. 115.

[16] Segundo Taruffo, citado por Nunes: "Sabe-se que todos os sistemas processuais modernos, sejam de *common law* ou de *civil law*, dimensionaram suas fases ou procedimentos cognitivos em estruturas bifásicas em que, numa primeira fase técnica, ocorre a preparação do debate (*v.g.* audiência preliminar, com a fixação de pontos controvertidos, e/ou preparação escrita do tema da prova) e, numa segunda fase, a discussão endoprocessual de todos os argumentos relevantes (*v.g.* audiência de instrução e julgamento)" (NUNES. *Processo jurisdicional democrático*: uma análise crítica das reformas processuais, p. 241).

Parece que um traço comum do processo civil moderno é que o juízo apresente duas fases essenciais: uma fase preparatória e outra principal ou plenária que inclui o argumento jurídico central ou o juízo.[17] (tradução livre)

O Código de Processo Civil brasileiro, em seu art. 331, *caput*, estabelece que, não sendo caso de extinção do processo, previstos nos artigos 267, 269, II a V, nem de julgamento antecipado da lide e a causa versar sobre direitos que admitam transação, o juiz designará audiência preliminar, que se realizará em 30 dias, na qual as partes deverão comparecer pessoalmente, acompanhadas ou não de seus advogados, ou, se estes tiverem mandato que contenha poderes especiais para transigir, apenas estes poderão comparecer.

Um dos objetivos dessa audiência, mas não o único, é tentar a conciliação das partes. Dispõe o §1º do referido artigo, que, obtida a conciliação, será reduzido o acordo a termo e homologado por sentença. Conforme o disposto no §2º, não sendo possível a conciliação, o juiz fixará os pontos controvertidos, decidirá as questões processuais pendentes e determinará as provas a serem produzidas, designando audiência de instrução e julgamento, se necessário. Instaura-se, então, a fase processual seguinte, o saneamento do processo, em regra, na própria audiência, de acordo com o §3º do mesmo diploma.

Segundo Leipold, um dos avanços mais interessantes e surpreendentes dos últimos anos é a ampliação da cobertura das normas processuais a uma fase prévia ao início do processo e seu melhor exemplo são os protocolos prévios ao juízo das normas processuais modernas do direito inglês. O primeiro objetivo, conforme Leipold, seria o de melhorar a comunicação entre os litigantes, oferecendo, a tempo, informação completa sobre os fatos e circunstâncias relevantes do possível juízo, supondo-se que as partes poderiam evitar o litígio ao chegar a um acordo antes do começo do processo e que os litigantes poderiam considerar mais conveniente alguma solução extra judicial de conflitos (intervenção de um terceiro independente ou de um árbitro).[18]

---

[17] LEIPOLD. Elementos orales y escritos en la fase introductoria del proceso civil. *In*: CARPI; ORTELLS RAMOS. *Oralidad y escritura en un proceso civil eficiente*, v. 2, p. 6. No original: "Parece que un rasgo común del proceso civil moderno es que el juicio presente dos fases esenciales: una fase preparatoria y otra principal o plenaria que incluye el argumento jurídico central o el juicio".

[18] LEIPOLD. Elementos orales y escritos en la fase introductoria del proceso civil. *In*: CARPI; ORTELLS RAMOS. *Oralidad y escritura en un proceso civil eficiente*, v. 2, p. 1-2.

Na Espanha, de acordo com Vilaplana, não existe uma fase prévia formal no processo civil:

> No processo civil espanhol não existe uma "formal" fase preparatória do processo civil, anterior à formulação da pretensão processual, que se celebraria entre as partes — assistidas por seus advogados —, e com a eventual intervenção do Tribunal para auxiliar as partes em certos casos.[19] (tradução livre)

Conforme Goycoolea, o Código Processual Civil para a Ibero-América, o Código Modelo, aprovado nas XI Jornadas Ibero-Americanas de Direito Processual, celebradas no Rio de Janeiro em 1988, tem servido de fonte inspiradora das distintas reformas dos sistemas processuais civis, já que recorre e baseia-se em avançados procedimentos processuais, entre eles, a adoção do processo por audiências, e o estabelecimento de uma audiência preliminar com múltiplas finalidades (artigos 301 e 302) a cargo de um juiz singular.[20]

O Código Modelo foi elaborado a partir da ideia de uma audiência preliminar cuja finalidade pode ser resumida, segundo seus próprios editores, em uma função conciliadora, uma função saneadora (que conduz à decorrente analise da viabilidade de julgamento futuro do mérito), para estabelecer o objeto do processo e da prova e uma função ordenadora, especialmente para a delimitação da prova.[21]

A audiência preliminar também está prevista no Código argentino. As partes são intimadas, há uma tentativa de conciliação ou outra forma de solução do conflito.[22]

Nesse sentido:

> O Código argentino também prevê uma audiência preliminar que presidirá o juiz de forma indelegável. Nela convida as partes a uma conciliação ou a solucionar o conflito de outra forma, resolverá a oposição à abertura da prova, se for o caso, ouvirá as partes e fixará os

---

[19] VILAPLANA. La fase introductiva y el contrato procesal: informe nacional. In: CARPI; ORTELLS RAMOS. Oralidad y escritura en un proceso civil eficiente, v. 2, p. 11. No original: "En el proceso civil español no existe una 'formal' fase preparatoria del proceso civil, anterior a la formulación de la pretensión procesal, que se celebraría entre las partes — asistidas por sus abogados —, y con la eventual intervención del Tribunal para auxiliar en ciertos casos a las partes".

[20] GOYCOOLEA. La fase introductiva y el contrato procesal en el proceso civil latinoamericano. In: CARPI; ORTELLS RAMOS. Oralidad y escritura en un proceso civil eficiente, v. 2.

[21] GOYCOOLEA. La fase introductiva y el contrato procesal en el proceso civil latinoamericano. In: CARPI; ORTELLS RAMOS. Oralidad y escritura en un proceso civil eficiente, v. 2, p. 5.

[22] GOYCOOLEA. La fase introductiva y el contrato procesal en el proceso civil latinoamericano. In: CARPI; ORTELLS RAMOS. Oralidad y escritura en un proceso civil eficiente, v. 2, p. 5.

fatos controvertidos sobre os quais versarão as provas, receberá a prova confessional, produzirá as provas consideradas admissíveis, concentrará em uma audiência a prova testemunhal e, se necessário, decidirá que a questão deve ser resolvida como puramente jurídica, então a causa será concluída em definitivo (art. 360).[23] (tradução livre)

Afirma Goycoolea que o Código Processual Civil Colombiano prevê em seu art. 101 uma audiência de conciliação, saneamento, decisão das exceções prévias e fixação do litígio.[24] Já o Código Civil do Peru dispõe que opostas as exceções e tramitadas, o juiz convoca uma audiência de saneamento processual ou despacho saneador (art. 449), se não as tiver declarado improcedentes.

O anteprojeto de Código Processual Civil Chileno, conforme Goycoolea, prevê uma audiência preliminar (art. 267), na qual deverão comparecer as partes, pessoalmente ou representadas. Nela a petição inicial e a contestação serão ratificadas, e, se for o caso, a reconvenção e a contestação da mesma.[25]

Após essa visão geral da fase preliminar nos sistemas processuais, passemos então à sua análise enquanto fator de eficiência processual.

3 A fase preliminar como fator de eficiência

A busca pela eficiência processual tem deslocado o foco das atenções para a fase procedimental preliminar.

Nesse sentido:

> A preocupação recorrente e mais importante no passado com a fase de produção de provas (segunda fase procedimental), de modo a garantir o direito constitucional à prova, vem sendo deslocada paulatinamente

---

[23] GOYCOOLEA. La fase introductiva y el contrato procesal en el proceso civil latinoamericano. *In*: CARPI; ORTELLS RAMOS. *Oralidad y escritura en un proceso civil eficiente*, v. 2, p. 5. No original: "El Código argentino contempla también una audiencia preliminar que presidirá el juez de forma indelegable. En ella invitará a las partes a una conciliación o a solucionar el conflicto de otra forma, resolverá la oposición a la apertura a prueba n su caso, oirá a las partes y fijará los hechos controvertidos sobre los que versará la prueba, recibirá la prueba confesional, proveerá las pruebas que considere admisibles, concentrará en una audiencia la prueba testimonial y, si procediere, decidirá que la cuestión debe ser resuelta como de puro derecho, con lo que la causa quedará concluida para definitiva (artículo 360)".

[24] GOYCOOLEA. La fase introductiva y el contrato procesal en el proceso civil latinoamericano. *In*: CARPI; ORTELLS RAMOS. *Oralidad y escritura en un proceso civil eficiente*, v. 2, p. 6. No original: "El Código Procesal Civil colombiano contempla en su artículo 101 una audiencia de conciliación, saneamiento, decisión de las excepciones previas y fijación del litigio".

[25] GOYCOOLEA. La fase introductiva y el contrato procesal en el proceso civil latinoamericano. *In*: CARPI; ORTELLS RAMOS. *Oralidad y escritura en un proceso civil eficiente*, v. 2, p. 6.

para a primeira fase, na qual ocorre a preparação do debate e da produção das provas, uma vez que se percebeu que a depuração quase completa das questões objeto do processo permite um diálogo profícuo, seja em procedimentos marcadamente escritos, seja em procedimentos marcadamente orais, além de impedir que a decisão seja fruto solitário do pensamento judicial.[26]

Apesar de todos esses benefícios, infelizmente, no Brasil é comum a fase preliminar processual ser realizada apenas formalmente. A audiência preliminar, por exemplo, tem se reduzido a uma audiência de conciliação, a um saneamento *pro forma*, a ausência de fixação dos pontos controvertidos, esquecendo-se de que sua função principal, como o próprio nome, é a preparatória.[27]

Além disso, percebe-se:

> A não delimitação das matérias relevantes — e aqui se pontuam as questões de fato, em sistemas de preclusão como o brasileiro — pode conduzir a uma discussão e à produção de provas em instrução iníqua, lastreada sobre aspectos absolutamente inúteis e mantendo nas sombras fatos relevantes. Tudo em razão de uma preparação inadequada da causa.[28]

Uma fase preliminar, quando bem construída, além de resultar numa aplicação dinâmica do contraditório,[29] contribui para o melhor aproveitamento processual, na medida em que oferece elementos relevantes para a formação da sentença, reduz a necessidade de recursos, já que decisões baseadas em argumentos relevantes discutidos pelos interessados têm maior probabilidade de acerto. Concorre para aumento da celeridade processual, através da seleção das matérias realmente importantes. Contribui também para a legitimação das decisões, uma vez que as partes devidamente esclarecidas participam mais ativamente.

---

[26] NUNES. *Processo jurisdicional democrático*: uma análise crítica das reformas processuais, p. 242.

[27] NUNES. *Processo jurisdicional democrático*: uma análise crítica das reformas processuais, p. 244.

[28] NUNES. *Processo jurisdicional democrático*: uma análise crítica das reformas processuais, p. 243.

[29] "(...) o contraditório não pode mais ser analisado tão-somente como mera garantia formal de bilateralidade da audiência, mas, sim, como uma possibilidade de influência (...) sobre o desenvolvimento do processo e sobre a formação das decisões racionais, com inexistentes ou reduzidas possibilidades de surpresa" (THEODORO JÚNIOR; NUNES. Uma dimensão que urge reconhecer ao contraditório no direito brasileiro: sua aplicação como garantia de influência, de não surpresa e de aproveitamento da atividade processual. *Revista de Processo*, p. 109).

Reduz os custos, à medida que diminui a utilização de recursos[30] (ou reduz suas taxas de reforma), torna o processo mais simples. Possibilita a conciliação,[31] visto que amplia o diálogo entre as partes, garantindo a qualidade das decisões.

4 Oralidade, escritura e os mitos

A análise da clássica dicotomia entre a oralidade e a escrita no processo civil, na perspectiva da eficiência, tem um lado positivo e um negativo.

Segundo Taruffo, o lado positivo é que uma análise feita a partir da adoção de uma perspectiva instrumental[32] pode contribuir para anular os mitos que são inerentes a esta questão há pelo menos um século.

Afirma o professor de Pavia que existem pelo menos dois mitos: o positivo, segundo o qual a oralidade seria considerada um valor básico ideal, uma espécie de panaceia que resolveria todas as dificuldades de operação do processo civil, e um mito negativo, pelo qual a escrita seria essencialmente má e responsável pela maioria dos problemas que surgem em um litígio civil e, portanto, deveria ser reduzida ao mínimo ou, até mesmo ser anulada.[33] No entanto, assevera o processualista, há também o lado negativo, segundo o qual pode funcionar como um poderoso obstáculo, dificultando a compreensão dos mecanismos processuais.[34]

---

[30] "(...) quando a preparação é realizada de modo metódico e bem delineada conduz à redução do tempo processual, uma vez que reduz a possibilidade e necessidade de utilização de recursos pelas partes, com o debate mais aprofundado das questões relevantes" (NUNES; BAHIA. Eficiência processual: algumas questões. *Revista de Processo*, p. 128).

[31] "(...) caso se conheçam todas as possibilidades de fundamentação do caso, ocorreria uma tendência ao acordo estruturado, que não decorre nem da coação e nem mesmo da impossibilidade de satisfação rápida da pretensão (que faria com que um economicamente débil, às vezes, renuncie a grande parte de seus direitos para recebê-los prontamente), mas sim, da manifestação da autonomia das partes" (NUNES; BAHIA. Eficiência processual: algumas questões. *Revista de Processo*, p. 129).

[32] E aqui se refere a uma instrumentalidade técnica, que não se confunde com teorias instrumentalistas que apostam na sensibilidade dos magistrado na aplicação do direito.

[33] "Não tenho nada contra mitos em geral: eles são parte das culturas e juntamente com as ideologias, (e muitas vezes confundido com elas), nos proporcionam a base de todos os tipos de construções sociais e jurídicas" ["No tengo nada contra los mitos en general: son parte de las culturas y, junto con las ideologías (y a menudo confundidos con ellas), nos proporcionan la base de todo tipo de constructos sociales y legales"] (TARUFFO. Orality and Writing as Factors of Efficiency in Civil Litigation. *In*: CARPI; ORTELLS RAMOS. *Oralidad y escritura en un proceso civil eficiente*, v. 2, p. 1. Tradução livre).

[34] TARUFFO. Orality and Writing as Factors of Efficiency in Civil Litigation. *In*: CARPI; ORTELLS RAMOS. *Oralidad y escritura en un proceso civil eficiente*, v. 2, p. 1.

Seguindo essa mesma linha, de acordo com Rodríguez, na Espanha, a oralidade, quase convertida em mito, pela sua vinculação com a eficácia, com os princípios da imediação e concentração, se erigiu em objetivo. Atualmente, os modelos de processo ordinários presentes na LEC 1/2000 (Ley de Enjuiciamiento Civil) são regidos, em parte, pela oralidade.[35]

Na Itália, comenta Biavati, uma importante corrente da literatura, desde Chiovenda, tem considerado o desenvolvimento oral do processo, como o melhor caminho para a justiça. Mas, para o autor:

> (...) esta abordagem não pode lidar com os problemas de estrutura e organização do sistema judiciário e poder-se-ia perguntar se Chiovenda insistiria na mesma posição se vivesse nos dias de hoje. De qualquer forma, é certo que os problemas devem ser enfrentados através da observação da realidade e sair de qualquer jaula ideológica.[36] (tradução livre)

Buscando analisar a oralidade e a escritura sob uma perspectiva instrumental, conforme Taruffo, e procurando, na medida do possível, desvincular das "jaulas ideológicas", como Biavati, passar-se-á então à verificação da presença e ou mesmo predominância das formas orais e escritas nos sistemas processuais.

5 Oralidade e escritura

Um sistema processual é dito oral ou escrito de acordo com o tipo de comunicação, se oral ou escrita, utilizadas para as alegações das partes e apresentações de provas.

Outro aspecto da oralidade e da escritura remonta à definição de duas tradições jurídicas: a divisão dos sistemas em *common law*, anglo-americano, e *civil law*, europeu continental.

Segundo Damaška, num entendimento convencional dos sistemas, nos processos cíveis do modelo de *common law*, há o protagonismo das

---

[35] RODRÍGUEZ, Luz Castillo. Sobre el "proceso europeo de escasa cuantía". *In*: CARPI; ORTELLS RAMOS. *Oralidad y escritura en un proceso civil eficiente*, v. 2, p. 2.

[36] BIAVATI. Oral and Written Evidence in Italian civil Procedure Law. *In*: CARPI; ORTELLS RAMOS. *Oralidad y escritura en un proceso civil eficiente*, v. 2, p. 10. No original: "(...) this approach can't cope with the problems of judicial structure and organization and one might wonder whether Chiovenda would stress the same positions, if he lived nowadays. Any way, it is sure that problems should be faced looking at reality and coming out of any ideological cage".

partes, que apresentam seus respectivos argumentos para um juiz passivo. E, por sua vez, no modelo *civil law*, o protagonismo é judicial.[37]

As distinções entre os sistemas, tanto no processo quanto na administração da justiça, eram evidenciadas pelo modelo processual adversarial, adotados pelos sistemas de *common law*, e o inquisitorial, eleito pelo continental.

O modelo *adversarial* era essencialmente oral, devido à necessidade da concentração e imediação dos atos processuais, já que o juiz organizava o debate/duelo das partes. Enquanto no modelo inquisitorial o processo era marcado pela escritura, o juiz dita o desenrolar da audiência que vai ser reduzida a termo e juntada posteriormente aos autos.

No entanto, o que assistimos, na atualidade, é a convergência entre esses aludidos sistemas não se podendo mais afirmar que um país seja puramente de *common law* ou de *civil law*, em face da adoção de códigos e leis nos primeiros (como, *v.g.*, a CPR inglesa de 1998) como fonte importante na aplicação do direito, e da adoção da força persuasiva ou vinculante dos precedentes nos segundos, como de algum modo vem ocorrendo em nosso país.

O congresso da *International Association of Procedural Law* de 2009 tematizou essa tendência no processo civil, no campo técnico e institucional.[38]

Ademais, não existem mais processos puramente orais ou escritos. O que se observa é uma predominância de um em relação ao outro, determinados por uma escolha legislativa.

Com Leipold se percebe que "no momento presente, a questão de que até que ponto prevalecem os elementos escritos e orais em um processo civil resulta relevante para todos os códigos processuais"[39] (tradução livre).

Navarro, em sua comunicação para o Colóquio da Associação Internacional de Direito Processual de 2008, afirma que um dos principais fatores de eficiência do processo civil encontra-se na oralidade,

---

[37] DAMAŠKA. The Common Law/Civil Law Divide: Residual Truth of a Misleading Distinction. *In*: INTERNATIONAL Association of Procedural Law. Toronto Conference.

[38] Cf., entre outros, DAMAŠKA. The Common Law/Civil Law Divide: Residual Truth of a Misleading Distinction. *In*: INTERNATIONAL Association of Procedural Law. Toronto Conference.

[39] LEIPOLD. Elementos orales y escritos en la fase introductoria del proceso civil. *In*: CARPI; ORTELLS RAMOS. *Oralidad y escritura en un proceso civil eficiente*, v. 2, p. 12. No original: "En el momento presente, la cuestión de hasta qué punto prevalecen los elementos escritos y orales en un proceso civil resulta relevante para todos los códigos procesales".

cujas vantagens vão além da possibilidade da expressão oral, mas, principalmente, de como a imediação, concentração e até a publicidade permitem desenhar um *iter procedimental* tecnicamente mais eficiente.[40]

Segundo Pérez-Ragone, o sistema processual civil alemão delineado pela ZPO reformada[41] prevê um processo oral com elementos escritos, mas que, de acordo com o caso ou o procedimento, combina as duas formas:

> A oralidade e o princípio da escritura moldam a dinâmica externa do processo para determinar a comunicação dos sujeitos processuais, tem direta vinculação com o direito fundamental de tutela jurisdicional e o direito de audiência ou ao de ser ouvido (art. 103, §1, Lei Fundamental). Dentro da ZPO, a audiência oral é o instrumento mais importante para garantir o direito a ser ouvido, ainda quando isso possa ser alcançado através da escritura.[42] (tradução livre)

Conforme o referido processualista, a publicidade processual é impraticável em um procedimento escrito. E argumenta que o art. 6, parte 1, da CEDH dispõe que "todos os homens têm direito a que suas causas sejam conhecidas em uma audiência pública".

Referindo-se às vantagens do procedimento oral, comenta:

> (...) é possível um completo detalhamento em relação aos fatos e à controvérsia objeto do processo, quando existe uma audiência oral, podendo o tribunal exercer de forma mais eficiente a direção não apenas formal, mas também material do processo. O princípio da oralidade somado a outros princípios, em especial ao da imediação e concentração, tem um grande número de vantagens comparativas para uma eficiente tramitação processual, assim como, também, para um maior sustento da legitimidade e celeridade da sentença. (...)

---

[40] NAVARRO. Principales factores de eficiencia en el proceso civil más allá de la oralidad. *In*: CARPI; ORTELLS RAMOS. *Oralidad y escritura en un proceso civil eficiente*, v. 2, p. 1.

[41] Para compreensão das reformas alemãs direcionadas a aplicação da oralidade, cf. NUNES. *Processo jurisdicional democrático*: uma análise crítica das reformas processuais.

[42] PÉREZ-RAGONE. Oralidad y prueba en Alemania, informe nacional. *In*: CARPI; ORTELLS RAMOS. *Oralidad y escritura en un proceso civil eficiente*, v. 2, p. 2. No original: "La oralidad y el principio escrituración moldean la dinámica externa del proceso para determinar la comunicación de los sujetos procesales tiene directa vinculación con el derecho fundamental de tutela jurisdiccional y el derecho de audiencia o a ser oído (art. 103 par. 1 Ley Fundamental). Dentro del ZPO la audiencia oral es el instrumento más importante para garantizar el derecho a ser oído aún cuando ello también pueda ser alcanzado por la escrituración".

A oralidade implica o necessário contato entre o tribunal que deve decidir as petições e o material fático que apresentem os sujeitos interventores do processo. Isso se consegue através do princípio de imediação processual que impõe a identidade do tribunal que conheceu e presenciou a discussão probatória das partes, com o tribunal que decide pronunciando a sentença definitiva. A discussão e os argumentos de convencimento probatórios devem ser compreensíveis para as partes e terceiros. Isso é mais bem assegurado pela audiência oral.[43] (tradução livre)

Conforme o autor, a audiência oral no sistema processual alemão é regra para os atos processuais em processos litigiosos:

A audiência oral é obrigatória quando as partes têm petições, alegações e provas para sua fundamentação, necessitando-se consequentemente do diálogo com o tribunal para poder chegar a uma decisão devidamente motivada. Essa é a interpretação do §128 I ZPO como é imperativa a oralidade no procedimento contraditório para o pronunciamento de uma sentença definitiva.[44] (tradução livre)

A partir do §128 do ZPO, Pérez-Ragone afirma que nenhuma resolução pode ser pronunciada sem a prévia audiência oral e que somente aquilo que foi objeto da audiência oral poderá servir de fundamentação para a decisão:

---

[43] PÉREZ-RAGONE. Oralidad y prueba en Alemania, informe nacional. *In*: CARPI; ORTELLS RAMOS. *Oralidad y escritura en un proceso civil eficiente*, v. 2, p. 2-3. No original: "(...) es posible un completo detalle en relación a los hechos y a la controversia objeto del proceso cuando existe una audiencia oral pudiendo el tribunal ejercer en forma más eficiente la dirección no solo formal, sino también material del proceso11. El principio de oralidad sumado a otros principios en especial al de inmediación y concentración tiene un gran número de ventajas comparativas para una eficiente tramitación procesal, como así también para un mayor sustento de la legitimidad y credibilidad que la sentencia. (...) La oralidad implica un necesario contacto entre el tribunal que debe decidir, las peticiones y el material fáctico que aporten los sujetos intervinientes es el proceso. Ello se logra a través del principio de inmediación procesal que impone la identidad del tribunal que conoció y presenció la discusión prueba de las partes, con el tribunal que decide pronunciando la sentencia definitiva. La discusión y argumentos de convencimiento probatorios deben ser comprensibles para las partes y terceros. Ello es mejor garantizado por la audiencia oral".

[44] PÉREZ-RAGONE. Oralidad y prueba en Alemania, informe nacional. *In*: CARPI; ORTELLS RAMOS. *Oralidad y escritura en un proceso civil eficiente*, v. 2, p. 3. No original: "La audiencia oral es obligatoria cuando las partes tienen peticiones, alegaciones y pruebas para su fundamentación, necesitándose consecuentemente el diálogo con el tribunal para poder arribar a una decisión debidamente motivada. Esa es la interpretación del §128 I ZPO en tanto es imperativa la oralidad en el procedimiento contradictorio para el pronunciamiento de una sentencia definitiva".

A oralidade não exclui a possibilidade de atuações escritas das partes e do tribunal. Desta forma, algumas atuações processuais podem efetuar-se apenas de forma escrita; assim, por exemplo, o estabelecido por escrito na petição (§253 ZPO), a interposição de recursos e meios de impugnação e outros atos processuais.

Outras atuações podem efetuar-se facultativamente na forma oral ou escrita através de determinados escritos ou em audiência oral, como na modificação da petição ou na reconvenção. Os atos processuais dos pedidos das partes que envolvem a determinação do teor e objeto de sua importância para a futura decisão devem ser feitos tanto por escrito como oralmente (§297): assim, na audiência oral se pode fazer referência ao escrito na petição, muito frequente na prática. Um certo grau de procedimento escrito se combina não apenas nos escritos próprios das partes, mas também pela confecção do expediente.

A audiência principal pode ser preparada por escrito ou oralmente, conforme ordenado pelo tribunal por considerar necessário. De acordo com a complexidade do processo pode ter uma audiência preliminar ou que seja substituído por escritos preparatórios ou a combinação de ambos. A meta é conseguir que em uma audiência principal se conquiste uma sentença que ponha fim ao processo.[45] (tradução livre)

O autor afirma que existem exceções ao princípio da oralidade no sistema processual alemão. Não sendo necessária, mas facultativa, a oralidade em um procedimento que conclua com o proferimento de determinadas decisões.[46]

---

[45] PÉREZ-RAGONE. Oralidad y prueba en Alemania, informe nacional. *In*: CARPI; ORTELLS RAMOS. *Oralidad y escritura en un proceso civil eficiente*, v. 2, p. 6-7. No original: "La oralidad no excluye la posibilidad de actuaciones escritas de las partes y del tribunal. De esta forma, algunas actuaciones procesales pueden efectuarse solo en forma escrita, así por ejemplo lo establecido para el escrito de demanda (§253 ZPO), la interposición de recursos y medios de impugnación y otros actos procesales. (...) Otras actuaciones procesales pueden efectuarse facultativamente en forma oral o escrita a través de determinados escritos o en audiencia oral, como ser la modificación de la demanda o la reconvención. Los actos procesales de las partes que impliquen peticiones que determinen el contenido y objeto de la decisión futura por su importancia deben efectuarse tanto escrita como oralmente (§297): así en la audiencia oral se puede hacer referencia al escrito de demanda, muy frecuente en la práctica. Un cierto grado de procedimiento escrito se combina no sólo por los escritos propios de las partes, sino también por la confección del expediente. (...) La audiencia oral principal puede prepararse en forma oral o escrita, según lo ordene el tribunal por considerarlo necesario. De acuerdo a la complejidad del proceso se puede disponer una audiencia preliminar o que ésta sea sustituida mediante escritos preparatorios o combinar ambas posibilidades. El objetivo es lograr que en una audiencia principal se logre arribar a una sentencia que ponga fin al proceso."

[46] PÉREZ-RAGONE. Oralidad y prueba en Alemania, informe nacional. *In*: CARPI; ORTELLS RAMOS. *Oralidad y escritura en un proceso civil eficiente*, v. 2, p. 8.

A seguir elenca alguns exemplos da exceção da utilização do princípio, como na interposição da demanda, na oposição contra a sentença em revelia, na interposição de recursos, quando as partes de comum acordo solicitam o procedimento escrito, em procedimentos de menor quantia, não superior a 600 Euros.[47]

De acordo com o informe de Leipold, com relação ao direito processual dos Estados Unidos, é essencial que o acesso à justiça seja simples, de modo que as exigências relativas a este sejam mais simples:

> Na demanda simplificada, um dos tipos de direito estadunidense, o requerente apenas tem de apresentar um breve escrito que descreve o conteúdo e a base da demanda, mas pode deixar os detalhes para a próxima fase das alegações e pedidos. Em comparação com esse, os direitos, como o alemão, espanhol (com diferentes requisitos para a demanda ordinária ou demanda sucinta), latino-americano (o código do modelo, bem como os códigos nacionais) e japonês são exemplos de demandas não simplificadas que requerem do demandante uma alegação detalhada dos fatos e a apresentação de meios de provas já nesse primeiro escrito. O direito grego também requer uma exposição clara dos fatos que motivam a ação.[48] (tradução livre)

As normas processuais, além de determinarem a demanda por escrito, podem estabelecer a obrigatoriedade do uso de determinados impressos, como no Direito inglês:

> O formulário de requerimento evita que os litigantes esqueçam as partes necessárias do escrito. Ele fornece um espaço para uma pormenorização do pedido (sob a forma de demanda ordinária) ou para o motivo da demanda (no processo simplificado). Este formulário pode ser útil especialmente para os litigantes que não têm experiência nos trâmites e não querem contratar um advogado para conduzir a ação. No entanto,

---

[47] PÉREZ-RAGONE. Oralidad y prueba en Alemania, informe nacional. In: CARPI; ORTELLS RAMOS. Oralidad y escritura en un proceso civil eficiente, v. 2, p. 8-9.

[48] PÉREZ-RAGONE. Oralidad y prueba en Alemania, informe nacional. In: CARPI; ORTELLS RAMOS. Oralidad y escritura en un proceso civil eficiente, v. 2, p. 3. No original: "En la demanda simplificada, uno de los tipos del Derecho estadounidense, al demandante le basta con presentar un escrito somero en el que describa el contenido y la base de la demanda, pero puede dejar los detalles para la fase siguiente de alegaciones y peticiones. En comparación con éste, los derechos, pongamos por caso, alemán, español (con requisitos distintos para la demanda ordinaria o la demanda sucinta), latinoamericano (el Código Modelo así como los códigos nacionales) y japonés son ejemplos de demandas no simplificadas que requieren del demandante una alegación detallada de hechos y la presentación de medios de prueba ya en este primer escrito. El Derecho griego también exige una relación clara de los hechos que motivan la acción".

dado que os formulários ingleses de demanda não solicitam detalhes à medida parece bastante limitada.[49] (tradução livre)

Como visto, a combinação de formas orais e demanda por escrito estão prevista em muitos sistemas processuais, cujo objetivo é facilitar o acesso às pessoas com menos experiência ou formação técnica para dar inicio a uma ação sem a necessidade de assistência de um advogado.

Ainda conforme o mesmo autor, nos tribunais de pequenas causas, como no *Amtsgericht* alemão (§496 do ZPO), a demanda oral é normalmente permitida:

> O requerente pode ir à sede do tribunal para que um empregado do mesmo tome nota de suas declarações e pedidos para convertê-los em uma demanda escrita. Na Grécia regras similares permitem que a demanda se inicie como um processo oral, através do secretário do juiz de paz. O Direito coreano permite o mesmo sempre que o montante da demanda não exceda 12.000 Euros. A demanda oral também está prevista no Direito Chinês se o requerente tiver dificuldades para iniciar o processo por escrito.

> Outra forma de demanda oral é a que permite que a parte compareça diretamente perante o tribunal. Do ponto de vista da Europa central, este método e o processo resultante (desde que o requerido também compareça) poderiam parecer arcaicos e para dar um exemplo, o direito alemão abandonou esta possibilidade em 1976, uma vez que, na prática, tinha se reduzido a sua importância. No entanto, não devemos ignorar o fato de que em muitos países de todo o mundo existem enormes diferenças no desenvolvimento das grandes cidades, por um lado, e das regiões rurais, por outro. Assim, é compreensível que no Direito chinês a demanda oral, tal como descrito acima, exerce um papel importante. Além disso, para garantir o acesso à justiça e para incentivar que as pessoas recorram a um tribunal em seus litígios, estes devem celebrar audiências fora de sua sede, o que significaria uma contribuição importante para alcançar a eficiência plena do direito.[50] (tradução livre)

---

[49] PÉREZ-RAGONE. Oralidad y prueba en Alemania, informe nacional. *In*: CARPI; ORTELLS RAMOS. *Oralidad y escritura en un proceso civil eficiente*, v. 2, p. 4. No original: "El impreso de demanda prevenido evita que los litigantes olviden las partes necesarias del escrito. Se proporciona un espacio para la pormenorización de la demanda (en el formulario de demanda ordinaria) o para el motivo de la demanda (en el proceso simplificado). Este impreso puede ser útil especialmente para litigantes que carezcan de experiencia en los trámites y que no quieran contratar a un letrado para llevar el juicio. Con todo, y puesto que los impresos ingleses de demanda no solicitan detalles, la medida parece bastante limitada".
[50] PÉREZ-RAGONE. Oralidad y prueba en Alemania, informe nacional. *In*: CARPI; ORTELLS RAMOS. *Oralidad y escritura en un proceso civil eficiente*, v. 2, p. 4. No original: "El demandante

Consoante Vilaplana, no processo civil espanhol, tanto a forma oral como a escrita dos atos processuais são aspectos regulados pela lei, e não podem ser modificados por acordo das partes (art. 1º, LEC). Existem exceções como no procedimento arbitral (art. 25, Lei de Arbitragem).

O processo civil espanhol elegeu a escritura para os atos processuais que exigem segurança e rigidez, e são relevantes para a constituição do processo, como os pedidos iniciais, e institui a oralidade para aqueles que exigem a percepção direta do juiz com as partes e as provas, como a audição prévia.[51]

6 O PLS nº 166/2010: críticas aos artigos 333, 354, 107, V, e 151, §1º. Flexibilização do procedimento e ausência de uma fase preparatória idônea

O Brasil passou nas últimas duas décadas por inúmeras reformas pontuais no Código de Processo Civil. O movimento das reformas parciais sempre foi criticado em razão da perda de consistência e coesão dos textos processuais.

Na atual ordem constitucional institui-se comissão dirigida prioritariamente pelos então Ministros Sálvio de Figueiredo Teixeira e Athos Gusmão Carneiro, com o auxílio do IBDP, que iniciou seus trabalhos na década de 1990 e deveriam rever tanto o Código de Processo Civil quanto o Penal. A comissão deu origem a diversos projetos de leis aprovados

---

puede dirigirse a las oficinas del tribunal para que un empelado del mismo tome nota de sus declaraciones y peticiones para convertirlas en una demanda escrita. En Grecia, unas normas similares permiten que la demanda se principie como un proceso oral a través del secretario del juez de paz. El Derecho coreano (véase el informe de Juny Ho Oh) permite lo mismo siempre que la cuantía de la demanda no exceda de los 12.000€. La demanda oral también está prevista en el Derecho chino si el demandante tiene dificultades para comenzar el proceso por escrito. (...) Otra forma de demanda oral es la que permite que la parte comparezca directamente ante el tribunal. Desde el punto de vista de la Europa central, este método y el proceso resultante (siempre que comparezca también el demandado) podrían parecer arcaicos y, por poner un ejemplo, el Derecho alemán abandonó esta posibilidad en el año 1976, puesto que en la práctica se había reducido su importancia. Con todo, no deberíamos ignorar que en muchos países de todo el mundo existen diferencias abismales en el desarrollo de las grandes ciudades, por un lado, y de las regiones rurales, por otro. De este modo, resulta comprensible que en el Derecho chino la demanda oral, tal como se ha descrito, ejerza un papel importante. Por otro lado, para asegurar el acceso a la justicia y para fomentar que las personas acudan a los tribunales en sus litigios, éstos deben celebrar audiencias fuera de su sede, lo cual supondría una contribución importante para conseguir una eficiencia completa del derecho".

[51] VILAPLANA. La fase introductiva y el contrato procesal: informe nacional. *In*: CARPI; ORTELLS RAMOS. *Oralidad y escritura en un proceso civil eficiente*, v. 2, p. 14.

pelo Congresso que modificaram pontualmente o CPC, instituindo, por exemplo, a tutela antecipada, a tutela específica, a audiência preliminar, a ação monitoria, bem como, mudanças na fase recursal e executiva. Foi, ainda, alterada a sistemática dos recursos extraordinários para se adequar à Emenda nº 45 da Constituição da República, que estabeleceu a "reforma" do Poder Judiciário, sistematizando a repercussão geral e os recursos repetitivos na legislação processual civil.

As comissões optaram por propor reformas parciais, organizadas em diversos projetos de leis, justificando a opção em razão da morosidade legislativa e da dificuldade da tramitação de um projeto global perante o Congresso Nacional.

Somente em 2009 institui-se outra comissão de juristas para proposição de um novo Código de Processo Civil.[52] O anteprojeto foi apresentado em junho de 2010 pela Comissão e tramita no Senado Federal sob o número 166/2010.

Assim, mudou-se a perspectiva do movimento das reformas no Brasil de reformas pontuais para a discussão de um novo projeto de Código de Processo. Esta é uma demonstração de que as reformas parciais se tornaram um problema, pois, as legislações processuais se tornaram desconexas e sem coesão interna, o que dificulta a compreensão pelos próprios "operadores do direito", potencializando a complexidade processual.

Se a proposta de reforma global tem como aspecto positivo a definição de um texto com coesão sistêmica, ela traz a lume uma discussão mais complexa, que exige a definição das bases estruturantes da reforma, bem como, exige maior respeito ao devido processo legislativo, próprio do Estado Democrático de Direito, que garante aos cidadãos e em especial a sociedade civil organizada a possibilidade de participação.

Com base na compreensão do processo própria do Estado Democrático de Direito e na preocupação de que todas as reformas processuais precisam adequar-se ao texto constitucional, ao processo constitucional democrático, analisar-se-á brevemente a fase técnica inicial do procedimento cognitivo (projetado) adotada no PLS nº 166/2010 (fruto

---

[52] A comissão de juristas com a finalidade de apresentar, no prazo de cento e oitenta dias, anteprojeto de Código de Processo Civil pelo Senado Brasileiro criada mediante o Ato nº 379, de 30 set. 2009, é composta por: Adroaldo Furtado Fabricio, Bruno Dantas, Benedito Cerezzo Pereira Filho, Elpídio Donizetti, Teresa Arruda Alvim Wambier, Humberto Theodoro Júnior, Paulo Cezar Pinheiro Carneiro, Luiz Fux, Jansen Fialho de Almeida, José Miguel Garcia Medina, José Roberto dos Santos Bedaque, Marcus Vinicius Furtado Coelho.

da aplicação dos artigos 333, 354, 107, V, e 151, §1º), com base no que já foi descrito no direito comparado, tentando demonstrar a necessidade de adaptações em face de todos os ganhos de que uma efetiva, e metódica, fase preparatória poderia viabilizar.

6.1 A conciliação projetada e os déficits técnicos das escolhas brasileiras

Ao analisar o art. 333 projetado,[53] percebe-se um retrocesso, em termos de fase preparatória, em relação ao atual art. 331 do atual CPC.

Como esclarece a exposição de motivos do PLS nº 166:

> Como regra, deve realizar-se audiência em que, ainda antes de ser apresentada contestação, se tentará fazer com que autor e réu cheguem a acordo. Dessa audiência, poderão participar conciliador e mediador e o réu deve comparecer, sob pena de se qualificar sua ausência injustificada como ato atentatório à dignidade da justiça. Não se chegando a acordo, terá início o prazo para a contestação.

Fica claro que a função da audiência do art. 333 é tão só a busca da conciliação que se frustrada não permitirá nem a fixação dos pontos controvertidos, em face da ausência de apresentação da defesa, nem a articulação de qualquer possível adaptação procedimental.

Nesses termos, não fica evidente o momento no qual o juiz promoverá o saneamento e a filtragem das discussões (art. 354 projetado),[54] para preparação dos debates, nem mesmo o momento para o exercício dos poderes de *case management* do juiz, conforme os artigos 107,

---

[53] Da audiência de conciliação – "Art. 333. Se a petição inicial preencher os requisitos essenciais e não for o caso de rejeição liminar da demanda, o juiz designará audiência de conciliação com antecedência mínima de quinze dias. §1º O juiz determinará a forma de atuação do mediador ou do conciliador, onde houver, observando o que dispõe a lei de organização judiciária. §2º As pautas de audiências de conciliação serão organizadas separadamente das de instrução e julgamento e com prioridade em relação a estas. §3º A intimação do autor para a audiência será feita na pessoa de seu advogado. §4º A eventual ausência do advogado não impede a realização da conciliação. §5º O não comparecimento injustificado do réu é considerado ato atentatório à dignidade da justiça, passível de sanção processual. §6º Obtida a transação, será reduzida a termo e homologada por sentença. §7º O juiz dispensará a audiência de conciliação quando as partes manifestarem expressamente sua disposição contrária ou quando, por outros motivos, constatar que a conciliação é inviável."

[54] "Art. 354. Não ocorrendo nenhuma das hipóteses das seções deste Capítulo, o juiz, declarando saneado o processo, delimitará os pontos controvertidos sobre os quais deverá incidir a prova, especificará os meios admitidos de sua produção e, se necessário, designará audiência de instrução e julgamento."

V,⁵⁵ e 151, §1º,⁵⁶ do PLS nº 166, com a adaptação e flexibilização do procedimento, em contraditório, de acordo com as especificidades do caso concreto.

No entanto, nos aludidos preceitos que "tratam" da preparação da causa (artigos 333 e 354) o legislador nenhuma menção faz à adaptabilidade procedimental, criando-se um paradoxo: em qual momento o juiz poderá adaptar o procedimento sem a quebra da previsibilidade e do contraditório que o processo deve viabilizar?

Ademais, seria preferível uma adaptação com fixação dos procedimentos possíveis, como no modelo das *Civil Procedure Rules* inglesas (*CPR*, 1998):

> O sistema inglês, ao criar um procedimento bifásico permitiu, após a realização de uma primeira fase procedimental preparatória (uniforme em qualquer situação), a escolha de uma segunda fase de discussão que pode se dar mediante três percursos (*tracks*), dependendo das especificidades do caso concreto. Tal escolha não é realizada solitariamente pelo juiz, mas por este, em discussão com as partes, partindo de alguns critérios legais e do princípio da proporcionalidade.
>
> Como já dito, a segunda fase procedimental poderá ocorrer mediante três opções: o *small claim track*, o *fast track* e o *multi track*. O primeiro, para as causas mais simples em valor (até 5.000 libras) e em complexidade; o segundo, para causas no valor de 5.000 a 15.000 libras esterlinas e um pouco mais complexas; e o terceiro, para as causas mais complexas.
>
> No entanto, a elasticidade procedimental não depende somente do valor da causa, mas também da verificação pelo juiz, em colaboração com as partes, da natureza do provimento requerido, da complexidade das questões fático-jurídico-probatórias, do número de partes, do número de provas orais, do valor de eventual demanda reconvencional e da importância da demanda para as pessoas envolvidas, entre outros aspectos – Art. 26.8 do *Civil Procedure Rule* (*CPR*).⁵⁷

---

[55] "Art. 107. O juiz dirigirá o processo conforme as disposições deste Código, incumbindo-lhe: (...) V - adequar as fases e os atos processuais às especificações do conflito, de modo a conferir maior efetividade à tutela do bem jurídico, respeitando sempre o contraditório e a ampla defesa."

[56] "Art. 151. Os atos e os termos processuais não dependem de forma determinada, senão quando a lei expressamente a exigir, considerando-se válidos os que, realizados de outro modo, lhe preencham a finalidade essencial. §1º Quando o procedimento ou os atos a serem realizados se revelarem inadequados às peculiaridades da causa, deverá o juiz, ouvidas as partes e observados o contraditório e a ampla defesa, promover o necessário ajuste."

[57] Matters relevant to allocation to a track – "26.8 (1) When deciding the track for a claim, the matters to which the court shall have regard include: (a) the financial value, if any, of the claim; (b) the nature of the remedy sought; (c) the likely complexity of the facts, law or evidence; (d) the number of parties or likely parties; (e) the value of any counterclaim or

Trabalha-se num plano de análise de *complexidade substancial*, e não com o critério formal, do valor ou da natureza da causa, que normalmente é utilizado em outros sistemas processuais (como no Brasil) e que pode gerar inúmeros problemas na prática pois que, como se sabe, uma causa de menor valor, distribuída em um Juizado Especial, pode requerer a produção de prova mais complexa, o que gera uma série de transtornos para as partes, como a necessidade de desaforamento.[58]

Como comenta Valguarnera, "as reformas dos últimos anos tendem a assegurar um desenvolvimento mais eficiente do procedimento, com redução dos custos e dos tempos, embasando-se sobre dois elementos principais: 1) a elasticidade do rito, que deve poder se adaptar à complexidade da causa, e 2) o poder do juiz de gerir o processo, dosando os recursos processuais segundo a necessidade".[59] Informa, ainda, que tal gestão se dá de modo comparticipativo (como previsto no §11-6 do novo Código norueguês).[60]

Apesar da possibilidade esparsa de adaptação do procedimento (artigos 107, V, e 151, §1º, PLS nº 166) e da filtragem da discussão processual (com a fixação dos pontos controvertidos), o PLS nº 166 não articula uma fase metódica de preparação.

Ademais, do modo posto, poderá ocorrer a degeneração de fixação de um procedimento por juiz, algo que não se fomenta em nenhuma legislação processual.

O que todas as recentes reformas almejam é permitir uma flexibilidade procedimental, com algumas escolhas previsíveis, permitindo uma adaptabilidade ao litígio e não uma ruptura completa com a previsibilidade, que gera ineficiência.

---

other Part 20 claim and the complexity of any matters relating to it; (f) the amount of oral evidence which may be required; (g) the importance of the claim to persons who are not parties to the proceedings; (h) the views expressed by the parties; and (i) the circumstances of the parties. (2) It is for the court to assess the financial value of a claim and in doing so it will disregard: (a) any amount not in dispute; (b) any claim for interest; (c) costs; and (d) any contributory negligence. (3) Where: (a) two or more claimants have started a claim against the same defendant using the same claim form; and (b) each claimant has a claim against the defendant separate from the other claimants, the court will consider the claim of each claimant separately when it assesses financial value under paragraph (1)."

[58] Cf. NUNES. Novo enfoque para as tutelas diferenciadas no Brasil?: diferenciação procedimental a partir da diversidade de litigiosidades. *Revista de Processo*, p. 109-140.
[59] VALGUARNERA. Le riforme del processo civile in Norvegia: qualche riflessione comparativa. *Rivista Trimestrale di Diritto e Procedura Civile*, p. 892.
[60] Cf. VALGUARNERA. Le riforme del processo civile in Norvegia: qualche riflessione comparativa. *Rivista Trimestrale di Diritto e Procedura Civile*, p. 894.

E desde o sucesso inegável da reforma alemã de 1976, a partir do modelo de Stuttgart (*Das stuttgarter Model*) e da reforma (novela) de simplificação (*die Vereinfachungsnovelle*),[61] toda cognição aposta na aludida estruturação minuciosa desta fase preliminar.

Ademais, para que se possa adotar a aludida concepção de contraditório dinâmico como influência e não surpresa (art. 10, PLS nº 166) torna-se imperativa a adoção de uma efetiva fase preliminar, pois, caso contrário, se o juiz não puser à mesa no meio do processo todos os possíveis fundamentos decisórios (na fixação dos pontos controvertidos jurídicos) pode ser que ele somente os perceba no momento da prolação da sentença, criando-se a necessidade de abertura do contraditório, com ampliação do tempo de tramitação processual.

Em síntese, percebe-se que o PLS nº 166 não pactua com esse movimento universal de reforma cognitiva e aposta na fase preliminar, eis que foi estruturado um modelo bifásico de cognição, no qual na primeira fase ocorrerá uma audiência de conciliação (não preparatória) que poucos frutos poderão gerar em comparação com as efetivas fases preparatórias utilizadas no direito comparado.

Nesses termos, a adoção concomitante de um contraditório dinâmico e de uma efetiva fase preliminar poderiam promover uma melhoria qualitativa e de eficiência em nosso sistema processual.

Seria mais prudente a criação de uma fase preparatória mais eficiente por escrito ou mediante o redimensionamento da atual audiência preliminar do art. 331, CPC.

Não se pode olvidar, mais uma vez, que "no que tange aos "litígios de varejo" já se percebeu, em outros países,[62] que a falta de debate no "processo", que tramita no juízo de primeiro grau, fomenta e torna necessário o uso de recursos, uma vez que a possibilidade de erro judicial, ou que os argumentos das partes não sejam suficientemente analisados, potencializa a utilização desses meios de impugnação com grande chance de êxito (acatamento pelo órgão *ad quem*).

Ao passo que quando a decisão é proferida com debate (com respeito ao processo constitucional) o uso dos recursos é diminuído, ou sua chance de êxito é bastante minorada (reforma), garantindo que técnicas de julgamento abreviado (*v.g.*, julgamento liminar pelo juízo monocrático do relator – art. 557, CPC) não inviabilizem a obtenção

---

[61] Cf. NUNES. *Processo jurisdicional democrático*: uma análise crítica das reformas processuais.
[62] Cf. BENDER; STRECKER. Access to Justice in the Federal Republic of Germany. *In*: CAPPELLETTI; GARTH (Ed.). *Access to Justice*: a World Survey, v. 1, v. 2, p. 554.

de direitos fundamentais. Isso porque o primeiro debate ocorrido no juízo de primeiro grau,[63] devidamente realizado, garante participação e influência adequadas dos argumentos de todos os sujeitos processuais e impede a formação de *decisões de surpresa*.[64]

Considerações finais

Ao se partir da busca de uma eficiência qualitativa pode-se citar a utilização metódica da fase preliminar da cognição como fator de destaque na estruturação da cognição.

Na atualidade, conforme se verificou, vários sistemas apostam nessa escolha técnica para resolver sua litigiosidade de baixa intensidade.

A eleição dos princípios da oralidade e/ou escritura pelos sistemas processuais é uma questão de opção legislativa e da sua adaptabilidade ao perfil de profissional. O importante é que haja uma coerência entre a teoria e a prática. Não é possível se trabalhar com procedimentos que optem pela oralidade tecnicamente e funcionem na prática de modo escrito, como acontece no sistema brasileiro.

Situação que decorre da própria deficiência de formação de nossos profissionais, que, em média, não são formados para desenvolver debates orais tecnicamente estruturados.

O tipo de eficiência processual que queremos está descrito em nossa Constituição. Por estarmos num Estado Democrático de Direito, onde imperam os Direitos Fundamentais, o Processo para ser eficiente deve estar vinculado a todos os Princípios Constitucionais. A todos, num mesmo plano, sem hierarquia, significando que a Celeridade Processual não pode ser considerada mais importante que o Devido Processo Legal, a Ampla Defesa, o Contraditório e todos os demais. E exatamente por isso, o importante não é se o processo será predominantemente oral ou escrito. O essencial é que, seja ele oral ou escrito, o Processo, para ser considerado eficiente, garanta o respeito a todos os Princípios Constitucionais e coerência com a práxis brasileira.

---

[63] A valorização do discurso no primeiro grau, reduzindo a potencialidade de recursos, pode minorar a situação de "caos judiciário" mencionada por André Gambier Campos (*Sistema de justiça no Brasil*: problemas de eqüidade e efetividade) ou *pacificar* a "guerra de computador" caracterizada pelo Min. Sepúlveda Pertence. Cf. COSTA. *Súmula vinculante e reforma do judiciário*, p. 87-88.

[64] Cf. THEODORO JÚNIOR; NUNES. Uma dimensão que urge reconhecer ao contraditório no direito brasileiro: sua aplicação como garantia de influência, de não surpresa e de aproveitamento da atividade processual. *Revista de Processo*, p. 107-141.

No entanto, o discurso comparatístico não pode ser sobre valorizado de um lado, nem desprezado de outro, eis que este pode ofertar contribuições na eficiência que se almeja.

Nesses termos, entendemos pertinente a busca de redimensionamento da fase inicial da cognição projetada pelo PLS nº 166/2010, sob pena de se instaurar um retrocesso na aplicação e julgamento das causas em nosso país.

Referências

ANDOLINA, Italo; VIGNERA, Giuseppe. *I fondamenti costituzionali della giustizia civile*: il modello costituzionale del processo civile italiano. 2. ed. ampliata e aggiornata. Torino: G. Giappichelli, 1997.

BAHIA, Alexandre. *Interesse público e interesse privado nos recursos extraordinários*: por uma compreensão adequada no Estado Democrático de Direito. 2007. Tese (Doutorado em Direito) – Faculdade de Direito, Universidade Federal de Minas Gerais, Belo Horizonte, 2007.

BENDER, Rolf; STRECKER, Christoph. Access to Justice in the Federal Republic of Germany. *In*: CAPPELLETTI, Mauro; GARTH, Bryant (Ed.). *Access to Justice*: a World Survey. Alphen aan den Rijn: Sijthoff and Noordhoff, 1978. v. 1, v. 2.

BIAVATI, Paolo. Oral and Written Evidence in Italian civil Procedure Law. *In*: CARPI, Federico; ORTELLS RAMOS, Manuel. *Oralidad y escritura en un proceso civil eficiente*. València: Universidad de Valància, 2008. v. 2.

BRASIL. Senado Federal. Projeto de Lei do Senado nº 166, de 2010. Brasília, 8 jun. 2010. Disponível em: <http://www.senado.gov.br/atividade/materia/detalhes. asp?p_cod_mate=97249>. Acesso em: 1º nov. 2010.

CAMPOS, André Gambier. *Sistema de justiça no Brasil*: problemas de eqüidade e efetividade. Rio de Janeiro: Instituto de Pesquisa Econômica Aplicada, 2008.

CAPPELLETTI, Mauro; GARTH, Bryant (Ed.). *Access to Justice*: a World Survey. Alphen aan den Rijn: Sijthoff and Noordhoff, 1978. 2 v.

CARPI, Federico; ORTELLS RAMOS, Manuel. *Oralidad y escritura en un proceso civil eficiente*. València: Universidad de Valància, 2008. 2 v.

COSTA, Sílvio Nazareno. *Súmula vinculante e reforma do judiciário*. Rio de Janeiro: Forense, 2002.

DAMAŠKA, Mirjan. The Common Law/Civil Law Divide: Residual Truth of a Misleading Distinction. *In*: INTERNATIONAL Association of Procedural Law. Toronto Conference, June 3-5, 2009.

DWORKIN, Ronald. *Uma questão de princípio*. Tradução de Luís Carlos Borges. 2. tiragem. São Paulo: Martins Fontes, 2001.

GOYCOOLEA, Pía Tavolari. La fase introductiva y el contrato procesal en el proceso civil latinoamericano. *In*: CARPI, Federico; ORTELLS RAMOS, Manuel. *Oralidad y escritura en un proceso civil eficiente*. València: Universidad de València, 2008. v. 2.

LEIPOLD, Dieter. Elementos orales y escritos en la fase introductoria del proceso civil. *In*: CARPI, Federico; ORTELLS RAMOS, Manuel. *Oralidad y escritura en un proceso civil eficiente*. València: Universidad de València, 2008. v. 2.

NAVARRO, José Bonet. Principales factores de eficiencia en el proceso civil más allá de la oralidad. *In*: CARPI, Federico; ORTELLS RAMOS, Manuel. *Oralidad y escritura en un proceso civil eficiente*. València: Universidad de València, 2008. v. 2.

NUNES, Dierle José Coelho. Teoria do processo contemporâneo: por um processualismo constitucional democrático. *Revista da Faculdade de Direito do Sul de Minas*, v. extra, p. 13-29, 2008.

NUNES, Dierle. *Direito constitucional ao recurso*: da teoria geral dos recursos, das reformas processuais e da comparticipação nas decisões: comentários à Lei nº 11.187, de 19.10.2005, que alterou a sistemática do recurso de agravo. Rio de Janeiro: Lumen Juris, 2006.

NUNES, Dierle. Novo enfoque para as tutelas diferenciadas no Brasil?: diferenciação procedimental a partir da diversidade de litigiosidades. *Revista de Processo*, v. 35, n. 184, p. 109-140, jun. 2010.

NUNES, Dierle. *Processo jurisdicional democrático*: uma análise crítica das reformas processuais. Curitiba: Juruá, 2008.

NUNES, Dierle; BAHIA, Alexandre. Eficiência processual: algumas questões. *Revista de Processo*, v. 34, n. 169, p. 116-139, mar. 2009.

NUNES, Dierle; BAHIA, Alexandre. Por um novo paradigma processual. *Revista da Faculdade de Direito do Sul de Minas*, n. 26, p. 79-98, jan./jun. 2008.

PÉREZ-RAGONE, Álvaro. Oralidad y prueba en Alemania, informe nacional. *In*: CARPI, Federico; ORTELLS RAMOS, Manuel. *Oralidad y escritura en un proceso civil eficiente*. València: Universidad de València, 2008. v. 2.

PEYRANO, Jorge W. La prueba entre la oralidad y la escritura. *In*: CARPI, Federico; ORTELLS RAMOS, Manuel. *Oralidad y escritura en un proceso civil eficiente*. València: Universidad de València, 2008. v. 2.

RODRÍGUEZ, Luz Castillo. Sobre el "proceso europeo de escasa cuantía". *In*: CARPI, Federico; ORTELLS RAMOS, Manuel. *Oralidad y escritura en un proceso civil eficiente*. València: Universidad de València, 2008. v. 2.

SANTOS, Boaventura de Sousa. *Para uma revolução democrática da justiça*. São Paulo: Cortez, 2007.

TARUFFO, Michele. Aspetti fondamentali del processo civile di civil law e di common law. *In*: TARUFFO, Michele. *Sui confini*: scritti sulla giustizia civile. Bologna: Il Mulino, 2002.

TARUFFO, Michele. Orality and Writing as Factors of Efficiency in Civil Litigation. *In*: CARPI, Federico; ORTELLS RAMOS, Manuel. *Oralidad y escritura en un proceso civil eficiente*. València: Universidad de València, 2008. v. 2.

TARUFFO, Michele. *Sui confini*: scritti sulla giustizia civile. Bologna: Il Mulino, 2002.

THEODORO JÚNIOR, Humberto; NUNES, Dierle. Uma dimensão que urge reconhecer ao contraditório no direito brasileiro: sua aplicação como garantia de influência, de não surpresa e de aproveitamento da atividade processual. *Revista de Processo*, v. 34, n. 168, p. 107-141, fev. 2009.

VALGUARNERA, Filippo. Le riforme del processo civile in Norvegia: qualche riflessione comparativa. *Rivista Trimestrale di Diritto e Procedura Civile*, v. 62, n. 3, p. 885 *et seq.*, set. 2008.

VILAPLANA, Alicia Armengot. La fase introductiva y el contrato procesal: informe nacional. *In*: CARPI, Federico; ORTELLS RAMOS, Manuel. *Oralidad y escritura en un proceso civil eficiente*. València: Universidad de València, 2008. v. 2.

WALTER, Gerhard. Cinquanta anni di studi sul processo civile in Germania: dal costruttivismo all'apertura internazionale. *Rivista di Diritto Processuale*, v. 35, n. 1, p. 36-52, 1998.

WAMBIER, Luiz Rodrigues (Coord.); ALMEIDA, Flávio Renato Correia de; TALAMINI, Eduardo. *Curso avançado de processo civil*. 6. ed. rev., atual. e ampl. São Paulo: Revista dos Tribunais, 2004. (Teoria geral do processo e processo de conhecimento, v. 1).

Informação bibliográfica deste texto, conforme a NBR 6023:2002 da Associação Brasileira de Normas Técnicas (ABNT):

NUNES, Dierle; GOMES, Renata. A fase preliminar da cognição e sua insuficiência no Projeto de Lei do Senado nº 166/2010 de um novo Código de Processo Civil brasileiro. *In*: BARROS, Flaviane de Magalhães; BOLZAN DE MORAIS, Jose Luis (Coord.). *Reforma do processo civil*: perspectivas constitucionais. Belo Horizonte: Fórum, 2010. p. 201-229. ISBN 978-85-7700-404-1.

A CODIFICAÇÃO NO DIREITO E A TEMÁTICA RECURSAL NO PROJETO DO NOVO CÓDIGO DE PROCESSO CIVIL BRASILEIRO

Fernando Horta Tavares
Maurício Ferreira Cunha

Sumário: Introdução – **1** A codificação no sistema jurídico brasileiro – **2** O Estado Democrático de Direito e o exercício da função jurisdicional – **3** Reformas processuais implementadas: continuamos a caminhar em círculos? – **4** A temática recursal na proposta de Projeto de Lei do Senado nº 166/2010, do Novo Código de Processo Civil brasileiro – Conclusão – Referências

Introdução

A elaboração do Projeto para um Novo Código de Processo Civil brasileiro veio trazer à baila questões que estavam adormecidas há tempos, como, por exemplo, a necessidade imperiosa, ou não, da existência de uma codificação nos dias atuais e até que ponto essa mesma codificação poderia atingir a sociedade como um todo de forma a se mostrar como retrato de asseguramento das liberdades públicas e sociais.

Mais do que isso, questionou-se, e ainda questiona-se, acerca da real necessidade de se ter uma nova legislação numa área de concentração em que sequer as reformas pontuais mais recentes ainda não se mostram definitivamente sedimentadas.

O objetivo do presente estudo é, assim, o de demonstrar, inicialmente, a evolução do fenômeno da codificação no mundo jurídico, notadamente no direito processual, bem como os sistemas legislativos que surgiram posteriormente, para, em seguida, abordar as reformas processuais implementadas ao longo da última década, o Projeto de Lei do Senado nº 166/2010 (na redação final que lhe deu a Comissão do Senado no início de dezembro de 2010) e as reflexões sobre virtudes e os vícios que se apresentam quando do exame da temática recursal nele inserida.

A propósito, ainda sobre a problemática que envolve as reformas processuais, não se deve olvidar a ideia de que as mesmas produziram, estão produzindo e ainda produzirão dificuldades no que concerne à assimilação, pela comunidade jurídica, das suas respectivas finalidades. É fato que a banalização das modificações legislativas já atingiu seu pico há algum tempo, especialmente no que concerne ao Código de Processo Civil, deixando de lado, quase que extirpando de vez, a boa técnica processual, a linguagem adequada, a obediência estrita e incondicional aos princípios constitucionais, elementos imprescindíveis para uma hermenêutica constitucional e para a correta aplicação do ordenamento, por ocasião da solvência dos litígios intersubjetivos.

E é justamente essa situação de se levar adiante reformas sem qualquer lastro estatístico, e sem um amplo debate público, que igualmente contaminou o aludido projeto de reforma do CPC, parecendo já asfixiado em seu nascedouro, daí porque relevante se mostra a abordagem que ora se apresenta.

Uma primeira impressão que se avulta é a de que é preciso reformar por reformar, sem se conferir importância aos mínimos requisitos para que se tenha uma nova legislação apta a desafiar interpretação coerente com a constituição brasileira. Não é à toa, aliás, que cada vez mais são avivados os conflitos decorrentes das decisões mais controversas possíveis, fazendo surgir inúmeros procedimentos recursais e que somente servem para entulhar ainda mais os tribunais pátrios.

Reformar pode até ser preciso, e é necessário que se compreenda as reais razões para modificar determinada ordem jurídica. Todavia, antes de se falar em morosidade e efetividade dos provimentos jurisdicionais, é razoável e lógico que seja instalado um construtivo combate aos problemas que importam aos estudiosos do direito há longo tempo, como a arcaica estrutura da maioria dos órgãos judiciários e a necessidade do constante preparo na formação dos juízes, membros do Ministério Público, advogados e demais profissionais do direito, sob a ótica de um contexto mais amplo das Ciências Sociais Aplicadas e das Ciências Humanas.

Pretende-se oferecer algumas reflexões que, por óbvio, não são propostas para a "correção de todas as mazelas" do sistema processual, mas é possível afirmar que a solução mínima para diversos desarranjos estruturais advém, inicialmente, da necessidade de se implementar a reforma, quando for o caso, porém com olhos voltados à concretização dos direitos e garantias constitucionais fundamentais, tudo naturalmente respaldado, reforce-se, num amplo e prévio debate público que inclua todos os setores da sociedade civil direta ou indiretamente envolvidos pela nova sistematização processual civil.

As modificações projetadas no mencionado Projeto do Novo Código de Processo Civil, referentemente à temática recursal, objeto do presente estudo, refletem, muito provavelmente na falta de discussões que pudessem resultar num melhor aporte técnico e científico na sua confecção, posto que, não obstante parecer um tanto quanto tímida, encontra-se assentada, primordialmente, num indemarcado "clamor social" pela investida na redução no número de espécies recursais atualmente previstos, no que se acompanhou alguns esparsos pensamentos doutrinários e jurisprudenciais na mesma direção.

1 A codificação no sistema jurídico brasileiro

A importância de um exame mais acurado acerca da origem e da estruturação do direito processual brasileiro, ainda que se trate de tema não tão amplamente abordado em sede doutrinária, repousa na necessidade de compreendê-lo, fundamentalmente, sob a ótica da normatividade, situação consolidada no direito luso que, basicamente, se apoiou no direito romano-germânico, e sob a ótica da própria formação ideológica, como ressalta Jônatas Luiz Moreira de Paula, vertente que:

> (...) traz a formação e composição do liberalismo jurídico, que vem desde Portugal, as revoluções políticas e a construção do liberalismo nacional, que em síntese mostra a luta contra o dominador luso, para numa etapa seguinte, afirmar e reafirmar o Estado brasileiro como instituição.[1]

---

[1] MOREIRA DE PAULA. *História do direito processual brasileiro*: das origens lusas à escola crítica do processo, p. 2.

Neste sentido, portanto, principiando pela análise das origens do direito português, relativamente ao aspecto da normatividade, convém destacar que a influência do direito romano é observada nas próprias evidências delineadoras, à época, daquilo que se convencionou chamar de *processo* (não cientificamente construído, à época).

Não é demais relembrar, a propósito, que o *processo* no direito romano pode ser visualizado em três períodos distintos, a saber: o das *legis actiones* (nome recebido porque se originaram de um texto legal, especialmente a Lei das XII Tábuas, tendo sido forte no início da civilização romana e com predominância do mais forte sobre o mais fraco); o da *per formulas* (assentado nos juristas mais clássicos); e o da *extraordinaria cognitio* (cuja elaboração pertenceu aos funcionários do Império Bizantino após a queda do Império Romano do Ocidente no século VI).

Com efeito, abordando, ainda que resumidamente, cada um dos referidos períodos, tem-se que o das *legis actiones*, sabidamente marcado pelo excesso de formalismo (era preciso, para fins de recebimento da tutela almejada, repetir integralmente as palavras previstas na lei), ostentou o procedimento conhecido como *ordo iudiciorum privatorum*, responsável por conter a fase *in iure*, oportunidade em que o autor, buscando a fórmula pretendida, expunha seu pedido perante os magistrados e ainda se tornava responsável pelo comparecimento do réu ao juízo, e a fase *in iudicio*, esta desenvolvida perante um árbitro ou colegiado.[2]

Já o período *per formulas* recebeu a referida denominação, segundo Jônatas Luiz Moreira de Paula, porque as fórmulas se constituíam em verdadeiros esquemas inseridos de forma abstrata no edito pretoriano, distinguindo-se mais por ser um novo *processo* em que o autor iniciava fazendo uma exposição verbal de sua pretensão ao réu, antes que este fosse citado judicialmente, e por possibilitar, assim, a elaboração de um modelo abstrato pelo pretor, o qual tinha o poder da livre convicção, não ficando adstrito ao resultado da prova.[3] É no período *per formulas*, inclusive, que a execução corporal do devedor é eliminada, passando a incidir sobre o seu patrimônio.

---

[2] No sentido de ressaltar o papel do Estado no direito romano, José Marcos Rodrigues Vieira esclarece que "dir-se-á, em síntese, que, na origem, a intervenção estatal era inteiramente estranha ao procedimento das *legis actiones*. Mas não é menos verdade que o que marca a evolução do processo romano — e que se sentia, já, nas próprias *legis actiones*, ao ganharem generalidade — é a intervenção crescente do Estado" (*Da ação cível*, p. 16).
[3] MOREIRA DE PAULA. *História do direito processual brasileiro*: das origens lusas à escola crítica do processo, p. 47.

No que concerne aos recursos, o período formulário não os previa expressamente, mas, segundo Jônatas Luiz Moreira de Paula:

> (...) haviam meios de impugnação da sentença, como a *intercessio*, onde um magistrado da mesma categoria ou superior àquele que proferiu a sentença, expedia um veto, impedindo que a mesma fosse executada; a *revocatio in duplum*, onde o réu condenado podia tentar anular a sentença, sob o risco de pagar o dobro da quantia a que fora condenado, caso a pretensão à anulação fosse improcedente; e a *restitutio in integrum*, onde a parte prejudicada pedia o retorno das coisas ao estado anterior ao julgamento.[4]

Por fim, o período da *extraordinaria cognitio* delineava, fundamentalmente, um *processo* representativo de uma mudança de postura e das próprias fontes do antigo *direito processual*, reorganizando-o, ainda que onerando-o, tendo sido marcado por uma independência dos juristas e da própria jurisprudência romana. O pretor detinha a certeza da direção do *processo*, passando, este, a ser escrito e sigiloso, sem contar a possibilidade de interposição de recurso e a força coativa da sentença visando à penhora de bens.[5]

Mesmo porque referente ao objeto do presente estudo, sabia-se que as espécies recursais eram a *apellatio*, pleito devidamente encaminhado ao pretor prolator da sentença, o qual podia, dentro de um juízo de admissibilidade próprio, admitir ou não o recurso, atribuindo, ao ato decisório, ainda, efeito suspensivo da imediata execução da sentença; a *supplicatio*, verdadeira possibilidade de revisão da própria decisão, tendo sido tarefa exercida pelo prefeito do pretório junto com o *quaestor sacri palatti*, que funcionava como assistente e secretário; e a *restitutio in integrum*, expediente utilizado quando o pretor ou uma das partes era coagida, quando uma das partes teria enganado a outra, incorrendo em dolo, e quando uma das partes teria ignorado, por erro, as provas que podia ter apresentado, como esclarece Antônio dos Santos Justo.[6]

De outra sorte, a influência do *direito processual germânico* antes da recepção do direito germânico se patenteou através das chamadas

---

[4] MOREIRA DE PAULA. *História do direito processual brasileiro*: das origens lusas à escola crítica do processo, p. 65-66.

[5] Conforme ensina José Cretella Júnior (*Direito romano moderno*: introdução ao direito civil brasileiro, p. 297), a justiça passou a ser confiada a funcionários nomeados pelo imperador e submetidos a uma graduação, o que fez surgir verdadeira hierarquia entre os juízes e propiciou o surgimento do instituto da apelação, modalidade de recurso contra a decisão da autoridade inferior e que era submetida à apreciação de autoridade superior.

[6] JUSTO. *Direito privado romano*, v. 1, p. 407-408.

cartas forais, tendo Eduardo Vera-Cruz Pinto asseverado que, dentre as principais características do *direito germanista*, tiveram destaque a utilização das ordálias, como espécie de prova judiciária, consistente na utilização de símbolos ou de duelos que poderiam indicar a *verdade* e a *justiça* da demanda.[7]

Já os símbolos jurídicos, prossegue o mesmo Eduardo Vera-Cruz Pinto, tinha a função primordial a de criar e a de extinguir relações jurídicas, sendo o beijo um sinal de confraternização e de reconciliação dos inimigos; as arras, instituto entendido como doação por quantia certa e, por isso, ao casamento por compra, significando que a mulher desposada deveria andar com os cabelos atados e não podia ter os cabelos soltos; e o sistema punitivo, delimitando o castigo no órgão ou na parte que praticou o delito, sendo a pena de fogueira, como exemplo, uma forma de purificação.[8]

Como até aqui se escreveu, restou claro que, voltando os olhos para o direito português, este buscava uma unificação do próprio sistema jurídico, tentando evitar as incertezas provenientes, justamente, dos vários "direitos" então existentes.

O ponto de partida, para tanto, se deu no reinado de D. João I, cuja responsabilidade pelos trabalhos iniciais de elaboração de um texto único foi confiada ao jurista João Mendes. Com a morte deste, os trabalhos passaram a ser executados por Rui Fernandes, tendo o texto recebido, ao seu final, o título de Ordenações, assim publicado em nome de D. Afonso V, muito provavelmente, no ano de 1447.[9]

As Ordenações Afonsinas, como primeira tentativa de formação de um *diploma processual português*, basicamente eram compostas de cinco livros, tendo revelado José da Silva Pacheco que:

> (...) no primeiro tratava dos oficiais da Corte que tinham o encargo de ministrar o direito e a justiça; no segundo, estabelecia leis e ordens para que ditos oficiais se regessem na execução da justiça; no terceiro, cuidava dos atos judiciais e da ordem que tais atos deviam obedecer, situando-se nele a parte propriamente processual; no quarto, cogitava

---

[7] Cf. PINTO. *As origens do direito português*: a tese germanista de Teófilo Braga, p. 265-331.
A respeito das ordálias, João Batista Lopes ensina que as mesmas também eram denominadas julgamentos ou juízos de Deus, e que tinham por finalidade a descoberta da verdade mediante o emprego de expedientes cruéis e até mesmo mortais, como a "prova pelo fogo", a "prova das bebidas amargas", a "prova das serpentes" etc. Cf. LOPES. *A prova no direito processual civil*, p. 19.

[8] Cf. PINTO. *As origens do direito português*: a tese germanista de Teófilo Braga, p. 265-331.

[9] COSTA. *História do direito português*, p. 273-274.

dos contratos ou quase-contratos, porque a maior parte dos juízos deles nascem; e, no quinto, regulava os crimes e suas penas.[10]

Ponto de necessário destaque, a respeito, foi a técnica legislativa adotada, à época, para a elaboração das Ordenações Afonsinas, calcada exclusivamente na compilação de textos, daí porque alguns autores chegam a afirmar que não se trataria de uma codificação, mas apenas de uma sistematização de leis.

De qualquer forma, o "processo civil" encontrava-se desenhado no Livro III, permeado, em síntese, pela apresentação de pedido fundamentado, pelo autor; pela citação do réu e possibilidade de defesa; pela possibilidade de produção de provas; pela apresentação das razões finais e pelo proferimento de sentença. Já se incluíam, no texto, questões como a revelia, suspeição do juiz, férias, procedimento sumário e atos processuais.[11]

No que concerne aos recursos, as Ordenações apresentavam, segundo Marcello Caetano, as seguintes espécies: *apelação*, dirigida a um juiz superior; *agravo*, destinado aos reis ou aos seus juízes para a obtenção da ofensa recebida; *carta testemunhável*, cabível contra o não recebimento da apelação contra a sentença interlocutória dada por juiz fora do lugar onde a Corte estivesse; *sopricação*, inconformismo cabível contra as decisões dos desembargadores do Paço, sendo julgado por um 3º grau de jurisdição, a então nomeada Casa de Suplicação.[12]

No ano de 1505, porém, Dom Manuel decidiu por elaborar um novo texto, tendo atribuído a incumbência a Rui Botto, Rui Grã e João Cotrim, obra que acabou sendo impressa no ano de 1512, em Lisboa. Após ter recebido emendas, foi publicada no ano de 1521, período em que começaram a viger as Ordenações Manuelinas.[13]

O direito português, contudo, não sofreu substanciosas transformações, mesmo porque no início da expansão do Império luso, devendo ser realçados, tão somente, dentre outros, as novidades da figura do Solicitador da Justiça, da figura do Promotor de Justiça, dos Desembargadores do Agravo, dos Ouvidores da Casa de Suplicação etc.[14]

---

[10] PACHECO. *Evolução do processo civil brasileiro*: desde as origens até o advento do novo milênio, p. 43.
[11] MOREIRA DE PAULA. *História do direito processual brasileiro*: das origens lusas à escola crítica do processo, p. 152.
[12] Cf. CAETANO. *Historia do direito português*: fontes: direito público: 1140-1495, p. 585-591.
[13] PACHECO. *Evolução do processo civil brasileiro*: desde as origens até o advento do novo milênio, p. 43.
[14] MOREIRA DE PAULA. *História do direito processual brasileiro*: das origens lusas à escola crítica do processo, p. 157.

A despeito do exposto no parágrafo anterior, a inovação trazida pelas Ordenações Manuelinas que merece destaque maior é a do regulamento da interpretação vinculativa da lei se dar com lastro nos chamados assentos, ou seja, nos acórdãos, da Casa de Suplicação, algo mais do que semelhante com a ideia de *Súmula Vinculante* vigente hoje no direito brasileiro.

Particularmente em relação ao recurso de agravo, única espécie a sofrer alterações, o que se fez foi delimitá-lo como *remédio* contra lesão sofrida por ocasião das decisões interlocutórias simples, distinguindo-os em agravo de petição, cabível contra decisão judicial que se encontrava a menos de cinco léguas; agravo de instrumento, cabível contra decisão judicial que se encontrava a mais de cinco léguas de distância; agravo nos autos, interposto contra as decisões interlocutórias simples dos sobrejuízes, ouvidores, desembargadores ou corregedor, ou contra a decisão de recebimento da apelação ou da suplicação.[15]

As Ordenações Filipinas, de outra sorte, veio ao mundo jurídico oitenta e dois anos após as Ordenações Manuelinas terem entrado em vigência, tendo sido reflexo marcante da união ibérica entre Portugal e Espanha, ocasião em que ambos os países passaram a ser regidos pela dinastia espanhola filipina, ainda que com certa resistência por parte dos portugueses. Assim Filipe II, neto por linha materna de D. Manuel I, é aclamado rei de Portugal e da Espanha, tendo designado uma comissão de juristas para a confecção das novas Ordenações, composta, dentre outros, por Jorge Cabedo, Afonso Vaz Tenreiro e Duarte Nunes do Lião.[16]

Os trabalhos foram concluídos no ano de 1595, mas a vigência se deu no ano de 1603, documento que mais tempo durou em Portugal e no Brasil. As inovações processuais (*rectius* – procedimentais), em comparação com o ordenamento anterior, foram a possibilidade do menor depor em juízo como testemunha, a imposição de sanções penais, a impossibilidade de pena de morte aos menores de dezessete anos de idade e a necessidade de haver três votos uniformes dos desembargadores do Paço para validade do provimento do recurso contra a sentença agravada.[17]

Sob a ótica historiográfica, assim, é possível inferir que o Brasil viveu sob três Ordenações que, evidentemente, influenciaram, ideologicamente

---

[15] TUCCI. *Jurisdição e poder*: contribuição para a história dos recursos cíveis, p. 168.
[16] TUCCI. *Jurisdição e poder*: contribuição para a história dos recursos cíveis, p. 175.
[17] TUCCI. *Jurisdição e poder*: contribuição para a história dos recursos cíveis, p. 175.

falando, os ordenamentos que aqui surgiriam e que tomaram corpo, realmente, após a proclamação da independência política no ano de 1822.

Não obstante a primeira Constituição do Império, no ano de 1824, tenha representado um significativo progresso no campo do direito penal, fato é que as causas cíveis continuaram a ser orientadas pelas Ordenações Filipinas e por algumas outras leis esparsas. O Regulamento 737, de 1850, responsável por ser um complemento ao Código de Comércio, igualmente sancionado no ano de 1850, é reconhecido como o primeiro diploma processual civil pátrio, disciplinando o chamado *processo* das causas comerciais.

Alfredo de Araujo Lopes da Costa, lembrando a contribuição do Regulamento 737 para o direito processual brasileiro, assim se pronunciou:

> (...) pela sistemática distribuição da matéria, pela concisão e precisão da linguagem técnica, pela ausência de antinomias e de geminações, pela redução dos prazos, por uma melhor organização dos recursos, o regulamento marcou sem dúvida uma fase de progresso em nosso direito processual.[18]

José da Silva Pacheco, em trecho que igualmente sobrepõe o Regulamento 737 como marco do que, sobre a historiografia do processo, se fez no período do Brasil Império, mesmo porque teve vigência até após a República, complementa no sentido de ter, ele, representado elemento de real influência sobre os códigos processuais dos Estados-membros, da mesma forma que significou uma tentativa de adaptação do processo vigente nas Ordenações, fugindo do longo caminhar do *rito* ordinário.[19]

Desta época surgiu, então, o que se denominou Consolidação Ribas, documento elaborado pelo Conselheiro Antônio Joaquim Ribas, assim incumbido pelo governo imperial, cuja tarefa foi a de reunir as leis num corpo único. O nome do trabalho então realizado foi *Consolidação das Leis do Processo Civil*, e teve força de lei em decorrência de aprovação pelo Poder Executivo. O seu conteúdo, dividido em duas partes, dizia respeito, o primeiro, à organização judiciária, e o segundo, à *forma do*

---

[18] LOPES DA COSTA. *Direito processual civil brasileiro*, v. 1, p. 22.
[19] PACHECO. *Evolução do processo civil brasileiro*: desde as origens até o advento do novo milênio, p. 131.

processo. No título dos recursos, descrevia os agravos (de petição, de instrumento e nos autos do processo), os embargos, a apelação e a revista.[20]

A primeira Constituição da República, datada do ano de 1891, instituiu o que se intitulou de dualidade de órgãos judiciários, a da União e a dos Estados, da mesma forma que estabeleceu a dualidade codificadora de processos, autorizando os Estados a organizarem suas *justiças* e a legislarem sobre o processo (art. 34, incisos 23 e 26).

A respeito da adoção de uma codificação pelo Brasil, escrevem Gregório Gregório Assagra de Almeida e Luiz Manoel Gomes Junior:

> O que se nota é que o movimento pela codificação, que teve início com a codificação napoleônica do início do Século XIX e recebeu destaque com o monumental BGB alemão (Código Civil alemão) de 1896, espalhou-se pelo mundo, atingindo a América Latina e, como consequência, o Brasil.[21]

E complementam no que concerne ao primeiro propósito de elaboração de um texto civil:

> Observa-se que depois do grandioso trabalho de Teixeira de Freitas, que não se concluiu, o Brasil veio a conhecer o seu primeiro Código Civil, no período do Brasil República, o que se deu com o advento do Código Civil de 1916. O Código Civil de 1916, pautado por uma visão liberal individualista clássica, foi obra decorrente do trabalho de Clóvis Beviláqua, que iniciou a elaboração do anteprojeto em 1899, concluindo-o no mesmo ano. O CC/1916 seguiu, em parte, a sistematização do BGB (de 1896, com vigência a partir de 1900) alemão, tanto que continha uma parte geral (arts. 1º/179) e uma parte especial (art. 180/1807) composta de quatro livros.[22]

Em suma, é possível afirmar que a codificação, no Brasil, somente passou a ter maior força a partir do período republicano, tendo maior intensidade durante o século XX, destacando-se, dentre outros diplomas legislativos, o Código de Processo Civil de 1939, o Código Penal de 1940, o Código de Processo Penal de 1941, o Código de Processo Civil de 1973, o Código Civil de 2002, entre outros.

---

[20] De extremo interesse o referendado trabalho de pesquisa realizado por José da Silva Pacheco (*Evolução do processo civil brasileiro*: desde as origens até o advento do novo milênio), notadamente no que concerne às espécies de recursos elencados na Consolidação Ribas e as respectivas hipóteses de cabimento, conforme revelam os p. 136-138 da obra mencionada.

[21] ALMEIDA; GOMES JUNIOR. *Um novo Código de Processo Civil para o Brasil*: análise teórica e prática da proposta apresentada ao Senado Federal, p. 45.

[22] ALMEIDA; GOMES JUNIOR. *Um novo Código de Processo Civil para o Brasil*: análise teórica e prática da proposta apresentada ao Senado Federal, p. 45-46.

Como já frisado, portanto, a primeira Constituição da República instituiu os órgãos judiciários dos Estados e os da União, tendo conferido aos Estados, ainda, competência legislativa para também legislarem sobre processo. O primeiro dos Estados da Federação a criar um Código Processual foi a Bahia, no ano de 1915, e o segundo foi o Código Processual de Minas Gerais, no ano seguinte, sendo de se mencionar que a maioria dos textos processuais teve como lastro o Regulamento 737, de 1850, e as Ordenações Filipinas.

Fato é, porém, que, com a eclosão da chamada Revolução de 1930, toda a legislação brasileira passou a ser revista, decorrendo que a Constituição da República de 1934 optou por reunificar o direito processual, conferindo à União a competência exclusiva para legislar sobre tal matéria, assim declinando em seu art. 5º, XIX, "a". O texto constitucional, porém, trouxe em suas Disposições Transitórias, mais precisamente no art. 11, §2º, a obrigatoriedade de continuar em vigor, nos Estados, os textos processuais vigentes até que fossem decretados os federais.

Com o advento do Código de Processo Civil de 1939, cujo projeto fora apresentado pelo então Ministro da Justiça, Francisco Campos, ficou evidente, apesar das claras divergências entre os membros da comissão responsável por sua elaboração,[23] que o propósito maior foi o de promover a unificação das leis do direito processual civil e a tentativa de manutenção de uma certa ordem política e jurídica no país.

Digno de nota, ainda, é o trecho da exposição de motivos do texto processual civil de 1939 em que, discorrendo acerca do fim da dualidade de órgãos judiciários e de processos, enfatiza-se que:

> (...) a restituição à União de um poder de legislar que durante um século lhe pertencera estava destinada a permanecer letra morta dentro do ambiente da exagerada autonomia política ainda reservada por aquela carta aos estados componentes da Federação. A Constituição de 10 de novembro de 1937 veio tornar possível, fortalecendo o poder central a realização da unidade processual, e, para dar-lhe maior expressão e coerência, unificou também a "justiça".[24]

---

[23] Os membros da primeira comissão eram os Ministros Artur Ribeiro de Oliveira e João Martins de Carvalho Mourão, além do advogado Levi Guimarães. Posteriormente, outra comissão foi constituída, tendo sido pelo Ministro Francisco Campos, a qual incluía os desembargadores Edgard Costa, Álvaro Belford e Goulart de Oliveira, do Tribunal do Distrito Federal, e dos advogados Álvaro Mendes Pimentel, Múcio Continentino e Pedro Batista Martins.

[24] Exposição de motivos do Código de Processo Civil brasileiro de 1939.

O Código de Processo Civil de 1939 continha 1052 artigos divididos ao longo de dez livros, sendo o de número sete destinado aos recursos. A propósito, em estudo sobre os problemas verificados no plano recursal, Gregório Assagra de Almeida e Luiz Manoel Gomes Junior apontam que a dificuldade maior recaía sobre:

> (...) a escolha do recurso correto, de forma que a aplicabilidade da fungibilidade recursal era comum nos tribunais. Para se ter uma ideia do problema, observa-se que sob o rótulo comum de agravo de petição estavam reunidos cinco recursos, com condições de admissibilidade diversas. Assim, era cabível agravo de petição: 1) para impugnar decisão que punha termo ao processo, sem resolução de mérito (art. 846 do CPC/1939); 2) para impugnar decisão terminativa da instância e da prolatada a respeito do pedido das partes (Decreto-lei nº 960, de 1939, art. 45): 3) para impugnar decisão de mérito proferida em ações de acidente de trabalho e de alimentos (Lei nº 5.316/1967, art. 14); 4) para impugnar decisões nos casos indicados expressamente pela Lei de Falências (Decreto-lei nº 7.661/1945); 5) para impugnar decisão que concedia ou que negava o mandado de segurança (Lei nº 1.533/1951, art. 12).[25]

Sobreveio, então, o Código de Processo Civil de 1973, encaminhado ao Congresso Nacional no ano anterior, votado em menos de três meses e elaborado pelo então Ministro da Justiça, Alfredo Buzaid, texto, aliás, vigente até os dias atuais, não obstante as várias reformas pontuais que vem enfrentando ao longo dos anos, inicialmente inspiradas no movimento mundial pelo acesso à justiça, capitaneado por Mauro Capelletti e Bryant Garth, denominado de ondas renovatórias que buscavam conferir, justamente, um novo enfoque ao acesso à justiça em si.

Não é demais lembrar que o Código de Processo Civil brasileiro de 1973 trouxe em seu bojo a influência marcante, àquela altura histórica, da cientificidade do direito processual, considerado verdadeiro avanço em relação ao texto anterior, apresentando sua composição dividida em cinco livros, inserida a temática recursal, mais especificamente, no Livro I.

---

[25] ALMEIDA; GOMES JUNIOR. *Um novo Código de Processo Civil para o Brasil*: análise teórica e prática da proposta apresentada ao Senado Federal, p. 52.

2 O Estado Democrático de Direito e o exercício da função jurisdicional

Examinados os principais aspectos atinentes à codificação no sistema jurídico pátrio, curial que também que se desenvolvam algumas reflexões sobre a estreita vinculação do Estado Democrático de Direito e o exercício da função jurisdicional na aplicação do texto processual, também seguindo uma adequação histórica,

Segundo José Joaquim Gomes Canotilho, o Estado é "uma forma histórica de organização jurídica do poder dotada de qualidades que a distinguem de outros poderes" e "organização de poder".[26]

Já para Jorge Miranda, o Estado "é comunidade e poder juridicamente organizados, pois só o Direito permite passar, na comunidade, da simples coexistência à coesão convivencial e, no poder, do facto à instituição".[27]

À vista destas lições, não é demais registrar o entendimento de que, após o advento do Estado moderno, a divisão da atividade estatal pela afirmação de poderes (estes como verdadeiros aplicadores do direito), como se preconizava, resultou inócua, pois, como consequência do próprio discurso adotado pelas sociedades modernas, a única fonte de poder seria o povo.

Nesse contexto, ensina Alberto Nogueira:

> A revelação do Direito, em última análise, é a expressão concretizada do *poder* na rede de relações que se forma em determinada sociedade. Quem detém o poder diz o que é o Direito. A prática dessa atividade se faz das mais variadas técnicas, que objetivam, no essencial, compor sistemas organizados para seu exercício.[28]

Evidentemente, os poderes a que se fez alusão seriam assentados (como se verá adiante) no exercício de funções estatais e das atividades desenvolvidas com o propósito de expressar o poder político que detinha o próprio Estado, consubstanciadas, como se sabe, preponderamentemente no *legislar*, no *administrar* e no *exercer a jurisdição*. Consistiriam, em última análise, numa variedade de atos desempenhados por órgãos e pelos respectivos agentes, objetivando realizar tudo aquilo que o texto maior e as leis pertinentes impõem para concretizar o

---

[26] CANOTILHO. *Direito constitucional e teoria da Constituição*, p. 89.
[27] MIRANDA. *Teoria do Estado e da Constituição*, p. 170.
[28] NOGUEIRA. *Jurisdição das liberdades públicas*, p. 11.

projeto político-jurídico-social-econômico idealizado pela comunidade de homens e mulheres autônomos de uma dada sociedade.

Ocorre que, não obstante ser pacífica a ideia de indivisibilidade do poder estatal, sabe-se que as primeiras bases teóricas para a suscitada *separação de Poderes*, ou *tripartição de Poderes*, foram lançadas na antiguidade grega por Aristóteles, em sua obra *Política*, oportunidade em que o filósofo sustentava que o soberano exercia três funções distintas, individualizadas através da função de editar normas gerais a serem observadas por todos, pela aplicação das referidas normas aos casos concretos e no exercício da função de julgamento. Não foi por outra razão, aliás, que veio à tona a célebre frase de Luís XIV, *l'État c'est moi*, ou seja, o "Estado sou eu", encarnando em torno do seu nome aquela ideia de soberania estruturada por Aristóteles

Séculos mais tarde, no entanto, Montesquieu, reconhecidamente inspirado em John Locke, pontificou, apesar da equivocada visão que inicialmente se extraiu de suas ideias, que as três espécies de poder deveriam ser distribuídas de forma a se submeter ao equilíbrio entre as três funções, objetivando, por certo, garantir a liberdade individual.[29]

Não é demais repisar que o festejado pensador francês quis sintetizar suas ideias após vinte anos de pesquisa e de árduo trabalho, no sentido de que as funções do Estado estariam ligadas a três órgãos, mas que o poder seria, indiscutivelmente, uno e indivisível.

Trazendo estas considerações para o desenvolvimento do constitucionalismo pátrio atual, porém, observa-se que a Constituição Brasileira vigente ainda contém termos equívocos quando preconiza, em seu art. 2º, de que "são Poderes da União, independentes e harmônicos entre si, o Legislativo, o Executivo e o Judiciário", devendo ser entendida a expressão *Poderes*, todavia, como *órgãos*, em decorrência do raciocínio até aqui exposto. Deveras, dada a importância que revela, ainda, a mesma *separação de Poderes* foi erigida pelo texto constitucional à categoria de *cláusula pétrea*, conforme dispõe o inciso III do §4º do art. 60.

Ultrapassadas as fases distintas vivenciadas quando da transição do Estado Liberal para o Estado Social, percebe-se que o Estado contemporâneo tem bases de regimento numa Constituição marcadamente fundada em direitos fundamentais, sendo certo que o poder que exerce em nome dos indivíduos é, como já mencionado, uno, havendo, todavia, órgãos autônomos que desempenham o exercício das funções a ele atribuídas, no que consegue estabelecer os direitos e as garantias

---

[29] DIAS. *Responsabilidade do Estado pela função jurisdicional*, p. 68.

fundamentais, também chamados de mandamentos de otimização,[30] além, é claro, do asseguramento das liberdades políticas, jurídicas e sobretudo, sociais.

Poder e liberdade, aliás, são expressões que sempre revelaram certa antítese, pois, segundo Paulo Bonavides "na doutrina do liberalismo, o Estado foi sempre o fantasma que atemorizou o indivíduo", tendo complementado no sentido de que "o poder, de que não pode prescindir o ordenamento estatal, aparece, de início, na moderna teoria constitucional com o maior inimigo da liberdade".[31]

O que não se pode, aliás, não se deve, é possibilitar ao mesmo Estado que, agindo em nome do Povo na qualidade de corresponsável pelo exercício da dita soberania — agora entendida como soberania popular —, não extrapole suas ações fora do comando do princípio da legalidade, de forma arbitrária, deixando de perceber as linhas mestras que devem direcionar seu papel de órgão cumpridor das políticas públicas indicadas como objetivos fundamentais da República Federativa do Brasil, como ordenado pelo art. 3º da Constituição.

Já restou consignado, não sendo demais restabelecer, que são três, então, as funções desempenhadas pelo Estado democraticamente legitimado, a saber, a função legislativa (consistente em legislar, fiscalizar contábil, financeira, orçamentária e patrimonialmente o Executivo), a função administrativa-governamentiva (baseada na prática de atos de gerenciamento de Estado, chefia de governo e atos de administração) e a função jurisdicional (observar o Devido Processo Legal e o Princípio da Legalidade na (re)construção dialógica e incidência de normas jurídicas nas relações privadas e públicas e acertamento, cumprimento e proteção de direitos afirmados como violados ou ameaçados).

Em linhas gerais, no que pertine ao exercício da função jurisdicional, sabe-se que o Estado, quando provocado, nos casos e formas legais deve, junto com os demais sujeitos-cidadãos realizar o direito, aplicando processualmente, ao caso concreto, as normas legais pertinentes para a solução das situações que forem submetidas à sua mediação e decisão, como se depreende do denominado princípio da inércia da jurisdição, e seu consectário lógico o direito de ação a ser exercido segundo a observância do Devido Processo Constitucional e do Princípio da Juridicidade ou da Reserva Legal, este último bem disposto no inciso II do art. 5º da Constituição Brasileira.

---

[30] Cf. SILVA. *A constitucionalização do direito*: os direitos fundamentais nas relações entre particulares, p. 175.
[31] BONAVIDES. *Do Estado liberal ao Estado social*, p. 40.

O Estado, ao se manifestar em nome do Povo, portanto, deve traduzir o pronunciamento jurisdicional intrinsecamente ajustado à estrutura principiológica do devido processo constitucional, agindo, sempre, de acordo com os *Pilares Estruturais do Processo*: Vivência Digna pela Liberdade e Responsabilidade de Agir em Contraditório, Ampla Defesa, Acesso ao Direito, Isonomia, Racionalidade Temporal e Procedimental e Fundamentação dos Provimentos, garantindo, assim, a adequada manifestação dos copartícipes da norma na formação compartilhada do ato estatal que poderá alcançar a liberdade ou o patrimônio do cidadão.

Sobre o contraditório, inclusive, convém colacionar a manifestação de Aroldo Plínio Gonçalves, forte na doutrina de Elio Fazzalari, para quem:

> O contraditório não é o dizer e o contradizer sobre matéria controvertida, não é a discussão que se trava no processo sobre a relação de direito material, não é a polêmica que se desenvolve em torno dos interesses divergentes sobre o conteúdo possível. O contraditório é a igualdade de oportunidade no processo, é a igual oportunidade de igual tratamento, que se funda na liberdade de todos perante a lei. É essa igualdade de oportunidade que compõe a essência do contraditório enquanto garantia de simétrica paridade de participação no processo.[32]

Dierle Nunes, de igual forma, registra que a garantia do contraditório deve ser considerada como elemento de incentivo ao diálogo que se estabelece no procedimento e pondera que "a comparticipação advinda da leitura dinâmica do contraditório (e de outras garantias processuais constitucionais) importa uma democratização do sistema de aplicação de tutela".[33]

Ora, não se pode aceitar, sob pena de nítida ofensa aos mais comezinhos princípios de direito, a ideia de que a jurisdição prescinda do processo constitucionalizado. Mais ainda, como ficou assentado, só haverá legitimamente jurisdição se efetivamente se observar o processo constitucional, vinculada às garantias históricas conquistadas e estabelecidas no texto maior, como, por exemplo, o mandado de segurança, o *habeas corpus*, o *habeas data*, o mandado de injunção, a ação popular, a ação declaratória de constitucionalidade e o devido processo legal,

---

[32] GONÇALVES. *Técnica processual e teoria do processo*, p. 127.
[33] NUNES. O princípio do contraditório: uma garantia de influência e de não surpresa. *In*: TAVARES (Coord.). *Constituição, direito e processo*: princípios constitucionais do processo, p. 163.

este último, indubitavelmente, o mais relevante de todos, assentado nos princípios constitucionais do juízo natural, do contraditório, da ampla defesa, da indispensabilidade do advogado e da fundamentação das decisões judiciais.

Sobre a evolução do estudo do processo constitucional e suas consequências, de se destacar as linhas de José Alfredo de Oliveira Baracho segundo o qual:

> Os estudos sobre processo constitucional têm denotado as transformações que ocorreram no direito, gerando intenso desenvolvimento legislativo, jurisprudencial e doutrinário, sobre um dos temas da maior importância para o direito contemporâneo, situação que gerou o surgimento de diversas denominações como: defesa, controle, justiça, jurisdição e direito processual, todos esses vocábulos acrescidos do qualificativo de constitucional. Apesar de serem estudados como equivalentes, as denominações acima destacadas apresentam matizes e modalidades. Por sua vinculação com os estudos de Teoria ou doutrina geral do processo ou do Direito Processual, prefere-se o nome de processo constitucional ou Direito Processual Constitucional, com o objetivo de substituir ou conciliar com o que tem sido utilizado até agora, isto é, justiça ou jurisdição constitucional, para designar a disciplina científica que examina de maneira sistemática as garantias constitucionais que não devem ser consideradas como equivalentes aos direitos humanos consagrados constitucionalmente, mas como instrumentos jurídicos predominantemente processuais, que são utilizados como meio para solução dos conflitos que aparecem em decorrência da aplicação das normas de caráter constitucional.[34]

Resta perfeitamente delineado, assim, que, através do exercício e acesso ao processo constitucional, provoca-se a atuação estatal, reconhecida a supremacia da Constituição sobre as normas procedimentais, o que afasta a ideia primária, e até mesmo arcaica e, por isso mesmo, ultrapassada, de que o processo deve ser entendido como uma *sequência de atos coordenados*. O processo constitucional, aliás, visa, justamente, "tutelar o princípio da supremacia constitucional, protegendo os direitos fundamentais", na expressão do mesmo Baracho.[35]

É inegável, portanto, que os discursos de justificação e aplicação do direito, no referido modelo constitucional do processo, mais precisamente, se espraiam e fundamentam o devido processo legal.

---

[34] BARACHO. *Direito processual constitucional*: aspectos contemporâneos, p. 358.
[35] BARACHO. *Direito processual constitucional*: aspectos contemporâneos, p. 44.

Com efeito, foi no Estado Democrático de Direito que o devido processo legal ganhou uma dimensão ainda mais ampla, devendo ser destacada sua relevância na obtenção de todo e qualquer provimento jurisdicional. Aos órgãos jurisdicionais responsáveis pelos provimentos buscados pelo cidadão, imprescindíveis se mostram a constatação e o exame do princípio da vinculação ao Estado Democrático de Direito, cujos princípios formadores são o da supremacia da Constituição e o da reserva legal.[36]

Assim, se a Constituição está colocada no topo da pirâmide jurídica, como preconizou Hans Kelsen, curial que seja a referência maior, que seja suprema em relação ao restante do ordenamento jurídico. Alguns profissionais do direito, ainda presos nas teias do passado, todavia, de forma absolutamente equivocada, preferem conferir supremacia aos textos ordinária e hierarquicamente colocados abaixo da Constituição, opção que mereceu exame de Lenio Luiz Streck:

> Numa palavra: a Constituição é o fundamento de validade do sistema jurídico. A Constituição constitui. Um texto jurídico (leis, regulamento, etc.) somente é válido se estiver em conformidade com a Constituição, que deve ser entendida em seu conjunto de valores principiológicos. A jurisdição constitucional, mais do que um mecanismo de controle dos poderes, é condição de possibilidade do Estado Democrático de Direito. O juiz tem o dever de aplicar a norma somente em seu sentido constitucional. Lamentavelmente, examinando a tradição jurídica brasileira, é possível constatar a existência de um certo fascínio em torno do Direito infraconstitucional, ao ponto de se adaptar a Constituição às leis ordinárias (...), e não o contrário! Enfim, continuamos a olhar o novo com os olhos do velho. (...) A Constituição "e tudo o que representa o constitucionalismo contemporâneo" ainda não atingiu o seu devido lugar no campo jurídico brasileiro.[37]

Perfilhando idêntico entendimento, destacam-se as palavras do jurista alemão Friedrich Müller, para quem "o texto da norma de uma lei constitucional assinala o ponto de referência de obrigatoriedade ao qual cabe precedência hierárquica em caso de conflito".[38]

---

[36] DIAS. *Responsabilidade do Estado pela função jurisdicional*, p. 139.
[37] STRECK. Os meios de acesso do cidadão à jurisdição constitucional, a argüição de descumprimento de preceito fundamental e a crise de efetividade da Constituição brasileira. *In*: SAMPAIO; CRUZ (Coord.). *Hermenêutica e jurisdição constitucional*: estudos em homenagem ao Professor José Alfredo de Oliveira Baracho, p. 251-252.
[38] MÜLLER. *Métodos de trabalho do direito constitucional*, p. 65.

Obedecer à Constituição, mais do que uma necessidade lógica e invariável, é dar concretude ao ideal de que a premissa maior do Estado Democrático de Direito tem assento no texto constitucional.

O princípio da vinculação ao Estado Democrático de Direito, ainda se expressa na vinculação ao princípio da reserva legal, com esteio evidentemente constitucional, até porque o inciso II do art. 5º dispõe que "ninguém será obrigado a fazer ou a deixar de fazer alguma coisa senão em virtude de lei". Fica patente que a legitimidade e a efetividade das decisões emanadas dos órgãos estatais encontram amparo na sujeição ao ordenamento jurídico e no reconhecimento da supremacia do texto maior,[39] não podendo deles se furtar, consequência de serem proferidos provimentos totalmente ilegítimos e desprovidos de embasamento técnico jurídico.

3 Reformas processuais implementadas: continuamos a caminhar em círculos?

A comprovação candente no sentido de que o modelo do Código de Processo Civil vigente passa por crise de enormes proporções encontra-se nitidamente evidenciada seja por intermédio das declarações de leigos, em larga escala, seja por intermédio de dados estatísticos (nem sempre confiáveis, pois as fontes são, na maioria das vezes, desconhecidas) alardeados pela mídia aos quatro cantos, o que demonstra que o Estado não conseguiu, até o momento, dar a resposta satisfatória que, mais do que o jurisdicionado, o cidadão comum, tanto quer obter: a concretização do projeto político constitucional de Vivência assentada na Liberdade e na Dignidade.

Lá se vai mais de uma década de modificações legislativas no sistema processual sem que se alcance o resultado pelo legislador pretendido, isto é, a eficácia procedimental. Lá se vai mais de uma década de esforço na tentativa de se imprimir celeridade e efetividade à técnica dos procedimentos definidos em nossos Códigos de Processo, sem que se chegue a um denominador comum, sem que se criem saídas consideradas satisfatórias (seja lá o que isto pretendia-se significar).

E não se pode esquecer, ainda que em menor destaque, das reformas pontuais levadas a cabo ao Código de Processo Civil que antecederam, até mesmo, aquelas iniciadas no ano de 1994, mas que

---

[39] LEAL. *O contraditório e a fundamentação das decisões no direito processual democrático*, p. 104.

contribuíram, cada uma com sua característica, para a formação desta "colcha de retalhos", fruto das várias reformas por que passou o mencionado Código desde a sua vigência.

Num quadro que resultou em pura estagnação prática, faz-se nítida a constatação de que o legislador, com as reformas escalonadas, provavelmente não tenha mirado na direção correta, posto não ter atingido os anseios da sociedade civil por soluções que, respeitando os princípios constitucionais do processo, também conciliasse com o princípio de duração razoável dos procedimentos, parecendo ter andado em círculos, mais uma vez.

Não se pode pretender, é certo, que as alterações inseridas no texto processual, por si só, sejam suficientes para a solução de todas as mazelas que assolam o atual panorama da funcionalidade dos órgãos judiciários brasileiros. Não se pode pretender, também é certo, que direitos e garantias constitucionais sejam colocados em posição secundária quando se reforma qualquer texto legal.

No entanto, é sabido que somente se atingirá a finalidade de se produzir procedimentos ágeis e confiáveis, se houver consulta aos destinatários normativos, isto é, às bases especializadas da sociedade brasileira.

O teor das exposições de motivos inseridas nos textos que embasaram as reformas implementadas até os dias atuais, infelizmente, retratam algo diverso do que se verificou na prática. Cingem (as exposições), de maneira genérica, a propugnar o alcance de racionalidade e de eficiência, mas não acompanham, passo a passo, tal cartilha, dando a entender que os ideais referenciados não passam de palavras sem sentido, sem significado nem prático nem teórico.

Por outro lado, a Função Judiciária não pode ser vista, tão somente, como função estatal equivalente a uma mera produtora e repetidora de decisões (proferidas em sentido lato), mas, sim, como órgão corresponsável pela luta em oferecer melhorias técnicas e substantivas ao sistema processual vigente.

É certo que a atividade legiferante, sozinha, não irá solucionar, definitivamente, os embaraços que ainda dificultam soluções aos conflitos intersubjetivos adequadas ao processo constitucional, mas poderá colaborar, e muito, quando acompanhada de efetivo interesse de todos os profissionais do direito, contando, sem dúvida, de precioso lastro estatístico dos "pontos de estrangulamento" verificáveis quando da oferta dos provimentos judiciais, para fins de se fazer prevalecer a garantia constitucional de que os provimentos jurisdicionais efetivos serão aqueles que possibilitem, literalmente, acesso pleno e irrestrito de todos à Função Judiciária, de tal forma que nenhuma lesão ou ameaça a direito seja subtraída da sua apreciação, consoante redação conferida ao inciso XXXV do art. 5º da Constituição Federal.

Se é "efetividade" o que se almejou com a enunciação das diversas exposições de motivos alinhavadas nas diversas reformas processuais, é preciso que direito e processo caminhem lado a lado, vindo bem a calhar as linhas de José Marcos Rodrigues Vieira, para quem:

> O Direito depende do Processo (que lhe traz a efetivação), como o Processo depende do Direito (que o informa e lhe dita os trâmites). Outra ordem de considerações, no adiantado da evolução da Ciência do Direito, parece-me conducente a resultados arbitrários, senão metajurídicos.[40]

A celeridade, igualmente, será alcançada se não se atacar, única e tão somente, dispositivos legais reconhecidamente ultrapassados, mas, também, os problemas estruturais que assombram, há tempos, o exercício pleno da função jurisdicional, aliás bem definidos no art. 93 da Constituição Brasileira, cujos vários incisos e alíneas ainda não saíram do papel.

Nesta mesma direção o texto da lavra de Luiz Gustavo Andrade Madeira, devendo ser destacado, porque apropriado ao que se expõe, o seguinte trecho:

> A sociedade espera e, merece, uma legislação de certa forma perene, sem percalços em sua estrutura, muito mais quando se lida com normas de interesse público, como a do Direito Processual Civil. Mas, acima de tudo, que esta norma seja distributiva de justiça, de uma melhor e rápida solução dos conflitos que a própria sociedade apresenta. O que se está fazendo com a norma processual, atualmente, é um descaso a tudo isso, pois a busca pela justiça e pela "celeridade com justiça" há muito está esquecida, deixada ao relento das intenções espúrias daqueles que desejam, a qualquer custo, baixar o volume de processos e recursos sem que se preste uma verdadeira jurisdição à população, dizendo o direito a quem de direito e esgotadas todas as vias recursais com o completo exame, pelos julgadores, das matérias ínsitas em tais recursos.[41]

As leis procedimentais, alvo principal que tanto quer-se ver modificado, devem ser compreendidas, no contexto democrático, como

---

[40] VIEIRA. *Da ação cível*, p. 90.
[41] MADEIRA. O colapso do sistema processual civil. *In*: ASSIS; MADEIRA (Coord.). *Direito processual civil*: as reformas e questões atuais do direito processual civil, p. 233.

conquista do cidadão, as quais vinculadas ao processo constitucional disciplinam a atividade do próprio Estado, posto incidindo-se a principiologia da isonomia, do contraditório, e da ampla defesa, jamais como mero instrumento da jurisdição, razão pela qual não se pode mais continuar a caminhar em círculos de reformas processuais pouco eficientes, opção que, infelizmente, vem sendo até aqui adotada pelo legislador. Marcelo Cunha de Araújo obtempera que o "instituto garantidor de aplicação e justificação de direito democrático deverá possuir determinadas características fundamentais que reflitam a participação política num paradigma de Estado Democrático de Direito".[42]

É preciso que o processo constitucionalizado e operacionalizado pelas leis procedimentais seja servo fiel do diálogo *dialógico* do contraditório entre as partes, como exigência do devido processo constitucional. Somente assim teremos reformas consistentes, porque legítimas, como sintetiza José Alfredo de Oliveira Baracho, o qual preconiza que deve-se "buscar a simplicidade e eficácia processuais sem sacrifício das garantias fundamentais do processo, com procura de um sistema jurídico menos opressivo e menos gravoso economicamente".[43]

4 A temática recursal na proposta de Projeto de Lei do Senado nº 166/2010, do Novo Código de Processo Civil brasileiro

A despeito do debate que se travou sobre a necessidade, ou não, da elaboração de uma nova codificação processual civil, é de conhecimento público que o presidente do Senado Federal, Senador José Sarney, através do Ato nº 379, de 30.9.2009, instituiu a Comissão de Juristas de Alto Nível a fim de que fosse elaborado o Anteprojeto de um novo Código de Processo Civil para o Brasil.

No Senado Brasileiro o anteprojeto transformou-se no PLS nº 166/2010, tendo a redação final elaborada pela Comissão do Senado enviando-o para o plenário daquela casa no início de dezembro de 2010.

O prazo para a tramitação do anteprojeto, porém, foi de somente 180 dias, conforme disciplinado no art. 3º do mesmo ato, o que contribuiu, ainda mais, para a implementação das dificuldades enfrentadas

---

[42] ARAÚJO. *O novo processo constitucional*, p. 148.
[43] BARACHO. Teoria geral do processo constitucional. *Revista da Faculdade Mineira de Direito*, p. 97.

diante de tamanha exiguidade de tempo, dificuldades lastreadas, como se percebeu, na falta de dados estatísticos, de estudos de fatos e de real e efetiva consulta pública, situações que, acaso concretizadas, poderiam aferir e refletir os prováveis impactos do texto na comunidade jurídica brasileira.

Nada disso, porém, foi feito.

A propósito, se é verdade que foram realizadas audiências públicas em todas as grandes regiões do país, as mesmas desenvolveram-se segundo modelos completamente divorciados daquilo que poderia ser considerado um forte fator de legitimação social, ainda que algumas propostas, realmente, tivessem sido colhidas e debatidas. Não se disponibilizou a tempo, por exemplo, um texto referência que pudesse servir de base a todos que participaram das audiências públicas, o que fomentaria, consequentemente, os debates.

A discussão, então, parece que ficou restrita aos membros da comissão de juristas e não se debateu adequadamente com toda a sociedade, recebedora imediata dos impactos de uma nova ordem legal, tampouco se apresentaram dados estatísticos a justificar a série de propostas apresentadas, ainda que a Comissão do Senado encarregada de dar sequência operacional ao PLS nº 166/2010 realizasse, também ela, audiências públicas.

E mais. De uma simples leitura dos 1008 artigos do PLS nº 166/2010 (nos termos do relatório final encaminhado para votação pelo plenário do Senado em dezembro de 2010), é possível constatar que aproximadamente 80% dos dispositivos *são reproduções literais do texto vigente*, o que representa verdadeiro paradoxo e demonstra que, se se pretendia avançar em direção a uma mudança estrutural, não se conseguiu tal desiderato, antes talvez tenha caminhado para reconhecer-se alguma qualidade técnica ao Código de Processo Civil de 1973, por mais apontamentos críticos que se sobreponham (especialmente por ter vindo ao mundo jurídico anteriormente à Constituição Brasileira de 1988).

Já se percebe, por tal razão, as manifestações de alguns estudiosos sobre as diretrizes adotadas pela Comissão elaboradora, críticas em sua grande maioria.[44]

---

[44] Ver, a respeito, os comentários de Eduardo Talamini quando da realização de uma das audiências públicas na cidade de Curitiba, em 16.4.2010, oportunidade em que o referido autor ressalta, dentre outros temas, a necessidade de um mais amplo debate com a sociedade, a ausência dos dados estatísticos abrangentes e a conveniência de elaboração de um novo código.

De qualquer forma, tendo em vista que o objeto do presente estudo é o de analisar não toda a proposta encartada no Projeto e suas eventuais virtudes ou deficiências, mas sim a *temática recursal* então apresentada, passa-se, então, a tecer considerações neste sentido.

Assim, o que se verifica no conteúdo da proposta levada à aprovação por uma das Casas do Congresso Nacional é uma tentativa, ainda que tímida, de sistematização das várias reformas implementadas ao longo dos anos no texto vigente, buscando alcançar uma maior "efetividade" do sistema processual como um todo, naturalmente influenciados por posicionamentos da doutrina e jurisprudência nacionais.

Exemplo maior do que se menciona no parágrafo anterior (e aqui já se dá início ao cerne do tópico em exame) é a extinção da espécie recursal "embargos infringentes", conforme revela o rol do art. 948 (da redação final, no Senado, do PLS nº 166/2010), situação que se viu apoiada no pensamento doutrinário de que a existência de um voto vencido não pode justificar a existência de mais um recurso.

A extirpação de uma espécie recursal, por mais clamor social que se evidencie neste sentido, como se os recursos fossem o único e intransponível obstáculo da almejada "celeridade processual" (?), não pode vir à baila totalmente desacompanhada de números estatísticos que demonstrem sua real inutilidade prática, mesmo porque não há, com certeza absoluta, informações concretas acerca do número de "embargos infringentes" julgados e analisados diariamente e o correspondente técnico de sua utilização. Extinguir um recurso sem que se fundamente as razões de fazê-lo, insista-se, alicerçado em clamor social, não é argumento que deve ser levado em consideração.

Aliás, sobre as espécies recursais encartadas no texto atual, poder-se-ia imaginar que teríamos uma redução das mesmas, haja vista os comentários desarrazoados que ligam a lentidão dos órgãos judiciários às várias manifestações de inconformismo que poderiam ser interpostas numa única demanda, situação que, todavia não se concretizou.

E, com certeza, agiram bem ambas as comissões, uma vez que a morosidade tão decantada encontra sua base de sustentação na vertente administrativa, na necessidade de maior adequação técnica à administração dos tribunais (o que gera, por exemplo, um número insuficiente de juízes), na falta do implemento do comando constitucional que ordena o aperfeiçoamento de magistrados e servidores; na ausência de padronização dos serviços administrativos ligados ao desenvolvimento das atividades judiciais; no incipiente investimento na aquisição de equipamentos de informática, dentre outras situações.

De nada vale a criação de um novo Código de Processo Civil se os órgãos que compõem a função judiciária não tiverem um acréscimo de investimentos que conduzam à redução, ainda que mínima, dos problemas apontados no parágrafo anterior.

Parece ser uma medida racional a uniformidade dos prazos recursais, posto fixados em quinze dias, excetuando-se os embargos de declaração (§1º do mencionado art. 948, na redação final do PLS nº 166/2010), com a contagem apenas em *dias úteis*, segundo se depreende dos textos dos artigos 186, 192 e 957. A preclusão das decisões proferidas durante o processo resta, pelo texto do projeto, afastada (art. 963, parágrafo único), sendo permitido o questionamento das mesmas em preliminar de apelação, ou nas contrarrazões, o que resultou na *extinção* do agravo retido.

O art. 965, §3º, por sua vez, aperfeiçoou a possibilidade, tornada obrigatória, de o tribunal, na hipótese de sentença sem resolução de mérito, ou de nulidade por inobservância dos limites do pedido ou por falta de fundamentação; reformar a sentença que reconhecer a decadência ou prescrição, decidir, desde logo, se a causa versar sobre questão exclusivamente de direito ou estiver em condições imediatas de julgamento. Trata-se de medida salutar, pois não se devolve o feito para o juízo *a quo*, ampliando o que hoje prevê o art. 515, §3º, o chamado julgamento de mérito *per saltum*, cujos requisitos são a chamada *causa madura*, ou seja, estar em condições de imediato julgamento, já que as partes não desejam mais instrução probatória e já tiveram oportunidade de oferecer suas teses de fato e de direito.

Particularmente em relação ao recurso de agravo de instrumento, diferentemente da redação dada anteriormente pela Comissão de Juristas, o art. 969 do PLS nº 166/2010 prevê a incidência deste recurso às dez situações taxativamente elencadas (incisos I a X do mencionado art. 969), resolvendo algumas questões acerca do recurso adequado à concessão de gratuidade de justiça (inciso V), à rejeição da alegação de convenção de arbitragem (inciso III) e aos casos de limitação e exclusão de litisconsórcio e à admissão ou não, de intervenção de terceiros (incisos VII a IX).

Novidade interessante, e que certamente gerará intensos debates em sede doutrinária e jurisprudencial, é a possibilidade de interposição do agravo de instrumento que versar sobre o "mérito da causa" (como prevê o inciso II do mesmo art. 969), provavelmente em sintonia com a previsão do §2º do artigo 281 do PLS nº 166/2010.

Os embargos de declaração, por seu turno, trazem importante contributo ao debate, mesmo porque amoldado ao modelo constitucional do processo, qual seja, a necessidade de oitiva do embargado todas as vezes em que o resultado da decisão tiver o efeito de alterar sua situação jurídica, o que se coaduna com o princípio constitucional do contraditório (art. 976, parágrafo único).

A redação final ao mencionado PLS nº 166/2010 dada pela comissão do Senado seguiu ao pensamento da comissão de juristas, tendo também optado por inserir dispositivo que autoriza o Supremo Tribunal Federal e o Superior Tribunal de Justiça a desconsiderar eventual vício processual quando da interposição do recurso tempestivo extraordinário ou recurso especial, desde que o *defeito formal* não se repute *grave* (?) (art. 983, §2º), julgando o mérito. Não obstante o espaço indemarcado da regra jurídica, aqui se presencia um sinal alentador de que o princípio da economia processual e da instrumentalidade das formas se adequará ao comprimento da garantia constitucional da ampla defesa.

Ponto que igualmente deve ser examinado, e que ofende o princípio da isonomia, é a manutenção da categoria processual da *remessa necessária*, estampado, atualmente, no art. 475, mantendo-se a vetusta concepção de condição de *eficácia da sentença* condenatória em face das pessoas jurídicas de direito público, deixando o exequente com o sabor amargo da frustração da impossibilidade de execução do provimento que lhe reconheceu ganho de causa, bem ao contrário do que acontece com as execuções fiscais.

Destarte, ainda assim, examinando as situações autorizadoras de sua aplicação (art. 483, na redação final do PLS nº 166/2010), tem-se que o propósito das comissões foi o de mantê-las quase que integralmente tal qual inseridas no texto vigente, tendo havido alteração, tão somente, no valor mínimo considerado como lastro para sua não aplicação, estabelecido em mil salários mínimos para a União; 500 salários mínimos para os Estados e suas capitais e cem salários mínimos para os demais municípios, e respectivas autarquias e fundações de direito público, o que será objeto de contestação pelas respectivas Fazendas Públicas, é certo; quanto a não aplicação quando se tratar de sentença proferida com base em orientação adotada em recurso representativo da controvérsia ou "incidente de resolução de demandas repetitivas", esta última mais uma tentativa, sem critérios, de se alcançar, a todo custo, a celeridade procedimental almejada pela reforma; e quanto à possibilidade de a remessa necessária ocorrer, quando na sentença não se houver fixado valor da condenação.

Alguns itens do PLS nº 166/2010 devem ser também destacados positivamente e dizem respeito, primeiro, ao fato de que os recursos *não irão impedir a eficácia da decisão* — nos moldes previstos nos artigos 506, 507 e 949 do projeto —, não obstante a possibilidade de o relator atender ao pedido de suspensão do recurso, mas somente nos casos mencionados nos parágrafos 1º a 4º, do mencionado art. 949, em despacho irrecorrível (o que pode ensejar, todavia, à impetração do mandado de segurança contra a decisão judicial).

Outro ponto positivo do projeto diz respeito à menção que o novo texto faz quando amplia o prazo para interposição de agravo interno contra decisão singular do relator para quinze dias (art. 975 c/c o §1º do art. 948), bem como quando mantém a figura do revisor na apelação e na ação rescisória (art. 889, parágrafo único), com a exceção prevista no parágrafo terceiro, do mesmo artigo (em especial quando do indeferimento da petição inicial).

Ponto de *ampliação do debate* na fase de segundo grau de competência é aquele moldado pelo art. 892, em que o recorrente e o recorrido falarão *após a exposição da causa pelo relator*, posto possibilitar a *sustentação oral* em apelação, no recurso especial, no recurso extraordinário, no agravo interno originário de recurso de apelação ou recurso especial ou recurso extraordinário, nos embargos de divergência, no recurso ordinário, na ação rescisória e, novidade, no agravo de instrumento quando da discussão de questão de mérito — as decisões interlocutórias que versarem sobre tutelas de urgência ou evidência (art. 892, inciso V), o que é extremamente louvável, pois amplia o debate, em consonância com o princípio constitucional da ampla defesa, determinando, ainda, que o voto vencido seja sempre declarado inclusive para *fins de prequestionamento* (art. 896, §3º), situação que, em razão da (falta de) organização dos nossos tribunais, poderá provavelmente redundar em atraso na publicação do acórdão.

Em arremate, relativamente à *ação rescisória*, aqui entendida como meio autônomo de impugnação de decisões judiciais sobre as quais incide o direito fundamental da coisa julgada, importante ponto inserido no novo texto é a redução do prazo para seu ajuizamento, fixado, agora, em *um ano* (art. 928), ficando mantidas, praticamente, todas as hipóteses legitimadoras para sua propositura (art. 919), parecendo, pois, privilegiar-se a segurança jurídica em detrimento de um tempo confortável para o debate democraticamente discursivo da questão litigiosa.

Por fim, o PLS nº 166/2010, na redação que lhe deu o parecer final da Comissão do Senado (em começo de dezembro deste ano), alterou a nomenclatura anteriormente dada ao "recurso de agravo" das decisões que inadmitiam recurso extraordinário ou recurso especial, agora o denominando de *agravo de admissão*, previsto no art. 996 e correspondentes parágrafos e tramitará de acordo com o regimento interno dos respectivos tribunais superiores, e o relator decidir na forma do art. 888 do mencionado projeto.

Conclusão

O papel de codificação no Direito sempre foi objeto de discussão e de muita polêmica ao longo dos anos, no seio da doutrina e da jurisprudência. Organizar e unificar são as características básicas do que se convencionou chamar de sistematização, podendo ser observado, neste contexto, que as codificações antigas mais se enquadravam no conceito de compilações, de uma reunião de textos propriamente dito, diferentemente, por certo, das codificações processuais contemporâneas que passaram a ver o papel do processo com olhos científicos (mais precisamente desde 1868, com a contribuição de Oskar Von Büllow, em que se fixou os marcos rumou à autonomia do processo), consagrando, assim, verdadeira mudança de paradigma, notadamente diante da inserção, no plano constitucional, dos direitos fundamentais.

Em apertada síntese, a legislação geral e abstrata cedeu espaço, paulatinamente, para uma racionalidade mais particularizada, mais próxima, inclusive, das constantes mutações proporcionadas pelos movimentos sociais contemporâneos.

A codificação se mostra como elemento que permite racionalmente refletir e acompanhar a evolução das relações humanas, da mesma forma que as legislações esparsas podem contribuir, cada qual em seu contexto, com sua parcela de importância, igualmente buscando atender aos anseios dos seus destinatários. A questão fundamental, portanto, deve ser a de saber distinguir em qual momento se faz necessária a aplicação de uma ou a mudança legislativa da outra.

A discussão em torno de um novo Código de Processo Civil, sempre que amplamente debatida com as diversas esferas da sociedade brasileira e com os setores representativos, como as instituições de ensino superior, não só professores, mas estudantes da pós-graduação e da licenciatura, os sindicatos e a Ordem dos Advogados do Brasil e que não foram ouvidos a tempo e a modo próprio a influir tecnicamente na redação tanto do Anteprojeto como do Projeto ora analisado, se apresenta como imprescindível. Trata-se de se dar transparência ao trabalho feito, exigindo-se que este seja realizado a partir de dados estatísticos confiáveis, tendo como norte, sempre, a observância dos direitos e as garantias fundamentais encartados no texto constitucional.

Relativamente à temática recursal, observou-se que o Projeto de Lei do Senado nº 166/2010 apresenta pontos positivos e negativos, não tendo se demonstrado, porém, e mais uma vez, se as técnicas ali propugnadas podem mesmo alcançar a finalidade de tornar o procedimento mais célere, mesmo porque o reparo da pecha de morosidade do exercício da função jurisdicional somente poderá ser feito se apoiado em sólida base estatística e ampla discussão, o que ainda não ocorreu.

Não se demonstrou que, com a supressão de determinada espécie recursal, como os embargos infringentes, todos os problemas conducentes à utilização das referidas espécies como supostos "meios protelatórios" e o consequente comprometimento da celeridade tão almejada serão imediatamente resolvidos.

Em arremate, é possível atestar que a eficácia de toda nova legislação (pois é isso que se deve ter em mente quando se sabe que o seu destinatário imediato é a sociedade), não somente no campo prático, depende, é claro, das variadas nuances que envolvem sua formação, sua preparação, bem como dos seus intérpretes, daí porque a obrigatoriedade para que se proporcione tempo suficiente para tanto e para sua consequente discussão, subsídios imprescindíveis diante do atual contexto reformador.

Referências

ALMEIDA, Gregório Assagra de; GOMES JUNIOR, Luiz Manoel. *Um novo Código de Processo Civil para o Brasil*: análise teórica e prática da proposta apresentada ao Senado Federal. Rio de Janeiro: GZ, 2010.

ARAÚJO, Marcelo Cunha de. *O novo processo constitucional*. Belo Horizonte: Mandamentos, 2003.

ASSIS, Araken de; MADEIRA, Luiz Gustavo Andrade (Coord.). *Direito processual civil*: as reformas e questões atuais do direito processual civil. Porto Alegre: Livraria do Advogado, 2008.

BARACHO, José Alfredo de Oliveira. *Direito processual constitucional*: aspectos contemporâneos. Belo Horizonte: Fórum, 2006.

BARACHO, José Alfredo de Oliveira. Teoria geral do processo constitucional. *Revista da Faculdade Mineira de Direito*, v. 2, n. 3/4, p. 89-154, 1999.

BONAVIDES, Paulo. *Do Estado liberal ao Estado social*. 8. ed. São Paulo: Malheiros, 2007.

CAETANO, Marcello. *Historia do direito português*: fontes: direito público: 1140-1495. 3. ed. Lisboa: Verbo, 1992.

CANOTILHO, José Joaquim Gomes. *Direito constitucional e teoria da Constituição*. 7. ed. 5. reimpr. Coimbra: Almedina, 2008.

COSTA, Mário Júlio de Almeida. *História do direito português*. 3. ed. Coimbra: Almedina, 1996.

CRETELLA JÚNIOR, José. *Direito romano moderno*: introdução ao direito civil brasileiro. 9. ed. rev. e aum. Rio de Janeiro: Forense, 2000.

CRUZ, Álvaro Ricardo de Souza. *Jurisdição constitucional democrática*. Belo Horizonte: Del Rey, 2004.

DIAS, Ronaldo Brêtas de Carvalho. A garantia da fundamentação das decisões jurisdicionais no Estado Democrático de Direito. *Revista da Faculdade Mineira de Direito*, v. 8, n. 16, p. 147-161, 2º sem. 2005.

DIAS, Ronaldo Brêtas de Carvalho. *Responsabilidade do Estado pela função jurisdicional*. Belo Horizonte: Del Rey, 2004.

GONÇALVES, Aroldo Plínio. *Técnica processual e teoria do processo*. Rio de Janeiro: Aide, 1992.

JUSTO, António dos Santos. *Direito privado romano*. Coimbra: Coimbra Ed., 2000. (Parte geral: introdução, relação jurídica, defesa dos direitos, v. 1).

LEAL, André Cordeiro. *O contraditório e a fundamentação das decisões no direito processual democrático*. Belo Horizonte: Mandamentos, 2002.

LOPES DA COSTA, Alfredo de Araujo. *Direito processual civil brasileiro*. 2. ed. atual. Rio de Janeiro: Forense, 1959. v. 1.

LOPES, João Batista. *A prova no direito processual civil*. 2. ed. rev. atual. e ampl. São Paulo: Revista dos Tribunais, 2002.

MADEIRA, Luiz Gustavo Andrade. O colapso do sistema processual civil. *In*: ASSIS, Araken de; MADEIRA, Luiz Gustavo Andrade (Coord.). *Direito processual civil*: as reformas e questões atuais do direito processual civil. Porto Alegre: Livraria do Advogado, 2008.

MIRANDA, Jorge. *Teoria do Estado e da Constituição*. Rio de Janeiro: Forense, 2002.

MOREIRA DE PAULA, Jônatas Luiz. *História do direito processual brasileiro*: das origens lusas à escola crítica do processo. Barueri: Manole, 2002.

MÜLLER, Friedrich. *Métodos de trabalho do direito constitucional*. Tradução de Peter Naumann. 3. ed. rev. e ampl. Rio de Janeiro: Renovar, 2005.

NOGUEIRA, Alberto. *Jurisdição das liberdades públicas*. Rio de Janeiro: Renovar, 2003.

NUNES, Dierle. O princípio do contraditório: uma garantia de influência e de não surpresa. *In*: TAVARES, Fernando Horta (Coord.). *Constituição, direito e processo*: princípios constitucionais do processo. Curitiba: Juruá, 2007.

PACHECO, José da Silva. *Evolução do processo civil brasileiro*: desde as origens até o advento do novo milênio. 2. ed. Rio de Janeiro: Renovar, 1999.

PINTO, Eduardo Vera-Cruz. *As origens do direito português*: a tese germanista de Teófilo Braga. Lisboa: Associação Académica da Faculdade de Direito de Lisboa, 1996.

SAMPAIO, José Adércio Leite; CRUZ, Álvaro Ricardo de Souza (Coord.). *Hermenêutica e jurisdição constitucional*: estudos em homenagem ao Professor José Alfredo de Oliveira Baracho. Belo Horizonte: Del Rey, 2001.

SILVA, Virgílio Afonso da. *A constitucionalização do direito*: os direitos fundamentais nas relações entre particulares. 2. tiragem. São Paulo: Malheiros, 2008.

STRECK, Lenio Luiz. Os meios de acesso do cidadão à jurisdição constitucional, a argüição de descumprimento de preceito fundamental e a crise de efetividade da Constituição brasileira. *In*: SAMPAIO, José Adércio Leite; CRUZ, Álvaro Ricardo de Souza (Coord.). *Hermenêutica e jurisdição constitucional*: estudos em homenagem ao Professor José Alfredo de Oliveira Baracho. Belo Horizonte: Del Rey, 2001.

TAVARES, Fernando Horta (Coord.). *Constituição, direito e processo*: princípios constitucionais do processo. Curitiba: Juruá, 2007.

TAVARES, Fernando Horta. *Mediação e conciliação*. Belo Horizonte: Mandamentos, 2002.

TUCCI, José Rogério Cruz e. *Jurisdição e poder*: contribuição para a história dos recursos cíveis. São Paulo: Saraiva, 1987.

VIEIRA, José Marcos Rodrigues. *Da ação cível*. Belo Horizonte: Del Rey, 2002.

VIEIRA, José Marcos Rodrigues. Teoria geral da efetividade do processo. *Revista da Faculdade Mineira de Direito*, v. 1, n. 1, p. 90-107, 1º sem. 1998.

Informação bibliográfica deste texto, conforme a NBR 6023:2002 da Associação Brasileira de Normas Técnicas (ABNT):

TAVARES, Fernando Horta; CUNHA, Maurício Ferreira. A codificação no direito e a temática recursal no Projeto do Novo Código de Processo Civil brasileiro. *In*: BARROS, Flaviane de Magalhães; BOLZAN DE MORAIS, Jose Luis (Coord.). *Reforma do processo civil*: perspectivas constitucionais. Belo Horizonte: Fórum, 2010. p. 231-261. ISBN 978-85-7700-404-1.

A Irrecorribilidade das Decisões Interlocutórias no Anteprojeto de Novo Código de Processo Civil

Fernando Gonzaga Jayme
Marina França Santos

Sumário: Introdução – **1** O recurso de agravo no processo civil brasileiro – **2** O agravo no Projeto de Novo Código de Processo Civil – **3** A avaliação do agravo de instrumento na atualidade e a irrecorribilidade das decisões interlocutórias no Projeto de Novo Código de Processo Civil – **3.1** A utilização do mandado de segurança como sucedâneo recursal – Conclusões – Referências

Introdução

O vigente Código de Processo Civil, no art. 496, prevê a existência de oito espécies de recursos: apelação, agravo, embargos infringentes, embargos de declaração, recurso ordinário, recurso especial, recurso extraordinário e embargos de divergência em recurso especial e em recurso extraordinário.

Na atual sistemática recursal, franqueia-se às partes, em toda e qualquer instância, ampla liberdade de recorrer, possibilitando-lhes se valerem de infindáveis recursos, de forma a obter o reexame de toda decisão que possa traduzir prejuízo. Essa ampla liberdade recursal, não raro, desborda em abuso de direito.[1]

Ocorre que, apesar da intensa atividade legiferante ocorrida nas duas últimas décadas, modificando a Constituição da República e o Código de Processo Civil, com significativas alterações no procedimento dos recursos ordinários e nos fundamentos básicos e disposições essenciais dos recursos especial e extraordinário, ainda não foram irradiados, com toda intensidade, os efeitos em relação à efetividade do processo.

As mudanças operadas no procedimento recursal carecem de tempo para que todo o potencial transformador se concretize.

Os dados estatísticos, contudo, permitem deduzir que as inovações introduzidas, fundamentalmente, nas instâncias constitucionais, trilham um bom caminho, haja vista que no Supremo Tribunal Federal, em razão do instituto da repercussão geral, em 2009, houve uma redução em 38,5% no total de processos distribuídos em relação a 2008.[2] No Superior Tribunal de Justiça, com a operacionalização da Lei dos Recursos Repetitivos, no mesmo período, a redução foi de 25%.[3] Não se olvide, ainda, da importância que o emprego de novas tecnologias traz para a redução do volume de processos nessas Cortes.

Pois bem, estamos em meio ao processo de implantação e consolidação das novas técnicas processuais introduzidas com as reformas normativas. Não exploramos, ainda, todos os recursos tecnológicos possíveis e disponíveis para informatização do processo judicial e, no entanto, testemunhamos um açodado trabalho de elaboração de Projeto de Novo Código de Processo Civil, construído em, aproximadamente, seis meses, por uma comissão de juristas nomeada pelo Senado Federal.

É necessário avaliar, diante dos impactos positivos das reformas, com o atingimento de alguns dos objetivos almejados, se este é o momento apropriado para aprovação de um novo Código de Processo Civil. Deve-se, refletir, igualmente, sobre qual a responsabilidade do Código vigente na crise do Poder Judiciário, porquanto, festejado pelos operadores por primar pela cientificidade e técnica, nestes mais de

---

[1] A propósito, cf. dois exemplos colhidos da jurisprudência do Supremo Tribunal Federal: AgR-AgR-AgR-AgR no AI nº 629.409/SP, Pleno. Rel. Min. Gilmar Mendes. Julg. 16.12.2009. DJe, 12 fev. 2010; e AgR-ED-AgR-ED-AgR no AI nº 608.735/RR, Primeira Turma. Rel. Min. Ricardo Lewandowski. Julg. 5.5.2009. DJe, 12 jun. 2009.

[2] Cf. BRASIL. Relatório de atividades: exercício 2009.

[3] Cf. BRASIL. Relatório de gestão 2009: o STJ na era virtual.

trinta anos de aplicação, o formalismo exacerbado, pela hermenêutica, vem cedendo espaço ao reconhecimento do caráter instrumental das normas processuais.

Ademais, o projeto do novo Código de Processo Civil, deixa muito a desejar em relação à modernização de procedimentos e às novas técnicas de resolução de conflitos. O projeto conserva a cultura da litigiosidade, por serem acanhadíssimas as proposições em relação aos métodos alternativos de resolução de conflitos: conciliação, mediação e arbitragem.[4] É necessário discernir que acesso à justiça não se identifica com o processo judicial, mas sim, com a solução do conflito.

As profundas mudanças sociais experimentadas pela sociedade brasileira após a Constituição da República devem refletir, na mesma proporção, transformações procedimentais e de mentalidade dos juristas, pois como afirma Cançado Trindade, para resolver o problema da efetividade do processo, "se impõe uma mudança fundamental de mentalidade, uma melhor compreensão da matéria. Não se pode continuar pensando dentro de categorias e esquemas jurídicos construídos há várias décadas, ante a realidade de um mundo que já não existe".[5]

O projeto silencia, também, em relação ao processo eletrônico e foi incapaz de sistematizar as normas relativas à presença da Fazenda Pública em juízo, fugindo do propósito de um Código, cuja finalidade precípua é, justamente, a de concentrar em um único diploma legal as normas que disciplinam determinado ramo do direito.

Particularmente, em relação à sistemática recursal constante do projeto do novo Código de Processo Civil, pretende-se, neste trabalho, realizar um prognóstico do novo cenário porvir. O objeto de estudo é o recurso de agravo contra decisões interlocutórias, com a finalidade de aferir se as proposições do projeto do novo Código de Processo Civil contribuirão, realmente, para a diminuição da complexidade do procedimento e a redução do prazo de duração do processo, que são, em síntese, os escopos justificadores das alterações propostas.

---

[4] A Comissão poderia ter se espelhado no modelo inglês, porquanto o *Civil Procedural Rules*, "mudou a cultura litigiosa dos tribunais ingleses. As CPR civis passaram de um sistema antagonista para um modo de litigar mais cooperativo. Os advogados têm adaptado suas expectativas judiciais de modo a não lutarem pelos interesses de seus clientes de forma implacável e agressiva. (...) Processos civis que girem em torno de negócios ou outros assuntos que surgem hoje na Inglaterra podem ser julgados e resolvidos por meio de quatro sistemas ou zonas distintas, mas complementares, da justiça civil: negociações de acordo (sem a interferência de uma terceira parte neutra); acordos mediados; arbitragem; processos judiciais" (ANDREWS. *O moderno processo civil*: formas judiciais e alternativas de resolução de conflitos na Inglaterra, p. 28-29).

[5] Cf. CORTE IDH. *Caso Ximenes Lopes vs. Brasil.*

A questão a ser enfrentada reside na busca de solução para o excessivo volume de agravos de instrumento que, diante da livre recorribilidade das interlocutórias, congestiona os tribunais estaduais e federais.

Nesse passo, destacam-se as propostas da comissão de juristas encarregada de elaborar o anteprojeto do novo Código:

> c) Determinar a ausência de preclusão no 1º grau de jurisdição, extinguindo-se a figura do agravo, ressalvado o agravo de instrumento para as decisões de urgência satisfativas ou cautelares. (...)
>
> e) Estabelecimento de um único recurso de apelação no qual a parte manifestará todas as suas irresignações quanto às decisões interlocutórias proferidas no curso do processo.

Desta forma, objetiva-se avaliar a viabilidade das propostas e o impacto na duração do processo, caso as questões interlocutórias decididas no curso do procedimento sejam apreciadas, concentradamente, no julgamento da apelação.

1 O recurso de agravo no processo civil brasileiro

O recurso de agravo tem sua origem remota no direito português e mantém-se no ordenamento brasileiro até os nossos dias.

Em Portugal, durante séculos admitia-se a apelação contra todas as decisões de primeira instância, fossem elas sentenças ou interlocutórias, até que, diante dos excessos, Afonso IV, no século XIV, proibiu apelação contra decisão interlocutória, salvo se tivessem força de definitiva, se impedissem que fosse prolatada decisão definitiva ou, ainda, se causassem danos de difícil reparação.[6] Com efeito, as partes, não podendo apelar, reclamavam ao rei, a quem pediam a cassação das interlocutórias que lhes causavam agravo.

Com o passar do tempo, o nome agravo, de sinônimo de lesão a direito ensejador da interposição do recurso, passou a designar o instrumento para veicular a própria impugnação.[7]

No Brasil, a reunificação da legislação processual, promovida pelo Código de Processo Civil de 1939, contemplava três espécies de agravo: o de instrumento, o de petição e no auto do processo. Em regra,

---

[6] LASPRO. *Duplo grau de jurisdição no direito processual civil*, p. 65.
[7] THEODORO JÚNIOR. O problema da recorribilidade das interlocutórias no processo civil brasileiro. *ABDPC – Academia Brasileira de Direito Processual Civil*.

O agravo se apresenta como recurso contra decisões (terminativas ou interlocutórias) que não julgam o mérito da causa, na primeira instância, e contra decisões que denegam determinados recursos, nos tribunais. Excepcionalmente, o agravo em face de decisões definitivas é admitido, sobretudo em processo e feitos regulados por leis extravagantes.[8]

O Código de Processo Civil de 1973 eliminou o agravo de petição e o agravo no auto do processo, preservando apenas o agravo de instrumento, cabível em face "de toda a decisão, proferida no curso do processo, pela qual o juiz resolve questão incidente".[9]

O modelo processual originalmente adotado, contudo, não atendeu às expectativas e, nos anos 1990, iniciaram-se reformas pontuais do Código de Processo Civil, visando à simplificação do procedimento.

Na primeira fase das reformas normativas, o movimento foi assumido pela Escola Nacional de Magistratura, tendo sido constituída uma comissão de juristas para estudar o problema da morosidade processual, identificar os óbices à efetividade do acesso à justiça e propor soluções visando à simplificação do Código de Processo Civil brasileiro.[10]

A comissão formulou onze anteprojetos, tendo por conteúdo a modificação de capítulos específicos do Código de Processo Civil. Dez foram convertidos em lei, dentre elas a de nº 9.139, de 30.11.1995, que altera o procedimento do agravo, introduzindo-lhe suas primeiras alterações substanciais.

A partir dessa lei, o agravo de instrumento deixou de ser interposto perante o juízo *a quo* passando a ser ajuizado diretamente no tribunal. Além da interposição direta perante o tribunal, a nova lei possibilitou ao relator atribuir ao recurso efeito suspensivo; como consequência, aboliu-se a hipótese da admissibilidade de mandado de segurança para essa finalidade.[11]

---

[8] MARQUES. *Instituições de direito processual civil*, v. 4, p. 193.

[9] BUZAID. Exposição de motivos do projeto do Código de Processo Civil. *Revista Forense*.

[10] A comissão revisora, presidida pelo diretor da Escola e Ministro do Superior Tribunal de Justiça, Sálvio de Figueiredo Teixeira, secretariada pela Desembargadora Fátima Nancy Andrighi, do TJDFT, foi integrada pelo Ministro Athos Gusmão Carneiro, do STJ, Ada Pellegrini Grinover, Celso Agrícola Barbi, Humberto Teodoro Júnior, José Carlos Barbosa Moreira, José Eduardo Carreira Alvim, Kazuo Watanabe e Sérgio Sahione Fadel.

[11] "I - Antes da vigência da Lei nº 9.139/95, descabia, exceto em casos de decisão manifestamente teratológica ou abusiva, a pretensão de atacar diretamente a decisão judicial pela via do *writ*, uma vez que o mandado de segurança contra ato judicial recorrível vinha sendo admitido, por construção doutrinário-jurisprudencial, para comunicar efeito suspensivo ao agravo em face da probabilidade de lesão dificilmente reparável. II - No sistema do Código de Processo Civil as decisões judiciais são atacáveis por uma única via recursal adequada, não

Em 1998, com os mesmos objetivos de aprimorar o sistema recursal e combater a morosidade, nova comissão, constituída pelo Instituto Brasileiro de Direito Processual e pela Escola Nacional da Magistratura, novamente comandada pelos Ministros Sálvio de Figueiredo Teixeira e Athos Gusmão Carneiro, apresentou três anteprojetos emendando o Código de 1973.

Desta feita, em relação aos recursos, reduziu-se a abrangência dos embargos infringentes, da remessa obrigatória e do efeito suspensivo da apelação, além de prever, pela primeira vez, a aplicação dos meios eletrônicos para a prática e a comunicação dos atos processuais (dispositivo vetado na ocasião e que ressurgiu em dezembro de 2006 com a Lei nº 11.419).

Nesta fase, denominada a "reforma da reforma", a Lei nº 10.352, de 26.12.2001, complementando as modificações do recurso de agravo, estabeleceu o ônus de o agravante comunicar a interposição do agravo de instrumento ao juízo da causa e, expressamente, contemplou a possibilidade de o relator, em decisão singular, liminar e recorrível, inadmitir o recurso ou converter o agravo de instrumento em retido. Por fim, dirimindo controvérsia doutrinária e jurisprudencial, conferiu também ao relator poderes para atribuir efeito suspensivo ativo ao agravo de instrumento, possibilitando-lhe deferir, em antecipação de tutela, total ou parcialmente, a pretensão recursal.

Mais recentemente, a matéria sofreu nova alteração com o advento da Lei nº 11.187, de 18.10.2005. A partir de sua vigência, a impugnação das decisões interlocutórias, em regra, deve ser mediante agravo na sua forma retida. O agravo de instrumento circunscreve-se a situações excepcionais: a) para impugnar decisão suscetível de causar à parte lesão grave e de difícil reparação; b) para se opor à decisão que inadmitir a apelação; ou, c) para contestar a decisão que declara os efeitos atribuídos à apelação. Além disso, tornaram-se irrecorríveis as decisões do relator que converterem o agravo de instrumento em retido ou as que concederem ou negarem efeito suspensivo ao recurso.

---

havendo ensejo para o duplo ataque a decisão valendo-se a parte do mandado de segurança. III - O julgamento do agravo de instrumento interposto contra a mesma decisão atacada pelo *writ* e versando as mesmas questões de direito prejudica o exame desse último, ainda que não tenha o impetrante saído vencedor naquele recurso. IV - Fundando-se o mandado de segurança em direito liquido e certo, que pressupõe incidência de regra jurídica sobre fatos incontroversos, a necessidade de dilação probatória para acertamento dos fatos sobre os quais se assenta a pretensão impõe a denegação da segurança" (STJ. RMS nº 6,900/RS, Quarta Turma. Rel. Min. Sálvio de Figueiredo Teixeira. Julg. 27.6.1996. DJ, 26 ago. 1996).

Estabeleceu, também, a obrigação de imediata interposição de agravo retido oral contra as decisões proferidas em audiência de instrução e julgamento.

Presume-se, todavia, a insuficiência das alterações promovidas na sistemática do recurso de agravo, haja vista a proposta do projeto do novo Código de Processo Civil, no sentido de reduzir, ainda mais, as hipóteses de recorribilidade das decisões interlocutórias.

2 O agravo no Projeto de Novo Código de Processo Civil

O projeto do novo Código de Processo Civil extingue o agravo retido, em virtude de não haver preclusão das decisões interlocutórias. Assim, as decisões dessa natureza, que não puderem ser impugnadas por agravo de instrumento não precluirão e poderão vir a ser suscitadas em apelação.

O agravo de instrumento fica mantido para admitir a insurgência da parte contra decisões interlocutórias expressamente especificadas no texto normativo:

> Art. 929. Cabe agravo de instrumento contra as decisões interlocutórias:
>
> I - que versarem sobre tutelas de urgência ou da evidência;
>
> II - que versarem sobre o mérito da causa;
>
> III - proferidas na fase de cumprimento de sentença ou no processo de execução;
>
> IV - em outros casos expressamente referidos neste Código ou na lei
>
> *Parágrafo único.* As questões resolvidas por outras decisões interlocutórias proferidas antes da sentença não ficam acobertadas pela preclusão, podendo ser impugnadas pela parte, em preliminar, nas razões ou contrarrazões de apelação.

As decisões, que, nos termos do inciso IV, contam com previsão expressa no Projeto do novo CPC, são as que resolvem: o incidente de desconsideração da personalidade jurídica (art. 65); o pedido de justiça gratuita (art. 85, §2º); a admissão de assistente (art. 322, parágrafo único); a exibição de documento ou coisa (art. 382, parágrafo único); a liquidação de sentença (art. 494, §7º) e o direito de preferência na execução (art. 833, parágrafo único).

Ao propor mudanças, ressaltou a comissão elaboradora o seu propósito:

Assim, e por isso, um dos métodos de trabalho da Comissão foi o de resolver problemas, sobre cuja existência há praticamente unanimidade na comunidade jurídica. Isso ocorreu, por exemplo, no que diz respeito à complexidade do sistema recursal existente na lei revogada. Se o sistema recursal, que havia no Código revogado em sua versão originária, era consideravelmente mais simples que o anterior, depois das sucessivas reformas pontuais que ocorreram, se tornou, inegavelmente, muito mais complexo.[12]

É necessário verificar se o intuito de simplificação, caso aprovado o projeto do novo CPC, será alcançado ou se formas alternativas serão utilizadas como sucedâneos recursais.

3 A avaliação do agravo de instrumento na atualidade e a irrecorribilidade das decisões interlocutórias no Projeto de Novo Código de Processo Civil

Concentrar na apelação a resolução de todas as questões interlocutórias poderá representar concreta contribuição para a diminuição do tempo de duração do processo, mas não se pode olvidar, também, o risco da proliferação de mandados de segurança contra ato judicial.

A fase recursal, não se duvida, é um dos fatores responsáveis pela morosidade do processo, considerando a quase ilimitada possibilidade de se recorrer das decisões proferidas no curso do procedimento cível, mas não é a determinante.

De fato, a despeito da carência de um diagnóstico suficientemente consistente para identificar os pontos de estrangulamento da marcha processual nos impele ao empirismo normativo. Mais uma vez sobressai a voz de Barbosa Moreira que alerta para a inocuidade e o equívoco que é a realização de reformas legislativas sem um substancioso investimento prévio em estudos estatísticos. Sem esses estudos preliminares dependemos do acaso.

Estatísticas do Conselho Nacional de Justiça apontam que a maior taxa de congestionamento processual — que revela a quantidade de processos pendentes de decisão final em relação aos em andamento no período (casos pendentes de julgamento somados aos casos novos) — encontra-se no primeiro grau de jurisdição da Justiça Federal e da Justiça dos Estados. Na média nacional, os Tribunais Regionais Federais

---

[12] BRASIL. *Código de Processo Civil*: anteprojeto. Exposição de motivos, p. 13.

e os Tribunais de Justiça apresentam índices de congestionamento de, respectivamente, 59,8% e de 42,5%. Já no primeiro grau de jurisdição federal e estadual, a taxa de congestionamento salta para 76,1% e 79,6%.

Os números demonstram, desse modo, uma crescente sobrecarga de trabalho sobre os juízes, o que, logicamente, inviabiliza sentenças razoavelmente tempestivas.

Portanto, medidas que aumentem a eficiência e agilidade dos Tribunais no julgamento dos recursos, mediante a supressão de alguns deles e a simplificação dos seus procedimentos, são bem-vindas, mas devem ser acompanhadas de iniciativas destinadas, também, a agilizar o andamento dos processos no 1º grau de jurisdição.

Também, não se pode ignorar as dificuldades decorrentes de uma cultura jurídica inteiramente construída sob o litígio judicial, que reconhece na ampla recorribilidade uma garantia inviolável. O inconformismo diante de decisões desfavoráveis, independentemente de seus fundamentos, é um traço marcante da formação e da atuação dos profissionais brasileiros.

Os aspectos acima apontados são suficientes para não criar ilusões de que a simples redução das hipóteses de cabimento do agravo de instrumento será a panaceia que resolverá o problema da excessiva duração do processo cível.

A análise das estatísticas do Tribunal de Justiça de Minas Gerais permite verificar um crescente aumento do número de agravos de instrumento interpostos: de 14.056 agravos de instrumento em 2001, saltamos para 44.569, distribuídos em 2009. Todavia, apesar do volume, o tempo de processamento desses recursos, em sua maioria (23.536), não ultrapassou três meses.[13]

3.1 A utilização do mandado de segurança como sucedâneo recursal

O projeto do novo Código de Processo Civil não propõe alteração drástica no regime do agravo de instrumento, porquanto, a disciplina do CPC não é destoante. A regra a observar para a interposição de agravo de instrumento é a dificuldade ou impossibilidade de reparação do dano decorrente do cumprimento da decisão interlocutória. O que se verifica,

---

[13] Estatísticas fornecidas pela 1ª Vice-Presidência do Tribunal de Justiça de Minas Gerais (TJMG).

contudo, é a indiscriminada utilização do agravo de instrumento para impugnar decisões interlocutórias de qualquer natureza, mesmo que inofensivas.

Por sua vez, a Lei nº 12.016/2009, que disciplina a ação de mandado de segurança, admite a impetração contra qualquer ato judicial irrecorrível ou que possa ser impugnado por recurso despido de efeito suspensivo.

O disposto no art. 5º, inciso, II da Lei do Mandado de Segurança é mais abrangente do que a norma revogada e do que a Súmula STF nº 267; ambas inadmitiam mandado de segurança contra despacho ou decisão judicial quando houvesse recurso previsto nas leis processuais ou pudesse ser modificado por via de correição.[14]

Concomitante à nova redação da Lei do Mandado de Segurança contra ato judicial, forma-se no Superior Tribunal de Justiça uma jurisprudência liberalizante que reconhece o caráter garantístico do mandado de segurança e, portanto, cabível contra ato judicial.

O Superior Tribunal de Justiça, após as inovações da Lei nº 9.139/1995, havia consolidado entendimento de que mandado de segurança contra ato judicial seria medida excepcional, a ser admitida tão somente mediante demonstração de serem as decisões atacadas manifestamente ilegais ou teratológicas.[15]

A última alteração do sistema do agravo de instrumento, no entanto, trazida à baila pela Lei nº 11.187, em 2005, reintroduziu a prática nefanda de possibilitar a impetração de mandado de segurança com o fito de se atribuir efeito suspensivo a recurso desprovido desse efeito. Essa prática, que se acreditava mitigada no cotidiano forense, renasce devido à introdução na sistemática procedimental do agravo de instrumento de decisões irrecorríveis.

---

[14] "Art. 5º Não se dará mandado de segurança quando se tratar: II - de despacho ou decisão judicial, quando haja recurso previsto nas leis processuais ou possa ser modificado por via de correção" (Lei nº 1.533/1951, revogada).
"Não cabe mandado de segurança contra ato judicial passível de recurso ou correição" (STF. Súmula nº 267).

[15] "Após o advento da Lei 9.139/95, o uso do mandado de segurança contra ato judicial recorrível se tornou inadmissível, por impossibilidade jurídica (art. 5º, II, da Lei 1.533/51)" (STJ. REsp nº 200.195/RJ, Quarta Turma. Rel. Min. Sálvio de Figueiredo Teixeira. Julg. 23.3.1999. *DJ*, 10 maio 1999); "No sistema anterior à Lei nº 9.139/95, descabia, exceto em casos de abuso ou manifesta teratologia, a pretensão de atacar diretamente a decisão judicial pela via do *writ*, uma vez que o mandado de segurança contra ato judicial recorrível vinha sendo admitido, por construção doutrinário-jurisprudencial, para comunicar efeito suspensivo ao recurso dele desprovido, em face da probabilidade de lesão dificilmente reparável. Com a referida lei, que deu nova redação ao art. 558, CPC, outra é a sistemática" (RMS nº 9.147/SP, Quarta Turma. Rel. Min. Sálvio de Figueiredo Teixeira. Julg. 18.2.1999. *DJ*, 12 abr. 1999). Cf., ainda, STJ. RMS nº 19.943/AL, Quinta Turma. Rel. Min. Laurita Vaz. Julg. 20.10.2009. *DJe*, 9 nov. 2009.

Assim, admite-se mandado de segurança contra a decisão do relator que converter o agravo de instrumento em retido. Em tese, também, deve ser acolhido para impugnar a decisão que negar ao agravo de instrumento efeito suspensivo, hipóteses não abrangidas pela restrição da Súmula STF nº 267.

O Superior Tribunal de Justiça, ao admitir mandado de segurança contra ato do relator que converteu agravo de instrumento em retido, faz uma análise precisa da nova realidade jurídico-normativa, prenuncia a volta dos mandados de segurança, manejados de forma complementar à interposição de recurso desprovido de efeito suspensivo:

> Possibilidade de impetração do *writ* dirigido diretamente ao Plenário do Tribunal *a quo*, visando a impugnar decisão irrecorrível proferida pelo Relator que, nos termos do art. 522, inciso II, do CPC (com a redação dada pela Lei nº 11.187/2005), determinou a conversão do agravo de instrumento interposto pela parte, em agravo retido.
>
> - As sucessivas reformas do Código de Processo Civil estabeleceram um processo cíclico para o agravo de instrumento:
>
> - Inicialmente, ele representava um recurso pouco efetivo, de modo que sua interposição vinha sempre acompanhada da impetração de mandado de segurança que lhe atribuísse efeito suspensivo. Visando a modificar essa distorção, a Lei nº 9.139/95 ampliou o espectro desse recurso, tornando-o ágil e efetivo, o que praticamente eliminou o manejos dos *writs* para a tutela de direitos supostamente violados por decisão interlocutória.
>
> - O aumento da utilização de agravos de instrumento, porém, trouxe como contrapartida o congestionamento dos Tribunais. Com isso, tornou-se necessário iniciar um movimento contrário àquele inaugurado pela Lei nº 9.139/95: o agravo de instrumento passou a ser restringido inicialmente pela Lei nº 10.352/2001 e, após, de maneira mais incisiva, pela Lei nº 11.187/2005.
>
> - A excessiva restrição à utilização do agravo de instrumento e a vedação, à parte, de uma decisão colegiada a respeito de sua irresignação, trouxe-nos de volta a um regime equivalente àquele que vigorava antes da Reforma promovida pela Lei nº 9.139/95: a baixa efetividade do agravo de instrumento implicará, novamente, o aumento da utilização do mandado de segurança contra ato judicial.
>
> - A situação atual é particularmente mais grave porquanto, agora, o mandado de segurança não mais é impetrado contra a decisão do juízo de primeiro grau (hipótese em que seria distribuído a um relator das turmas ou câmaras dos tribunais). Ele é impetrado, em vez disso, contra a decisão do próprio relator, que determina a conversão do recurso. Com isso, a tendência a atravancamento tende a aumentar, já que tais *writs* devem ser julgados pelos órgãos plenos dos Tribunais de origem.

- Não obstante, por ser garantia constitucional, não é possível restringir o cabimento de mandado de segurança para essas hipóteses. Sendo irrecorrível, por disposição expressa de lei, a decisão que determina a conversão de agravo de instrumento em agravo retido, ela somente é impugnável pela via do remédio heróico. (STJ. RMS nº 22.847/MT, Terceira Turma. Rel. Min. Nancy Andrighi. Julg. 1º.3.2007. *DJ*, 26 mar. 2007)[16]

A interpretação extensiva dada pela jurisprudência da Corte Superior, como se vê, abre precedente, de forma expressa, para que, deparadas com a impossibilidade de recorrer, por motivo de vedação legal, substituam as partes o mecanismo recursal pela via alternativa do mandado de segurança.

A Lei do Mandado de Segurança sinaliza, aliás, no mesmo sentido, ao conferir nova redação à norma que disciplinava a impetração contra ato judicial, passando a admiti-la, contra decisão recorrível quando o recurso não suspender a eficácia do ato judicial.[17]

---

[16] É preciso considerar as situações fático-jurídicas que autorizaram o STJ a admitir mandado de segurança contra decisão judicial desprovida de efeito suspensivo. No RMS nº 25.934/PR (Corte Especial. Rel. Min. Nancy Andrighi. Julg. 27.11.2008. *DJe*, 9 fev. 2009), a decisão de conversão do agravo de instrumento em retido era teratológica, portanto, "deve ser reconhecida a pretensão da recorrente de ver processado o seu recurso, sob pena de sua absoluta inutilidade. Isso porque, não havendo sentença final de mérito em sede de execução, não haverá oportunidade de interposição de apelação e, por conseqüência, ficará inviável a reiteração do agravo retido" (RMS nº 23.843/RJ, Primeira Turma. Rel. Min. Teori Albino Zavascki. Julg. 20.5.2008. *DJe*, 2 jun. 2008).
Seria, portanto, mais adequado prover o recurso, prestigiando a jurisprudência já consolidada no Tribunal, "no sentido de que a impetração de mandado de segurança contra ato judicial somente é admitida em hipóteses excepcionais, tais como decisões de natureza teratológica, de manifesta ilegalidade ou abuso de poder, e capazes de produzir danos irreparáveis ou de difícil reparação à parte impetrante" (AgRg no RMS nº 25.104/SP, Primeira Turma. Rel. Min. Denise Arruda. Julg. 23.9.2008. *DJe*, 1º out. 2008).
No RMS nº 22.847, cuja ementa foi acima transcrita, a controvérsia refere-se aos requisitos para a União Federal ingressar no processo, na qualidade de assistente de Juiz Federal que processa eventual autor de dano moral por atingir sua imagem e honradez no exercício da magistratura. O provimento do recurso se baseou apenas no prejuízo que o provimento do Agravo retido poderia trazer, situação que implicaria o reconhecimento da incompetência absoluta do juízo e, como efeito, a anulação do processo. Esses fundamentos não são suficientes para se admitir mandado de segurança contra a decisão do Desembargador Federal que determinou a conversão do Agravo de Instrumento, porquanto, na esteira da Súmula STF nº 267, ausentes a manifesta ilegalidade da decisão e a irreparabilidade do dano. Esses acórdãos ao proverem os recursos ordinários interpostos contra o indeferimento dos mandados de segurança conferiram-lhes a condição de sucedâneo recursal, o que é inadmissível em nosso ordenamento jurídico.

[17] Válida é a ponderação de Sidney Palharini Júnior: "Quer nos parecer, portanto, que perdeu o legislador a oportunidade de encerrar as discussões acerca do tema que por anos foi objeto de veementes críticas da doutrina e jurisprudência" (*In*: GOMES JUNIOR *et al. Comentários à nova lei do mandado de segurança*: Lei 12.016, de 7 de agosto de 2009, p. 61).

De fato, a previsão do inciso II do art. 5º da nova Lei do mandado de segurança, inadmitindo a impetração para impugnar "decisão judicial da qual caiba recurso com efeito suspensivo", significa, *a contrario sensu*, seu cabimento contra todo ato judicial recorrível desprovido desse efeito, o que nos reconduz à indesejável situação combatida pela Lei nº 9.139/95.

Nestes termos, a proposta de mitigar a recorribilidade das decisões interlocutórias arrisca-se a carecer da eficácia pretendida.

Como se vê, todas as decisões irrecorríveis, ou recorríveis com efeito devolutivo, poderão ser desafiadas por mandado de segurança, inadequadamente utilizado como sucedâneo recursal.

O Projeto do novo CPC dá ensejo, portanto, à substituição do agravo de instrumento pelo mandado de segurança contra ato judicial. O fato de utilizar uma ação constitucional em substituição a um recurso, por si só, já atentaria contra a efetividade do processo, porquanto seu procedimento é mais oneroso. Ademais, o que é mais grave e atentatório à efetividade processual, é o fato de que sendo de competência originária dos tribunais, o acórdão que julgar o mandado de segurança, se denegatória a ordem, pode ser impugnado mediante recurso ordinário, o que possibilitará o reexame da matéria fática pelo Superior Tribunal de Justiça, situação inimaginável na sistemática recursal atualmente vigente.

Obtém-se, em síntese, um aumento do número de processos com maior onerosidade ao sistema, visto que no lugar de recursos — prolongamentos do procedimento dos processos em curso — admitem-se novas ações, contribuindo para o aumento da sobrecarga de trabalho que assola o Poder Judiciário:

> Durante o ano de 2008, tramitaram nos Tribunais Regionais Federais (2º Grau) quase 1,2 milhão de processos, sendo que, dentre eles, 474 mil ingressaram naquele ano e 713 mil já estavam pendentes de julgamento desde o final do ano anterior. Ademais, foram sentenciados 477 mil processos, fazendo com que o número de casos julgados se assemelhasse ao número de processos ingressados e, assim, gerando um fator dificultador na tarefa de redução do número de processos pendentes de julgamento. (...)
>
> Durante o ano de 2008, tramitaram três milhões de processos no 2º grau da Justiça Estadual, dentre eles, 1,8 milhão ingressou neste ano. Foram, ainda, julgados 1,7 milhão de processos.[18]

---

[18] Cf. CNJ. *Justiça em números 2008*: variáveis e indicadores do Poder Judiciário.

Conclusões

Deve-se avaliar se é oportuna a aprovação de um novo Código de Processo Civil, considerando que as reformas pontuais têm apresentado resultados positivos a partir da Emenda Constitucional nº 45/2004 e das leis reformadoras da legislação processual civil, tendentes a melhorarem.

Ademais, caso superada a questão acima colocada, as correções necessárias de redação são pressupostos para se conferir ao texto coerência e unidade sistêmica, porquanto várias imprecisões terminológicas já foram detectadas, inclusive pelos autores do texto convertido no projeto do novo CPC.[19]

Teleologicamente, a aprovação do Projeto deve ser precedida de estudos estatísticos e diagnósticos aptos a permitirem identificar os pontos de retardamento da prestação jurisdicional, bem como de avaliação dos impactos que as propostas de alteração da legislação produzirão.

A decisão legislativa a respeito da mitigação do recurso de agravo vai ao encontro de uma exigência racional e constitucional de celeridade processual e da constatação de que a utilização indevida desse recurso é fator de retardamento da resolução do litígio. Por outro lado, a resolução imediata de eventuais questões procedimentais também tem como propósito evitar que os Tribunais, em sede de apelação, estejam impedidos de julgar a matéria de fundo da demanda, em razão de obstáculos procedimentais insuperáveis e que poderiam, caso decididos em momento próprio, sanear o processo possibilitando a resolução do mérito do litígio.

A irrecorribilidade das decisões interlocutórias deve vir acompanhada de medidas que agilizem o procedimento, pois, conforme Chiovenda, o princípio da irrecorribilidade em separado de decisões interlocutórias só deve ser aplicado se for útil para assegurar a concentração processual, em favor do processo oral e eficiente, pois "fora daí é desarrazoado e prejudicial".[20]

Em relação à proposta de mitigação extremada da recorribilidade das decisões interlocutórias, deve-se avaliar qual será o impacto decorrente da recente jurisprudência do Superior Tribunal de Justiça e da Lei nº 12.016/2009, em relação à impetração de mandado de segurança como sucedâneo recursal.

---

[19] Cf. THEODORO JÚNIOR. Primeiras observações sobre o projeto do novo Código de Processo Civil. *Revista IOB de Direito Civil e Processual Civil*, p. 7-12.

[20] CHIOVENDA. *Instituições de direito processual civil*, v. 3, p. 276.

O legislador deve cotejar as propostas de mudança com a realidade social,[21] a fim de verificar se medidas restritivas do direito de recorrer, como a sucumbência recursal, não representariam obstáculo intransponível ao acesso à justiça.

As mudanças normativas devem implicar mudança de mentalidade para que os sujeitos do processo se comprometam com um processo de resultados, mais ágil, com resultados mais próximos do que até então estamos habituados a lidar.

Aos juristas, responsáveis diretos por esse processo, torna-se indispensável o compromisso de contribuir para a manutenção da credibilidade do Poder Judiciário perante a sociedade, com o consequente fortalecimento da Democracia, que não prescinde de eficaz e tempestiva garantia de proteção judicial.

Referências

ANDREWS, Neil. *O moderno processo civil*: formas judiciais e alternativas de resolução de conflitos na Inglaterra. Tradução de Teresa Arruda Alvim Wambier. São Paulo: Revista dos Tribunais, 2009.

BRASIL. Congresso Nacional. Senado Federal. Comissão de juristas responsável pela elaboração de anteprojeto de Código de Processo Civil. *Código de Processo Civil*: anteprojeto. Brasília: Senado Federal; Presidência, 2010. Disponível em: <http://www.senado.gov.br/senado/novocpc/pdf/Anteprojeto.pdf>. Acesso em: 18 nov. 2010.

BRASIL. Superior Tribunal de Justiça. *Relatório de gestão 2009*: o STJ na era virtual. Brasília: STJ, 2010. Disponível em: <http://www.stj.gov.br/portal_stj/publicacao/download.wsp?tmp.arquivo=1732>. Acesso em: 17 nov. 2010.

BRASIL. Supremo Tribunal Federal. *Relatório de atividades*: exercício 2009. Brasília: STF; Secretaria de Comunicação Social, 2009. Disponível em: <http://www.stf.jus.br/arquivo/cms/principaldestaque/anexo/relatorio_stf_2009__18032010__qualidade_web__orcamento.pdf>. Acesso em: 17 nov. 2010.

BUZAID, Alfredo. Exposição de motivos do projeto do Código de Processo Civil. *Revista Forense*, v. 246, n. 850/852, p. 7-19, abr./jun. 1974.

CHIOVENDA, Giuseppe. *Instituições de direito processual civil*. Tradução de Paolo Capitanio. Campinas: Bookseller, 1998. v. 3.

---

[21] Cf. IBGE. *Banco de dados agregados*: pesquisa de orçamentos familiares (1987, 1995, 2002, 2008): quadro comparativo.

CONSELHO NACIONAL DE JUSTIÇA – CNJ. *Justiça em números 2008*: variáveis e indicadores do Poder Judiciário. Brasília: CNJ, Departamento de Pesquisas Judiciárias, 2009. Disponível em: <http://www.cnj.jus.br>. Acesso em: 17 nov. 2010.

CORTE INTERAMERICANA DE DERECHOS HUMANOS – Corte IDH. *Caso Ximenes Lopes vs. Brasil*. Sentencia de 4 de Julio de 2006. Disponível em: <http://www.corteidh.or.cr/docs/casos/articulos/Seriec_149_esp.doc>. Acesso em: 17 nov. 2010.

GOMES JUNIOR, Luiz Manoel et al. *Comentários à nova lei do mandado de segurança*: Lei 12.016, de 7 de agosto de 2009. São Paulo: Revista dos Tribunais, 2009.

INSTITUTO BRASILEIRO DE GEOGRAFIA E ESTATÍSTICA – IBGE. *Banco de dados agregados*: pesquisa de orçamentos familiares (1987, 1995, 2002, 2008): quadro comparativo. Disponível em: <http://www.sidra.ibge.gov.br/bda/orcfam/default.asp>. Acesso em: 17 nov. 2010.

LASPRO, Oreste Nestor de Souza. *Duplo grau de jurisdição no direito processual civil*. São Paulo: Revista dos Tribunais, 1995.

MARQUES, José Frederico. *Instituições de direito processual civil*. 2. ed. rev. Rio de Janeiro: Forense, 1962. v. 4.

THEODORO JÚNIOR, Humberto. O problema da recorribilidade das interlocutórias no processo civil brasileiro. *ABDPC – Academia Brasileira de Direito Processual Civil*, Porto Alegre, ago. 2003. Disponível em: <http://www.abdpc.org.br/artigos/artigo47.htm>. Acesso em: 18 nov. 2010.

THEODORO JÚNIOR, Humberto. Primeiras observações sobre o projeto do novo Código de Processo Civil. *Revista IOB de Direito Civil e Processual Civil*, n. 66, p. 7-12, jul./ago. 2010.

Informação bibliográfica deste texto, conforme a NBR 6023:2002 da Associação Brasileira de Normas Técnicas (ABNT):

JAYME, Fernando Gonzaga; SANTOS, Marina França. A irrecorribilidade das decisões interlocutórias no anteprojeto de Novo Código de Processo Civil. *In*: BARROS, Flaviane de Magalhães; BOLZAN DE MORAIS, Jose Luis (Coord.). *Reforma do processo civil*: perspectivas constitucionais. Belo Horizonte: Fórum, 2010. p. 263-278. ISBN 978-85-7700-404-1.

Da Centralidade à Periferização do Estado no Tratamento de Conflitos: a Questão da Mediação no Projeto do Código de Processo Civil

Jose Luis Bolzan de Morais

Sumário: **1** Premissas – **2** As crises do Estado-Jurisdição – **3** Jurisdição e consenso: *jurisconstrução* – **4** O tratamento dos conflitos – **5** A questão como posta no anteprojeto de CPC – **6** Notas finais – Referências

1 Premissas

Desde há algum tempo tem-se dito que o acesso à justiça — adrede a uma temporalidade razoável, como impõe o art. 5º da CF/88, com a inclusão posta pela EC nº 45/04 — constitui-se em um dos mais básicos direitos humanos, como se pudéssemos estabelecer uma hierarquia entre os conteúdos que constituem os catálogos de direitos ou, mais abrangente, o conjunto destes, sejam eles contemplados em textos constitucionais, sejam reconhecidos na órbita internacional, em declarações de direitos ou outros documentos, ou mesmo sejam demandados como pertencentes a alguma dimensão de humanidade, o que não é tido aqui apenas como expressão dos desejos dos seres humanos. Mas esta é uma discussão que não cabe aqui.

Portanto, vamos nos limitar, considerando tratar-se o acesso à justiça como um dos direitos humanos hoje reconhecidos — lembrar-se sempre o caráter histórico destes, como salientado por Norberto Bobbio —, a interrogar aspectos das propostas de regulação das formas de tratamento de conflitos, no contexto do anteprojeto de Código de Processo Civil, em particular no que respeita ao tema contido no seu Livro I, Parte Geral, Título VI - Dos auxiliares da justiça, Capítulo III - Dos auxiliares da justiça, Seção V - Dos conciliadores e dos mediadores judiciais.

Tais aspectos merecem atenção, mesmo e sobretudo em um tempo de *judicialização da política*, de *consolidação do papel da hermenêutica para um direito reconhecido como linguagem* e de *tentativas de construção de diálogos constitucionais e institucionais*, entre outros temas recorrentes no debate acadêmico e profissional. Até mesmo porque o tema do tratamento de conflitos contempla, ele mesmo, questões que mantêm contato direto e imediato com estes mesmos aspectos.

De outro, embora não seja objeto deste ensaio, mereceria atenção, como repercussão do enfrentamento aqui proposto, a necessidade de se promover um redimensionamento de garantias constitucionais do processo, em particular a do *contraditório*, que, muitas vezes e como tantos outros institutos, ganhou um reconhecimento do tipo *senso comum*, com uma construção acrítica. Apenas para não deixar sem uma nota, tal garantia, em um ambiente de revisão das fórmulas políticas modernas, requer seja pensado, ele também, sob o viés de um novo modelo de *comunicação no processo*, assentada no diálogo efetivo entre os envolvidos, e não apenas na apresentação discursiva monológica de suas próprias razões. Mas este é uma discussão que, mesmo inserta no quadro aqui traçado, não será objeto de desenvolvimento.

Vamos, pois, ao que importa, no espaço que nos cabe, tentando apontar, em primeiro lugar, o cenário no qual percebemos o debate em torno ao tema para, após, indicar o desenho que supomos para o que nomeamos como *jurisconstrução* e, ao final, avaliarmos as propostas contidas na proposta de novo Código de Processo Civil.

2 As crises do Estado-Jurisdição

Para enfrentarmos esta temática tornou-se tradicional retomarmos a proposta apresentada por Mauro Cappelletti e Bryant Garth para o trato das questões que o atingem,[1] embora muito se tenha e se diga

---

[1] Cf. CAPPELLETTI; GARTH. *Acesso à justiça*.

acerca deste tema nas últimas décadas, como nós mesmos, em muitas oportunidade temos feito.[2]

Separando em momentos distintos — *ondas* —, tais autores propuseram uma trajetória que nos apresenta o caminho perseguido por tal preocupação, que passa pela "incorporação dos hipossuficientes econômicos e de toda ordem, pelos novos interesses e pelos novos mecanismos de solução de controvérsias".

Tido por conhecido este debate, devemos apenas fazer referir que as preocupações relativas a esta interrogação implicaram na colocação em pauta do problema da *efetividade/eficácia da prestação jurisdicional*, fazendo com que uma certa processualística, sobretudo a que incorpora interrogantes de cunho sociológico, não ficando adstrita a uma dogmática esterilizante, tenha produzido algumas tentativas de soluções no sentido de buscar alternativas para o caráter cada dia mais agudo e insuficiente das respostas dadas aos conflitos pelo aparato jurisdicional do Estado, a partir de seus métodos de trabalho, de tratamento dos litígios e de suas metodologias.

Deve-se ter presente, também, que as crises por que passa o modo estatal de dizer o Direito — jurisdição — refletem não apenas questões de natureza *estrutural*, fruto da escassez de recursos, como inadaptações de caráter *tecnológico* — aspectos relacionados às deficiências formativas dos operadores jurídicos — que inviabilizam o trato de um número cada vez maior de demandas, por um lado, e de uma complexidade cada vez mais aguda de temas que precisam ser enfrentados, bem como pela multiplicação de sujeitos envolvidos nos polos das relações jurídicas, por outro.

Assim, as crises da Justiça fazem parte de um quadro cada vez mais intrincado de problemas que são propostos à análise, tendo-se como paradigma a continuidade da ideia de Estado de Direito — e por consequência do Direito como seu mecanismo privilegiado — como instrumento apto, eficaz e indispensável para o tratamento civilizado dos litígios, e que se ligam umbilicalmente ao trato do problema relativo às transformações do e no Estado contemporâneo.

Devemos, portanto, entender estas crises sob diversas perspectivas, sem considerá-las isoladamente.

Desde logo, tem-se uma que diz respeito ao seu *financiamento* — infraestrutura de instalações, pessoal, equipamentos, custos — que

---

[2] Em particular, cf. BOLZAN DE MORAIS; SPENGLER. *Mediação e arbitragem*: alternativas à jurisdição!

incluem não apenas o problema dos valores financeiros (custas judiciais, honorários, etc.), efetivamente despendidos, como também ao *custo diferido* — mesmo presente a garantia da razoável duração do processo — que se reflete em razão do alongamento temporal das demandas, que nominamos crise estrutural.

Outra diz respeito a aspectos pragmáticos da atividade jurídica, englobando questões relativas à linguagem técnico-formal utilizada nos rituais e trabalhos forenses,[3] a burocratização e lentidão dos procedimentos e, ainda o acúmulo de demandas. É a *crise objetiva* ou *pragmática*.

A terceira crise se vincula à incapacidade tecnológica de os operadores jurídicos tradicionais lidarem com novas realidades fáticas que exigem não apenas a construção de novos instrumentos legais mas, também, a (re)formulação das mentalidades, moldadas que foram para pretenderem funcionar a partir de silogismos lógicos neutralizados da incidência de uma pressuposição legal-normativa (suporte fático abstrato) a um fato ocorrido na realidade (suporte fático concreto). Ora, este mecanismo lógico formal não atende — se é que algum dia atendeu — às soluções buscadas para os conflitos contemporâneos, em particular aqueles que envolvem interesses transindividuais. Neste âmbito, ainda poderíamos incorporar as novidades do neoconstitucionalismo e da viragem hermenêutica — e tudo o que lhe informa — que impõem uma nova cultura jurídica, olimpicamente ausente ainda da formação jurídica tradicional em sua maior parte. É a *crise subjetiva* ou *tecnológica*.

Temos, ainda, aquela crise que diz respeito em particular aos métodos e conteúdos utilizados pelo Direito para a busca de uma solução pacífica para os conflitos a partir da atuação prática dos direitos, aplicável ao caso *sub judice*. O que se vislumbra aqui é a interrogação acerca da adequação de o modelo jurisdicional atender às necessidades sociais do final do século — e do milênio — em razão do conteúdo das demandas, dos sujeitos envolvidos ou, ainda, diante do instrumental jurídico que se pretende utilizar — direito do Estado, direito social, *lex mercatoria*, costumes, equidade, etc. É a *crise paradigmática*.

Esta multiplicidade regulatória, reconhecida tradicionalmente como pluralismo jurídico, indica um outro aspecto crítico que releva o problema da perda do monopólio da produção e aplicação do Direito, típico das pretensões modernas, apresentando-se uma multiplicação de estruturas regulatórias, com desenhos, atores e destinos distintos e,

---

[3] A respeito, cf. os trabalhos de Luis Alberto Warat, em especial *O direito e sua linguagem*.

em correlato, uma miríade de procedimentos agregados a tais marcos regulatórios, vendo-se conviverem — nem tanto — jurisdição, conciliação, mediação, arbitragem, força, violência, guerra... Nomeamos tal aspecto como *crise do pluralismo*.

Outra novidade que mereceria, e merece, ser reconhecida e enfrentada é a que diz com uma nova conformação da noção de tempo. Ou seja, há que considerar que as novas revoluções tecnológicas impõe uma temporalidade que se apresenta em confronto com o tempo moderno, o qual demarca a ação estatal em todos as suas funções clássicas. O Estado (democrático) atua sob o modelo procedimental, o que incorpora uma temporalidade *diferida*, onde o tempo inaugural do procedimento não é o mesmo daquele de sua conclusão. Todavia, os novos tempos não se adaptam a isso e o que se vê é uma *corrida maluca* — como naquele velho desenho animado — na tentativa de adequar o processo a esta nova temporalidade, promovendo reduções de prazos, extinções de atos, entre outros detalhes, até o ponto de pretender uniformizar tratamentos — súmulas vinculantes, julgamentos em série etc. Porém, ao que parece não há como adequar fórmulas procedimentais democráticas à um tempo que agora é *instantâneo*. Porém, não há como desconhecer que tal transformação tem implicações profundas no tratamento de conflitos, o que faz necessário reconhecer a ocorrência de uma *crise temporal* ou *geracional*.

Não bastando isso tudo, haveria, ainda, que ser trazido à discussão um outro viés de crise, qual seja aquele que denomino *crise de identidade*. Ou seja, em um contexto de judicialização da política parece que o sistema de justiça, se vendo confrontado com um aumento quantitativo e qualitativo de demandas, em particular aquelas que têm por objeto a busca pela efetivação de promessas constitucionais veiculadas como direitos sociais, encontrando-se comprimido entre política e direito, passa a não saber mais quem é: se magistrado do e no conflito ou se gestor público.[4]

Por outro lado, deve-se ter assentido que quando se fala em crise da função jurisdicional, este tema está intrinsecamente ligado, como já dito, a um espectro mais amplo no qual esta se insere, qual seja o Estado. E este também, em seu todo, se encontra imerso em crises e transformações.

---

[4] Esta é uma discussão que inauguramos em nosso texto: "O Estado constitucional: entre justiça e política. Porém, a vida não cabe em silogismos!" (No prelo).

O Estado, como instância central da regulação social — do monopólio da produção e da aplicação do Direito —, vem enfrentando hoje, tanto em nível internacional (ONU, mecanismos do mercado internacional, etc.) como em nível interno (nacional), uma(s) crise(s) que o atinge(m) como um todo, e particularmente como expressão jurídica,[5] onde os mecanismos econômicos, sociais e jurídicos de regulação padecem de efetividade em decorrência dessa inevitável perda da soberania e autonomia dos Estados Nacionais, por um lado, como também pela quebra de suas instâncias e instrumentos de legitimação interventiva, por outro.

Este debate tem merecido profundas e variadas reflexões, as quais não cabem nos limites deste trabalho, indicando uma profunda cisão entre as fórmulas modernas e as circunstâncias dos novos tempos, para o bem e para o mal. Em particular, a fragmentação da autoridade pública, sua superioridade e sua capacidade de fazer frente aos dramas, dilemas e pretensões sociais incidem de forma devastadora nas condições e possibilidades de construção de respostas que operem apenas e tão só no âmbito dos modelos tradicionais da política e das instituições da modernidade. É preciso contemplar isso, sem abrir mão daquilo que o projeto civilizatório, expresso em termos de cultura constitucional, legou.[6]

Tendo presente estas circunstâncias, parece-nos, então, perfeitamente justificada a pretensão que temos de tratar este debate conjugando-o com o do Estado, mantendo a suposição de que não há

---

[5] "(...) incapaz de impor uma regulação social, e aprisionado entre um nível internacional mais coativo e um nível infranacional que procura libertar-se de sua tutela, o Estado se encontra em uma crise de legitimidade" (ROTH. O direito em crise: fim do Estado moderno? In: FARIA (Org.). *Direito e globalização econômica*: implicações e perspectivas, p. 19). Cf. também: CAMPILONGO. *Direito e democracia*, p. 112 *et seq.*; e FARIA. *O direito na economia globalizada*. Para uma análise específica desta problemática, cf. o nosso *As crises do Estado e da Constituição e a transformação espacial dos direitos humanos*.

[6] A discussão acerca das crises do Estado tem merecido diversas reflexões de nossa parte, podendo-se mencionar, entre outros: BOLZAN DE MORAIS. Afinal: quem é o Estado? Por uma teoria (possível) do/para o Estado constitucional. *In*: COUTINHO; BOLZAN DE MORAIS; STRECK (Org.). *Estudos constitucionais*, p. 151-175; BOLZAN DE MORAIS. *As crises do Estado e da Constituição e a transformação espacial dos direitos humanos*; BOLZAN DE MORAIS. *Costituzione o barbarie*; BOLZAN DE MORAIS. Crise do Estado, Constituição e democracia política: a "realização" da ordem constitucional! E o povo... *In*: COPETTI; ROCHA; STRECK (Org.). *Constituição, sistemas sociais e hermenêutica*; BOLZAN DE MORAIS. Do Estado social das "carências" ao Estado social dos "riscos": ou, De como a questão ambiental especula por uma "nova cultura" jurídico-política. *In*: STRECK; BOLZAN DE MORAIS (Org.). *Constituição, sistemas sociais e hermenêutica*; e BOLZAN DE MORAIS. Reflexões acerca das condições e possibilidades para uma ordem jurídica democrática no século XXI. *In*: AVELÃS NUNES; COUTINHO (Coord.). *O direito e o futuro*: o futuro e o direito, p. 445-470.

uma inexorabilidade iminente que leve à emergência de *mecanismos alternativos* para o tratamento de conflitos como estratégia final para o enfrentamento das questões relacionadas com estas crises que acima apontamos, mas que não podemos desconsiderar que tal problema se põe e que, considerando-se as diversas variáveis e interesses postos, há fórmulas que permitem supor a possibilidade de construção de estratégias inovadoras que recuperem espaços de autonomia e contribuam para a construção de práticas de cidadania e de uma cultura da paz e democraticamente sustentáveis, mesmo que, de outro lado, tenhamos novidades que apenas visem responder a interesses hegemônicos em contradição com conquistas da cultura moderna. Tal se apresenta, muitas vezes nas contradições entre mediação e arbitragem, como tentaremos apontar, embora, este também não seja o objeto principal de interrogação.

3 Jurisdição e consenso: *jurisconstrução*

Importa-nos, com o cenário caricaturado acima, retomar algumas considerações acerca da dicotomia *mecanismos conflituais/mecanismos consensuais* utilizados para tratar conflitos.

O primeiro cuidado que devemos ter é o de tomarmos consciência de que, no *debate acerca da crise da administração da justiça* é preciso considerar o conjunto de aspectos antes mencionados, tendo presente que a complexidade do mundo contemporâneo e a insuficiência, deficiência e/ou fragilidade das fórmulas político-jurídicas modernas aprofundam ainda mais o fosso que se apresenta entre a busca de respostas jurídicas suficientes e eficientes para equacionar as demandas e as possibilidades que as fórmulas tradicionais de tratamento de controvérsias dispõem para oportunizá-las.

É o próprio *modelo conflitual de jurisdição*, caracterizado pela oposição de interesses entre as partes, geralmente identificadas com indivíduos isolados, e a atribuição de um ganhador e um perdedor, onde um terceiro neutro e imparcial, representando o Estado, é chamado a dizer a quem pertence o Direito, que é posto em xeque, fazendo com que (re)adquiram consistência as propostas de se repensar o modelo de jurisdição pela apropriação de experiências diversas, tais as que repõem em pauta a ideia do consenso, a partir do diálogo, como instrumento para o tratamento de demandas, permitindo-se, assim, que se fale em um novo protótipo que nomeamos *jurisconstrução*, cuja caracterização pretendemos apontar a seguir.

Para o tratamento dos conflitos, o Direito propõe tradicionalmente o recurso ao Judiciário estruturado como *poder de Estado* encarregado de respondê-los, como uma prestação pública particular. Para tanto, os sistemas judiciários estatais, no interior do Estado de Direito, são os responsáveis pela tentativa de pacificação social por meio da imposição das soluções normativas previamente expostas em uma estrutura normativa escalonada e hierarquizada, tal como pensada por Kelsen. Ou seja: ao Judiciário cabe, em havendo o não cumprimento espontâneo das prescrições normativas, a imposição de uma solução, pois é a ele que se defere, com exclusividade, a legitimação de *dizer o Direito* (jurisdição).[7]

Esta estrutura aqui descrita, referenda um modelo jurisdicional que se assenta na fórmula clássica, como dito, da *oposição de interesses entre indivíduos iguais em direitos*, para os quais é indispensável que se sobreponha o Estado como ente (autoridade) autônomo e externo, neutro e imparcial, do qual provenha uma decisão cogente, impositiva, elaborada com base em textos normativos de conhecimento público, previamente elaborados.

A contrapartida que se apresenta nestes tempos de crise — dos sistemas judiciários de regulação de conflitos — entre outras, pode ser percebida no crescimento em importância dos instrumentos consensuais e extrajudiciários.

As formas consensuais em suas várias formulações — na esteira dos *Alternative Dispute Resolution* (ADR) americano, *shadow justice* ou da *justice de proximité* francesa — aparecem como respostas — tentativas de — ao disfuncionamento deste modelo jurisdicional, referindo a emergência/recuperação de um modo de regulação social que, muito embora possa, ainda, ser percebida como um instrumento de integração, apresenta-se como um procedimento geralmente formal, através do qual um terceiro busca promover as trocas entre as partes, permitindo que as mesmas se confrontem buscando uma resposta pactada para o conflito que enfrentam.

Se revalorizam, assim, os *mecanismos consensuais* — apesar de suas distinções — como uma *outra justiça*, na qual, ao invés da delegação do poder de resposta aos conflitos, há uma apropriação pelos envolvidos do poder de geri-los, caracterizando-se, de regra e burocraticamente, pela *proximidade, oralidade, ausência/diminuição de custos, rapidez* e *negociação*,

---

[7] Deixamos de lado, em razão dos limites deste trabalho, o enfrentamento de temas fundamentais para a compreensão deste debate, em particular, o caráter do direito como linguagem, a questão hermenêutica e os problemas veiculados pela judicialização da política.

onde, para a discussão do conflito, são trazidos à luz todos os aspectos que envolvem o mesmo, não se restringindo apenas àqueles dados deduzidos na petição inicial e na resposta de uma ação judicial cujo conteúdo vem preestabelecido pelo direito positivo, o que permite que se estabeleçam os limites da *lide*, apartando-se do *conflito* social, em uma tentativa de reduzir a complexidade do mundo da vida, com sua compressão nos estritos parâmetros do processo judicializado.

Promove-se, assim, verdadeira artificialização do conflito social, com despersonalização dos envolvidos no mesmo, transformando-os em *partes processuais*.

A questão que sobressai, aqui, é a de diferenciar a estrutura destes procedimentos consensuais, deixando de lado o caráter triádico da jurisdição tradicional, onde um terceiro alheio à disputa impõe uma decisão a partir da função do Estado de dizer o Direito, e assumindo uma postura díade/dicotômica, na qual a resposta à disputa seja construída pelos próprios envolvidos.

É por isso que propomos, como gênero, o estereótipo *jurisconstrução*, na medida em que esta nomenclatura permite supor uma distinção fundamental entre os dois grandes métodos. De um lado o *dizer/impor/determinar o Direito próprio do Estado para a lide que separa/afasta/opõe as partes*, que caracteriza a jurisdição como poder/função estatal e, de outro, o *elaborar/concertar/pactar/construir a resposta para o conflito que reúne/aproxima/identifica os indivíduos*.

Sob esta ótica aponta-se, tradicionalmente, como *objetivos* destas formas alternativas de tratamento de conflitos os seguintes:

a) em relação ao Estado, busca desincumbi-lo dos contenciosos de massa, restando-lhe uma função simbólica de referencial e como instância de homologação e apelo;

b) para as empresas, no caso das relações de consumo, aponta para ganhos de custos, imagem e marca;

c) para as partes, incorporando-as ao procedimento, permite, assim, a sua descentralização, flexibilização e informalização.

Assim, o tratamento consensual aponta para uma, pretensa, harmonização dos interesses e o equilíbrio entre os envolvidos.

Pode-se, então, sustentar que o tratamento consensual de conflitos, em sua versão pura, pode ser caracterizado como uma *desjudiciarização do mesmo, retirando-o do âmbito da função jurisdicional do Estado e afastando-o, até mesmo, das técnicas judiciárias de conciliação, colocadas à disposição do julgador tradicional, ou seja, a mediação judiciária.*

No caso da *mediação* — como espécie de justiça consensual ou *Alternative Dispute Resolution* —, supõe-se que o conflito possa ser resolvido pela restauração de uma identidade harmoniosa que atravessaria o campo social, exigindo conceber o julgamento jurídico como um *modelo reflexivo*[8] e não mais sob o modelo silogístico de uma fórmula determinante.

Um dos *problemas* que emerge neste momento é o do personagem — ator — que funcionará como o intermediário das trocas — *v.g.* o mediador. Este papel tanto pode ser ocupado por um técnico como por alguém com reconhecimento, muito embora as consequências distintas que poderão advir de uma ou outra opção, o que se explicita na Lei nº 9.307/96 (art. 1º).

Dessa forma, poderíamos construir um quadro para objetivar uma demonstração deste modelo de justiça consensual, como apontado anteriormente:

1. Quanto às características – aponta para uma informalização dos procedimentos, onde a troca de informações e a reconstrução do quadro geral do conflito são as feições marcantes;
2. Os problemas que estariam ligados à mesma diriam respeito ao controle social de seu funcionamento e de suas respostas, bem como o problema da profissionalização da sua prática, apontando para uma possível burocratização e, mesmo, encarecimento, em razão do surgimento de uma nova "profissão", a do mediador/árbitro e de uma estrutura procedimental burocratizada.

Todavia, o seu estudo aponta para *algumas interrogações*: como ficariam, a jurisdição como função do Estado, os operadores tradicionais do direito e os seus métodos? Como os interesses seriam representados? Qual o conteúdo das demandas que estariam afetas a este tipo de solução? E a ideia de Estado de Direito?

Tais questões demonstram o receio em relação ao surgimento de uma *justiça paralela desprovida das características e garantias tradicionais do modelo estatal*, ou apenas um apego xenófobo a prestígios e/ou garantias profissionais dos diversos operadores jurídicos? Será que o mercado de trabalho se reduziria ou, pelo contrário, se ampliaria pela incorporação de conteúdos e pessoas de longa data alijados do

---

[8] Tal "modelo" não se identifica com a ideia de "direito reflexivo", muito embora esteja presente nela a perspectiva habermasiana de legitimação discursiva da solução para o litígio. A respeito, cf. FARIA (Org.). *Direito e globalização econômica*: implicações e perspectivas; e FARIA. *O direito na economia globalizada*.

processo jurisdicional estatal? Qual a repercussão de tais práticas no que tange ao enfrentamento da(s) crise(s) do sistema jurisdicional de tratamento de conflitos?

Em razão mesmo de tais interrogações, aponta-se, muitas vezes, para a promoção de um efetivo acesso à Justiça/jurisdição estatal e, por consequência, um reforço da instituição judiciária e de suas garantias, atentando-se, muitas vezes, para a importância de que o resguardo dos interesses se faça através de demandas coletivas no âmbito do Judiciário estatal e não individualmente, pois o que importa é assegurar a salvaguarda das pretensões de natureza transindividual de cunho difuso.

Entretanto, aqui permanece a dúvida exposta por Cappelletti acerca da viabilidade de os modelos jurisdicionais tradicionais estarem aptos a lidarem com estes(as) objetos/pretensões, quais sejam os interesses coletivos e, particularmente, os difusos.

Duas outras críticas ainda se podem apontar nesta matéria:

A primeira diz respeito às insuficiências das bases filosóficas sobre as quais se organizou a função jurisdicional na modernidade democrática, em especial aquelas que pretenderam uma purificação do conflito através de sua *limitação objetiva* — quanto ao seu conteúdo — e *subjetiva* — quanto às partes envolvidas —, objetivando, assim, uma neutralização inconsistente, impondo aos atores envolvidos na lide terem presente a constante preocupação de sanear o processo, expurgando do mesmo tudo aquilo que a lei considera irrelevante para a solução do mesmo. Tal situação se aguça contemporaneamente quando temos presente a incapacidade que tem o Estado de permanecer com a detenção do monopólio de produção e execução jurídicas, como já indicado anteriormente.

Não se pode, neste afã, negligenciar o conteúdo de muitas das garantias conquistadas e que estão vinculadas ao modelo de jurisdição estatal, o que aponta para a busca de um efetivo acesso à justiça do Estado e suas garantias como um caminho eficiente para assegurar as suas pretensões diante das diferenças marcantes entre os envolvidos nas relações sociais contemporâneas.

A segunda e mais contundente crítica que se pode apontar diz respeito ao equívoco que se cometeria em pretender supor as relações sociais a partir de uma possível harmonia e de uma eventual conquista do consenso definitivo, bem como de uma atitude voluntarista diante de tais fórmulas.

Nada mais virtualmente ilusório do que imaginar uma sociedade que estivesse fundada no desaparecimento do conflito. Ao revés, é o conflito que constitui o social e faz parte da tradição democrática, estando na base mesma da ocorrência do direito como instrumento de regulação das práticas sociais e da resolução dos litígios.

Assim sendo, o *poder do consenso*, ao mesmo tempo em que aponta a reconstrução de laços conviviais, onde o conflito é reconstruído pela interação dos envolvidos, tem uma implicação simbólica de pretender referir uma sociedade na qual seja possível o atingimento utópico de uma paz social, como a *pax mercatoris*[9] prometida pelos liberais clássicos e só encontrada — até agora — na *paz dos cemitérios*.

Todavia, se, por um lado, as possibilidades propostas por mecanismos consensuais de reconstrução dos litígios, permitem supor o evitar as deficiências profundas — instrumentais, pessoais, de custos, de tempo, etc. — próprios à Grande Justiça — a jurisdição estatal —, como apontado acima, marcando, apesar das insuficiências, para alguns, um reforço das relações de cidadania, sendo privilegiado como instrumento apto a pôr fim a conflitos que se prolongariam ou teriam tratamento insuficiente/deficiente, caso fossem levados à jurisdição estatal nos moldes tradicionais, por outro, a aceitação acrítica destes métodos, sem sequer considerar que esta temática necessita ser pensada em um quadro mais amplo no contexto dos projetos de reforma do Estado, em particular no que diz respeito ao que nominamos *funções do Estado Contemporâneo* — onde a saga privatista aparece como o virtual paraíso suposto por uma ética, quase religiosa, descompromissada(?) com os sofrimentos terrenos, transposta para o âmbito da economia, do direito e do Estado, conduz a desvios de rota que em nada contribuem para um *novo contrato social*.

Assim, pensar um modelo consensual para o tratamento de controvérsias pressupõe termos presente duas perspectivas — uma interna que apontaria para o seu viés disruptivo e democratizante, outra externa que refletiria os seus possíveis contatos com um projeto de sociedade assentado em fórmulas de desconstrução dos vínculos sociais e fragilização de conquistas, como se percebe dos modelos de reforma sugeridos e postos em prática sob a orientação (neo)liberal.

Apesar disso, neste momento é importante que tenhamos clareza quanto ao conteúdo de tais métodos, afinal, estamos confrontados com eles permanentemente.

---

[9] Talvez com a mesma simbologia e lógica da *lex mercatoris* apontada por José Eduardo Faria.

4 O tratamento dos conflitos

Os novos-velhos métodos de tratamento de controvérsias revigorados, agora, como formas alternativas de tratamento de conflitos se põem na esteira de uma grande dicotomia suposta acima, que separa os *métodos heterônomos* dos *métodos autônomos* de tratamento de controvérsias.

Àqueles se vinculam dois modelos: o da *jurisdição estatal*, onde o Estado-Juiz decide coercitivamente a lide, e a *arbitragem* — retomada pela Lei nº 9.307/96 — na qual a um terceiro — árbitro ou tribunal arbitral —, escolhido pelas partes, é atribuída a incumbência de apontar a solução para o conflito que as (des)une (artigos 1º, 2º e 3º, Lei nº 9.307/96).

São ditos, ambos, heterônomos pois assentam-se na atribuição a um terceiro do poder de dizer/ditar a resposta, seja através do monopólio público-estatal, expresso e consolidado na figura do Juiz, seja através da designação privada do árbitro.

E aqui está, realmente, a distinção intrínseca entre ambos. Na arbitragem cabe às partes escolherem aquele(s) — indivíduo ou tribunal(arbitral) — que irá(ão) ditar a resposta para o conflito, enquanto que a jurisdição aparece organizada como uma função de Estado à qual sujeitam-se os indivíduos envolvidos na lide, cujo tratamento fica vinculado às regras de competência definidas nas leis processuais e a resposta nas regras de direito material.

Por outro lado, os modelos ditos autônomos revelam a pretensão de que os litígios sejam tratados a partir da aproximação dos oponentes e da (re)elaboração da situação conflitiva sem a prévia delimitação formal do conteúdo da mesma pela norma jurídica. Assim, supõe-se a possibilidade de uma sublimação do mesmo a partir do compromisso das partes com o conteúdo da resposta elaborada por elas mesmas no embate/diálogo direto que travam, do qual se fará emergir aquela que melhor reconstituir o ambiente de vida dos envolvidos e de seu entorno.

Ou seja: neste caso a resposta ao conflito provém não de uma intermediação externa pela autoridade do Estado-Juiz ou do árbitro que dita a sentença (Capítulo V, Lei nº 9.307/96), mas de uma confrontação explícita de pretensões, interesses, dúvidas, perplexidades, etc., que permita aos envolvidos neste processo de troca dialógica, ascender a uma solução construída consensualmente, apenas mediada pela figura de um terceiro cujo papel é o de facilitar os intercâmbios e a comunicação, não o de ditar a resposta (sentença), que vem previamente definida no texto legislado pelo Estado, de cuja aplicação está encarregado o Poder

Judiciário, no caso da jurisdição, ou que é definida pelo árbitro a partir das opções originárias dos envolvidos, no caso da arbitragem.

Compõem o conjunto deste método a mediação e a conciliação. Esta última — a conciliação — se apresenta como uma tentativa de chegar voluntariamente a um acordo neutro, na qual pode atuar um terceiro que intervém na relação entre os envolvidos de forma oficiosa e desestruturada, para dirigir a discussão sem ter um papel ativo.

Já a mediação se apresenta como um procedimento em que não há adversários, onde um terceiro neutro contribui para que o diálogo seja permanente, para que a comunicação entre os envolvidos contribua para o restabelecimento dos laços conviviais e para a pacificação do cotidiano, construindo-se a melhor resposta possível para a satisfação dos interessados, assim como contribuir para que se forje uma cultura da/para a paz e um reforço da cidadania.[10]

Diante disso o que temos perante nós é o confronto que se estabelece entre uma tradição assentada em um modelo conflitivo de resolução de conflitos onde sempre teremos um ganhador e um perdedor — logo, de regra, um satisfeito e outro descontente — que é próprio da tradição liberal e do modelo de Estado de Direito que lhe acompanha, e o crescimento de importância adquirido pelos métodos alternativos de tratamento de conflitos em razão mesmo das interrogações que se impõem pela rediscussão acerca da eficiência e suficiência do sistema jurisdicional proposta no âmbito do debate relativo à temática do acesso à justiça, como já exposto anteriormente, bem como inserto no cenário de crise das instituições políticas modernas, a começar pela maior delas, o Estado.

Também no âmbito supranacional, como é o caso da União Europeia e do Mercosul — evidentemente que com suas variáveis intrínsecas —, o que se pode observar é que, na esteira da crise apontada, se apresenta este mesmo dilema: ou construir/fortalecer os mecanismos

---

[10] "El mediador no actúa como juez, pues no puede imponer una decisión, sino que ayuda a los contrarios a identificar los puntos de la controversia, a explorar las posibles bases de un pacto y las vías de solución, puntualizando las consecuencias de no arribar a un acuerdo. Por esos medios, facilita la discusión e insta a las partes a conciliar sus intereses. Plantea la relación en términos de cooperación, con enfoque de futuro y con un resultado en el cual todos ganan, cambiando la actitud que adoptan en el litigio en que la postura es antagónica, por lo que una parte gana y otra pierde. En la mediación todas las partes resultan ganadoras puesto que se arriba a una solución consensuada y no existe el resentimiento de sentirse 'perdedor' al tener que cumplir lo decidido por juez. En definitiva, puede decirse que realmente 'la mejor justicia es aquella a la que arriban las partes por sí mismas', en tanto el haber participado en la solución torna más aceptable el cumplimiento (...)" (HIGHTON, Elena Inés; ÁLVAREZ, Gladys Stella. *Mediación para resolver conflictos*, p. 122-123).

jurisdicionais de solução de conflitos, via organismo supranacional de jurisdição — o que implica no reforço dos sistemas ditos heterônomos —, privilegiado pelos nominados *institucionalistas* ou, por outro lado, pretender o reforço de fórmulas privilegiadoras do consenso, do diálogo.

Portanto, para que se possa lançar mão destes instrumentos é mister que tenhamos presente tudo que foi dito resumidamente até aqui. De outro modo, o que se terá será apenas uma incorporação acrítica dos mesmos, sem que se possa deles obter qualquer contribuição seja para o enfrentamento das crises apontadas, seja para a construção de uma sociedade comprometida efetivamente com um projeto solidário de construção de cidadania.

5 A questão como posta no anteprojeto de CPC

Ora, se tal pode ser aceito, é preciso lançar um olhar reflexivo sobre aquilo que vem sendo proposto como ferramental para o enfrentamento da questão, aqui tendo como referência o contido na proposta de novo Código de Processo Civil.

Antecipadamente, queremos deixar anotado que, em particular, para a mediação não parece ser-lhe co-implicada a necessidade de sua regulação. Ao contrário, ante seu caráter aberto, criativo, disforme, sua conformação formal legislativamente pode significar a perda daquilo que tem de mais subversivo, a informalidade.

Deixando de lado isso, vejamos como o tema se apresenta na proposta de novo CPC:

> Art. 134. Cada tribunal *pode* propor que se crie, por lei de organização judiciária, um setor de conciliação e mediação.
>
> §1º A conciliação e a mediação são informadas pelos *princípios* da independência, da neutralidade, da autonomia da vontade, da confidencialidade, da oralidade e da informalidade.
>
> §2º A *confidencialidade* se estende a todas as informações produzidas ao longo do procedimento, cujo teor não poderá ser utilizado para fim diverso daquele previsto por expressa deliberação das partes.
>
> §3º Em virtude do dever de sigilo, inerente à sua função, o conciliador e o mediador e sua equipe não poderão divulgar ou depor acerca de fatos ou elementos oriundos da conciliação ou da mediação.
>
> Art. 135. A realização de conciliação ou mediação deverá *ser estimulada* por magistrados, advogados, defensores públicos e membros do Ministério Público, inclusive no curso do processo judicial.

§1º O *conciliador* poderá sugerir soluções para o litígio.

§2º O *mediador* auxiliará as pessoas em conflito a identificarem, por si mesmas, alternativas de benefício mútuo.

Art. 136. O conciliador ou o mediador poderá ser *escolhido* pelas partes de comum acordo, observada a legislação pertinente.

Parágrafo único. Não havendo acordo, o conciliador ou o mediador será sorteado entre aqueles inscritos no registro do tribunal.

Art. 137. Os tribunais manterão um *registro* de conciliadores e mediadores, que conterá o cadastro atualizado de todos os habilitados por área profissional.

§1º Preenchendo os requisitos exigidos pelo tribunal, entre os quais, necessariamente, *inscrição na Ordem dos Advogados do Brasil e a capacitação mínima*, por meio de curso realizado por entidade credenciada pelo tribunal, o conciliador ou o mediador, com o certificado respectivo, requererá *inscrição no registro do tribunal*.

§2º Efetivado o registro, caberá ao tribunal remeter ao diretor do fórum da comarca ou da seção judiciária onde atuará o conciliador ou o mediador os dados necessários para que o nome deste passe a constar do rol da respectiva lista, para efeito de sorteio.

§3º Do registro de conciliadores e mediadores constarão todos os dados relevantes para a sua atuação, tais como o número de causas de que participou, o *sucesso ou o insucesso da atividade*, a matéria sobre a qual versou a controvérsia, bem como quaisquer outros dados que o tribunal julgar relevantes.

§4º Os dados colhidos na forma do §3º serão classificados sistematicamente pelo tribunal, que os publicará, ao menos anualmente, para conhecimento da população e fins estatísticos, bem como para o fim de avaliação da conciliação, da mediação, dos conciliadores e dos mediadores.

Art. 138. Será excluído do registro de conciliadores e mediadores aquele que:

I - tiver sua exclusão solicitada por qualquer órgão julgador do tribunal;

II - agir com dolo ou culpa na condução da conciliação ou da mediação sob sua responsabilidade;

III - violar os deveres de confidencialidade e neutralidade;

IV - atuar em procedimento de mediação, apesar de impedido.

§1º Os casos previstos nos incisos II a IV serão apurados em regular processo administrativo.

§2º O juiz da causa, verificando atuação inadequada do conciliador ou do mediador, poderá afastá-lo motivadamente de suas atividades no processo, informando ao tribunal e à Ordem dos Advogados do Brasil, para instauração do respectivo processo administrativo.

Art. 139. No caso de impedimento, o conciliador ou o mediador devolverá os autos ao juiz, que sorteará outro em seu lugar; se a causa de impedimento for apurada quando já iniciado o procedimento, a atividade será interrompida, lavrando-se ata com o relatório do ocorrido e a solicitação de sorteio de novo conciliador ou mediador.

Art. 140. No caso de impossibilidade temporária do exercício da função, o conciliador ou o mediador informará o fato ao tribunal para que, durante o período em que perdurar a impossibilidade, não haja novas distribuições.

Art. 141. O conciliador ou o mediador fica *impedido*, pelo prazo de um ano contado a partir do término do procedimento, de assessorar, representar ou patrocinar qualquer dos litigantes.

Art. 142. O conciliador e o mediador perceberão por seu trabalho *remuneração* prevista em tabela fixada pelo tribunal, conforme parâmetros estabelecidos pelo Conselho Nacional de Justiça.

Art. 143. Obtida a *transação*, as partes e o conciliador ou o mediador assinarão termo, a ser *homologado* pelo juiz, que terá força de título executivo judicial.

Art. 144. As disposições desta Seção *não excluem outras formas de conciliação e mediação extrajudiciais vinculadas a órgãos institucionais ou realizadas por intermédio de profissionais independentes*. (grifos nossos)

Do conteúdo da proposta, percebe-se que, no afã de parametrizar tais mecanismos, veicula-se um projeto de tratamento consensual de conflitos endoprocessual, no qual, em razão mesmo de seu caráter jurisdicional, uma vez realizar-se no interior do sistema de justiça estatal, pretende dar conta de fórmulas que, embora próximas identitariamente, estão afastadas em razão da diversidade que as marca. Todavia, como previsto no art. 144, não se excluem formas extrajudiciais de tratamento de conflitos.

É preciso, desde logo e de antemão, assentar que, diante do caráter da mediação, não se poderia pretender construir um procedimento que lhe fosse imposto, o que iria de encontro à sua dimensão transformadora e seu fenótipo indomesticado que lhe garantem uma sustentabilidade que, no espectro da jurisdição, necessita da força — soberania — estatal.

Ou seja, dito de outra forma, a mediação, em especial, como instrumento de construção de uma cultura da/para a paz, não aceita ser constrita em um território procedimental rígido.

No corpo da proposta, em princípio tal não transparece, limitando-se a estabelecer referências quanto a principiologia (art. 134), concepção (art. 135), o mediador/conciliador (art. 136), cadastro (inscrição na OAB e registro no Tribunal) (art. 137), impedimentos (art. 141), remuneração (art. 142) e o resultado, nomeado indistintamente *transação* (art. 143).

Se, de um lado, há que se reconhecer o mérito da recepção deste instrumentos no contexto do Anteprojeto — na esteira do debate em torno do acesso à justiça, inaugurado há mais de três décadas —, não se pode deixar de anotar o estranhamento diante do tratamento indiferenciado adotado, embora tenha-se conceituado distintamente ambos os institutos. Para isto, basta perceber que não se distingue o que pode ser nomeado "resultado" dos procedimentos, tanto da conciliação como da mediação, apontando-o como *transação*, restando, assim, como elemento distintivo apenas aquele que refere que o conciliador poderá *sugerir soluções* ao passo que o mediador não o fará, funcionando no auxílio da busca da solução que os próprios envolvidos encontrarem.

Merece, aqui também, uma nota a utilização do termo *solução*, o que denota um apego à tradição jurisdicional, não muito bem composta com as fórmulas consensuais, uma vez estas assumirem e reconhecerem, desde logo o conflito como constitutivo da sociedade e que do tratamento dele se terá uma resposta que o conforme circunstancialmente. Ou seja, do tratamento do conflito emerge um consenso em torno do problema que (re)une os atores nele envolvidos e que se constitui como o resultado querido, suportado e apto, naquele momento e naquelas circunstâncias, a recompor os laços conviviais e uma certa pacificação no ambiente social onde está inserido.

Da mesma forma, chama a atenção o fato de a proposta, mesmo deixando às "partes" — outra dissintonia com as fórmulas consensuais que primam pela não despersonalização do conflito, como ocorre no âmbito do processo judicializado — a possibilidade de escolha de mediadores e conciliadores, exige que estes estejam inscritos na Ordem dos Advogados do Brasil, o que impõe, ante os termos da legislação atual, sejam os mesmos bacharéis em Direito, aprovados no exame de ordem, além de registro no Tribunal e capacitação *mínima*, devendo-se considerar que para desempenhar tal tarefa pressupõe-se uma formação peculiar que incorpore formas novas de conhecimento, de caráter transdisciplinar, o que indica a complexidade da mesma.

Instiga curiosidade, ainda, que a medida da capacidade destes agentes será realizada, entre outros fatores, pelo *sucesso ou insucesso* das suas atividades, explicitando o vínculo desta proposição com os modelos eficientistas impostos ao sistema de justiça pelas reformas processuais e pelos mecanismos de controle e verificação das atividades da magistratura e dos serventuários da justiça, em nítida perspectiva (neo)liberal posta pelas agências de fomento e outros organismos supranacionais.

Há, também, a preocupação, correta diga-se de passagem, relativamente aos *impedimentos*, assim como com a *remuneração* de conciliadores e mediadores, uma vez não poderem tais atuações ficarem sob o caráter do voluntarismo ou da caridade, o que, inexoravelmente, levaria a uma desqualificação de tais instrumentos.

Por fim, é de anotar, como mais um equívoco, veicular o resultado de ambos os instrumentos sob o título de *transação*, o que, mais uma vez, promove uma desdiferenciação prejudicial entre conciliação e mediação, sobretudo enfraquecendo o caráter transformador, pacificador e autonomista desta última. Mais, tal implica uma fragilização da qualidade inaugural presente na mediação, uma vez ser por meio dela deixado aos envolvidos — sujeitos em conflito — a gestão da disputa e, sobretudo, a possibilidade de construção da melhor resposta àquilo que os aproxima na diferença. Não parece ser, em particular para a mediação, esta a melhor caracterização do seu resultado.

Da mesma forma, mitigada pelo caráter endoprocessual da fórmula aqui analisada, a inclusão de uma fase homologatória a ser efetivada pelo titular da jurisdição, não dialoga adequadamente com a potencialidade autonomizante que a mediação carrega e que merece ser valorizada. Por óbvio que se pode argumentar tratar-se esta apenas de um reforço à dita transação operada em juízo.

Talvez seja isto mesmo o que leva à opção por um reforço da idéia de uma mediação autônoma, para que esta possa produzir os melhores resultados, mas esta é uma outra discussão que não cabe nos limites destas reflexões iniciais, mas que não pode ser deixada de lado, posto que reconhecida, inclusive, no texto analisado, como se lê no art. 144, antes transcrito.

6 Notas finais

Como se observa, na esteira da tomada de consciência da crise de administração da justiça impõe-se uma tentativa de revisão de posturas frente à tradição processual prática, apontando para uma reprogramação social, e não apenas para uma rearticulação das velhas práticas, hoje instrumentalizadas na busca de melhores resultados, recuperando estratégias relegadas a um plano secundário, diante da hegemonia da forma estatal de dizer o Direito — a jurisdição. Neste sentido é que se pode perceber a revisão de inúmeras posturas, fórmulas e práticas.

O acesso à justiça, percebido como um interesse difuso implicou — seja em nível interno, seja internacional ou supranacional — na necessária incorporação ao quotidiano jurídico-jurisdicional de fórmulas diversas que permitissem não só a agilização dos procedimentos mas, isto sim, uma problematização dos métodos clássicos desde um interrogante acerca de sua eficácia como mecanismo apto a dar respostas suficientes e eficientes para a solução dos litígios que lhe são apresentados.

Todavia, um parêntese deve ser feito: não podemos esquecer que o problema acerca do acesso à justiça não envolve apenas a (re)introdução em pauta de tal debate, senão que implica no reconhecimento das deficiências infraestruturais do Estado — em particular de sua função jurisdicional —, além do inafastável comprometimento da formação dos operadores do Direito, bem como dos problemas impostos pela incorporação de novos interesses protegidos pelo Direito, além de impor um compromisso com uma certa tradição própria da modernidade ocidental, à qual se liga o modelo de justiça pública própria do Estado, Democrático e de Direito, condensado na fórmula expressa no art. 1º da CF/88.

Neste quadro ampliado de transformações, readequações e repercussões, o sistema jurídico passa a privilegiar novas-antigas práticas de solução de controvérsias. Da mesma forma, a sociedade, ela mesma, aceita assumir o compromisso com o tratamento dos conflitos que lhe são constitutivos.

O *consenso* emerge como o grande articulador destas novas práticas, podendo ser observado ocupando lugar em vários aspectos da ordem jurídica e promovendo a (re)introdução de práticas que, embora conhecidas, muitas delas, juridicamente, não tinham o reconhecimento/aceitação quotidiana dos operadores do Direito.

Em diversos países são promulgadas e publicadas leis que dispõem sobre mecanismos alternativos de tratamento de conflitos, em particular a *arbitragem* que, sendo um mecanismo compromissório de solução de conflitos relativos a direitos disponíveis, está toda ela centrada na pretensão da busca de respostas, onde o consenso, que está presente não apenas na convenção que optou pelo método, pelas regras aplicáveis, na indicação do(s) árbitro(s), no procedimento, nos objetivos do próprio procedimento, assim como o juiz quando chamado a intervir para a instauração do procedimento arbitral diante da resistência de uma das partes, terá por função buscar a conciliação acerca do litígio no momento da audiência que for designada para a lavratura do compromisso arbitral, como expresso no texto da Lei nº 9.307/96.

Por outro lado, não podemos olvidar que as interrogações que circundam estes temas devem ser projetadas no interior de um debate mais amplo acerca das definições político-institucionais do Estado contemporaneamente, e, por isso, impõe-se, talvez mais do que nunca, o reforço das garantias do Estado de Direito, em particular no que diz respeito ao tratamento de controvérsias, os quais, muitas vezes, envolvem indivíduos ou grupos de indivíduos que nem sempre ou quase nunca colocam frente a frente personagens que detêm parcelas iguais ou semelhantes de poder social.

Para resumir, podemos dizer que nosso ponto de vista parte da constatação de que o estudo deste tema precisa levar em consideração alguns aspectos de um debate *macro* que questione a reformulação mesma porque passa, ou pretenda-se que passe, o Estado Contemporâneo, envolvido que está em construir, talvez, uma nova identidade. Sem termos consciência destas inter-relações parece-nos impossível que tenhamos capacidade de lidarmos competentemente com as propostas com que nos defrontamos, não bastando que as incorporemos a projetos reformistas que, muitas vezes, têm caráter contraditório com aquilo que pode ser tido como o DNA destes institutos, em particular da mediação: o caráter transformador e indomesticado.

A complexificação da sociedade contemporânea que, por um lado nos impõe repensá-la, por outro, não pode pretender ver satisfeitas suas deficiências pelas reminiscências de um passado anterior mesmo à construção daquilo que pretendemos conhecer como Estado (na modernidade), devendo-se perceber que *o problema do tratamento de conflitos* no Estado contemporâneo deve ser inserido neste macrocontexto de crises das fórmulas político-jurídicas modernas e, particularmente de uma de suas formas de apresentação — o Estado do Bem-Estar Social — e, para compreendê-la seria necessário recuperar alguns de seus paradigmas mais remotos, bem como termos presente uns tantos outros que nos são apontados por reflexões, como as sugeridas por Luis Alberto Warat, que veem na mediação algo como que a inauguração de uma nova sociedade, alicerçada em bases dialógicas, construtivas e autonomistas.

Apenas com tal ferramental e este olhar se poderia, efetivamente, pretender contribuir para uma tomada de posição cidadã, como intrinsecamente veiculada pela mediação. Mas isto fica para outro momento...

Referências

AVELÃS NUNES, António José; COUTINHO, Jacinto Nelson de Miranda (Coord.). *O direito e o futuro*: o futuro e o direito. Coimbra: Almedina, 2008.

BOLZAN DE MORAIS, Jose Luis. Afinal: quem é o Estado?: por uma teoria (possível) do/para o Estado constitucional. *In*: COUTINHO, Jacinto Nelson de Miranda; BOLZAN DE MORAIS, Jose Luis; STRECK, Lenio Luiz (Org.). *Estudos constitucionais*. Rio de Janeiro: Renovar, 2007.

BOLZAN DE MORAIS, Jose Luis. *As crises do Estado e da Constituição e a transformação espacial dos direitos humanos*. Porto Alegre: Livraria do Advogado, 2002.

BOLZAN DE MORAIS, Jose Luis. *Costituzione o barbarie*. Traduzione a cura di Maurizia Pierri. Lecce: Pensa Editore, 2004.

BOLZAN DE MORAIS, Jose Luis. Crise do Estado, Constituição e democracia política: a "realização" da ordem constitucional! E o povo... *In*: COPETTI, André; ROCHA, Leonel Severo; STRECK, Lenio Luiz (Org.). *Constituição, sistemas sociais e hermenêutica*. Porto Alegre: Livraria do Advogado; São Leopoldo: Unisinos, 2006. (Anuário 2005, n. 2. Programa de pós graduação em direito da Unisinos, mestrado e doutorado).

BOLZAN DE MORAIS, Jose Luis. Do Estado social das "carências" ao Estado social dos "riscos": ou, De como a questão ambiental especula por uma "nova cultura" jurídico-política. *In*: STRECK, Lenio Luiz; BOLZAN DE MORAIS, Jose Luis (Org.). *Constituição, sistemas sociais e hermenêutica*. Porto Alegre: Livraria do Advogado; São Leopoldo: Unisinos, 2008. (Anuário 2007, n. 4. Programa de pós graduação em direito da Unisinos, mestrado e doutorado).

BOLZAN DE MORAIS, Jose Luis. Reflexões acerca das condições e possibilidades para uma ordem jurídica democrática no século XXI. *In*: AVELÃS NUNES, António José; COUTINHO, Jacinto Nelson de Miranda (Coord.). *O direito e o futuro*: o futuro e o direito. Coimbra: Almedina, 2008.

BOLZAN DE MORAIS, Jose Luis; SPENGLER, Fabiana Marion. *Mediação e arbitragem*: alternativas à jurisdição! 2. ed. rev. e ampl. Porto Alegre: Livraria do Advogado, 2008.

CAMPILONGO, Celso Fernandes. *Direito e democracia*. São Paulo: Max Limonad, 1997.

CAPPELLETTI, Mauro; GARTH, Bryant. *Acesso à justiça*. Tradução de Ellen Gracie Northfleet. Porto Alegre: S. A. Fabris, 1988.

COPETTI, André; ROCHA, Leonel Severo; STRECK, Lenio Luiz (Org.). *Constituição, sistemas sociais e hermenêutica*. Porto Alegre: Livraria do Advogado; São Leopoldo: Unisinos, 2006. (Anuário 2005, n. 2. Programa de pós graduação em direito da Unisinos, mestrado e doutorado).

COUTINHO, Jacinto Nelson de Miranda; BOLZAN DE MORAIS, Jose Luis; STRECK, Lenio Luiz (Org.). *Estudos constitucionais*. Rio de Janeiro: Renovar, 2007.

FARIA, José Eduardo (Org.). *Direito e globalização econômica*: implicações e perspectivas. São Paulo: Malheiros, 1996.

FARIA, José Eduardo. *O direito na economia globalizada*. São Paulo: Malheiros, 1999.

HIGHTON, Elena Inés; ÁLVAREZ, Gladys Stella. *Mediación para resolver conflictos*. Buenos Aires: Ad-Hoc, 1995.

ROTH, André-Noël. O direito em crise: fim do Estado moderno?. *In*: FARIA, José Eduardo (Org.). *Direito e globalização econômica*: implicações e perspectivas. São Paulo: Malheiros, 1996.

STRECK, Lenio Luiz; BOLZAN DE MORAIS, Jose Luis (Org.). *Constituição, sistemas sociais e hermenêutica*. Porto Alegre: Livraria do Advogado; São Leopoldo: Unisinos, 2008. (Anuário 2007, n. 4. Programa de pós graduação em direito da Unisinos, mestrado e doutorado).

WARAT, Luis Alberto. *O direito e sua linguagem*. 2ª versão com a colaboração de Leonel Severo Rocha. 2. ed. aum. Porto Alegre: S. A. Fabris, 1995.

Informação bibliográfica deste texto, conforme a NBR 6023:2002 da Associação Brasileira de Normas Técnicas (ABNT):

BOLZAN DE MORAIS, Jose Luis. Da centralidade à periferização do Estado no tratamento de conflitos: a questão da mediação no Projeto do Código de Processo Civil. *In*: BARROS, Flaviane de Magalhães; BOLZAN DE MORAIS, Jose Luis (Coord.). *Reforma do processo civil*: perspectivas constitucionais. Belo Horizonte: Fórum, 2010. p. 279-301. ISBN 978-85-7700-404-1.

Sobre os autores

Alexandre Bahia
Doutor em Direito Constitucional (Universidade Federal de Minas Gerais). Mestre em Direito Processual (Universidade Federal de Minas Gerais). Professor do Programa de Mestrado em Direito da Faculdade de Direito do Sul de Minas (FDSM). *E-mail*: <alexprocesso@gmail.com>.

Angela Araujo da Silveira Espindola
Doutora e Mestre em Direito (UNISINOS). Professora dos programas de Pós-Graduação e Graduação em Direito da UNISINOS. Advogada.

Cristiano Becker Isaia
Doutorando em Direito. Professor do Curso de Direito da UNISINOS e da UNIFRA. Advogado.

Dierle Nunes
Doutor em Direito Processual (PUC Minas; *Università degli Studi di Roma "La Sapienza"*). Mestre em Direito Processual (PUC Minas). Professor Adjunto na Universidade Federal de Minas Gerais (UFMG), Faculdade de Direito do Sul de Minas (FDSM), Pontifícia Universidade Católica de Minas Gerais (PUCMINAS) e UNIFEMM. Membro do Instituto Brasileiro de Direito Processual (IBDP) e do Instituto dos Advogados de Minas Gerais (IAMG). Advogado e sócio do Escritório Camara, Rodrigues, Oliveira & Nunes Advocacia. *E-mail*: <dierlenunes@gmail.com>. *Site*: <http://www.dierlenunes.com.br>.

Fernando Gonzaga Jayme
Professor dos cursos de Graduação e Pós-Graduação *stricto sensu* da Faculdade de Direito da UFMG. Mestre e Doutor em Direito pela Faculdade de Direito da UFMG. *E-mail*: <fjaymeadv@uol.com.br>.

Fernando Horta Tavares
Pós-Doutor em Direito Constitucional (Faculdade de Direito da Universidade Nova de Lisboa). Doutor em Direito e em Direito Processual pela PUC Minas. Mestre em Direito Processual pela PUC Minas. Professor Convidado da Faculdade de Direito da Universidade Nova de Lisboa. Professor do Doutorado, do Mestrado e da Graduação da Faculdade Mineira de Direito e da PUC Minas. Presidente do Grupo de Pesquisas Constituição e Processo "José Alfredo de Oliveira Baracho". Advogado.

Flaviane de Magalhães Barros
Doutora e Mestre em Direito Processual (PUC Minas). Pós-Doutora (CAPES) junto à *Università degli studi di Roma TRE*. Professora adjunta da PUC Minas nos cursos de Graduação e Pós-Graduação em Direito. Professora da Universidade de Itaúna nos cursos de Graduação. Membro do Conselho Científico do Instituto de Hermenêutica Jurídica. Advogada. *E-mail*: <barros.flaviane@gmail.com>.

Flávio Quinaud Pedron
Mestre em Direito Constitucional (UFMG) e doutorando pela mesma instituição. Professor concursado de Teoria Geral do Processo e Direito Processual Civil da PUC Minas. Professor de Teoria Geral do Processo e Direito Constitucional na UNIFEMM (Sete Lagoas). Advogado.

Fredie Didier Jr.
Professor-adjunto de Direito Processual Civil da Universidade Federal da Bahia. Mestre (UFBA), Doutor (PUC/SP) e Pós-doutor (Universidade de Lisboa). Advogado e Consultor Jurídico. Site: <http://www.frediedidier.com.br>.

Jânia Maria Lopes Saldanha
Doutora em Direito. Professora do Programa de Pós-Graduação e do Curso de Direito da UNISINOS. Professora Adjunta da Universidade Federal de Santa Maria. Advogada.

Jose Luis Bolzan de Morais
Mestre (PUC/RJ) e Doutor em Direito (UFSC; Université de Montpellier I/França), com pós-doutoramento junto à Faculdade de Direito da Universidade de Coimbra. Professor dos programas de Pós-Graduação em Direito da UNISINOS. Professor Visitante das Universidades de Sevilla/Espanha e Firenze/Itália. Pesquisador Produtividade do CNPQ. Consultor *ad hoc* CAPES, CNPQ, FAPERGS e FAPESC. Coordenador do Núcleo de Estudos de Mediação da Escola Superior da Magistratura da AJURIS. Procurador do Estado do Rio Grande do Sul.

Lenio Luiz Streck
Doutor em Direito (UFSC). Pós-Doutor em Direito (Universidade de Lisboa). Professor dos programas de Pós-Graduação em Direito da UNISINOS e da UNESA. Procurador de Justiça do Estado do Rio Grande do Sul.

Marcelo Andrade Cattoni de Oliveira
Mestre e Doutor em Direito Constitucional (UFMG). Estágio Pós-doutoral com Bolsa CAPES em Teoria e Filosofia do Direito (*Università degli studi di Roma TRE*). Professor Associado do Departamento de Direito Público (UFMG). Coordenador *pro tempore* do Bacharelado em Ciências do Estado (UFMG). Membro do Instituto Brasileiro de Direito Processual (IBDP).

Marina França Santos
Mestranda em Direito na Faculdade de Direito da UFMG. Procuradora do Município de Belo Horizonte. E-mail: <marinafrancasantos@gmail.com>.

Maurício Ferreira Cunha
Doutorando em Direito Processual (PUC Minas). Mestre em Direito Processual Civil (PUC Campinas). Professor Assistente III dos cursos de Graduação e Pós-Graduação em Direito Processual da PUC Minas (campus Poços de Caldas). Coordenador do Núcleo Regional da Escola Judicial Des. Edésio Fernandes (TJMG). Juiz de Direito em Poços de Caldas/MG.

Renata Gomes
Graduanda da Faculdade de Direito do Sul de Minas (FDSM). E-mail: <renatanascimentogomes@gmail.com>.

Ronaldo Brêtas de Carvalho Dias
Advogado militante. Mestre em Direito Civil e Doutor em Direito Constitucional (UFMG). Professor nos cursos de Graduação, Mestrado e Doutorado em Direito da PUC Minas. Ex-Vice-Diretor da Faculdade Mineira de Direito da PUC Minas. Ex-Advogado Chefe Adjunto da Assessoria Jurídica Regional do Banco do Brasil S.A. em Minas Gerais.

Esta obra foi composta em fonte Palatino Linotype, corpo 10,5
e impressa em papel Offset 75g (miolo) e Supremo 250g (capa)
pela Gráfica e Editora O Lutador.
Belo Horizonte/MG, dezembro de 2010.